JACQUES CALLOT

Das gesamte Werk

Handzeichnungen

Einleitung: Thomas Schröder

Rogner & Bernhard

Historische Kunstwerke werden heute gern auf „Zeitgenossenschaft“ befragt. Schöpfungslaunen also regeln weithin unser Verhältnis zu Künstlern und zu Werken – „modern“ und „aktuell“ lauten die Schlüsselwörter, die den Sesam des tieferen Verständnisses eröffnen. Was, an historischem Kunstbefund, nicht „aktualisiert“ werden kann, findet im öffentlichen Bewußtsein für das, was an künstlerischer Potenz das geistige und gesellschaftliche Bild unserer Jahre mitbestimmt, keinen Raum. Es wird, mit paradoxer Selbstgenügsamkeit, dem (wie man glaubt) staubigen Geschäft der Philologen anheimgegeben – mögen die sehen, konservieren und verwalten, mögen die, was heute nicht goutiert wird, anderen Generationen zur Aufbereitung bewahren. Vielleicht, daß, was wir heute unterließen, morgen zu einer um so strahlenderen „Wiederentdeckung“ taugt.
Dieses Verfahren der Reduktion historischer Erfahrung, geschichtlichen Wissens auf den minderen Punkt aktueller Zuträglichkeit, ist natürlich angenehm weil einfach. Das Öffentliche Hirn schlägt keine Volten, es bleibt in der breiten Bewußtseinsbahn des eben Möglichen und Erwünschten. Wer kein Zeitgenosse ist, wird zum Zeitgenossen ernannt: Schulterklopfend begrüßt man den Genius neben sich.
Jacques Callot wird man indes so rasch nicht zum Zeitgenossen küren, obwohl gerade bei ihm dieser Versuch naheläge.
Jacques Callot: kein Gigant der Kunstgeschichte. Aber doch einer der bedeutendsten Graphiker, die wir kennen. Ein Künstler dazu, der in der Geschichte der Graphik einen besonderen Rang einnimmt als einer, der neben einem zum Teil unerbittlichen Realismus auch den Bereichen des Grotesken und Nächtigen zugetan war. Dreiundvierzig Jahre wurde er alt, lebte von 1592 bis 1635, geboren und gestorben im lothringischen Nancy (der Heimatstadt auch Grandvilles). Callot: alles andere als ein barockes Temperament. Wir kennen seine Züge aus einer Reihe von Bildnissen und Selbstporträts: kaum Spuren von Zweifel in diesem Gesicht, kein Schicksal um Mund und Augen, Abgründiges sucht man vergeblich im Antlitz des Mannes, dessen eine Domäne das Abgründige, das Pittoreske und Groteske war; unverbindlich freundlich schauen die Augen, ein Hauch von Stutzerhaftigkeit liegt darüber, Genie in der Maske des Spießers – ein Bürger blickt uns an.

Ein bürgerlicher Mensch, ein Mensch mit Regelmaß: Schon als Kind, so weiß die Legende, habe er gebetet, Gott möge ihn „vor Sünde bewahren, sich in dem Beruf, den er einmal ergreifen werde, vor allen anderen auszeichnen und 43 Jahre alt werden lassen". Callot war fromm bis zur Frömmelei, besuchte jeden Morgen die Messe und hielt zu den Franziskanern von Nancy engen Kontakt, deren Orden vier seiner Brüder angehörten. Er selbst, so heißt es, war von seinem Vater eigentlich zum Priester bestimmt.

So verwundert es nicht, daß sein Leben kaum anekdotisch erfüllt ist. Seine frühen Biographen, Félibien und Baldinucci, haben noch ihr bestes getan und Callots Vita wild und verwegen aufgeputzt; da erscheint er noch „kühn und keck", wie E. Th. A. Hoffmann ihn apostrophiert. In Wahrheit hatte er kaum Höhepunkte im Ablauf seines Lebens, wenig ist vom romantischen Bild geblieben. Immerhin – in die Kunstgeschichte verschafft er sich mit einem Streich Einlaß, der ein wilderes Leben hätte vermuten lassen können: Callot rückt von zu Hause aus, und das gründlich. Zwölf Jahre ist er alt, als er es nicht mehr aushält. Er flieht, trifft auf Zigeuner und wandert mit ihnen nach Florenz – und von dort weiter nach Rom, wo er von Kaufleuten aus Nancy erkannt und zurückgeschickt wird. Zwei Jahre später sein zweiter Versuch: Er kommt nur bis Turin. Als er fünfzehn Jahre alt ist, zweifelt niemand mehr an seiner graphischen Begabung; er wird Schüler des Goldschmieds Demenge Crocq, arbeitet auch bei Claude Israel Henriet und dem berühmten Jacques Bellange. Und weil Beharrlichkeit eine seiner Tugenden ist, macht er sich nun, Ende des Jahres 1608, zum drittenmal auf den Weg in sein gelobtes Land, er zieht nach Rom, erfolgreich diesmal: Im Frühjahr 1609 arbeitet er im Atelier des Stechers Philippe Thomassin, eines in Rom eingebürgerten Goldschmieds aus Troyes, der ein gutgehendes Geschäft mit Nachstichen von Heiligenbildern unterhält.

Die Arbeit bei Thomassin ist trocken aber wichtig: Nicht nur, daß er hier den Kupferstich perfekt beherrschen lernt – beim Nachstechen lernte er vor allem große Werke italienischer und niederländischer Zeitgenossen kennen. Diese ersten Eindrücke erweitern solide seine Kenntnis und schärfen seine Empfindung für Valeurs. Sehr abrupt freilich endet sein Aufenthalt bei Thomassin: Sein Lehrer erwischt ihn in einer galanten Situation mit dessen junger Frau. Callot dankt mit einer eindeutigen Karikatur.

Er zieht nach Florenz. Man kann sich leicht vorstellen, wie schwer Callot dieser Entschluß gefallen sein muß. Rom ist seit langem schon künstlerischer Mittelpunkt Europas, hier arbeiten die Carracci, hier lebt Caravaggio, hier fallen die künstlerischen Entscheidungen, die die Epoche prägen. Dagegen muß Florenz, das seinen Rang als Kunstmetropole an Rom hatte abtreten müssen, fast wie Provinz erscheinen. Andererseits hat Callot noch in Rom erste Beziehungen zum toskanischen Hof herstellen können: Antonio Tempesta hatte aus Florenz den Auftrag einer graphischen Folge zur Totenfeier für die im Oktober 1611 gestorbene Königin von Spanien, Margareta von Österreich, erhalten, und Callot war, neben Schiaminozzi, zur Mitarbeit verpflichtet worden. Callot radierte von den 26 Szenen aus dem Leben der Königin fünfzehn – seine frühesten Radierungen. Die Trauerdekoration für die Festlichkeiten in Florenz aber hatte Giulio Parigi entworfen, Hofarchitekt und Ingenieur des Großherzogs Cosimo II., ein genialischer Impresario und Festarrangeur.

In die Werkstatt des hochgerühmten Parigi aufgenommen zu werden, gelingt Callot 1614. Das Zusammentreffen mit dem universell gebildeten Künstler und Hofmann wird für Callot und sein Werk die entscheidende Begegnung. Sein an Bellange, Tempesta, Thomassin und Parigi selbst orientierter manieristischer Frühstil, „suo modo ammanierato e aggrottescato“ (wie Baldinucci sagt), lockert sich durch, die eigene Hand, die eigene Persönlichkeit beginnt, unter Parigis Lenkung, sich freizumachen. Durch Parigi erfährt er, so Baldinucci, „il segreto dell'aqua forte, e il bel modo di disegnar con penna, e far piccole figure“. Callots Talent, nun nicht mehr an der kurzen Leine des Reproduktionsstichs, blüht auf. Durch die Beschäftigung mit dem Theater (zusammen mit Parigi inszeniert er mehrere Stükke und Festaufzüge, so „La Guerra d'Amore“, 1616, „La Guerra Di Bellezza“, ebenfalls 1616 auf der Piazza Santa Croce aufgeführt, und die „Intermedi“, 1617) wird Callots Lust am Theatralischen geweckt, am Bühnenmäßigen, am Inszenierten, der Sinn für Raum und Wirkung. Diese Lust am Theaterhaften schlägt sich nicht nur in bestimmten Themen nieder – sie geht als ein essentielles Element in die Struktur seiner Kunst ein.

Nun war freilich die Welt am toskanischen Hof nicht so erregend neu für Callot, wie man meinen könnte. Denn auch der lothringische Hof zu Nancy sparte nicht mit pomphaften Aufzügen, mit rauschenden Festen und Schaustellungen seines Reichtums und seiner geistigen wie künstlerischen Aufgeschlossenheit. Nancy wetteiferte gern mit den reichsten Höfen Europas, insonderheit mit dem toskanischen Hof, dem er durch verwandtschaftliche Beziehungen ohnehin verbunden war. Callots Vater, der Wappenherold Jean Callot, war zudem Hofmann in Nancy – und sicher hat er bei den Festlichkeiten selber mitgewirkt. Katharina von Bourbon, die erste Frau Heinrichs II. von Lothringen hatte die szenischen Lustbarkeiten aus Frankreich mitgebracht – im Jahr 1600 ließ sie Nancy zum erstenmal erleben, was in Frankreich schon lange zum eleganten Vergnügen des Hofes zählte. Und als Katharina starb, war es die Fürstin Margareta von Gonzaga, die als zweite Gemahlin des Fürsten durch die Fortsetzung der Theaterfeste für ein blühendes künstlerisches Leben in Nancy sorgte. Aber das Theater war längst auch schon ein Vergnügen des Volkes geworden, überall traten die Hanswurste auf, es gab „Tabarin à la mode en Lorrain", und in zahlreichen Drucken waren Hanswurstiaden und andere Possenstücke populär verbreitet. Bellange hat, darauf weist Eckhart Knab (im Wiener Callot-Katalog) hin, einige dieser derbkomischen Komödien gezeichnet. Und Knab vermutet, Callot habe so „schon früh an seinen späteren Lieblingen Gefallen finden" können. Man kann also wohl sicher vermuten, daß das Festliche und Artifizielle, das Scheinhafte und das Derbwirkliche schon früh jene Spannung in Callot erzeugt haben, die sein Werk stetig durchzieht. Florenz freilich, die Stadt nicht nur des unvergleichlichen Prunks und Glanzes, nicht nur der irrlichternden Feste und Komödien, nicht nur der geheimnisträchtigen Halbtöne und Zwischenbereiche, sondern auch die Stadt der Wissenschaft (Galileo Galilei war zur selben Zeit am Florentiner Hof wie Callot) – Florenz bildet diese Spannung zu höchster schöpferischer Kraft und Lust.

In Parigis Schule also entfaltet Callot rasch den Reichtum seines Talents. Er hat Erfolg. Schon 1614 interessiert sich der Hof für den jungen Künstler, Cosimo II., der Mediceer-Großherzog, beauftragt ihn mit einer graphischen Folge aus dem Leben des Mediceers Ferdinand I. Nach der Sitte des Florentiner Hofs erhält er eine Apanage und, wie andere Künstler auch, eine Wohnung mit Atelier in den Uffizien. Nicht zuletzt durch die interessierte Förderung durch Cosimo und den Prinzen Giovanni di Medici, gewinnt Callot an Ansehen und Ruhm. Er wird ein gefragter Mann. Schon finden prominente Verleger wie Cecconcelli und Pignoni Interesse an seinen Arbeiten – und das vor allem bedeutet, daß Callot sich durchgesetzt hat und dabei ist, auch eine feste Größe auf dem Markt zu werden. Er erweitert sein Atelier und stellt sogar zwei Mitarbeiter ein, François le Paule und Antonio Francesco Lucini.

Rastlos arbeitet Callot in diesen Jahren. Hier mag sich entwickelt haben, was später als bürgerliche Glätte, als konventionelle Stumpfheit und Mangel an äußerem Esprit sich zeigte: die unbedingte Arbeitsdisziplin, die alle Bewegung, allen Geist, alle Breite der Empfindung, alle Einsicht in existentielle Verzagtheit strikt nach innen verwies – damit sich seine Visionen von Armut und Untergang, von zerstörten Körpern und verwachsenen Seelen um so kraftvoller entäußerten. Und bedeutend dankt er seinen fürstlichen Gönnern deren Neigung: Seine erste freie graphische Folge, die „Capricci", widmet er dem Bruder des Großherzogs, Lorenzo di Medici. „Capricci di varie figure" nennt er dieses Werk, das die verschiedensten graphischen Einfälle „launisch-theatralisch" (Knab) versammelt.

Jedes Blatt ist eine Welt für sich, eine kleine Welt, ein Mikrokosmos. Einen äußeren Zusammenhang zwischen den Einzelblättern wird man schwerlich erkennen können – aber ein geheimnisvoller innerer Bezug scheint sich aufzudrängen. Der ist kaum zu fassen – er entsteht durch die Zufälligkeit der Fügung. Es ist, als sei schon hier das von Lautréamont formulierte surrealistische Prinzip vorerkannt. Aber nicht nur die Vibrationen zwischen den Einzelblättern, zwischen penibler Beobachtung und klirrender Bizarrerie, zwischen erbarmungsloser Krudelität (möglicherweise mit ironischen Zwischentönen?) und schlichten Figurenstudien (die eben durch den Kontext Dämonie in ihrer Harmlosigkeit entfalten), nicht nur die Unfaßlichkeiten zwischen Traum und Tageslicht geben dieser frühen Folge ihre überwältigende Bannkraft – es sind auch die Blätter in sich voller Phantastik und Rätsel.

Die „Ballspiele vor Santa Croce" etwa: ein heiteres Blatt aus dem Florentiner Volksleben, Spieler, Publikum, Soldaten, Kaufleute, Equipagen – luftige Bewegung. Aber groß im Vordergrund die flammende Figur eines Trommlers, manieristisch gedreht, mit weitausholender raumgreifender Gebärde, preziös und in höchster Erregung zugleich – aber nichts über den Grund seiner Erregung. Offensichtlich hat sie nichts mit den Ballspielen im Hintergrund zu tun – aber weiß man das genau? Die nicht zu klärende innere Ferne des Trommlers zur Szene gibt dem Blatt diesen seltsamen enigmatischen Ton. Und sie erweckt

auch den Anschein, als habe die Szene über das Dargestellte hinaus eine hintergründige, geheimnisvolle Bedeutung. Aber das ist nichts anderes als das Geheimnis der im epochalen Rahmen waltenden Subjektivität, welche die geistige Bewegung aller dieser Blätter bewirkt. Eine Reihe phantastischer Schaukästen, wunderlicher Virtuositäten – fern sind sie wärmerer Empfindung, ihre kalten Klänge lassen menschliche Töne nicht hinein. Es ist das reine Reich der Phantasie, der Inszenierung, der Schein- und Überwirklichkeit. Realität setzt es nur voraus.
(„Geliebte Phantasie", seufzt André Breton 1924 im surrealistischen Manifest, „Was ich besonders an dir liebe, ist, daß du nicht verzeihst.")
Callots kapriziöses Debüt läßt freilich nicht allein künstlerisch einen neuen Ton anklingen – zum erstenmal tritt hier auch eine kurz zuvor von ihm entwickelte Radiertechnik in Erscheinung. Seit 1617 gebraucht Callot im Gegensatz zur damals üblichen Methode einen harten (anstatt weichen) Firnis, den „vernis dur", wie ihn Lautenmacher benutzten. Zur Zeichnung gebrauchte er dann nicht die Nadel, sondern die „échoppe", ein Gravierinstrument mit abgeschrägter Spitze. Dazu begnügt sich Callot nicht mehr mit nur einem einzigen Ätzvorgang, in mehreren Zuständen moduliert er die graphischen Valeurs der Platte. Besonders aber der Gebrauch der „échoppe" wird charakteristisch für ihn; das Instrument gibt der radierten Linie neue Lebendigkeit und Raumhaltigkeit, durch leichte Drehung der Spitze kann man die Linie, die „taille simple" in einem Zug aus schlankem Ansatz anschwellen lassen, um sie wiederum in strichdünner Feinheit zu beenden – Callots Linien beginnen zu atmen. Knab urteilt, diese Technik habe „seiner besonderen zeichnerischen Begabung, seinem Sinn für treffende Charakteristik" entsprochen und vergleicht Callots Talent mit dem Altflorentiner Ideal des „disegno", dem es entsprochen und das es neu befruchtet habe. Callots Technik wurde unter den Stechern bald Allgemeingut.
Seine Virtuosität, auch im Improvisieren auf der Platte und in der Beherrschung des technischen Prozesses, wächst geradezu beängstigend. Bei Sandrart findet sich jene Anekdote, die Callots Freund, der Maler Poelenburgh, berichtet: Der sei in Callots Atelier getreten, um ihn für eine Festlichkeit um Begleitung zu bitten. Callot habe eben aber „das Etzwasser aufgegossen, da er sich mitzugehen entschuldiget, und gleichwohl noch selbigen Abend mit völlig- und vollkommen vollendetem Druck zu ihnen

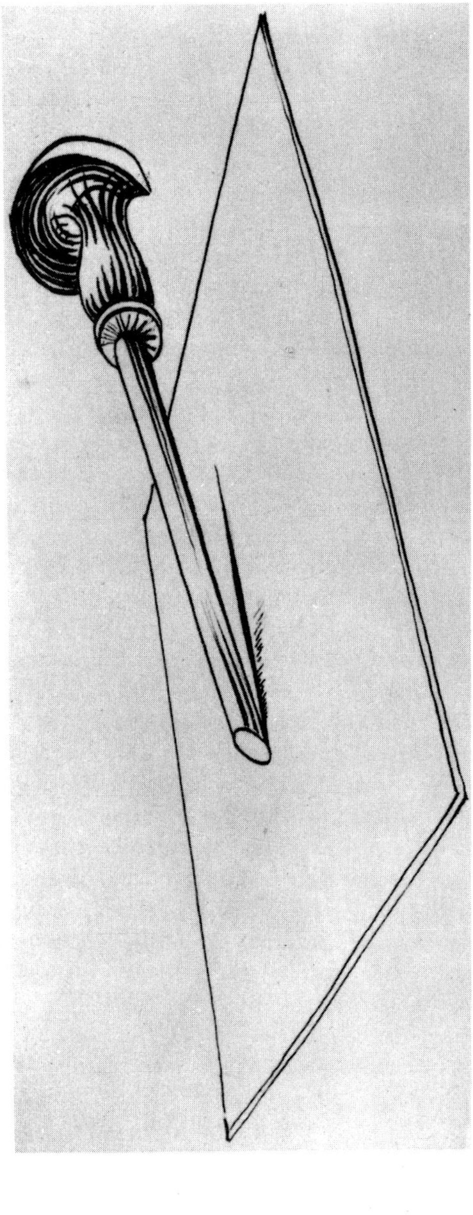

Die „échoppe“

sich verfüget hätte, welches wohl verwunderlich zu sehen gewesen wie nämlichen immer möglich, das alles ohn einiges retochement bey so großem Werk zu unglaublicher Perfektion und Vollkommenheit gebracht werden können."

Das „so große Werk" war das Hauptwerk seiner Florentiner Zeit: der „Jahrmarkt von Impruneta", die Summe seiner bisherigen Künstlererfahrung. Eine unübersehbare Fülle volkstümlicher Szenen, derber und graziöser Gestalten in unaufhörlicher Abwechslung und pittoresker Bewegung breitet sich vor dem Blick aus, zugleich von großer inszenatorischer Geste erfüllt wie von staunenswerter Akribie in der Durcharbeitung noch der kleinsten und fernsten Figuren. Aber die graphische Bewegung, der Duktus des Blattes ist künstlich; strömend, mit leichtem Wellenschlag, aber so, als habe ein Impresario seine ordnende Hand über der Bewegung der Masse. Im Impruneta-Blatt vereinen sich zwei Grundbegabungen Callots: zum Volkstümlich-Realistischen, zum genau Beobachteten, Chronistischen und die Lust zum suggestiven Blick unter die Oberflächen der Menschen. Das Groteske und Hintersinnige bleibt auch hier nicht aus. Die Suggestion der Perspektive, der hochliegende Horizont, die seltsame Ordnung im Gewimmel legen so etwas wie Bedrohung über das Blatt und hindern die Szenen, sich im Genrehaften zu verlieren. Gleichwohl ist eben dieses Blatt fast zu einem Inkunabel der nachfolgenden Genre- und Vedutenkunst geworden.

1621 im Frühjahr stirbt sein Gönner Cosimo; und das heißt für die in Florenz ansässigen Künstler, daß schlechte Zeiten aufziehen. Wie viele der für den Hof beschäftigten Artisten verläßt auch Callot Florenz und geht zurück in seine Heimatstadt Nancy, um sich dort niederzulassen. Aber Florenz bleibt ihm immer die gelobte Stadt, voller Sehnsucht denkt er sich immer wieder zurück, und als endlich, im Schrecken des Lothringen verwüstenden Dreißigjährigen Kriegs sein Entschluß fest steht, für immer in die Heiterkeit der verschonten Toskana zu fliehen, kommt ihm der Tod zuvor. „Wenn ich an Florenz denke", schreibt Callot schon im August 1621 in einem Brief, „so bemächtigt sich meiner eine so große Melancholie, daß ich ohne die Hoffnung, einst dahin zurückzukehren, gewiß sterben würde."

Nun – zurück zunächst in Nancy, vollendet Callot drei Folgen, die er noch in Florenz angelegt hatte, und die auch ganz und gar den Geist der Arbeiten seiner Florentiner Zeit atmen. Es sind drei seiner berühmtesten und merkwürdigsten graphischen Serien:

Die „Gobbi", 1617 schon entworfen, eine Serie von Zwergen, wie sie an den Höfen zur burlesken und brutalen Belustigung gehalten wurden, die „Balli di Sfessania", diese furiose Darstellung der Commedia dell'arte und ihrer Typen in nicht zu überbietender Bizarrerie, und eine Bettlerserie, sie ebenfalls eine Typenlehre aus dem Geist „Rabelaisscher Humanität" (Sadoul). In der Tat: Man meint, Pantagruel habe in einem gewaltigen Zeugungsakt der Natur ihr Gegenteil beweisen wollen.

Callot gewinnt jetzt zunehmend auch Aufträge vom Hof und von der Kirche. So wechseln heimatlich weltliche und geistliche Themen zwanglos – in seinen Passionsbildern und Szenen aus dem Marienleben freilich bleibt Callots Kunst meist wie gefesselt, die fanatische Freiheit der Erfindung, wie sie die Florentiner „Versuchung des Antonius" monströs bewiesen hatte, gesteht sich Callot bei christlicher Thematik offenbar nicht mehr zu. 1627 erreicht ihn ein Auftrag der Infantin Isabella, die Belagerung der Stadt Breda durch Spinola zu radieren. Das in sechs Platten radierte Werk erscheint 1628 in Amsterdam. Zu Zeichnungen und Vermessungsarbeiten reist Callot nach Breda, eine denkwürdige Reise, die ihn auch mit Van Dyck (der sein Bildnis für die „Iconographie" zeichnet), mit Honthorst und Sandrart zusammenführt.

Der Erfolg dieser Arbeit empfiehlt Callot weiter. Kurz darauf zeigt sich die französische Krone interessiert. Ludwig XIII. beauftragt Callot zweimal: die Belagerung der Insel Saint-Martin-de-Ré und der Hugenottenstadt La Rochelle durch die Truppen Ludwigs XIII. und Richelieus. Der „crudelissime guerre svezzesi" (Baldinucci), der Dreißigjährige Krieg wütet schon seit zehn Jahren durch Europa. Noch hat er Lothringen nicht erreicht. Aber 1633 nehmen Richelieu und Ludwig Nancy ein und besetzten es schmählich. Ein drittes Mal will sich Ludwig der Virtuosität Callots bedienen, er beauftragt den Künstler, die Belagerung seiner Heimatstadt Nancy zu radieren. Callot aber lehnt ab und zeigt sich auch allen anderen weitgehenden Angeboten des Königs gewachsen. „Eher haue er sich seinen Daumen ab, als daß er die Erniedrigung seines Fürsten und seines Vaterlandes durch sein Talent verewige", soll er Richelieu haben ausrichten lassen – und so zitiert es, entzückt, E. Th. A. Hoffmann.

Callots späte Jahre sind von Heimsuchungen verdunkelt, wie sie der tobende Krieg mit sich bringt. Seit 1630 wütet die Pest in Lothringen, Callots Vater fällt ihr zum Opfer. Und in dieser infernalischen Zeit erreicht Callots Kunst ihren dramatischen Höhepunkt. Das Thema das Krieges, die Grausamkeit des Menschen gegen den Menschen, hatte sich in früheren Blättern angedeutet, in den „Todesstrafen" etwa oder den „Kleinen Schrecken des Krieges". Noch in den Belagerungsblättern war der Krieg fast als eine edle Kunst erschienen – aber nun, unter dem Eindruck der fürchterlichsten Leiden, angesichts „des Krieges Jammer, Elend und Noht" (Sandrart), bricht mit jähem Realismus und unvermuteter Heftigkeit Abscheu und Verzweiflung über Krieg und Unheil, Plünderung und Mord aus ihm heraus. 1633 erscheinen in Paris (!) die „Großen Schrecken des Krieges". Diese vehemente Anklage, diese erste Solidarisierung nicht mehr mit den glänzenden Feldherren und Schlachtenlenkern, sondern mit den geschundenen Menschen, „eines der tiefsten Dokumente aus der Zeit der Religionskriege" (Levertin), hat reiche Nachfolge gefunden – am bedeutendsten zweifellos bei Goya. Der künstlerische Rang dieser Blätter erhebt sie weit über das nur Chronistische, er gibt ihr die Kraft des dringlichsten Appells.

Die „Großen Schrecken des Krieges" zählen zu den bedeutenden Ereignissen überhaupt in der Graphik des Jahrhunderts – die Folge wurde dann auch zu Callots künstlerischem und moralischem Vermächtnis. Er hat danach noch eine Reihe neutestamentlicher Blätter und den „Verlorenen Sohn" gestochen; am Ende stand eine unvollendete Zeichnung eines toskanisch empfundenen Gartenfestes. Aber Florenz sollte er nicht mehr sehen. Callot starb am 28. März 1635, im 43. Jahr, zu früh und auf der Höhe seiner Kunst. Er starb an einer Magenkrankheit, die er sich beim Ätzen zugezogen hatte.

Callot hat, im engeren Sinn, keine Schule gebildet – aber seine Graphik wurde von den Zeitgenossen in ganz Europa aufgenommen und vielfältig verarbeitet. In dem Maß, wie er selbst die Kunst der Manieristen aufgesogen hatte, und die besondere Situation der lothringischen Kunst hatte das nahegelegt, in dem Maß, wie er mit wachsender künstlerischer Reife einen neuen Sinn, ein neues Bewußtsein für die Erfahrung von Wirklichkeit entwickelte, in dem Maß strahlte er auch aus. Nicht nur auf lokale Meister; auch Rembrandt ist von Callots Klang betroffen. Callot, auch in seiner Wirkung, wird eine künstlerische Erscheinung von europäischer Bedeutung. Seltsam bei allem scheint, daß sein Werk bis heute nicht populär geworden ist. In seiner Kunst hat Callot alle Grade des Wirklichen, alle Grade des Künstlichen durchmessen: sich diesem Werk auszusetzen, war – das zeigen die mannigfachen Spuren durch die Kunstgeschichte – eine Erfahrung, die nicht ohne Folgen sein konnte. Auch heute scheint es unmöglich, von Callots abenteuerlicher Kunst nicht betroffen sein.

Aber: Zeitgenosse Callot? Eben darum: nein. Callot war ganz entschieden ein Bürger seiner Zeit, sein Leben wie seine Kunst reflektierten die Situationen, denen beide ausgesetzt waren, so absolut – auch unter schmerzlichen Widersprüchen, natürlich –, daß alle Projektionen mißlingen wollen. Er sei, liest man immer wieder, „ein Spiegel" seiner Zeit gewesen. Das ist richtig, wenn es auch sicher nur einen Teil seines Werks betrifft. Es sei denn, man begriffe seine subjektiven, privaten Reaktionen, deren Ergebnisse uns künstlerisch häufig unwesentlich erscheinen, als nicht nur gesellschaftlich definiert (was richtig wäre), sondern eben darum auch als exemplarisch. Dahin etwa zielt ein Satz aus der „Ästhetik" von Moissej Kagan, in dem er Callots Graphik als „oppositionelle Kunst" apostrophiert, „die von Ironie gegenüber der bestehenden Ordnung erfüllt war". Das ist nun zweifellos ein bemerkenswerter Ansatz, und vielleicht ist es wirklich möglich, Callots sozial relevantere Graphik nicht nur moralisch, sondern auch im engeren gesellschaftspolitisch als gegen den Strich gemeint zu lesen (vielleicht die „Schrecken des Krieges"?). Allein: Die Dokumente geben dieser Annahme kaum Nahrung. Wenn auch Callot in seinen späten Jahren an den Kriegsfolgen litt: Er war ein Bürger seiner Zeit, ein frommer und zuletzt verzweifelter Bürger. Aber die Aufklärung war noch hundert Jahre weit.

Was Kagan als Ironie beschreibt, scheint vielmehr etwas anderes zu sein: jener Unterzug an Verzweiflung, der das epochale Selbstverständnis der Manieristen bestimmte. Die verschlungenen Antagonismen von „Naturalismus und Spiritualismus, Formlosigkeit und Formalismus, Konkretheit und Abstraktheit", diese „Heterogenität der Tendenzen" wertet Arnold Hauser als „Zeichen der Erschütterung der Kriterien der Wirklichkeit", als „das Resultat des oft verzweifelten Versuchs, die Geistigkeit des Mittelalters mit dem Realismus der Renaissance in Übereinstimmung zu bringen". Ironie? Es ist Callots gesteigertes Verhältnis zur geistigen Struktur einer Epoche, der er als Später noch angehört.

Was uns heute den freien Zugang zu Callot ermöglicht – sollte das nicht in der Vergleichbarkeit der Strukturen, der künstlerisch ambivalenten Grundüberlegungen zu suchen sein, die uns heute unschwer auf ähnlich antinomische Paarungen kommen ließe wie Hauser?

Bis heute zieht sich durch die Geschichte der Graphik ein lebendiger Strom, in dessen Verlauf die Kunst des Jacques Callot ihre frühere Position einnimmt: die Kunst des Phantastischen und Grotesken – die häufig auch karikaturistische oder gar sozialrevolutionäre Züge angenommen hat. Da erscheint Callot in vielem als unversiegbare Quelle der Inspiration, der anregenden Formulierung, als Maßstab des geistigen Anspruchs. Von Callot über Blake, Goya, Hogarth, Daumier zieht sich dieser Strom zu Grandville, Redon, und weiter zu Ensor und Kubin und anderen. In der Graphik Salvador Dalis lassen sich verwandte Elemente blicken und ebenso in den frühen Blättern von Klee (scheinen nicht die beiden „Männer, einander in höherer Stellung vermutend“ wie eine Paraphrase auf die Pantalone des Callot?).

Mit Callot beginnt die Radierung als eigene und hohe künstlerische Gattung sich zu behaupten und sich zugleich eine ihrer Domänen zu sichern: das Feld des Grotesken. Für diese Empfindungsseite des Abgründigen und Dämmrigen, des phantastischen Capriccios, der spielerischen Eingebung der Hand ist sie, neben der Feder, zum originären Medium geworden. Callot wirkt so noch hin bis in die Kunst unserer Tage – aber wir können ihn nicht für uns behaupten. Zum Zeitgenossen bequemt er sich nicht: Sein Begräbnis in der Franziskanerkirche von Nancy war würdig. Uns bleibt da wenig zu tun. Nur dies immerhin: die eigene Antwort zu finden auf E. Th. A. Hoffmanns Fragen: „Warum kann ich mich an deinen sonderbaren fantastischen Blättern nicht sattsehen, du kecker Meister? – Warum kommen mir deine Gestalten, oft nur durch ein paar kühne Striche angedeutet, nicht aus dem Sinn?“

Thomas Schröder

DIE FLORENTINER JAHRE, 1612–1617
(SICHER DATIERBARE ARBEITEN)

Jacques Callot, der Zeichner, stand immer und steht noch im Schatten Callots, des Graphikers, der die Kunst der Radierung zu äußerster Feinheit entwickelte und ganz neue Möglichkeiten dieser Technik erfunden hat. So verwendete er zum ersten Mal harten statt weichen Firnis als Ätzgrund und kombinierte Radierung und Kupferstich miteinander. Seine Druckgraphiken waren berühmt und verbreitet, sie fanden Nachahmer, Käufer und Sammler, schon zu des Künstlers Lebzeiten.

Die Zeichnungen, obwohl oft nicht weniger phantasievoll an Erfindung und ärmer an Variantenreichtum, blieben unbekannt. Es sind Vorzeichnungen. Wir haben von diesem bedeutenden Meister des Manierismus so gut wie keine nicht-zweckgebundenen zeichnerischen Arbeiten, kaum ein Kreide-, Kohle-, Feder- oder Stiftblatt, das nicht Skizze, Studie zu einer Radierung, einem Kupferstich wäre. Diese Tatsache charakterisiert die Stellung der Handzeichnungen, nicht ihren Wert. Bei den Skizzen Callots begegnet man dem Phänomen eines Künstlers, der akribisch genau, aber zugleich in großer Vielfalt die berühmten Werke seiner Druckgraphik plante, probierte, variierte, der mehr Figuren, Requisiten, flüchtig hingeworfene Umrisse und genau ausgeführte Vorlagen schuf, als er dann zum ausgeführten Werk je gebrauchen konnte.

An Callots Zeichnungen läßt sich seine Arbeitsmethode ablesen; es sind Werkstattnotizen, die einen Blick auf die Entstehungsweise seiner großen druckgraphischen Meisterwerke gestatten.

Callot war in Rom Schüler des aus Lothringen gebürtigen Philippe Thomassin und des Italieners Antonio Tempesta. Bei ihnen erhielt er seine Grundausbildung im Zeichnen, Kopieren, Kupferstechen und Radieren. Thomassin war „Patron der französischen Künstler und Adepten ... Callot verdankt ihm die Kenntnis vieler durch seinen Verlag gehender Stiche und Kunstwerke seiner und der vorausgehenden Zeit“ (Eckhart Knab), hat sich aber im Unfrieden von ihm getrennt und ihn auf einer Zeichnung (S. 18) verspottet. Mit Tempesta zusammen radierte er die Blätter zu den „Trauerfeierlichkeiten für die Königin von Spanien“ (siehe Band II, S. 1530 ff.). In seinem Atelier lernte er auch Stefano della Bella kennen, einen der späteren Nachfolger Callots, dessen Arbeiten von den Zeitgenossen eben-

Karikatur Philippe Thomassins und seiner Frau von Jacques Callot

bürtig geschätzt und oft mit Callotschen Werken verwechselt wurden. Ein berühmter Streitfall war das sogenannte „Skizzenbuch Callots" in der Albertina in Wien, das 1880 von Moritz Thausing veröffentlicht und Callot zugesprochen, inzwischen aber von der Forschung als Werk della Bellas identifiziert worden ist. Genauere Ausführungen dazu macht Hermann Nasse (S. 78 ff.: „Das Skizzenbuch der Albertina").
Callot in Florenz – schriftliche Überlieferung, aber auch das kleine, fast dandyhafte Selbstbildnis von 1616 geben Nachricht von einem flotten jungen Hofmann, der nach den kargen Lehrjahren, die er, meist kopierend, bei Thomassin in Rom zugebracht hatte, jetzt Feste und Ehrungen, die Gunst des Hauses Medici und die Konkurrenz mit Parigi in vollen Zügen genoß und auch ausspielte.

Das kleine Selbstbildnis Callots

Bildnis Callots, wahrscheinlich aus den letzten Florentiner Jahren. Künstler unbekannt

Die ersten gesicherten und datierbaren Zeichnungen Callots sind zwei Skizzen zum Leben Ferdinands I. der Toskana, den sogenannten „Batailles de Medici“, eine davon auf einem fragmentarischen Probedruck der Folge, die dem Künstler bei Hofe zu großem Ansehen verhalf (siehe Band II, S. 914 ff.). Auf Wunsch und Veranlassung des Großherzogs wurde ihm eigens für die Ausführung dieser Arbeit ein Zimmer in den Uffizien zur Verfügung gestellt.
Die Studie des Soldaten (S. 25) benutzt Callot für die Kupferstichfolge gleich zweimal, allerdings für unvollendete Blätter, die „Anwerbung der Soldaten“ (siehe Band II, S. 933/34). Vom Hochzeitsbild ist hier nur die Hauptgruppe zu erkennen und die Gestalt der Braut, Christine von Lothringen, ganz vollendet; die Köpfe des Kardinals und Ferdinands sowie die umgebenden Höflinge und Trauzeugen sind nur in schwachen Kreidestrichen gegeben. Der vollständige Stich ist das erste Blatt der Folge (siehe Band II, S. 915).
Die „Gobbi“, bucklige oder sonst mißgewachsene Zwerge und Krüppel, die an den fürstlichen Höfen zur Belustigung und zu kleinen Handreichungen dienten, hat Callot, nachdem er 1621 in Nancy, seiner lothringischen Heimatstadt, seßhaft geworden war, zum Gegenstand einer seiner berühmtesten Radierungen-Folgen gemacht (siehe Band II, S. 1094 ff.). Dort sind diese grotesken Geschöpfe als Einzelfiguren in einen leeren Raum gestellt, ohne Gegenüber, einsam, nur ihrer nutzlosen Beschäftigung hingegeben. Auf den Skizzen, die noch in Florenz aus unmittelbarer Anschauung entstanden sind, gibt es richtige Spielszenen: Die zwerghaften Gestalten haben Individualität, sie reden, singen, raufen, schneiden sich Grimassen und agieren *miteinander*. Das Titelblatt zu den Radierungen, „Varie Figure Gobbi di Iacopo Callot, fatto in Firenze l’anno 1616“, stammt aus derselben Zeit wie die Federzeichnungen (siehe Band II, S. 1096). Einige der Skizzen hat Callot zur Radierung genau übertragen, und zwar: S. 30 links zu Band II, S. 1104 unten; S. 34 links oben zu Band II, S. 1101 oben; S. 35 zu Band II, S. 1101 unten. Andere, zum Beispiel S. 29 zu Band II, S. 1099 oben oder S. 34 unten zu Band II, S. 1098 unten sind mit geringen Abweichungen als Radierung ausgeführt.
In Florenz wurde Callot Schüler und sehr bald auch gleichberechtigter Mitarbeiter und Rivale Giulio Parigis, des Hofarchitekten Großherzog Cosimos II., der die prunkvollen Lustbarkeiten des Hofes arrangierte, Kostüme entwarf, raffinierte

Feuerwerke und Wasserspiele plante und die Karnevalsfeste inszenierte und leitete. Callot fiel die Rolle des „Bildreporters" solcher Veranstaltungen zu. Der „Liebeskrieg", „La Guerra d'Amore, Festa del Serenissimo Gran Duca di Toscana Cosimo Secondo", eine allegorische Wagenparade, fand zum Karneval 1616 auf der Piazza Santa Croce in Florenz statt. Parigi hatte die Besetzung und Formation des aufwendigen Festzugs mit exotischen Trachten, Tieren aus fremden Ländern, mit Wagen, Gondeln und raffinierten Aufmarschplänen erfunden; Callot zeichnete zwei sehr genaue Skizzen, nach denen er später Radierungen anfertigte (siehe Band II, S. 940 und 942).

Die „Zwischenspiele", eine Allegorie mit Musik und Ballett von Andrea Salvadori, wurde zum Karneval 1617 anläßlich der Hochzeit des Prinzen von Urbino mit einer Schwester Cosimos II. im Palazzo Pitti in Florenz uraufgeführt. Parigi schuf Bühnenbilder und Choreographie, Callot hat drei Radierungen ausgeführt und den ersten Akt zuvor gezeichnet. Dieses Bild ist das kunstvollste und schwierigste der ganzen Folge, denn es zeigt nicht nur in Guckkastenmanier die Bühne, sondern auch, von rückwärts gesehen, die dichtgedrängte, vielköpfige Menge im Zuschauerraum: den Rahmen, die Vordergrundfiguren und, perspektivisch und nur schwach angedeutet, Ränge und Szene.

Am 23. November 1617 griffen türkische Seepiraten die Küste der Toskana an; bei Korsika wurden sie geschlagen und zur Übergabe der Schiffe gezwungen. Zum Gedächtnis dieses Kampfes und Sieges radierte Callot die dramatischen Szenen, natürlich nach Berichten, denn er selber war ja nicht dabei. Die einzige Feder- und Kreideskizze zu der aus vier Blättern bestehenden Folge (siehe Band II, S. 961 ff.), die dann allerdings nicht genau auf die Platte übernommen wurde, wirkt schwungvoller, fast sogar eleganter als die feinen, genauen Radierungen, die 1617 in Florenz unter dem Titel „Relazione della Presa di due Bertoni di Tunis fatta in Corsica da quattro Galere di Toscana" erschienen sind.

Callot arbeitete damals so eng und intensiv mit Parigi zusammen, daß sich beide auch stilistisch stark annäherten. Obwohl auf den meisten Illustrationen genau angegeben ist, wer von beiden das Motiv erfunden und wer es ausgeführt hat (meistens: „Julius Parigi Invenit, Jac. Callot delineavit"), dürfte Callot bei den Entwürfen zu Dekorationen und Kulissen eigenwillig sein Konzept vertreten haben. In den „Notes manuscrites" schreibt schon Mariette, daß „Callot seine Arbeiten nach eige-

Giulio Parigi, Dekoration zu einem Theaterstück, Detail

nen Zeichnungen ausgeführt hat und Parigi nur der Entwerfer der Maschinen gewesen ist".
Giulio Parigi, geboren in der zweiten Hälfte des 16. Jahrhunderts in Florenz und 1635, im selben Jahr wie Callot, dort gestorben, war ein Universalgenie, ein höfischer Mann, der nicht nur ein eigenes Atelier mit vielen Schülern unterhielt, sondern die Wissenschaften der Mathematik und Architektur studiert hatte und weit über Florenz hinaus großen Ruf genoß. „Vielseitig tätig sowohl als Architekt, Bühnenarchitekt und Theaterintendant, Mathematiker und Meister der Perspektive, Zeichner und Radierer. Von seiner Hand sind nur wenige Zeichnungen und Radierungen erhalten, doch spricht sein Genie durch die Werke seiner zahlreichen Schüler und Mitarbeiter, die sich in einer von ihm geleiteten Zeichenschule zusammenfanden, aus der auch Jacques Callot, sein bedeutendster Mitarbeiter, hervorging. Sie alle scharten sich zugleich mit dem Florentiner Hof um den großen Mathematiker und Astronomen Galilei", schreibt Knab.
Bei Parigi, seit 1614 sein Lehrer, später ein freundschaftlicher Konkurrent, gewöhnte sich Callot daran, den Zeichenstift freier und individueller zu gebrauchen, lernte er „das Geheimnis der Radierkunst, eine schöne Art und Weise, die Feder zu benutzen und das Zeichnen winziger Figuren", wie Baldinucci berichtet.
Remigio Cantagallina und Stefano della Bella, Callots römische Werkstattgefährten, folgten ihm nach Florenz und gehörten dort ebenfalls zu Parigis Schüler- und Mitarbeiterkreis.

„Vie de Ferdinand I. Medici“
(Leben Ferdinands I. von Toskana), 1614–1619 (?)

Ein Soldat
Rötel, 255 x 184. Florenz, Uffici
Ternois 1

Fünf Reiterstudien
Rückseite des vorhergehenden Blattes
Schwarze Kreide, 184 x 255. Florenz, Uffici

Die Hochzeit Ferdinands I.
Neben dem Stich schwarze Kreide, 223 x 301. Paris, Bibliothèque Nationale
Ternois 2

Groteske Sängergruppe mit Zwergen
Feder auf gelblich getöntem Papier, 137 x 149. Paris, Louvre
Ternois 3

Zwerg mit Mütze
Feder auf gelblich getöntem Papier, Abbildung in Originalgröße.
Paris, Louvre
Ternois 6

Zwei Zwerge mit Flöte und Trommel
Feder auf gelblich getöntem Papier, Abbildung in Originalgröße. Paris, Louvre

Zwei Zwerge mit Mandoline und Flöte
Feder auf gelblich getöntem Papier, Abbildung in Originalgröße.
Paris, Louvre
Ternois 5

Wirtshausszenen
Feder auf gelblich getöntem Papier, 103 x 224. Paris, Louvre

Groteske Figuren
Rückseite des vorhergehenden Blattes
Feder auf gelblich getöntem Papier, 103 x 224. Paris, Louvre
Ternois 7

Zwei Zwerge und eine mißgestalte Figur
Feder auf gelblich getöntem Papier, 143 x 125. Paris, Louvre
Ternois 8

Ein buckliger Zwerg, von hinten gesehen, rechts unten der Kopf einer Karikatur
Feder auf gelblich getöntem Papier, Abbildung in Originalgröße.
Paris, Louvre
Ternois 9

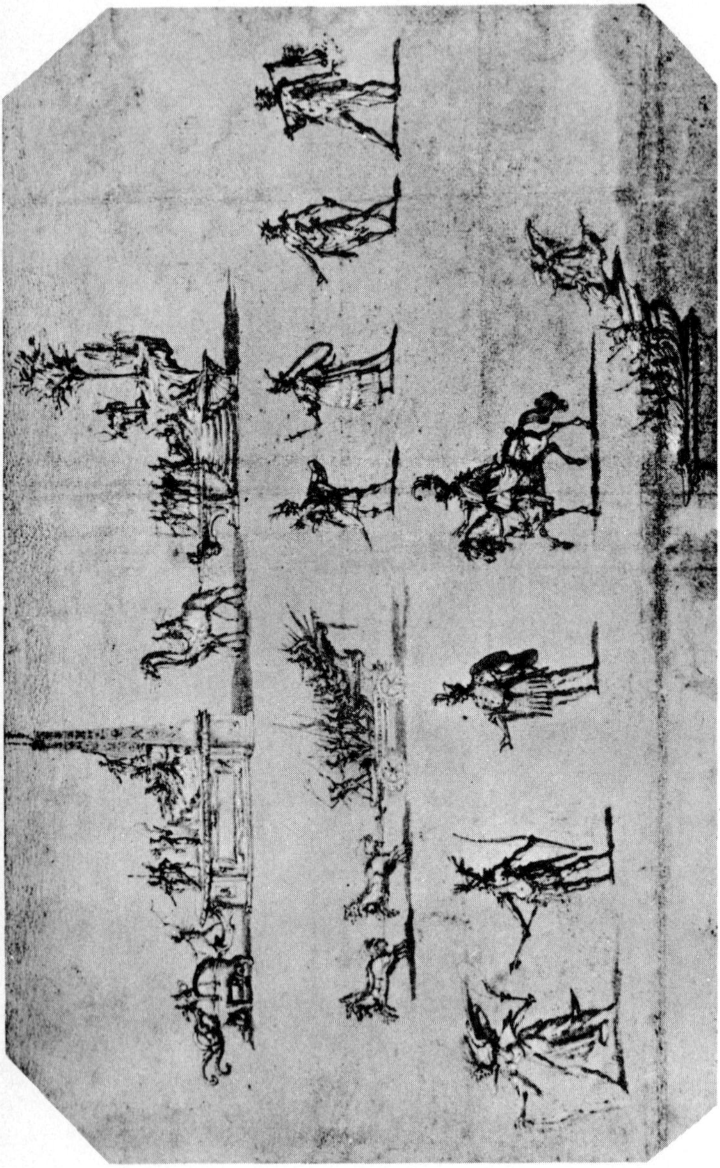

Drei Friese mit elefanten- und kamelbespannten Wagen, Figuren und Reitern
Feder, mit Bister laviert, auf chamoisfarbenem Papier von lederartigem Aussehen,
235 x 358. Chatsworth, Devonshire Collection

Piazza Santa Croce in Florenz mit Prozession im Vordergrund
Schwarze Kreide, Feder, mit Bister laviert, 184 x 307. Florenz, Uffici
Ternois 11

Erstes Zwischenspiel
Feder, mit Bister laviert, schwarze Kreidestriche, 282 x 201.
Berlin, Kupferstichkabinett
Ternois 12

„Le Combat de quatres Galères“ (Der Kampf der vier Galeeren), 1617

Eine Seeschlacht
Feder über schwarzen Kreidestrichen, 104 x 203. New York, Collection Hellmuth Wallach
Ternois 13

DIE FLORENTINER JAHRE, 1612–1617
(NICHT DATIERBARE ARBEITEN)

Der Stammbaum der Porcellets, einer adeligen lothringischen Familie, wurde um 1612 in Kupfer gestochen (siehe Band II, S. 1394) – ob von Callot eigenhändig oder von einem anderen Stecher, ist in der Forschung umstritten.
Zu dem fast einen Meter hohen Stich in der Anordnung eines Flügelaltars (der eigentliche Stammbaum mit ausführlicher Inschrift in der Mitte; rechts und links davon symmetrisch quadratische Felder, die in Wort und Bild aus der Familiengeschichte berichten) ist nur eine sorgfältig ausgeführte Federskizze Callots vorhanden: Christus mit dem Kreuz. Diese freistehende Figur schließt den Kupferstich nach oben ab. Vermutlich ist das kleine Blatt die früheste bekannte Handzeichnung Callots überhaupt.
Pantalone, der spitzbärtige Alte, ist eine Hauptfigur der Commedia dell'arte, der italienischen Stegreifkomödie. Callot hat sich mit diesem Genre des Theaters, das auch in Florenz am Mediceerhof gepflegt wurde, häufig beschäftigt, am intensivsten in der Radierungsfolge der „Balli" (siehe Band II, S. 1080 ff.) und den Vorzeichnungen dazu (S. 472 ff.). Die Federzeichnung des tanzenden Pantalone diente als Studie zu einer Radierung, die 1616 entstand (siehe Band II, S. 1410) und übergroß im Vordergrund, vor reichgekleideten Höflingen und vornehmen Damen, *zwei* groteske Tänzer zeigt.
Die Antoniuslegende hat Callot zweimal auf großen Radierungen festgehalten, zuerst etwa um 1616/17 (siehe Band II, S. 1415 ff.) in Florenz. Das höllische Geschehen findet in einer bizarren, weiten Höhle statt. Die vorbereitende Zeichnung ist in allen Details und der Anordnung eine exakte Vorzeichnung zur Florentiner Radierung.
Das Antoniusthema hat zu allen Zeiten die Phantasie der Künstler angeregt, denn es gab einen guten Vorwand, die fabelhaftesten Ungeheuer darzustellen: Drachen, Teufel, Schlangen, Fratzenwesen in allen Varianten. Auf einem berühmten Blatt von Martin Schongauer zum Beispiel schwebt der gepeinigte Heilige mit wehendem Gewand in den Lüften, und ein ganzes Heer von gespenstischen Ungeheuern zerrt von allen Seiten an ihm. Auf Tempestas Stich (S. 42) scheint der Antonius den Teufelsspuk eher zu bannen – die Teufel umlagern ihn, aber

Antonio Tempesta, Die Versuchung des heiligen Antonius

sie berühren ihn nicht. Bei Callot befindet sich der Heilige, winzig klein, auf der Zeichnung sogar kaum erkennbar, im Hintergrund. Er spielt eigentlich keine Rolle mehr, die Dämonen beherrschen die Szene. Hieronymus Bosch und Pieter Breughel, der „Höllenbreughel", haben sich dann ausschließlich den Chimären gewidmet und sie ganz von der Legende abgetrennt.

Die „Capricci", eine kleinformatige Folge von Radierungen, auf den wichtigsten Blättern voll dichter Atmosphäre, die das Leben in Florenz und am Hof Cosimos II. spiegelt, hat Callot zweimal radiert: 1617 in Florenz und, mit geringen Abweichungen, 1622 in Nancy. Von dieser Folge gibt es eine große Skizze, auf der, fast naturgetreu und bis auf den heutigen Tag erkennbar, Signoria, Loggia dei Lanzi, Neptunsbrunnen und Michelangelos David zu sehen sind. Den weiten, leeren Platz füllt dann auf der ausgeführten Radierung eine vielköpfige Menschenmenge (siehe

Antonio Tempesta, Das sardinische Pferd

Band II, S. 1022). Die Einzelfiguren lassen sich auf den Radierungen nur schwer ausmachen; sicher gehört S. 53 links zu Band II, S. 989; S. 54 Mitte zu Band II, S. 1005 und S. 54 rechts zu Band II, S. 988.
Die Pferdestudien sind größtenteils Kopien nach Arbeiten Tempestas, vor allem die großen sehr natürlich ausgearbeiteten Pferde S. 57 ff.
Unter den vermischten Skizzen finden sich, flüchtig hingeworfen, Figuren aus den „Capricci" wieder, und zwar S. 84 rechts unten zu Band II, S. 992; S. 85 oben Mitte zu Band II, S. 1001; S. 85 unten Mitte zu Band II, S. 991; die sehr undeutlichen, ungefähren Studien der Commedia dell'arte (S. 90 ff.) hängen sicherlich mit den „Balli" zusammen.
Die anatomischen Übungen Callots und die Zeichnungen nach antiken Statuen wirken merkwürdig „kalt und schülerhaft; sie stammen wahrscheinlich aus der Frühzeit, vor 1617" (Ternois). Ihre Zuschreibung ist gelegentlich auch angefochten worden.
Die folgenden Figuren sind zum Teil erste Versuche in der Porträtkunst. Die heilige Lucia (S. 112), mehr vornehme Dame als fromme Heilige, wird ihr Vorbild am Florentiner Hof gehabt haben. Der Offizier mit dem breitkrempigen Hut (S. 113) und den flotten Federn darauf hat Verwandte auf den kleinen Radierungen der „Capricci" und Ähnlichkeit mit einer anderen, bei Ternois nicht erwähnten Zeichnung eines Soldaten (Lieure, Band II, Nr. 142). Der berühmte „Mann mit den Schnecken" (S. 115), eine Mischung aus Charakterkopf, Groteske und Stillleben, diente als Vorlage zu einem Gemälde in der Galerie des Palazzo Pitti in Florenz, dessen Urheberschaft umstritten ist. Lieure bezeichnet es als eigenhändiges Werk Callots (Band II, Nr. 192), Ternois als eine „unter dem Namen Callots" geführte Arbeit, die nach dem stark veränderten Stich des französischen Stechers Charles David entstanden ist.
In diesen Zusammenhang gehört die gelegentlich angeschnittene Frage: Hat Callot gemalt? Neben dem „Mann mit den Schnekken" in den Uffizien stehen noch zwei andere Ölbilder zur Diskussion, das „Porträt eines Mannes" in der Galerie Pitti in Florenz, nach Lieure ein Selbstbildnis aus Callots letzten Lebensjahren, und eine „Kreuztragung" im Musée des Beaux-Arts in Nancy. Der Katalog weist dieses Bild allerdings als Zuschreibung aus und erörtert ausführlich die Argumente für und gegen eine Eigenhändigkeit des Werkes. Das Motiv ist sicher von Callot, es ist die Kreuztragung aus der „Großen Passion", aber

Jacques Callot, „Il Capitano“

für eine wirkliche Zuschreibung gibt das nur einen geringen Anhaltspunkt. Auch andere Stiche und Radierungen des Künstlers wurden von anonymen Kollegen gemalt. Venedig besitzt Gemälde vom „Jahrmarkt von Impruneta", dem „Pont Neuf" und „Tour de Nesle" in Paris, die bestimmt nicht von Callots eigener Hand sind, ihm aber dennoch gelegentlich zugeschrieben werden. Insgesamt scheint es sehr unwahrscheinlich zu sein, daß Callot wirklich gemalt hat. Die spärlichen Dokumente seiner Biographie sagen nichts darüber, und auch von Freunden oder Kollegen wird nichts berichtet.

Auch die Zuschreibung der Zeichnung des Schneckenmannes ist nicht unbestritten. Ternois gibt einen Überblick über den Stand der Diskussion:

„Mariette und Gersaint halten ohne Einschränkung Callot für den Schöpfer des Blattes und berufen sich auf eine Inschrift auf dem Stich Ch. Davids, aber weder der eine noch der andere haben die Zeichnung in den Uffizien gekannt. Zahn, Lieure und Bruwaert, die sie gesehen haben, sind derselben Ansicht, der letztere weist auf S. 29 schlicht darauf hin, daß oft ein großer Anteil der Erfindung des Blattes Passignano (?) zugeschrieben werde. Dem steht die Ansicht Di Pietros entgegen, der Callot die Urheberschaft abspricht, und Meaume (der die Zeichnung nicht zu kennen scheint) schreibt: „Das Blatt ist eine Arbeit Ch. Davids, das gilt für die Zeichnung und für den Stich."

Mehrere Merkmale überraschen auf den ersten Blick: die etwas schwerfällige Art der Komposition, die Stärke und Gleichmäßigkeit des Strichs, die ungewöhnliche Aufmerksamkeit, die auf das Gesicht und den Gesichtsausdruck verwendet wurde, die Gewöhnlichkeit der Anspielung. [Schnecken-„Hörner" eines Betrogenen.] All diese Gründe haben M. Sterling dazu bewogen, die Zeichnung Callot abzusprechen und Lallemand zuzuschreiben.

Das „schelmenhafte Ungestüm" des Mannes mit den Schnecken, schreibt Sterling, ist vor allem eine Stileigenheit von Lallemand und Bellange. Die großen Hände mit den verstümmelten Fingern und gleichmäßigen Nägeln, die zu kurzen Unterarme und die aufgeplusterten Falten finden sich auf den „Aposteln" von Lallemand, die Büsinck gestochen hat. Die feinen Lichteffekte, die kontinuierlichen und gleichmäßigen Konturen, die kluge Verteilung von Schatten und Licht lassen darauf schließen, daß die Zeichnung für einen Clairobscur-Stich bestimmt war, wie es die „Apostel" sind.

Vieles an dieser Interpretation ist einleuchtend: der lothringische Charakter des Werkes und vielleicht der Einfluß Lallemands auf Callot. Dennoch glauben wir, daß der „Mann mit den Schnecken" von Callots Hand stammt, und zwar aus mehreren Gründen.

Die kräftige, ein wenig eintönige Federführung findet sich um 1616 häufig, zum Beispiel bei den Pferden nach Tempesta, und sogar noch am Ende der Florentiner Periode („Bildnis Cosimos II."; „Der Fächer"). Die Verwendung von Gouache ist bei Callot selten, am man findet sie bei den „Badenden" in Chatsworth (um 1618) oder auf den Bauernstudien und den Teufeln (Katalog Nr. 722 und 73, um 1616–1617) in den Uffizien. Außerdem läßt der Vergleich des „Mannes mit den Schnecken" mit den wenigen bekannten Zeichnungen von Lallemand einen deutlichen Unterschied in Gestaltung und Ausführung erkennen.

Aber vor allem muß man die Zeichnung „Der Mann mit den Schnecken" mit zwei Skizzenblättern in den Uffizien (Nr. 48 und 71) vergleichen. Auf dem ersteren findet sich eine Studie der rechten Hand des Schneckenmannes und mehrere Skizzen (ihre Eigenhändigkeit ist unbestreitbar) zum „Liebeskrieg" von 1616. Das andere zeigt Skizzen eines Mannes mit zugekniffenem Auge und ausgestreckter Hand und eines Mannes mit der Katze im Arm; es sind zwar keine Schnecken darauf, aber Ausdruck und Gesten erinnern an den „Mann mit den Schnecken".

Georges Lallemand (auch L'Alleman oder Lallemant geschrieben) wurde um 1570 in Nancy geboren, lebte in Paris als Maler und Radierer und starb dort um 1640. Eckhart Knab schreibt: „Meister des Überganges vom Manierismus zum Barock. Beeinflußt von Bellange und der späteren Schule von Fontainebleau (Dubois, Fréminet u. a.), wandte er sich zunehmend der realistischen Richtung, dem Einfluß Bloemaerts, Lagneaus und auch Callots zu. Von Mariette einer „manière pauvre et sans goût" geziehen, scheint er doch ein erfindungsreicher und fruchtbarer Künstler gewesen zu sein ..."

Christus mit dem Kreuz
Feder, mit Bister laviert, auf gelbem Papier, Abbildung in Originalgröße. Leningrad, Eremitage
Ternois 14

Grotesker Tänzer
Feder, mit Bister laviert, seitlich einige Rötelstriche, Abbildung in Originalgröße. Florenz, Uffici
Ternois 15

„LA PREMIÈRE TENTATION DE SAINT ANTOINE"
(ERSTE VERSUCHUNG DES HEILIGEN ANTONIUS)

Die Versuchung
Feder, mit Bister laviert, auf chamoisfarbenem Papier und auf Leinwand aufgezogen; mit Gold gehöht, 760 x 930. Paris, Petit Palais

Die Signoria in Florenz
Schwarze Kreide, Feder, mit Bister laviert, 245 x 365. Darmstadt, Hessisches Landesmuseum
Ternois 17

Drei Soldatenskizzen
Schwarze Kreide; Rötel, Abbildungen in Originalgröße. Florenz, Uffici

Geigenspieler; kleine Skizze eines sitzenden Mannes
Vorder- und Rückseite eines Blattes
Schwarze Kreide, Abbildungen in Originalgröße.
Florenz, Uffici
Ternois 21

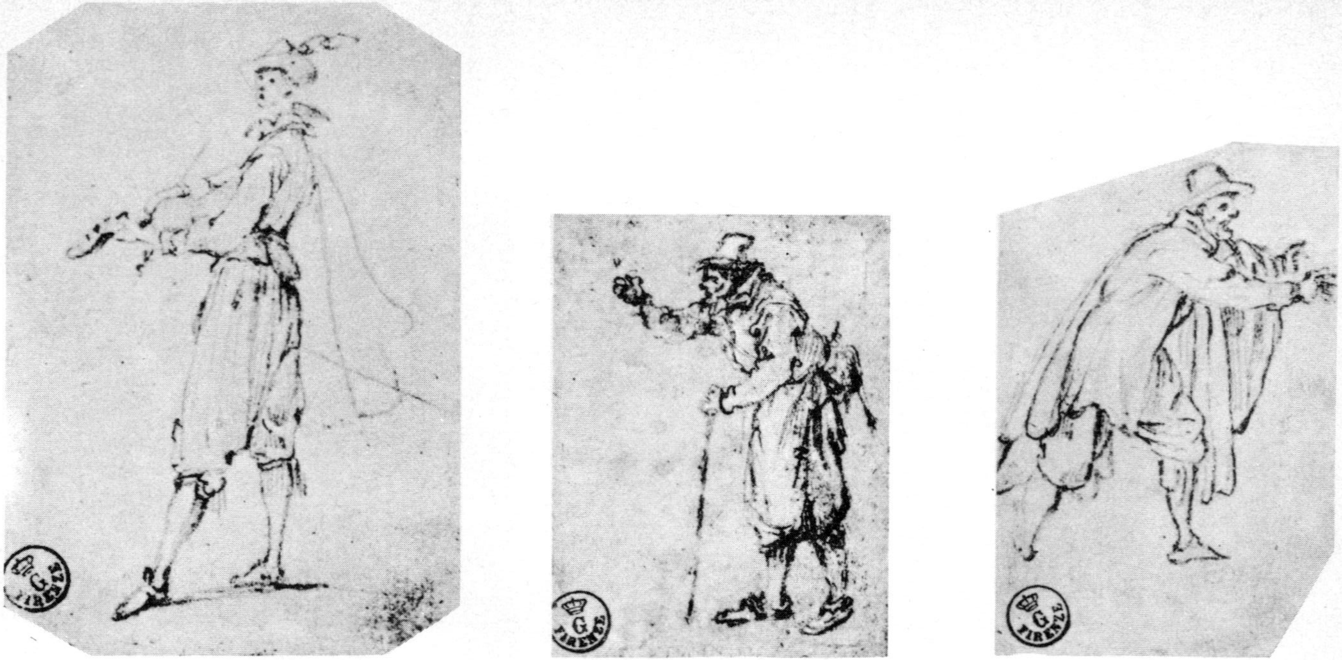

Musikant; zwei Bauernskizzen
Schwarze Kreide, Abbildungen in Originalgröße. Florenz, Uffici

Pferd nach links, Soldatenskizzen
Das Pferd mit Feder, die Skizzen Pinsel und Bister, 250 x 353. London, British Museum
Ternois 25

Muskelfigur von vorn, drei weitere Muskelfiguren, Duellanten und Gestalten aus der Commedia dell'Arte
Rückseite des vorhergehenden Blattes.
Die Muskelfiguren mit Rötel, die Skizzen Feder oder schwarze Kreide, 353 x 250
London, British Museum. Ternois 25

Ein Pferd nach links, verschiedene Skizzen, meist Studien zu einer kleinen Amorfigur
Feder, 243 x 339. London, British Museum
Ternois 26

Ein Pferd nach rechts, verschiedene Pferdeskizzen und karikierte Köpfe
Feder, 233 x 334. London, British Museum

Vier Hinterteile von Pferden, Pferdeskizzen und Figuren
Rückseite des vorhergehenden Blattes
Feder, 233 x 334. London, British Museum
Ternois 27

Zwei Pferde nach rechts, zwei Skizzen von Pferdeköpfen und zahlreiche Pferdeskizzen in Bewegung
Feder, 225 x 304. London, British Museum

Zwei Pferde, sechs Pferdeskizzen und Figuren
Rückseite des vorhergehenden Blattes
Feder, 225 x 304. London, British Museum
Ternois 28

Ein Pferd nach links, daneben Skizze eines sich aufbäumenden Pferdes
Feder, 198 x 252. Stockholm, Nationalmuseum

Sechs kleine Pferdeskizzen
Rückseite des vorhergehenden Blattes
Feder, 198 x 252. Stockholm, Nationalmuseum
Ternois 29

Zwei Pferde im Galopp, von hinten gesehen
Feder, 237 x 334. Wien, Albertina

Sich bäumendes Pferd, eine kleine Skizze desselben Pferdes und zwei Studien zu den Beinen
Rückseite des vorhergehenden Blattes
Feder, 237 x 334. Wien, Albertina
Ternois 30

Pferd nach rechts, daneben zahlreiche Skizzen, vier Pferdeköpfe, sich aufbäumende Pferde, Reiter im Galopp und zwei Schlachtenszenen
Feder, 243 x 183. London, Victoria and Albert Museum
Ternois 31

Detail des vorhergehenden Blattes
Abbildung in Originalgröße

Zwei große Pferdeskizzen, neun Pferdeköpfe, ein Pferd im Sprung
Feder, 220 x 280. Kunsthandel, USA

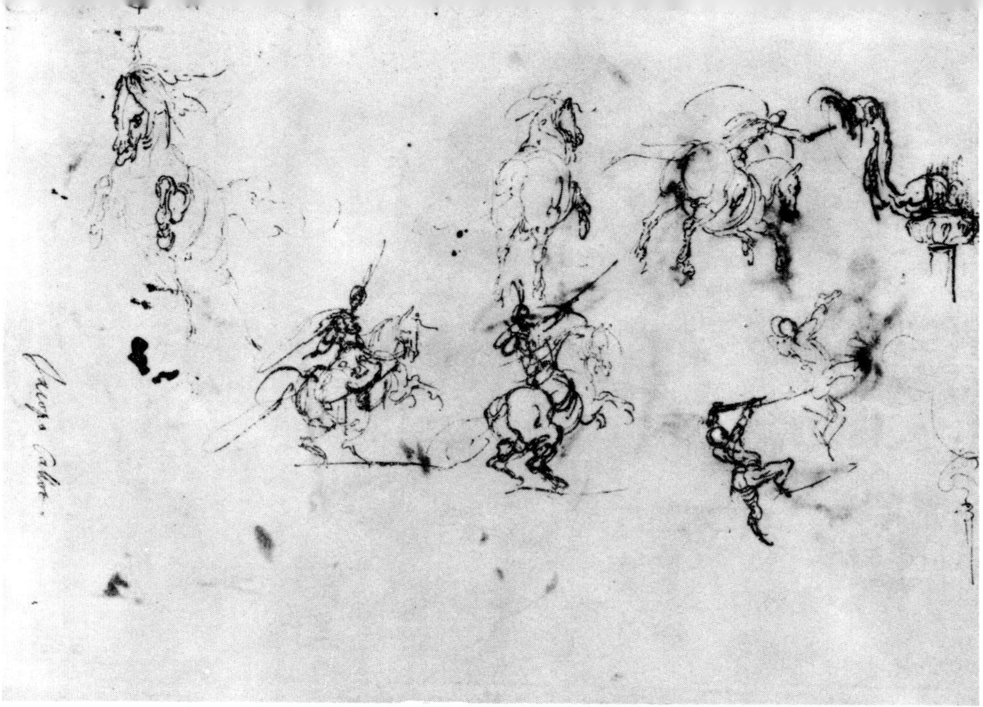

Drei Pferde, drei Reiter, ein schlangenartiges Ungeheuer und zwei nackte Figuren
Rückseite des vorhergehenden Blattes
Feder, 220 x 280. Kunsthandel, USA
Ternois 32

Springendes Pferd nach links
Feder, 201 x 288. Florenz, Uffici

Stehendes Pferd
Rückseite des vorhergehenden Blattes
Feder, 201 x 288. Florenz, Uffici
Ternois 33

Zwei Pferde nach rechts
Feder, 196 x 247. Florenz, Uffici

Galoppierendes Pferd
Feder, mit Bister laviert, 208 x 292. Florenz, Uffici
Ternois 35

Vierzehn Pferdeköpfe
Feder, 150 x 280. Florenz, Uffici
Ternois 36

Reiterstudien
Rötel, 233 x 183. Florenz, Uffici
Ternois 39

Springendes Pferd nach rechts
Rötel, Abbildung in Originalgröße. Florenz, Uffici
Ternois 37

Pferd nach links
Rötel, Abbildung in Originalgröße. Florenz, Uffici
Ternois 38

Ein Reiter, von vorn gesehen
Schwarze Kreide auf gelblichem Papier, Abbildung in Originalgröße. Florenz, Uffici
Ternois 41

Zwei springende Pferde; Reiterschlacht
Feder, Abbildungen in Originalgröße. Florenz, Uffici
Ternois 40 und 42

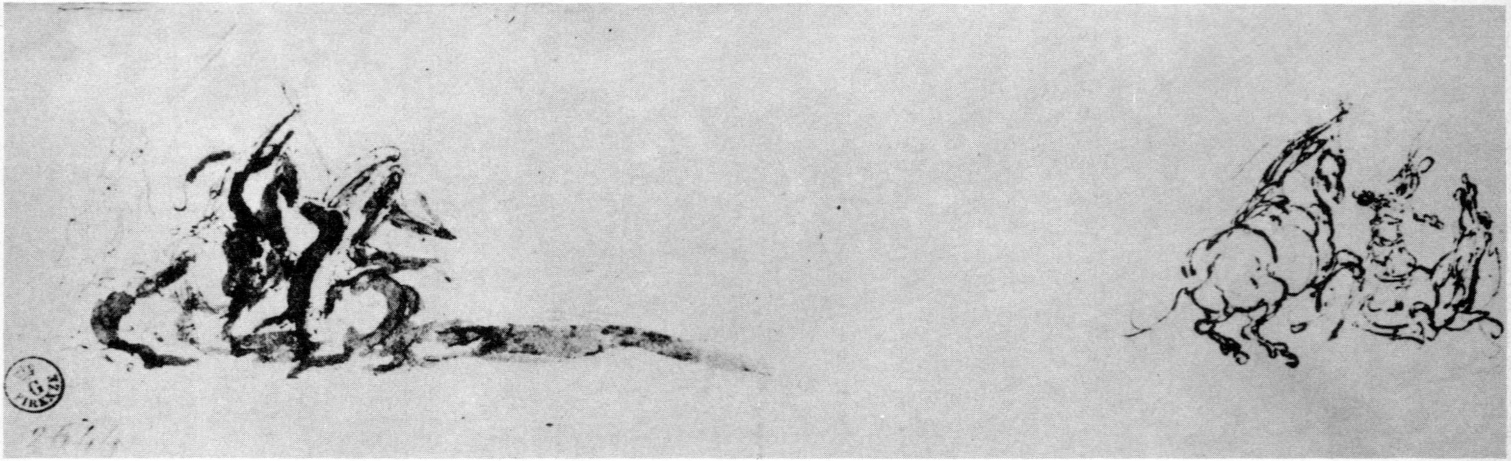

Zwei Schlachtenepisoden
Feder, mit Bister laviert; die rechte Gruppe nur Feder, 68 x 220. Florenz, Uffici

Reiterschlacht
Feder, mit Bister laviert, 69 x 272. Florenz, Uffici
Ternois 44

Reiter zu Pferde
Rötel, Abbildung in Originalgröße. Florenz, Uffici
Ternois 45

Zwei galoppierende Pferde
Rückseite des vorhergehenden Blattes
Rötel, Abbildung in Originalgröße. Florenz, Uffici
Ternois 45

Soldatenstudien
Schwarze Kreide und Rötel, 238 x 184. Florenz, Uffici
Ternois 46

Vier Offiziere, links ein Mann am Boden
Rötel und schwarze Kreide, 217 x 178. Florenz, Uffici
Ternois 47

Sechs Bewegungsstudien
Rückseite des vorhergehenden Blattes
Feder, 178 x 217. Florenz, Uffici

Studien zu einem Katzenhändler
Rötel, 251 x 157. Florenz, Uffici
Ternois 48

Studien zu Figuren der Commedia dell'Arte. Rückseite des vorhergehenden Blattes. Rötel, 175 x 251. Florenz, Uffici. Ternois 48

Groteske Tänzer: acht Studien zu Figuren der Commedia dell'Arte
Rötel, 210 x 286. Chicago, Art Institute
Ternois 49

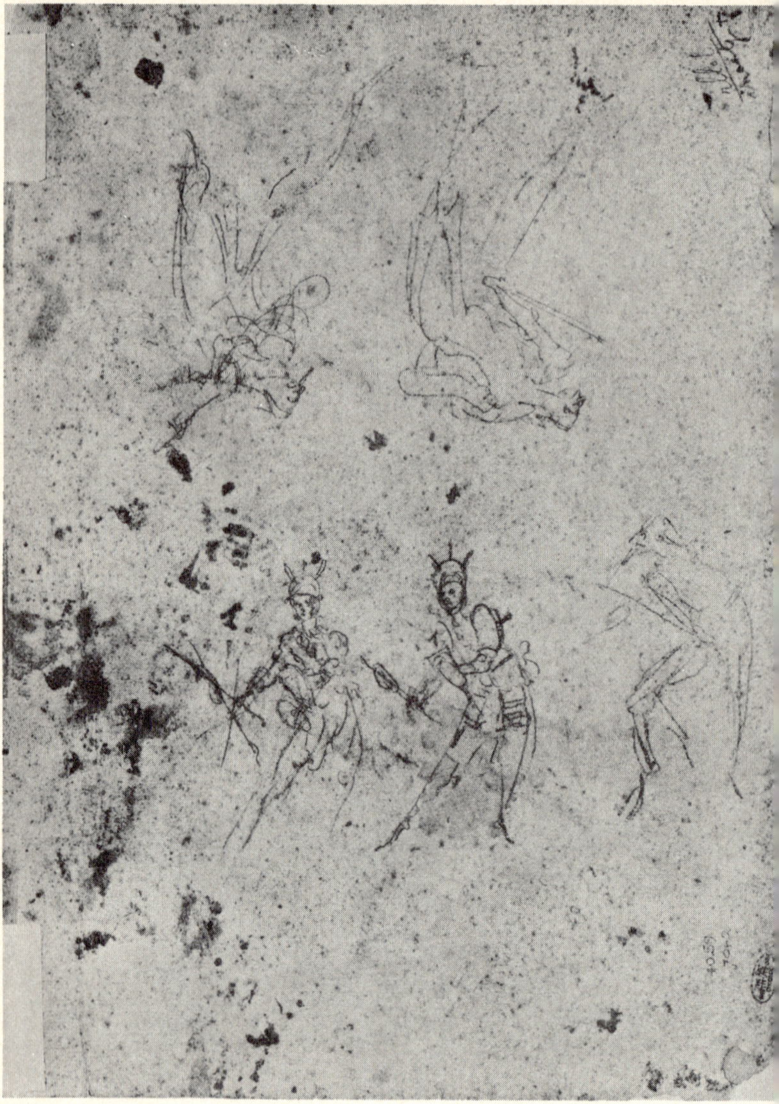

Studien zu Figuren der Commedia dell'Arte
Rückseite des vorhergehenden Blattes
Rötel, 286 x 210. Chicago, Art Institute
Ternois 49

Karikaturen von Köpfen
Feder, zwei der Skizzen schwarze Kreide, 252 x 178.
Florenz, Uffici
Ternois 50

Karikatur eines Kopfes und Ornamente
Rückseite des vorhergehenden Blattes
Schwarze Kreide, 178 x 252. Florenz, Uffici
Ternois 50

Rechts: Verschiedene Skizzen: Rückenansicht einer Frau, ein Ungeheuer mit Holzbein und einem Hund an der Leine, zwei Offiziere und einige nicht zu identifizierende Motive
Rötel oder schwarze Kreide, eine Rötelzeichnung mit Feder übergangen, 238 x 151. Florenz, Uffici
Ternois 51

Skizzen auf einem Probedruck des „Lebens Ferdinand I."
Schwarze Kreide, 194 x 300. Paris, Bibliothèque Nationale
Ternois 52

Elf deformierte Zwergengestalten
Feder und Rötel, 102 x 140. Zuletzt im amerikanischen Kunsthandel
Ternois 53

Fünf Phantasieskizzen
Feder, Abbildung in Originalgröße. Paris, Sammlung Delestre
Ternois 54

Skizzenblatt: zwei Offiziere, ein Pantalone, Zwerge
Feder, 110 x 160. Versailles, Sammlung Henri Leroux
Ternois 55

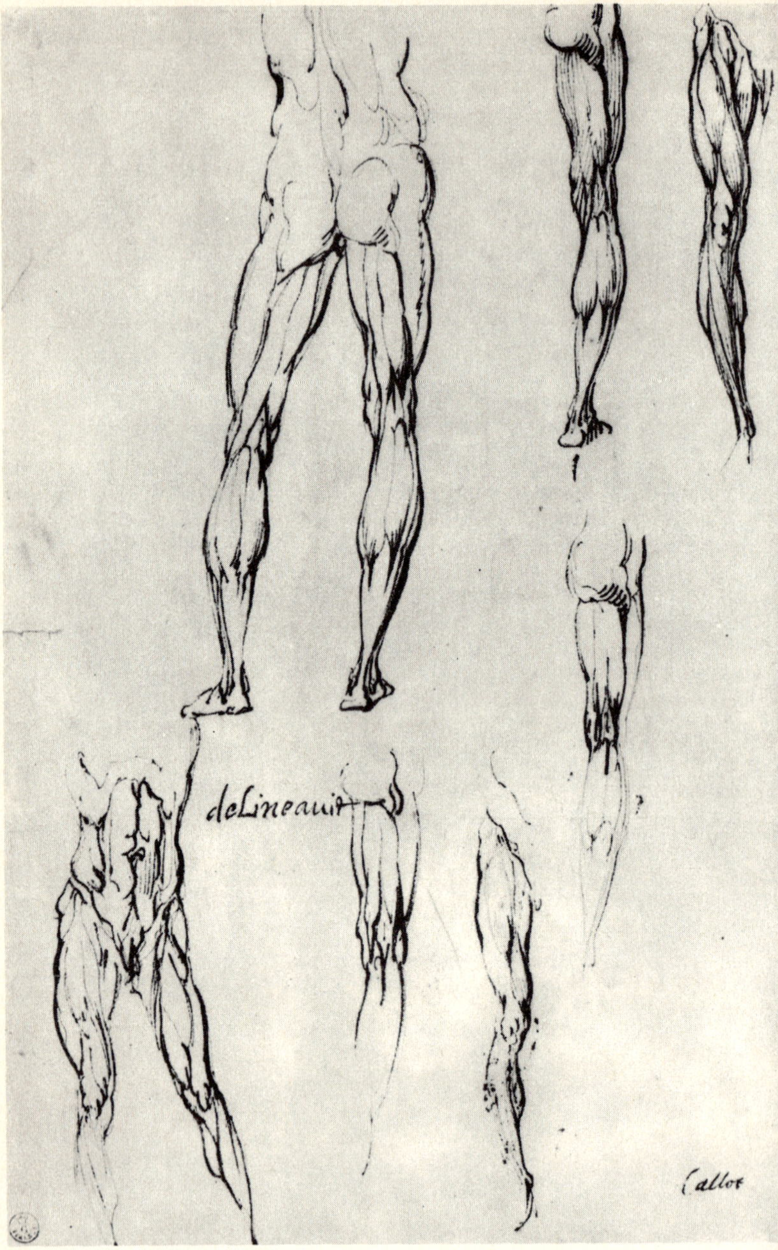

Ein Torso von vorn und hinten, fünf Beinstudien
Feder, 348 x 227. Florenz, Uffici
Ternois 56

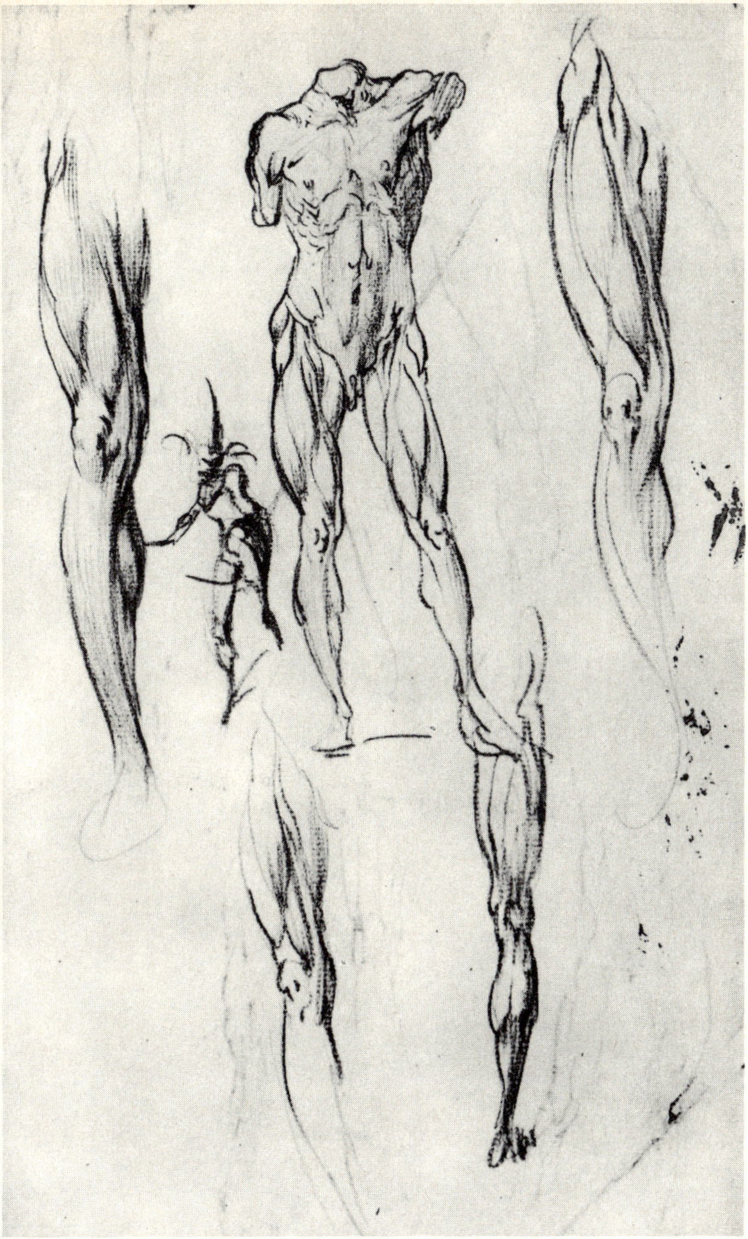

Ein Torso von vorn, vier Beinstudien und ein grotesker Tänzer
Rückseite des vorhergehenden Blattes
Rötel, 348 x 227. Florenz, Uffici
Ternois 56

Amor mit dem Pfeil und Skizzen grotesker Tänzer
Feder, 236 x 176. Florenz, Uffici
Ternois 57

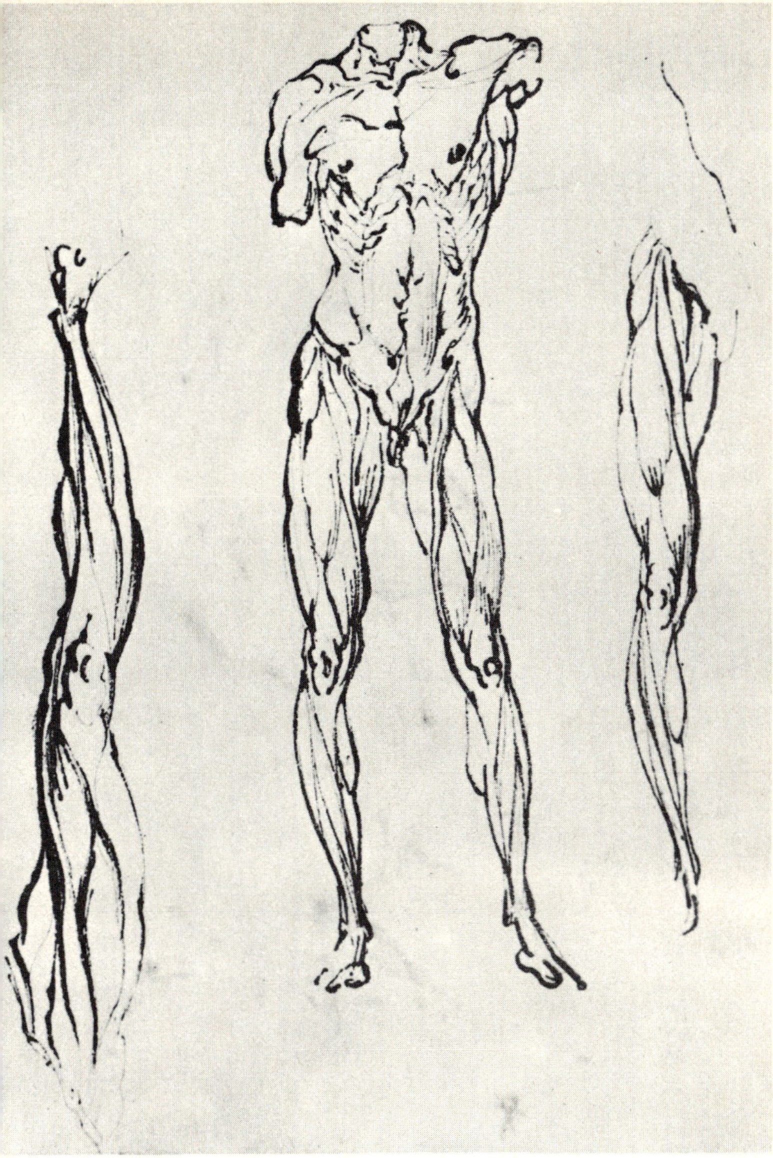

Ein Torso von vorn und zwei Beinstudien
Rückseite des vorhergehenden Blattes
Feder, 236 x 176. Florenz, Uffici
Ternois 57

Nackter Mann im Profil, auf einen Stock gestützt
Rötel, 209 x 137. Florenz, Uffici
Ternois 58

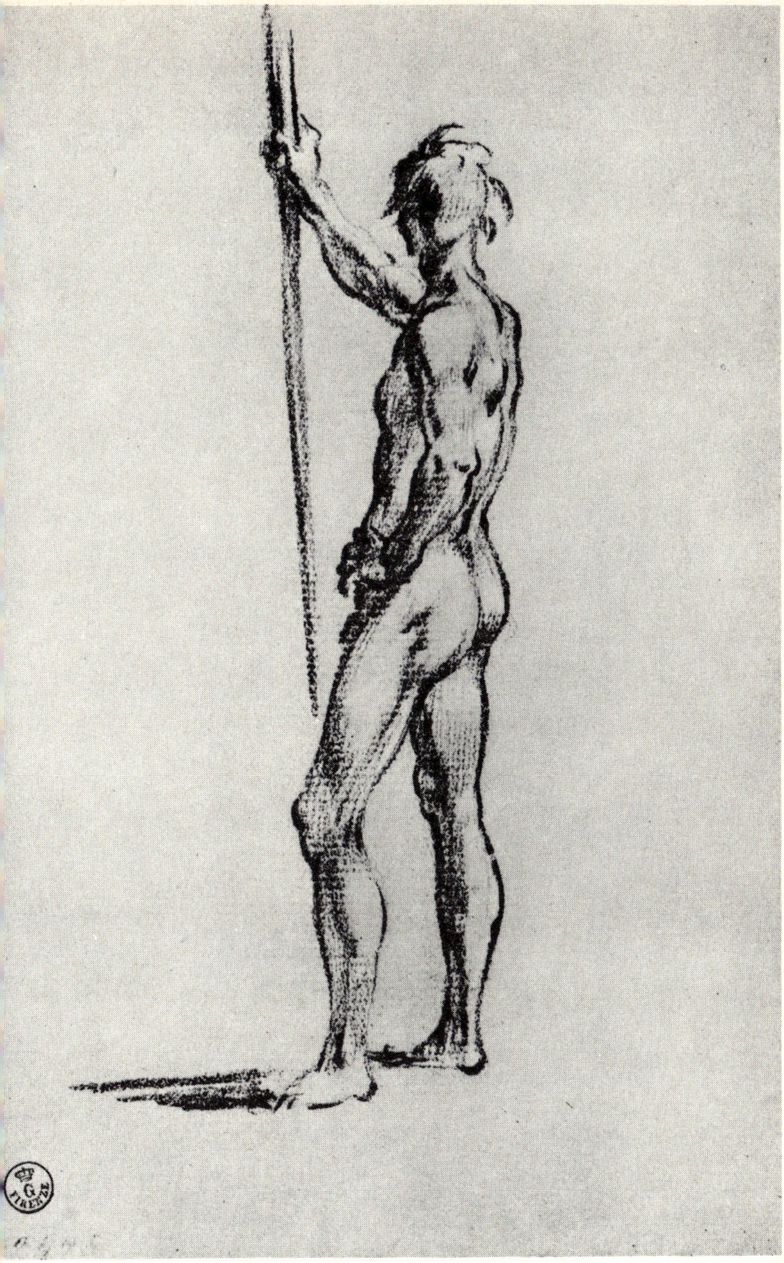

Nackter Mann im Profil, der einen Stock schwingt
Rötel, 210 x 138. Florenz, Uffici
Ternois 59

Rückenansicht eines nackten Mannes
Rötel, 308 x 185. Florenz, Uffici
Ternois 60

Rückenansicht eines nackten Mannes
Detail in Originalgröße

Torso eines nackten Mannes mit ausgestrecktem Arm
Rötel, 143 x 193. Florenz, Uffici

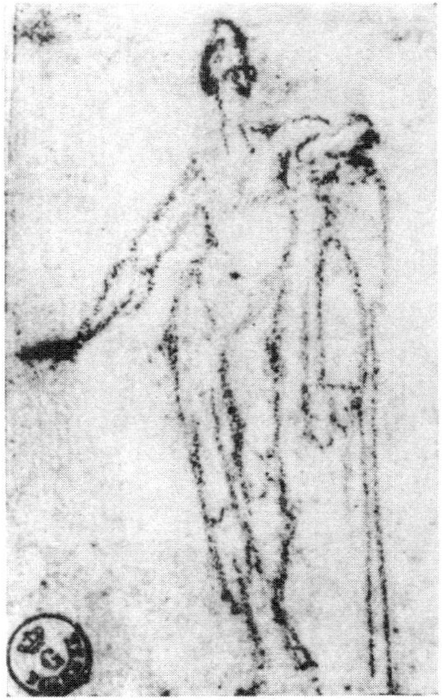

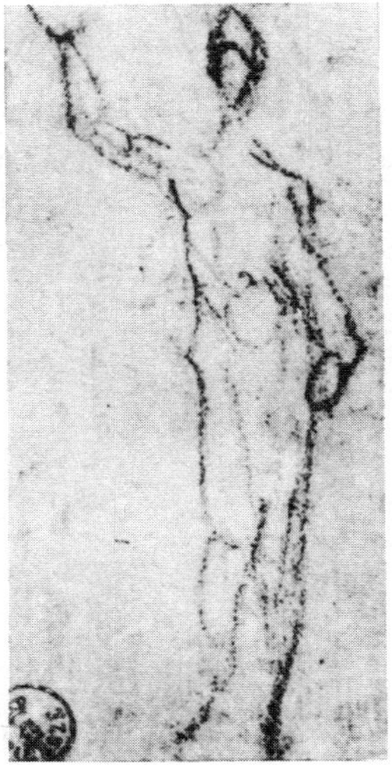

Nackte Frau von vorn, an eine Säule gelehnt;
nackte Frau von vorn mit erhobenem Arm
Rötel, Abbildungen in Originalgröße. Florenz, Uffici
Ternois 63/64

Nackte Frau von vorn, an eine Säule gelehnt
Rötel, Abbildung in Originalgröße. Florenz, Uffici
Ternois 62

Nackte Frau von vorn, mit erhobenem Arm
Rückseite des vorhergehenden Blattes
Rötel, Abbildung in Originalgröße. Florenz, Uffici
Ternois 62

Antike Statue einer verhüllten Frau, von zwei Büsten umgeben
Rötel, Abbildung in Originalgröße. Florenz, Uffici
Ternois 65

Statue einer halbnackten Göttin, vielleicht der Göttin der Fruchtbarkeit
Rötel, die Kartusche mit Feder übergangen, Abbildung in Originalgröße. Florenz, Uffici
Ternois 66

Die heilige Lucia in halber Figur
Rötel, Abbildung in Originalgröße. Florenz, Uffici
Ternois 67

Der Offizier mit dem runden Schild, nach rechts gewendet
Schwarze Kreide, mit Bister laviert, 179 x 126.
Leningrad, Eremitage
Ternois 68

Ein Offizier mit Schild und Degen
Schwarze Kreide, mit Bister laviert, 180 x 210.
Leningrad, Eremitage
Ternois 69

Der Mann mit den Schnecken
Feder, mit Bister laviert und mit Gouache gehöht, 470 x 370.
Florenz, Uffici
Ternois 70

Verschiedene Figurenskizzen
Rötel, 247 x 168. Florenz, Uffici
Ternois 71

Neun Bauernstudien
Feder, mit Bister laviert und mit schwarzer Gouache gehöht,
203 x 139. Florenz, Uffici
Ternois 72

Vier Bauernstudien
Feder, mit Bister laviert, mit Gouache gehöht, auf chamoisfarbenem Papier, 225 x 321.
Florenz, Uffici

Phantastische Tierfiguren
Feder, mit Bister laviert, auf chamoisfarbenem Papier, 158 x 245. Florenz, Uffici
Ternois 74

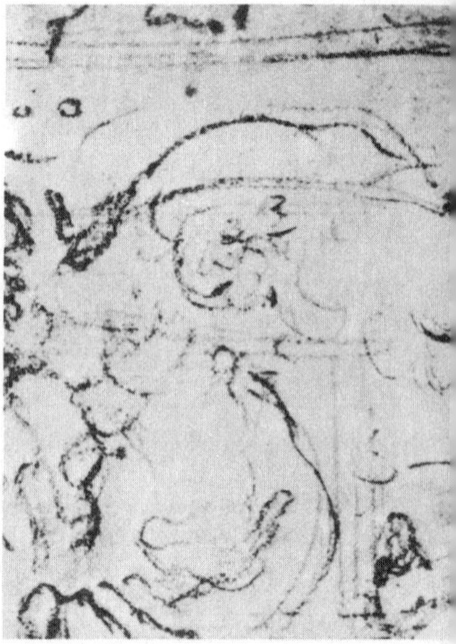

Die Frau mit dem Geldsack; unentzifferbare Skizze
Vorder- und Rückseite eines Blattes
Rötel, Abbildungen in Originalgröße. Florenz, Uffici
Ternois 75

Karikatur eines Kopfes mit Federbarett
Schwarze Kreide, 143 x 114. Florenz, Uffici
Ternois 76

DIE FLORENTINER JAHRE 1618–1621
(SICHER DATIERBARE ARBEITEN)

Kaiser Matthias II. aus dem Hause Habsburg starb am 15. April 1619. In San Lorenzo, der Hauskirche der Mediceer in Florenz, fand eine prunkvolle Leichenfeier statt; Callot hat dieses Requiem auf der Platte in einer „ausgewogenen Kombination aus Kupferstich und Radierung“ (Lieure) festgehalten (siehe Band II, S. 1434). Eine Vorzeichnung zum Gesamtprospekt, einem perspektivisch meisterhaften Blick in die Kapelle mit dem aufgebahrten Sarg, wurde zuletzt 1776 erwähnt, ist aber verloren gegangen. Skizzen der Zuschauer sind erhalten geblieben und auf der Radierung, nur wenig verändert, deutlich wiederzuerkennen.

„Der Fächer“, eines der kunstvollsten Bilder Callots, entstand anläßlich einer Regatta, die alljährlich am 25. Juli von den Florentiner Seidenwebern und Färbern auf dem Arno abgehalten wurde. Die Vorzeichnung ist identisch mit der ausgeführten Radierung (siehe Band II, 1435), und auch die Einzelfiguren im Vordergrund, auf dem rokokohaft geschwungenen Rahmen sind erkennbar.

„Der Sinn für Schauspiel und Festspiel mag in Callot schon während seiner Jugend in Nancy erwacht sein, dessen Hof mit dem Florentiner verwandtschaftlich verbunden war und sich an Prachtentfaltung gerne mit den ersten in Europa maß“, schreibt Knab. „Seine dortigen Lehrer Claude Henriet und Jacques Bellange, ja selbst sein Vater, der Wappenherold Jean Callot, wirkten bei derartigen Festaufzügen, Schauspielen und Dekorationen mit, die Katharina von Bourbon, die erste Gemahlin Heinrichs II. von Lothringen und Schwester König Heinrichs IV. von Frankreich im Jahre 1600 zum ersten Male in Nancy veranstaltet hatte.“

Vom Vater Callot in seiner Tätigkeit als Lothringischer Wappenherold gibt es eine Darstellung von einem unbekannten Stecher: als Anführer der Trauerfeierlichkeiten für Herzog Karl III. von Lothringen am 19. Juli 1608: „Ruhe! Ruhe! Ruhe! Der mächtigste und erlauchteste Prinz, Karl, der dritte dieses Namens, . . . unser gütiger und gerechter Herzog ist tot. Der Herzog ist tot! Der Herzog ist tot. Sein Haus ist zerbrochen!“ Diese zeremoniellen Rufe neben der Aufzählung aller Titel des Verstorbenen waren das Amt des Herolds.

Jean Callot, der Vater des Künstlers, als Wappenherold

Giovanni Domenico Peri, Verfasser eines ländlichen Gedichts, „Fiesole distrutta", das (mit einer Titelradierung Callots, der sogenannten „Belle Jardinière", versehen, siehe Band II, S. 1592 f.) 1619 bei Zanobi Pignoni in Florenz erschien, wurde im selben Jahr von Callot porträtiert. Das Bildnis, eine Radierung (siehe Band II, S. 1439), erschien hinter dem Frontispiz der Buchausgabe. Die Vorzeichnung beschäftigt sich weniger mit dem Porträt selber, als vielmehr mit dessen Umrahmung, einer Komposition aus musischen und gärtnerischen Requisiten, denn Peri, der den Spitznamen „der Gärtner" führte, der „Archidosso poeta contadino", wie die Inschrift auf dem Oval der Radierung besagt, beschäftigte sich in seinen Werken ausschließlich mit ländlich bäuerlichen Themen.

Peri war ein Landwirt aus der Gegend von Siena; seine Zeitgenossen feierten ihn als neuen Vergil. Aber „die Huldigung an den Autor eines Gedichts über die Landwirtschaft scheint ihn [Callot] nicht sonderlich inspiriert zu haben", bemerkt Ternois.

„Soliman", eine recht gewalttätige und ohne Callots Zeichnungen und Radierungen längst vergessene Tragödie von Prospero Bonarelli, wurde 1619 in Florenz uraufgeführt und erschien 1620 bei Pietro Cecconcelli mit einer Widmung an Cosimo II.: „Il Solimano. Tragedia del Conte Bonarelli al Ser. Gran Duca di Toscana" (siehe Band II, S. 1062 ff.). Zu den sechs Radierungen, großen Darstellungen der gesamten Szene, die Callot zu diesem Stück anfertigte, hat er eine Menge Einzelfigurinen gezeichnet, Türken in den unterschiedlichsten Gruppierungen, Stellungen, Größen und zeichnerischen Techniken.

Das beim „Soliman" erprobte Verfahren, auf der Radierung winzig klein ausgeführte Figuren zunächst wesentlich größer und so vielfältig als möglich zu entwerfen, wird bei den Vorzeichnungen zum berühmten „Jahrmarkt von Impruneta" zum Prinzip erhoben. Diese große Radierung festigte und vollendete den Ruhm des Künstlers in Florenz. Cosimo II., dem das Blatt gewidmet ist (siehe Band II, S. 1384), schenkte Callot dafür sein Bildnismedaillon an goldener Kette. Nach der Rückkehr nach Nancy hat Callot eine zweite Fassung von „Impruneta" radiert.

Der kleine Ort nahe bei Florenz war alljährlich am 18. Oktober Schauplatz einer prächtigen Prozession, die sich in einem turbulenten Volksfest auflöste. Sie fand zu Ehren des heiligen Lukas statt, der ein wundertätiges Madonnenbild gemalt haben soll. Dieses Gemälde hatte der Überlieferung nach Impruneta vor der

Pest bewahrt. 1619 am Lukastag besuchte Callot den Ort und hat unmittelbar aus der Anschauung des bunten Treibens seine zahlreichen Entwürfe gezeichnet.
Ternois unternimmt (S. 61 ff.) den Versuch, die gezeichneten Figuren mit den auf der Radierung ausgeführten winzigen Figürchen zu identifizieren.
Eckhart Knab schreibt zum Imprunetablatt, das in der Literatur gelegentlich auch „La Fiera di San Luca“ genannt wird: „Callot zeichnete für diese Radierung mit ihrer schier unübersehbaren, räumlich aber meisterhaft geordneten Fülle von höchst belebten Szenen und Einzelheiten eine entsprechende Anzahl von Einzelstudien meist mit Rötel oder Kreide, die sich zum überwiegenden Teil in den Uffizien und in der Eremitage befinden (Ternois 176—402), ferner vier Skizzen der Gesamtkomposition (Ternois 172—175), die vollendetste in der Albertina (Ternois 173).
Die Radierung, ihre Studien und Skizzen werden zu Recht als Hauptwerk der Florentiner Schaffensperiode angesehen. Eine Summe realistischer Einzelbeobachtungen, bisweilen, wo es Stand und Mode diktierten, mit manieristischer Grazie vorgetragen, vereinigt sich zu einem durch Licht und Schatten gegliederten und verbundenen strömenden Leben, das im wahrsten Sinne als ‚barock‘ bezeichnet werden kann. Auch die Perspektive, die das Heiligtum emporhebt, zum Ziel alles noch so verschieden gerichteten Treibens werden läßt, ist dieser Art. Baldinucci berichtet im Zusammenhang mit dieser auch von ihm gerühmten Radierung, daß Callot häufig auf den Platten mit der Nadel (bzw. ‚échoppe‘) frei improvisierte, um eine leere Fläche mit der passenden Szene zu füllen. So hätte es ihm Callots Freund Dr. Jacinto Cicognini erzählt (S. 149). . . . Die Bedeutung dieser Radierung für die Veduten- und Volkslebensdarstellungen ist kaum zu überschätzen. Sie wurde bald von Salomon Savery im Gegensinne kopiert und diente als solche David Teniers d. J. für dessen Gemälde in der Münchener Pinakothek. Er hat darauf 1138 Menschen, 45 Pferde, 67 Esel und 137 Hunde gezählt. Das von Callots Florentiner Zeitgenossen Galilei erfundene Mikroskop hätte ihm dabei helfen können. In diesem Zusammenhang sei auch erwähnt, daß Callot an der Ecke der großen gedeckten Tafel links im Vordergrund einen Besucher mit dem Fernrohr dargestellt hat.“
Ternois berichtet darüber: „Callot machte an Ort und Stelle einen Gesamtentwurf des großen Platzes und eine Anzahl klei-

Es gibt heute nichts, seufzt der Kritiker, das nicht geschrieben würde - aber eben deshalb wird es nicht mehr wahrgenommen.

Trotz der unmäßigen Produktion bedruckten Papiers möchten wir Bücher herausbringen, denen die Ehre des **Gebrauchs** angetan wird.

Empfehlen Sie die Bücher Ihren Freunden.

20 Pf

Verlag

Rogner & Bernhard
GmbH

Mauerkircher Straße 43
Postfach 860645

D 8000 München 80

Vielen Dank,

Sie erwarben eines der neuesten Bücher aus unserem jungen Verlag.

Bitte schreiben Sie uns, welchem Buch Sie diese Karte entnommen haben und wie Sie es beurteilen:

....

....

....

Gewiss interessieren Sie sich für unsere künftige Verlagsarbeit. Wir senden Ihnen gern fortlaufend unsere Prospekte.

Name ....

Wohnort ....

Straße: ....

Stefano della Bella, Bildnis Callots in seiner Florentiner Zeit

ner Skizzen der Kaufleute, Händler und Zuschauer, im Atelier führte er dann Skizzen und genauere Figurenstudien aus. Die Vorbereitung dieses Werkes nahm zweifellos viele Monate in Anspruch: Einige Studien, die zur selben Gruppe gehören wie andere, auf dem Jahrmarktblatt radierte, wurden zum ‚Fächer' von 1619 verwendet (Katalog Nr. 279, 281 und 283). Vielleicht war Callot auch mehrmals in Impruneta, im Schloß, das der Familie Buondelmonte, einer Florentiner Familie, die zu Callots Gönnern gehörte, und hat mehreren Jahrmärkten zugesehen."

Die „Ordensregeln der Malteserritter" erschienen 1620 bei Cecconcelli; zum Titelbild mit dem Mediceerwappen und der Fahne mit dem Malteserkreuz (siehe Band II, S. 1631) hat Callot nur drei Figuren gezeichnet und zwei davon genau zur Radierung verwendet: die beiden gefangenen Türken rechts und links vom großen Schild mit der Widmung an Cosimo, „Gran Duca di Toscana e Gran Maestro".

Das Franziskusthema findet sich in Callots Oeuvre häufig unter den Zeichnungen und der Druckgraphik, die Familie Callots stand dem Franziskanerorden nahe, vier seiner Brüder waren Mitglieder der Gemeinschaft.

1621 brachte Cecconcelli eine Arbeit Iacopo Périers heraus: „Subtilissimae Contradictiones in Prol. Sent. Scoti, Actore R. P. F. Iacobo Perio Pistoriensi Theol. Pred . . ." Das Titelblatt, eine Radierung mit Kupferstich, stellt den heiligen Franziskus mit dem Wappen der Medici in den Händen vor der im Hintergrund fern und fein erkennbaren Stadtsilhouette von Florenz dar (siehe Band II, S. 1630). Wie schon beim Bildnis Peris hat auch in diesem Fall vermutlich die Umrahmung Callot Kopfzerbrechen gemacht – nicht Figur und Vedute, das Ornamentale zeichnete er sich sorgfältig und genau zur Ausführung der Platte vor.

Dasselbe gilt in stärkerem Maße noch für das Bildnis seines Herrn und Gönners Cosimo II. Der Großherzog starb am 28. Februar 1621, dem Jahr also, in dem Zeichnung und Radierung (siehe Band II, S. 1455) entstanden sind, an Tuberkulose. Das Gesicht Cosimos, von Putten, Waffen, seinem Familienwappen, Fahnen mit dem Malteserkreuz und der vom „Fächer" her bekannten Fratze umgeben, ist von Krankheit und nahem Tod gezeichnet – das wird auf der Zeichnung noch offenbarer als auf der Radierung, die, zusammen mit der Leichenrede auf Cosimo, noch in seinem Todesjahr bei Cecconcelli gedruckt wurde.

Cosimo, einer der letzten bedeutenden Herrscher dieses berühmten Florentiner Fürsten- und Mäzenatengeschlechts, kam am 12. Mai 1690 an die Regierung und tat, was seit Michelangelos Tagen alle Mediceer getan hatten: Er förderte Künste und Wissenschaften, hielt glänzend und verschwenderisch Hof, zog große Namen nach Florenz und war unter anderem auch ein guter Kriegsstratege, vor allem zur See. Er verstärkte die toskanische Flotte und verschaffte der Flagge der Toskana im ganzen Mittelmeer neue Achtung.

Zwei Skizzen der Zuschauer
Vorder- und Rückseite eines Blattes
Rötel, Abbildungen in Originalgröße. Florenz, Uffici
Ternois 77

Zwei Skizzen der Zuschauer
Rötel, Abbildungen in Originalgröße. Florenz, Uffici
Ternois 78/79

Vier Skizzen der Zuschauer
Schwarze Kreide, Abbildungen in Originalgröße. Florenz, Uffici
Ternois 80–83

Skizze eines Zuschauers
Schwarze Kreide, Abbildung in Originalgröße. Florenz, Uffici
Ternois 84

„L'Eventail" (Der Fächer), 1619

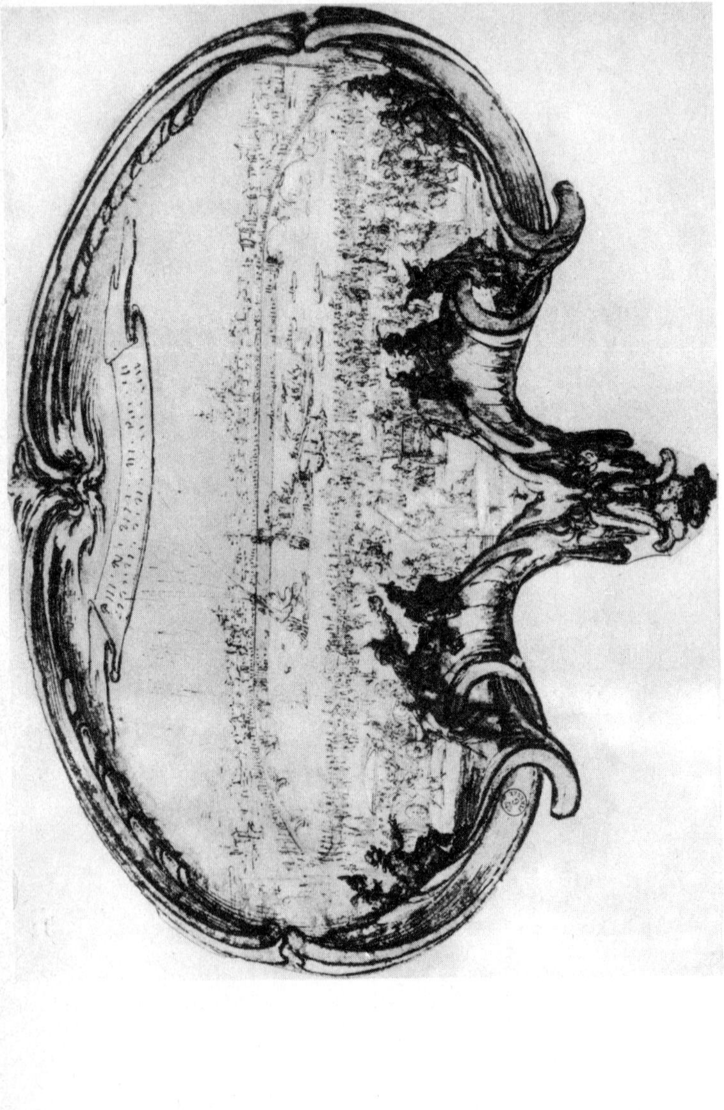

Skizze des Fächers
Rötel, Feder, mit Bister laviert, 235 x 301. Florenz, Uffici

Skizze des Fächers
Detail in Originalgröße

Zwei Figurenskizzen zum Fächer
Rötel, Abbildungen in Originalgröße. Florenz, Uffici

Sitzender Mann; zwei Skizzen einer Kutsche
Nr. 89 Vorder- und Rückseite eines Blattes
Rötel, Abbildungen in Originalgröße. Florenz, Uffici
Ternois 88/89

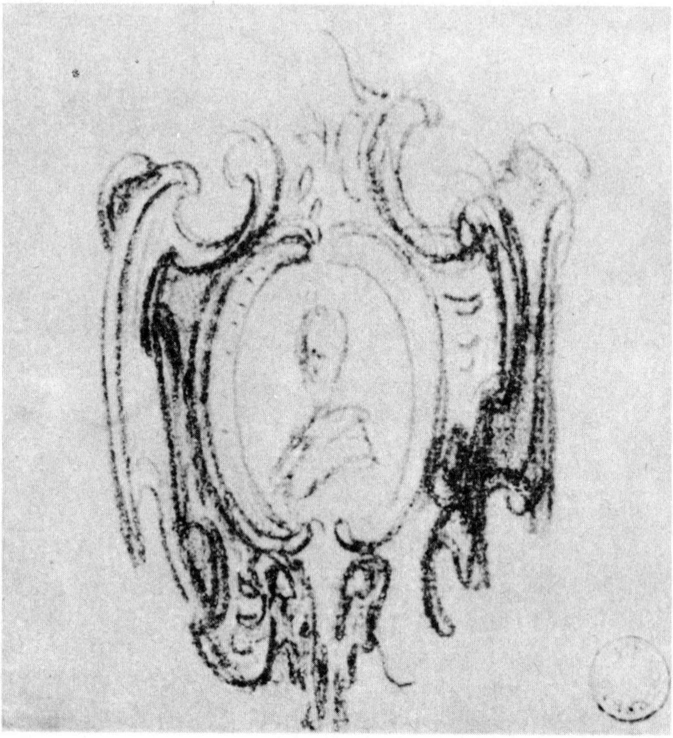

Erster Entwurf zum Bildnis Peris
Rötel, Abbildung in Originalgröße. Florenz, Uffici
Ternois 90

Zweite Skizze zum Bildnis Peris
Rötel, Abbildung in Originalgröße. Florenz, Uffici
Ternois 91

Dritte Skizze zum Bildnis Peris
Feder, mit Bister laviert und Rötelstriche, 201 x 150.
Florenz, Uffici
Ternois 92

Endgültige Skizze zum Bildnis Peris
Feder, mit Bister laviert und Rötelstriche, 208 x 155.
Florenz, Uffici
Ternois 93

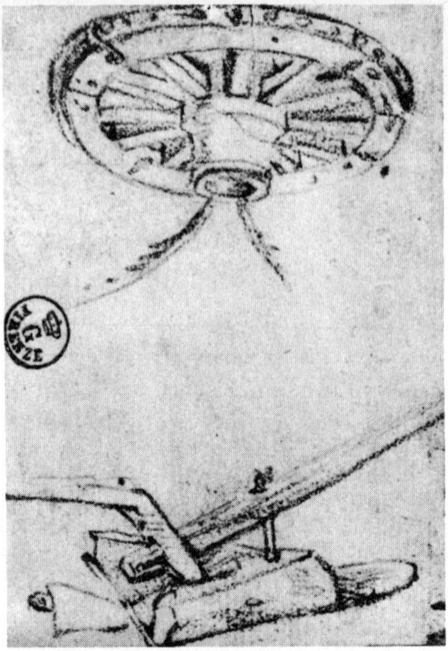

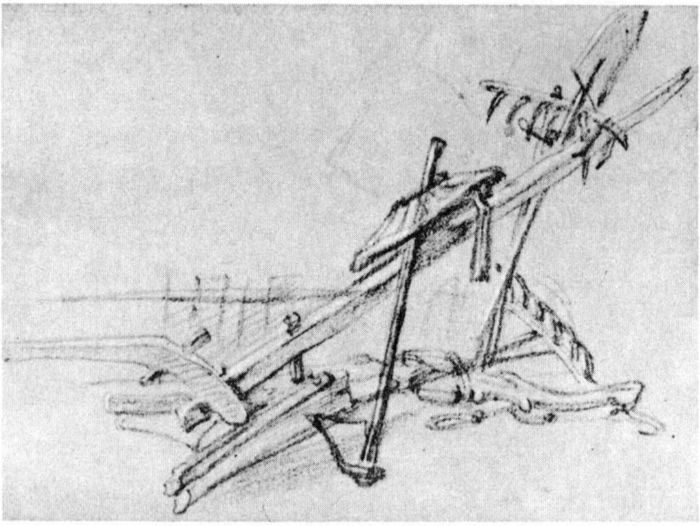

Rad und Pflugschar; Pflug und Ackergeräte
Rötel; schwarze Kreide, Abbildungen in Originalgröße.
Florenz, Uffici; Leningrad, Eremitage
Ternois 94/96

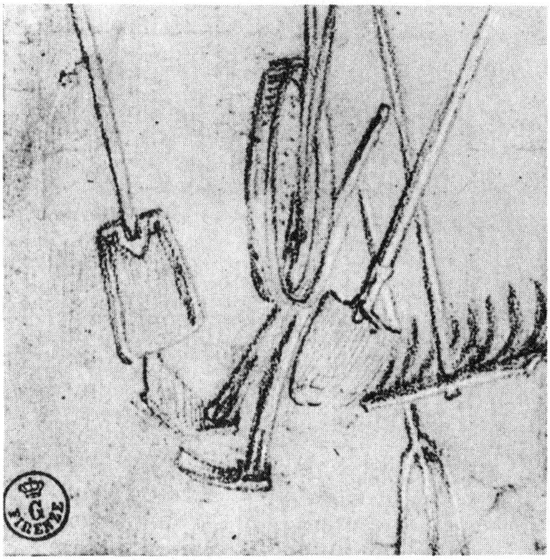

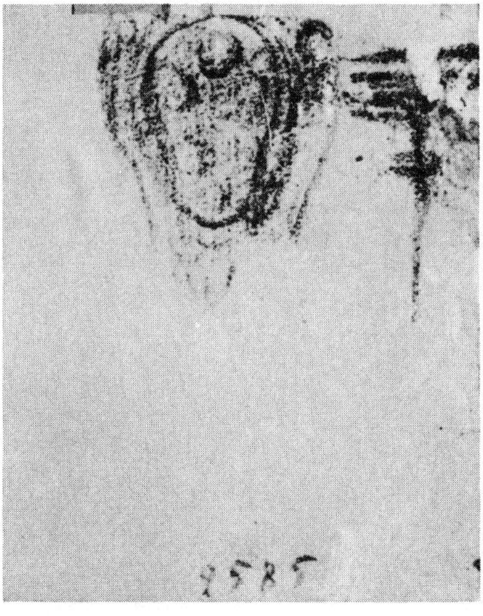

Gartengeräte; Wappen der Medici
Vorder- und Rückseite eines Blattes
Rötel, Abbildungen in Originalgröße. Florenz, Uffici
Ternois 95

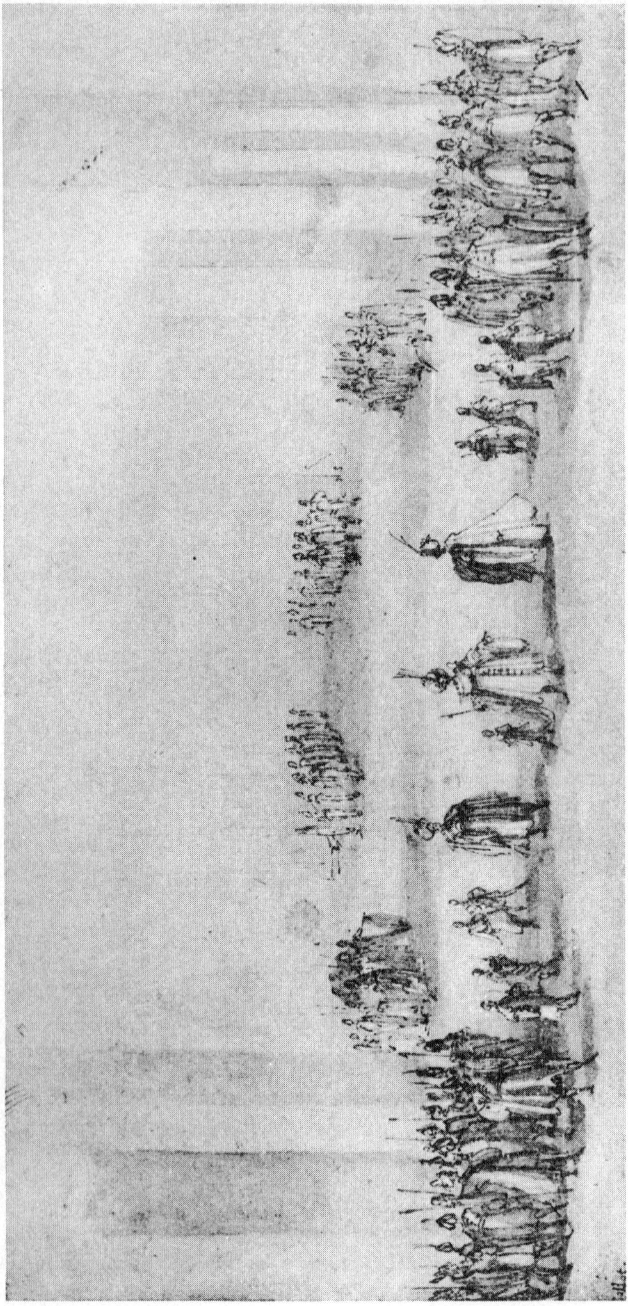

Skizze zum ersten Akt
Feder, mit Bister laviert über Rötelstrichen, 135 x 280.
Chatsworth, Devonshire Collection

Skizze zum ersten Akt
Feder, mit Bister laviert über Rötelstrichen, 135 x 280.
Chatsworth, Devonshire Collection
Ternois 98

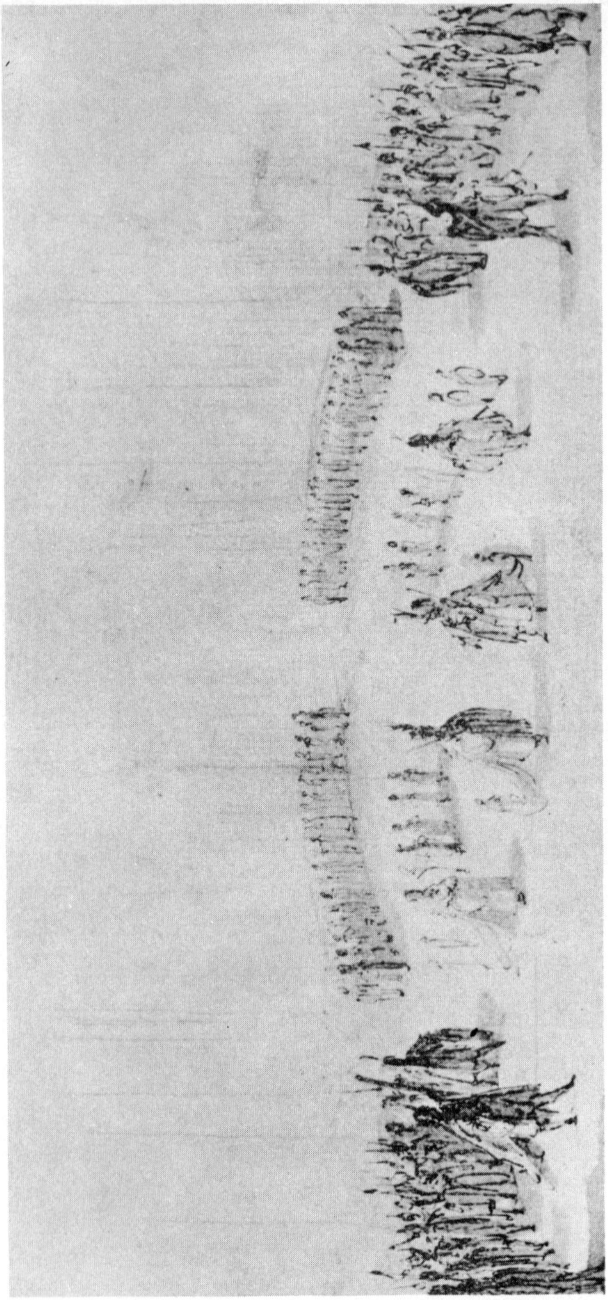

Skizze zum zweiten Akt
Feder, mit Bister laviert über Rötelstrichen, 135 x 280.
Chatsworth, Devonshire Collection

Drei Türkenskizzen
Rötel, Abbildungen in Originalgröße. Leningrad, Eremitage
Ternois 100–102

Vier Türkenskizzen
Rötel, Abbildungen in Originalgröße. Leningrad, Eremitage

Drei Türkenskizzen
Rötel, Abbildungen in Originalgröße. Leningrad, Eremitage
Ternois 107–109

Fünf Türkenskizzen
Rötel, Abbildungen in Originalgröße. Leningrad, Eremitage

Vier Türkenskizzen
Rötel, Abbildungen in Originalgröße. Leningrad, Eremitage
Ternois 115–118

Drei Türkenskizzen
Rötel, Abbildungen in Originalgröße. Leningrad, Eremitage
Ternois 119–121

Drei Türkenskizzen
Rötel, Abbildungen in Originalgröße. Leningrad, Eremitage
Ternois 122–124

Zwei Türkenskizzen
Rötel, Abbildungen in Originalgröße. Leningrad, Eremitage

Drei Türkenskizzen
Rötel, Abbildungen in Originalgröße. Leningrad, Eremitage
Ternois 127—129

Vier Türkenskizzen
Rötel, Abbildungen in Originalgröße. Leningrad, Eremitage

Drei Türkenskizzen
Rötel, Abbildungen in Originalgröße. Leningrad, Eremitage
Ternois 134–136

Drei Türkenskizzen
Rötel, mit Chinatusche laviert, Abbildungen in Originalgröße. Leningrad, Eremitage

Vier Türkenskizzen
Rötel, mit Chinatusche laviert, Abbildungen in Originalgröße. Leningrad, Eremitage
Ternois 140–143

Vier Türkenskizzen
Rötel, mit Chinatusche laviert, Abbildungen in Originalgröße. Leningrad, Eremitage

Vier Türkenskizzen
Rötel, mit Chinatusche laviert, Abbildungen in Originalgröße. Leningrad, Eremitage
Ternois 148–151

Drei Türkenskizzen
Rötel, mit Chinatusche laviert, Abbildungen in Originalgröße. Leningrad, Eremitage

Zwei Türkenskizzen
Rötel, mit Chinatusche laviert, Abbildungen in Originalgröße. Leningrad, Eremitage
Ternois 155/156

Zwei Türkenskizzen
Vorder- und Rückseite eines Blattes
Rötel; schwarze Kreide, Abbildungen in Originalgröße. Leningrad, Eremitage

Türkische Soldaten
Schwarze Kreide, Abbildung in Originalgröße. Leningrad, Eremitage
Ternois 158

Drei Türkenskizzen
Rötel, mit Bister laviert, Abbildungen in Originalgröße. Paris, Louvre

Vier Türkenskizzen
Rötel, mit Bister laviert, Abbildungen in Originalgröße. Paris, Louvre
Ternois 162–165

Zwei Türkenskizzen

Rötel, mit Bister laviert, Abbildungen in Originalgröße. Paris, Louvre; Florenz, Uffici

Ein Türke
Rötel, Abbildung in Originalgröße. Florenz, Uffici
Ternois 168

Drei Türkenskizzen
Rötel, Abbildungen in Originalgröße. Princeton, Art Museum

La Foire d'Impruneta“ (Der Jahrmarkt von Impruneta), 1619–1620

I. Gesamtskizzen

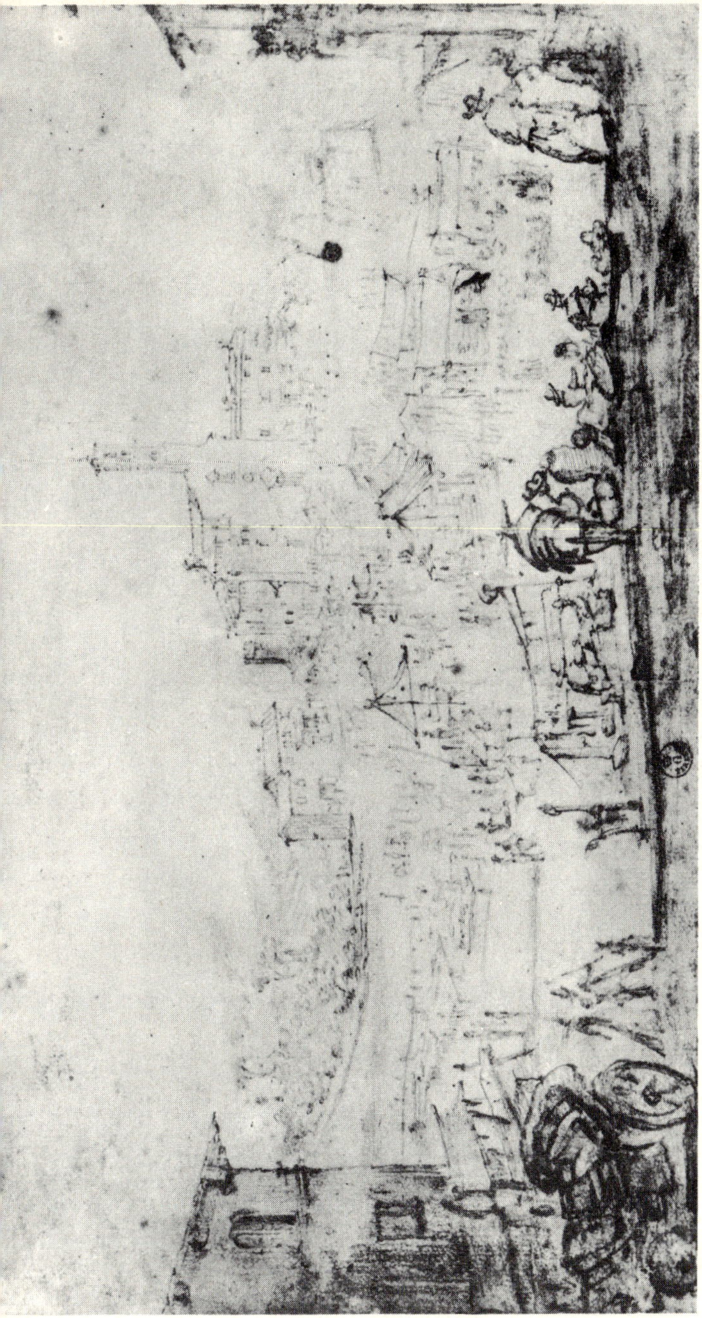

Erster Entwurf des Jahrmarkts
Schwarze Kreide, 182 x 322. Florenz, Uffici
Ternois 172

Zweiter Entwurf des Jahrmarkts
Schwarze Kreide, Feder, mit Bister laviert, 204 x 394. Wien, Albertina
Ternois 173

Dritter Entwurf des Jahrmarkts
Feder, mit Bister laviert, 400 x 682. Florenz, Uffici
Ternois 174

Endgültiger Entwurf des Jahrmarkts
Feder, 405 x 698. Florenz, Uffici
Ternois 175

Vier Bauernskizzen
Rötel, Abbildungen in Originalgröße. Leningrad, Eremitage
Ternois 176–179

Vier Bauernskizzen
Rötel, Abbildungen in Originalgröße. Leningrad, Eremitage
Ternois 180–183

Drei Bauernskizzen
Rötel, Abbildungen in Originalgröße. Leningrad, Eremitage
Ternois 184–186

Zwei Bauernskizzen
Rötel, Abbildungen in Originalgröße. Leningrad, Eremitage
Ternois 187/188

Drei Bauernskizzen
Rötel, Abbildungen in Originalgröße. Leningrad, Eremitage
Ternois 189–191

Zwei Bauernskizzen
Rötel, Abbildungen in Originalgröße. Leningrad, Eremitage
Ternois 192/193

Zwei Bauernskizzen
Rötel, Abbildungen in Originalgröße. Leningrad, Eremitage
Ternois 194/195

Fünf Bauernskizzen
Rötel, Abbildungen in Originalgröße. Leningrad, Eremitage
Ternois 196–200

Vier Bauernskizzen
Rötel, Abbildungen in Originalgröße. Leningrad, Eremitage
Ternois 201–204

Drei Bauernskizzen
Rötel, Abbildungen in Originalgröße. Leningrad, Eremitage
Ternois 205–207

Drei Bauernskizzen
Rötel, Abbildungen in Originalgröße. Leningrad, Eremitage
Ternois 208–210

Zwei Bauernskizzen
Rötel, Abbildungen in Originalgröße. Leningrad, Eremitage
Ternois 211/212

Zwei Bauernskizzen
Rötel, Abbildungen in Originalgröße. Leningrad, Eremitage
Ternois 213/214

Drei Bauernskizzen
Rötel, Abbildungen in Originalgröße. Leningrad, Eremitage
Ternois 215–217

Zwei Bauernskizzen
Rötel, Abbildungen in Originalgröße. Leningrad, Eremitage
Ternois 218/219

Drei Bauernskizzen
Rötel, Abbildungen in Originalgröße. Leningrad, Eremitage
Ternois 220–222

Drei Bauernskizzen
Rötel, Abbildungen in Originalgröße. Leningrad, Eremitage
Ternois 223–225

Drei Bauernskizzen
Rötel, Abbildungen in Originalgröße. Leningrad, Eremitage
Ternois 226–228

Drei Bauernskizzen
Rötel, Abbildungen in Originalgröße. Leningrad, Eremitage
Ternois 229–231

Drei Bauernskizzen
Rötel, Abbildungen in Originalgröße. Leningrad, Eremitage
Ternois 232–234

Zwei Bauernskizzen
Rötel, Abbildungen in Originalgröße. Leningrad, Eremitage
Ternois 235/236

Zwei Bauernskizzen
Rötel, Abbildungen in Originalgröße. Leningrad, Eremitage
Ternois 237/238

Drei Bauernskizzen
Rötel, Abbildungen in Originalgröße. Leningrad, Eremitage
Ternois 239–241

Drei Bauernskizzen
Rötel, Abbildungen in Originalgröße. Leningrad, Eremitage
Ternois 242–244

Drei Bauernskizzen
Rötel, Abbildungen in Originalgröße. Leningrad, Eremitage
Ternois 245–247

Drei Bauernskizzen
Rötel, Abbildungen in Originalgröße. Leningrad, Eremitage
Ternois 248–250

Zwei Bauern
Rötel, Abbildung in Originalgröße. Florenz, Uffici
Ternois 251

Zwei Bauern
Rötel, Abbildung in Originalgröße. Florenz, Uffici

Zwei Bauern
Rötel, Abbildung in Originalgröße. Florenz, Uffici
Ternois 253

Zwei Bauern
Rötel, Abbildung in Originalgröße. Florenz, Uffici

Zwei polnische Offiziere
Rötel und schwarze Kreide, Abbildung in Originalgröße. Florenz, Uffici
Ternois 255

Jüngling und Greis
Rötel, Abbildung in Originalgröße. Florenz, Uffici

Zwei Würfelspieler
Rötel und schwarze Kreide, Abbildung in Originalgröße. Florenz, Uffici
Ternois 257

Zwei Bauern
Rötel und schwarze Kreide, Abbildung in Originalgröße. Florenz, Uffici

Ein Gaukler; ein Bauer
Rötel, Abbildungen in Originalgröße. Florenz, Uffici
Ternois 259/260

Zwei Soldaten
Rötel, Abbildungen in Originalgröße. Florenz, Uffici
Ternois 261/262

Ein Edelmann (Rück- und Vorderansicht)
Rötel und schwarze Kreide, Abbildung in Originalgröße. Florenz, Uffici
Ternois 263

Edelmann und Gaukler
Rötel und schwarze Kreide, Abbildung in Originalgröße. Florenz, Uffici
Ternois 264

Zwei Bürger
Rötel und schwarze Kreide, Abbildung in Originalgröße. Florenz, Uffici
Ternois 265

Zwei Bürger
Rötel und schwarze Kreide, Abbildung in Originalgröße. Florenz, Uffici
Ternois 266

Zwei Soldaten und eine alte Frau
Rötel und schwarze Kreide, Abbildung in Originalgröße. Florenz, Uffici
Ternois 267

Zwei Soldaten
Rötel und schwarze Kreide, Abbildung in Originalgröße. Florenz, Uffici
Ternois 268

Zwei Mönche
Rötel und schwarze Kreide, Abbildung in Originalgröße. Florenz, Uffici
Ternois 269

Zwei alte Bauern
Rötel und schwarze Kreide, Abbildung in Originalgröße. Florenz, Uffici
Ternois 270

Zwei alte Bettler
Rötel und schwarze Kreide, Abbildung in Originalgröße. Florenz, Uffici
Ternois 271

Zwei Bauern
Rötel und schwarze Kreide, Abbildung in Originalgröße. Florenz, Uffici
Ternois 272

Zwei Bettler
Rötel und schwarze Kreide, Abbildung in Originalgröße. Florenz, Uffici
Ternois 273

Zwei Bettler
Rötel und schwarze Kreide, Abbildung in Originalgröße. Florenz, Uffici

Zwei alte Bauern
Rötel und schwarze Kreide, Abbildung in Originalgröße. Florenz, Uffici
Ternois 275

Zwei junge Bauern
Rötel und schwarze Kreide, Abbildung in Originalgröße. Florenz, Uffici
Ternois 276

Zwei Offiziere
Rötel und schwarze Kreide, Abbildung in Originalgröße. Florenz, Uffici
Ternois 277

Zwei Bauern
Rötel und schwarze Kreide, Abbildung in Originalgröße. Florenz, Uffici
Ternois 278

Ein Liebespaar
Rötel und schwarze Kreide, Abbildung in Originalgröße. Florenz, Uffici
Ternois 279

Ein Liebespaar
Rötel und schwarze Kreide, Abbildung in Originalgröße. Florenz, Uffici
Ternois 280

Zwei alte Bäuerinnen
Rötel und schwarze Kreide, Abbildung in Originalgröße. Florenz, Uffici
Ternois 281

Bauer und Bäuerin mit Stöcken
Rötel und schwarze Kreide, Abbildung in Originalgröße. Florenz, Uffici
Ternois 282

Zwei Pagen
Rötel und schwarze Kreide, Abbildung in Originalgröße. Florenz, Uffici
Ternois 283

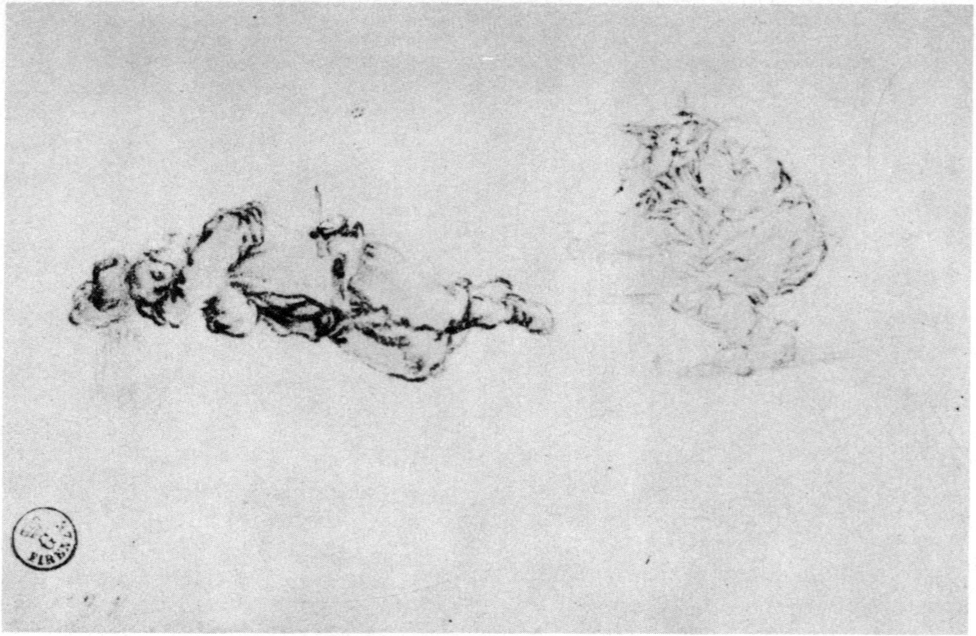

Zwei schlafende Bauern
Rötel und schwarze Kreide, Abbildung in Originalgröße. Florenz, Uffici
Ternois 284

Zwei Bäuerinnen
Rötel und schwarze Kreide, Abbildung in Originalgröße. Florenz, Uffici
Ternois 285

Zwei Bäuerinnen
Rötel und schwarze Kreide, Abbildung in Originalgröße. Florenz, Uffici
Ternois 286

Zwei Bäuerinnen; ein wandernder Bauer
Rötel und schwarze Kreide, Abbildungen in Originalgröße, Florenz, Uffici
Ternois 287/288

Zwei Bäuerinnen
Rötel und schwarze Kreide, Abbildung in Originalgröße.
Florenz, Uffici
Ternois 289

Bäuerin und Bürgerin
Rötel und schwarze Kreide, Abbildung in Originalgröße.
Florenz, Uffici
Ternois 290

Drei Bäuerinnen im Gespräch
Rötel und schwarze Kreide, Abbildung in Originalgröße.
Florenz, Uffici
Ternois 291

Zwei Bäuerinnen im Gespräch
Rötel und schwarze Kreide, Abbildung in Originalgröße.
Florenz, Uffici
Ternois 292

Zwei Bäuerinnen
Rötel und schwarze Kreide, Abbildung in Originalgröße.
Florenz, Uffici
Ternois 293

Zwei Bäuerinnen beim Gemüseernten
Rötel und schwarze Kreide, Abbildung in Originalgröße.
Florenz, Uffici
Ternois 294

Sitzender Bauer
Rötel und schwarze Kreide, Abbildung in Originalgröße.
Florenz, Uffici
Ternois 295

Sitzender Soldat
Rötel und schwarze Kreide, Abbildung in Originalgröße.
Florenz, Uffici
Ternois 296

Zwei Bäuerinnen
Rötel und schwarze Kreide, Abbildung in Originalgröße. Florenz, Uffici
Ternois 297

Drei Frauen im Gespräch
Rötel und schwarze Kreide, Abbildung in Originalgröße. Florenz, Uffici
Ternois 298

Drei sitzende Frauen
Rötel und schwarze Kreide, Abbildung in Originalgröße. Florenz, Uffici
Ternois 299

Ein Bauer
Rötel, Abbildung in Originalgröße. Florenz, Uffici
Ternois 300

Ein Bauer
Rötel, Abbildung in Originalgröße. Florenz, Uffici
Ternois 301

Ein Bauer
Rötel, Abbildung in Originalgröße. Florenz, Uffici
Ternois 302

Reiterin; ein Page
Rötel; Rötel und schwarze Kreide, Abbildungen in Originalgröße. Florenz, Uffici
Ternois 303/304

Zwei schlafende Kinder
Rückseite des folgenden Blattes
Rötel, Abbildung in Originalgröße. Florenz, Uffici
Ternois 306

Bäuerin
Rötel, Abbildung in Originalgröße. Florenz, Uffici
Ternois 306

Rückansicht einer Bäuerin
Rötel, Abbildung in Originalgröße. Florenz, Uffici
Ternois 305

Zwei Reiterinnen, von hinten gesehen
Rötel, Abbildung in Originalgröße. Florenz, Uffici
Ternois 307

Zwei Bauern
Rötel, Abbildung in Originalgröße. Florenz, Uffici
Ternois 308

Bauer mit Hund; zwei Bauern
Rötel und schwarze Kreide; Rötel, Abbildungen in Originalgröße. Florenz, Uffici. Ternois 309/310

Zwei kniende Bauern; ein Edelmann
Rötel, Abbildungen in Originalgröße. Florenz, Uffici
Ternois 311/312

Zwei laufende Männer; Figurenskizze
Vorder- und Rückseite eines Blattes
Rötel, Abbildungen in Originalgröße. Florenz, Uffici
Ternois 313

Bellender Hund; drei Bauern
Rötel, Abbildungen in Originalgröße. Florenz, Uffici
Ternois 314/315

Ein Trinker; zwei Frauen im Gespräch
Rötel, Abbildungen in Originalgröße. Florenz, Uffici
Ternois 316/317

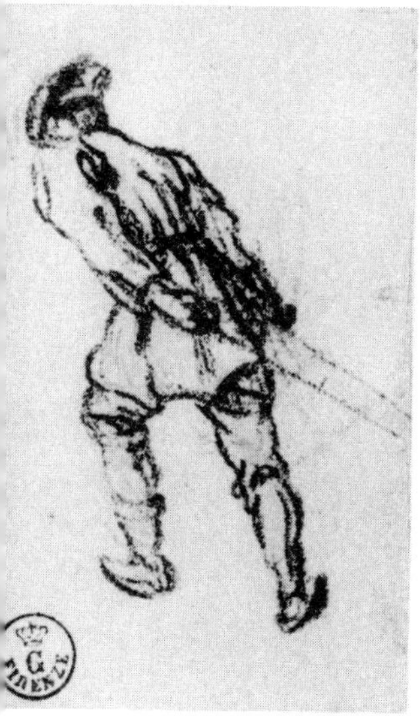

Sitzende Bäuerin; Bauernskizze; zwei Kinder
Rötel, Abbildungen in Originalgröße. Florenz, Uffici
Ternois 318–320

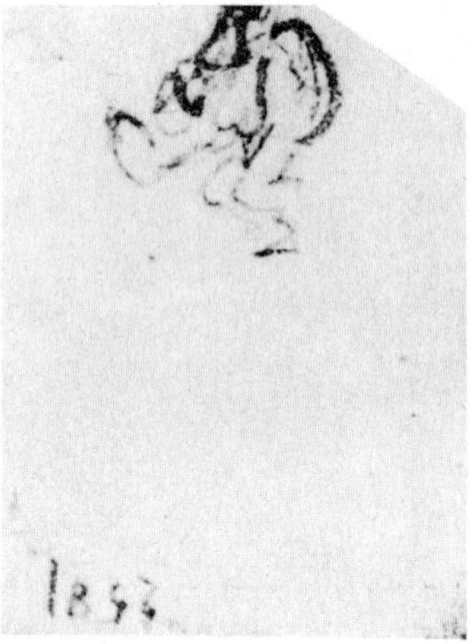

Zwei Bauernskizzen
Vorder- und Rückseite eines Blattes
Rötel, Abbildungen in Originalgröße. Florenz, Uffici
Ternois 321

Zwei Bauernskizzen
Rötel, Abbildungen in Originalgröße. Florenz, Uffici
Ternois 322/323

Bauernskizze
Rötel, Abbildung in Originalgröße. Florenz, Uffici
Ternois 324

Zwei Bauernskizzen
Vorder- und Rückseite eines Blattes
Rötel, Abbildungen in Originalgröße. Florenz, Uffici
Ternois 325

Zwei Soldatenskizzen
Vorder- und Rückseite eines Blattes
Rötel, Abbildungen in Originalgröße. Florenz, Uffici
Ternois 326

Zwei Bauernskizzen
Vorder- und Rückseite eines Blattes
Rötel, Abbildungen in Originalgröße. Florenz, Uffici
Ternois 328

Vier Bauernskizzen
331 Vorder- und Rückseite eines Blattes
Rötel, Abbildungen in Originalgröße. Florenz, Uffici
Ternois 327, 329, 331

Fünf Bauernskizzen
Rötel; schwarze Kreide, Abbildungen in Originalgröße.
Florenz, Uffici
Ternois 330, 332–335

Vier Bauernskizzen
Schwarze Kreide, Abbildungen in Originalgröße. Florenz, Uffici
Ternois 336–339

Drei Bauernskizzen
341 Vorder- und Rückseite eines Blattes
Schwarze Kreide, Abbildungen in Originalgröße. Florenz, Uffici
Ternois 340/341

Zwei Bauernskizzen
Rötel, Abbildungen in Originalgröße. Florenz, Uffici

Zwei Pferdeskizzen
Rötel, Abbildungen in Originalgröße. Florenz, Uffici
Ternois 344/345

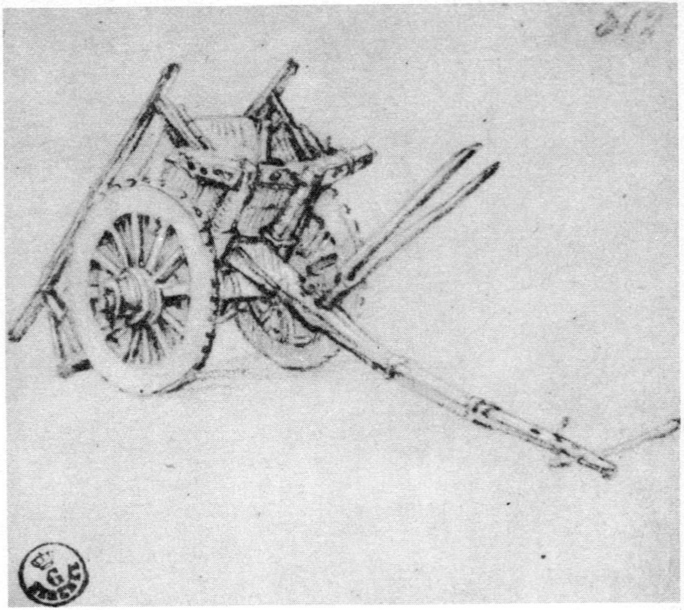

Zwei Wagenskizzen
Rötel, Abbildungen in Originalgröße. Florenz, Uffici
Ternois 346/347

Skizze eines Wagens
Schwarze Kreide, Abbildung in Originalgröße. Paris, Louvre
Ternois 348

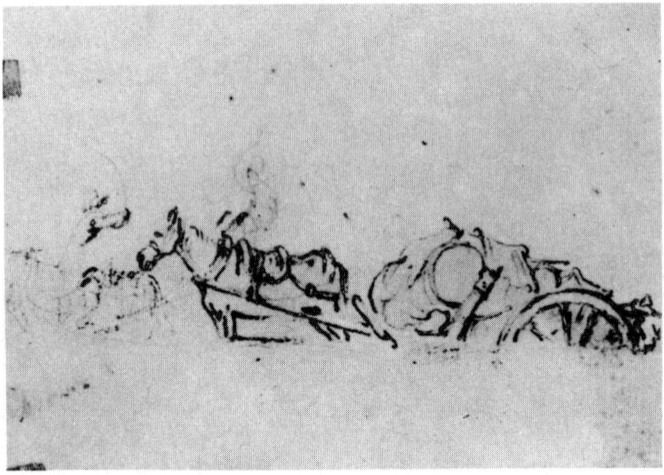

Zwei Wagenskizzen
Vorder- und Rückseite eines Blattes
Schwarze Kreide, Abbildungen in Originalgröße. Paris, Louvre
Ternois 349

Zwei Wagenskizzen
Vorder- und Rückseite eines Blattes
Schwarze Kreide, Abbildungen in Originalgröße. Paris, Louvre
Ternois 350

Drei Tierstudien
Rötel, Abbildungen in Originalgröße. Leningrad, Eremitage
Ternois 351–353

Zwei Tierstudien
Rötel, Abbildungen in Originalgröße. Leningrad, Eremitage
Ternois 354/355

Drei Tierstudien
Rötel; schwarze Kreide, Abbildungen in Originalgröße.
Leningrad, Eremitage
Ternois 356–358

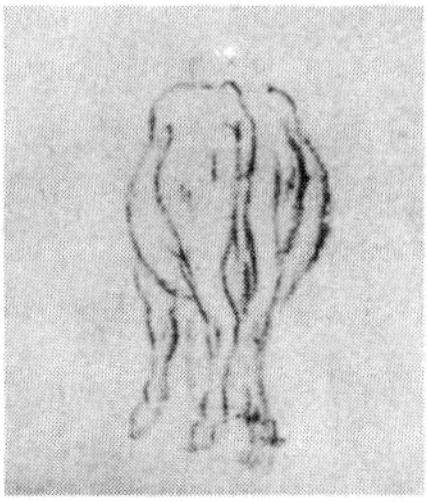

Reiterin; zwei Tierstudien; Pferd mit Wagen
Schwarze Kreide; Rötel, Abbildungen in Originalgröße.
Leningrad, Eremitage
Ternois 359–362

Vier Bauernskizzen; zwei Pferde
Rötel; schwarze Kreide, Abbildungen in Originalgröße.
Leningrad, Eremitage
Ternois 363–367

Drei Bauernskizzen
Rötel, Abbildungen in Originalgröße. Leningrad, Eremitage
Ternois 368–370

Tier- und Bauernskizzen
Rötel, Abbildungen in Originalgröße. Leningrad, Eremitage
Ternois 371/372

Drei Tier- und Bauernskizzen
Rötel, Abbildungen in Originalgröße. Leningrad, Eremitage
Ternois 373–375

Zwei Bauernskizzen
Vorder- und Rückseite eines Blattes
Rötel, Abbildungen in Originalgröße. Leningrad, Eremitage
Ternois 376

Drei Bauernskizzen
Rötel, Abbildungen in Originalgröße. Leningrad, Eremitage
Ternois 377–379

Vier Bauernskizzen
Rötel, Abbildungen in Originalgröße. Leningrad, Eremitage

Zwei Frauenskizzen
Rötel; schwarze Kreide und Rötel, Abbildungen in Originalgröße. London, British Museum
Ternois 384/385

Drei Frauenskizzen
Schwarze Kreide und Rötel, Abbildungen in Originalgröße. London, British Museum
Ternois 386–388

Zwei Bauernskizzen
Rötel, Abbildungen in Originalgröße. Windsor, Schloß
Ternois 389/390

Zwei Bauernskizzen
Rötel und schwarze Kreide, Abbildungen in Originalgröße.
Windsor, Schloß
Ternois 391/392

Mönch und Gitarrespieler; zwei Bauern
Rötel und schwarze Kreide, Abbildungen in Originalgröße.
Windsor, Schloß
Ternois 393/394

Zwei Bauernskizzen
Rötel und schwarze Kreide, Abbildungen in Originalgröße.
London, Courtauld Institute of Art
Ternois 395/396; Nr. 397 nicht bei Ternois

Gitarrespieler und Bauer; ein junger Mann
Schwarze Kreide und Rötel; Rötel, Abbildungen in Originalgröße. Weimar, Staatliche Kunstsammlungen im Schloßmuseum; Lille, Musée des Beaux-Arts
Ternois 398/399

Zwei Offiziersskizzen
Schwarze Kreide, Abbildungen in Originalgröße.
Princeton, Art Museum
Ternois 400/401

Junge Frau; ein Bauer
Rötel und schwarze Kreide; Rötel, Abbildungen in Originalgröße.
Florenz, Uffici; London, Collection A. Yakovleff
Ternois 402/402a

Skizzen zum Titelblatt „Statuts des Chevaliers de Saint-Etienne“, 1620

Skizzen Gefangener
Rötel, Abbildungen in Originalgröße. Paris, Louvre; Leningrad, Eremitage; Florenz, Uffici
Ternois 403–405

Titeleinfassung mit Säulen, Vorhängen und Kartusche
Feder, mit Bister laviert, auf mit Rötel grundiertem Papier,
191 x 129. Florenz, Uffici
Ternois 406

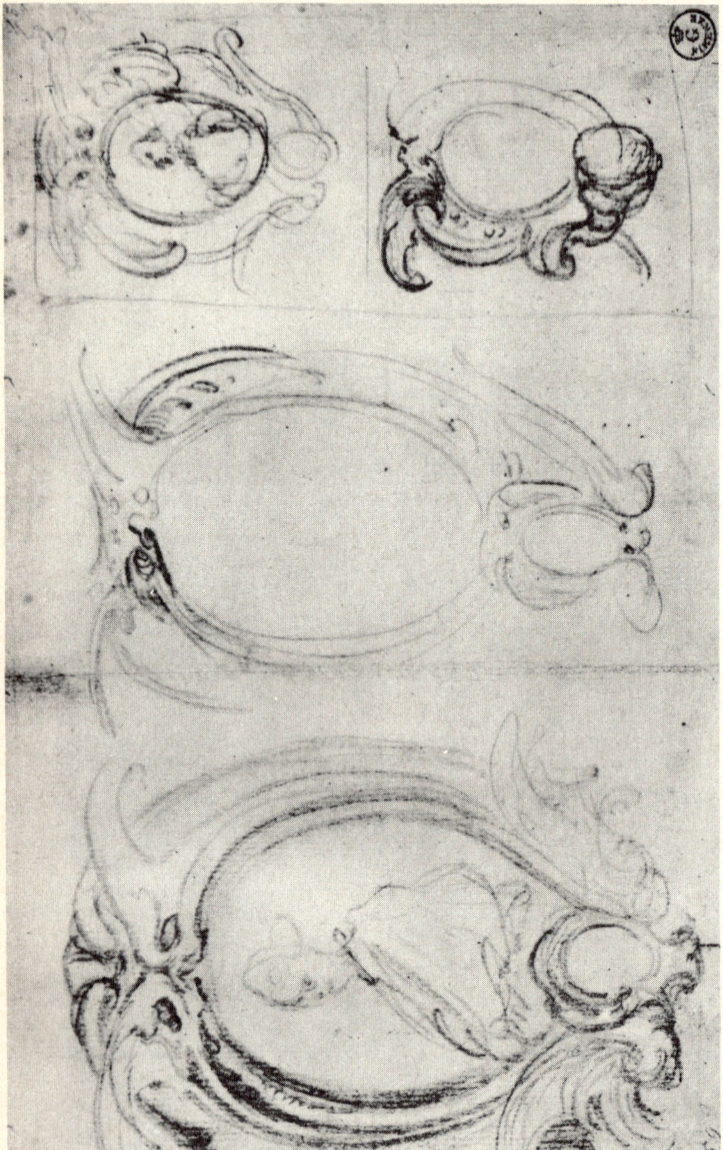

Vier Entwürfe zum Rahmen
Schwarze Kreide, 192 x 304. Florenz, Uffici

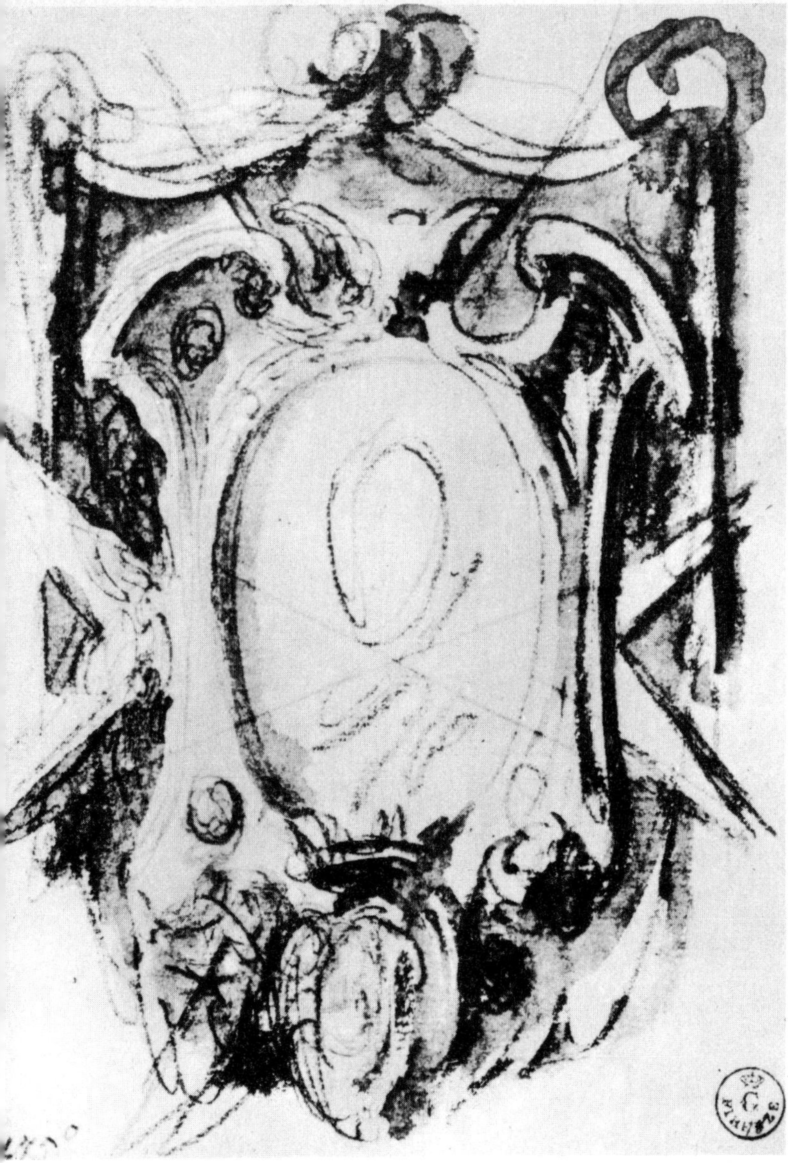

Entwurf zum Rahmen mit dem Wappen der Medici
Schwarze Kreide, Rötel, mit Bister laviert, 220 x 148. Florenz, Uffici
Ternois 408

Entwurf zum Wappen der Medici
Rötel, mit Feder übergangen. 166 x 142. Florenz, Uffici
Ternois 409

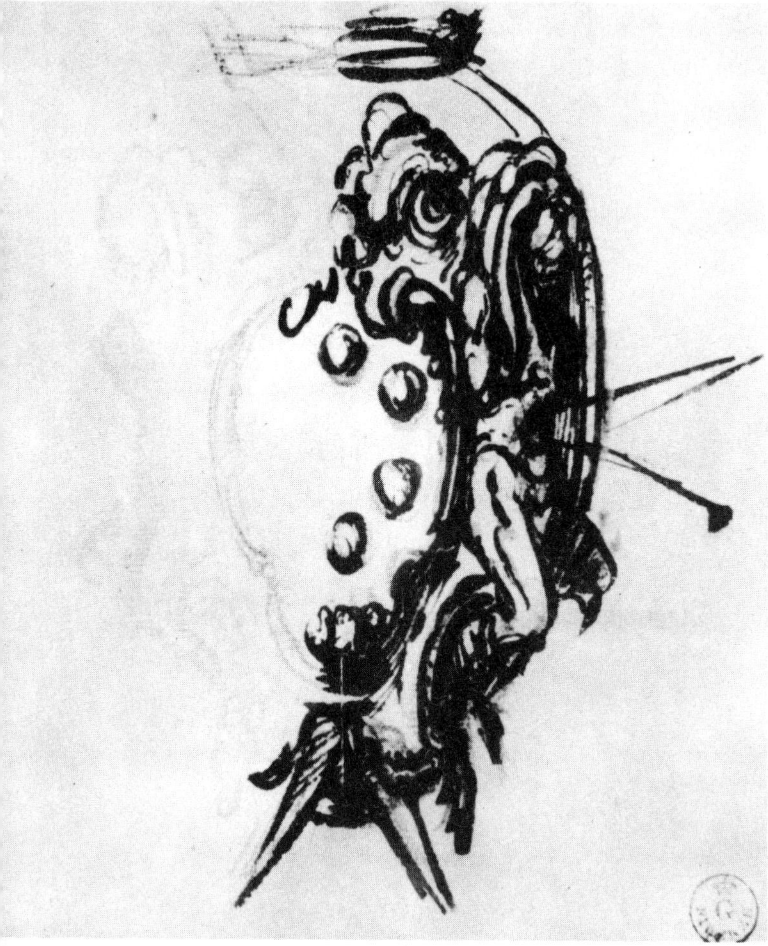

Entwurf zum Wappen der Medici
Rötel, mit Feder übergangen, 167 x 144. Florenz, Uffici
Ternois 410

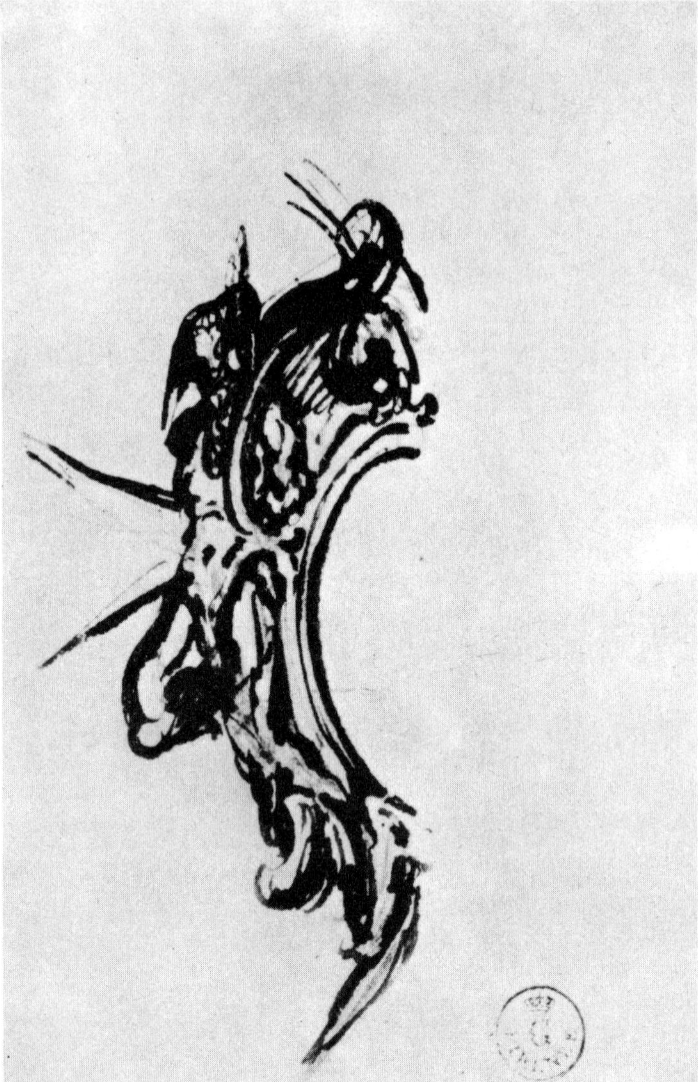

Entwurf zum Wappen der Medici
Rötel, mit Feder übergangen, Abbildung in Originalgröße.
Florenz, Uffici
Ternois 411

Entwurf zum Wappen der Medici
Rötel, mit Feder übergangen, Abbildung in Originalgröße.
Florenz, Uffici
Ternois 412

Skizze zum Bildnis Cosimo II.
Rötel, mit Feder übergangen. 200 x 130. Florenz, Uffici
Ternois 413

Skizze zum Bildnis Cosimo II., Detail in Originalgröße

DIE FLORENTINER JAHRE, 1618–1621
(NICHT DATIERBARE ARBEITEN)

Die theatralische Darstellung des grausamen biblischen Geschehens, den „Kindermord zu Bethlehem“, hat Callot zweimal radiert: um 1617 in Florenz und 1622 in Nancy (siehe Band II, S. 1428/29). Der Hintergrund der Zeichnung ist unvollendet geblieben, auch die Figuren im Vordergrund wirken flüchtig hinskizziert und sind nicht so zahlreich, wie auf beiden ausgeführten Platten.

Die Vorzeichnungen zu den „Todsünden“, einer Radierungenfolge, von der unbestimmt bleibt, wann Callot sie ausgeführt hat, noch in Florenz oder schon in Nancy, sind sicherlich in Florenz entstanden. Zwei Figuren sind überzählig, aber aus Haltung und Gebärde zu schließen wohl Entwürfe zum „Stolz“. Schon auf den Zeichnungen finden sich die Attribute angedeutet, die in Gestalt eines Tieres jeder „Sünde“ zugeordnet werden. Auf den Radierungen (siehe Band II, S. 1058 ff.) kommt dann auf jedem Blatt noch ein drachenartiger geflügelter Satan hinzu – er fehlt auf den Zeichnungen.

Der „Baum des heiligen Franziskus“, eine symbolisch-allegorische Darstellung der Dreifaltigkeit, ist in seiner Datierung umstritten. Die Radierung (siehe Band II, S. 1438) setzt Lieure für das Jahr 1619 an, die Kreidezeichnung dürfte demnach zur selben Zeit entstanden sein.

Die Entstehungszeit der „Großen Jagd“ (siehe Band II, S. 1440 ff.) ist, wie bei vielen Arbeiten Callots zwischen 1619 und 1622, ebenfalls ungewiß. Bruwaert zum Beispiel schließt aus der Tatsache, daß Callot im Jahr 1626 um eine persönliche Jagderlaubnis nachgesucht hat, sogar auf ein so spätes Datum. Lieure dagegen weist auf Zeichnungen Zuccheros (abgebildet bei Lieure, Band II, Nr. 60) und Tempestas in den Uffizien hin und datiert um 1619. Die drei vorbereitenden Skizzen zeigen deutlich den Mann mit dem Hund, rechts im Vordergrund, in zwei Varianten und die Kehrseite des galoppierenden Pferdes unter dem Baum im Mittelgrund (siehe Band II, S. 1443).

Die „Landschaften für Giovanni di Medici“ hat Callot sehr sorgfältig und sehr ausführlich vorbereitet, denn dieses Genre war für ihn Neuland. In zwei Briefen (siehe Band II, S. 1027 ff.) beklagt er sich, natürlich mit der gebotenen Devotion, die der Künstler damals dem hohen Auftraggeber schuldete, über die

Mühe, welche ihm eine Arbeit bereite, die in so schlechtem Verhältnis zu dem dafür gezahlten Honorar stehe. Über die umfangreichen und divergierenden Meinungsunterschiede der Forschung zu diesen Landschaften berichtet Ternois ausführlich (auf S. 81). Zur Ausführung der radierten Landschaften benutzte der Künstler wieder die vielberühmte „échoppe", einen von der Goldschmiedekunst abgeleiteten Grabstichel, mit dem er, wie mit der Feder oder dem Pinsel, Linien auf- und abschwellen lassen und Licht und Schatten erzeugen konnte, ohne dazu Kreuzlinien machen zu müssen. Diese Technik hat er in Florenz erfunden, bei den „Capricci" zum erstenmal konsequent angewendet und erst später, in Nancy, zu ganzer Meisterschaft entwickelt. Die drei Phasen beim Benutzen der „échoppe" lassen sich genau auf einem zeitgenössischen Schemabild rechts ablesen.

Zu den „Drei Pantalonen", wieder einer Auseinandersetzung mit der Commedia dell'arte, gibt es keine Vorzeichnungen für die übergroßen Figurinen im Vordergrund, Pantalone, Capitano und Zani selbst. Der Hintergrund des ersten Blattes der Folge (siehe Band II, S. 1052 ff.) hat Callot interessiert, und für das flanierende vornehme Publikum im Mittelgrund der Szenen fertigte er zahlreiche Studien, vor allem Gewandstudien, an, die sich allerdings nur zum Teil und nur mit dem Vergrößerungsglas erkennbar auf den Radierungen wiederfinden. Auch zu den Radierungen der „Pantalone" gebrauchte Callot die „échoppe". Baldinucci berichtet, daß die Vorzeichnungen dazu und auch die Radierungen zur gleichen Zeit wie der „Jahrmarkt von Impruneta", also nach 1619, entstanden sind. Die einzelnen gezeichneten Studien haben tatsächlich in der Technik und der unmittelbaren, lebendigen Bewegtheit viel Ähnlichkeit mit den zahlreichen Skizzen zum Jahrmarkt (siehe S. 201 ff.).

Die „Figurenstudien" sind weder zeitlich noch thematisch genau einzuordnen: Callot benutzte sie teils für die „Pantalone", zu den „Italienischen Landschaften" und später, laut Ternois, auch für den „Schloßpark in Nancy" (siehe Band II, S. 1464 ff.), für Humberts Turnierbuch (siehe Band II, S. 1644 ff.) und die „Übergabe von Breda" (siehe Band II, S. 1156 ff.).

All die folgenden Skizzen, die Ternois, nicht sicher datierbar, in die Jahre zwischen 1618 und 1621 legt, hat der Künstler nicht als Radierung oder als Stich ausgeführt. Es sind, wie die „Theaterdekorationen", Hintergrundstudien.

Die vier Andromedaskizzen gehören zu einem Musikdrama, „L'Andromeda, favola marittima", von Jacopo Cicognini, Mu-

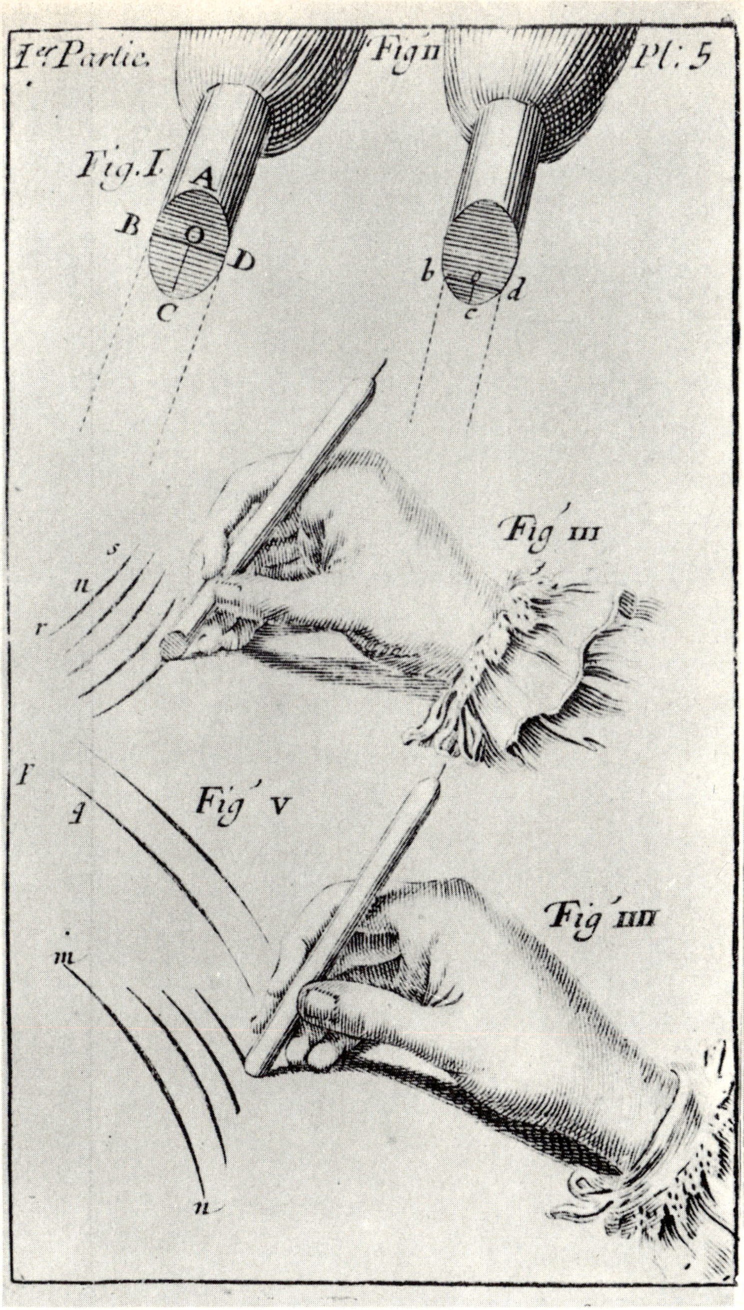
Iʳᵉ Partie.
Fig II
Pl: 5
Fig. I
A
B
O
D
C
b
d
c
Fig III
s
n
r
F
q
Fig V
Fig IIII
m
n

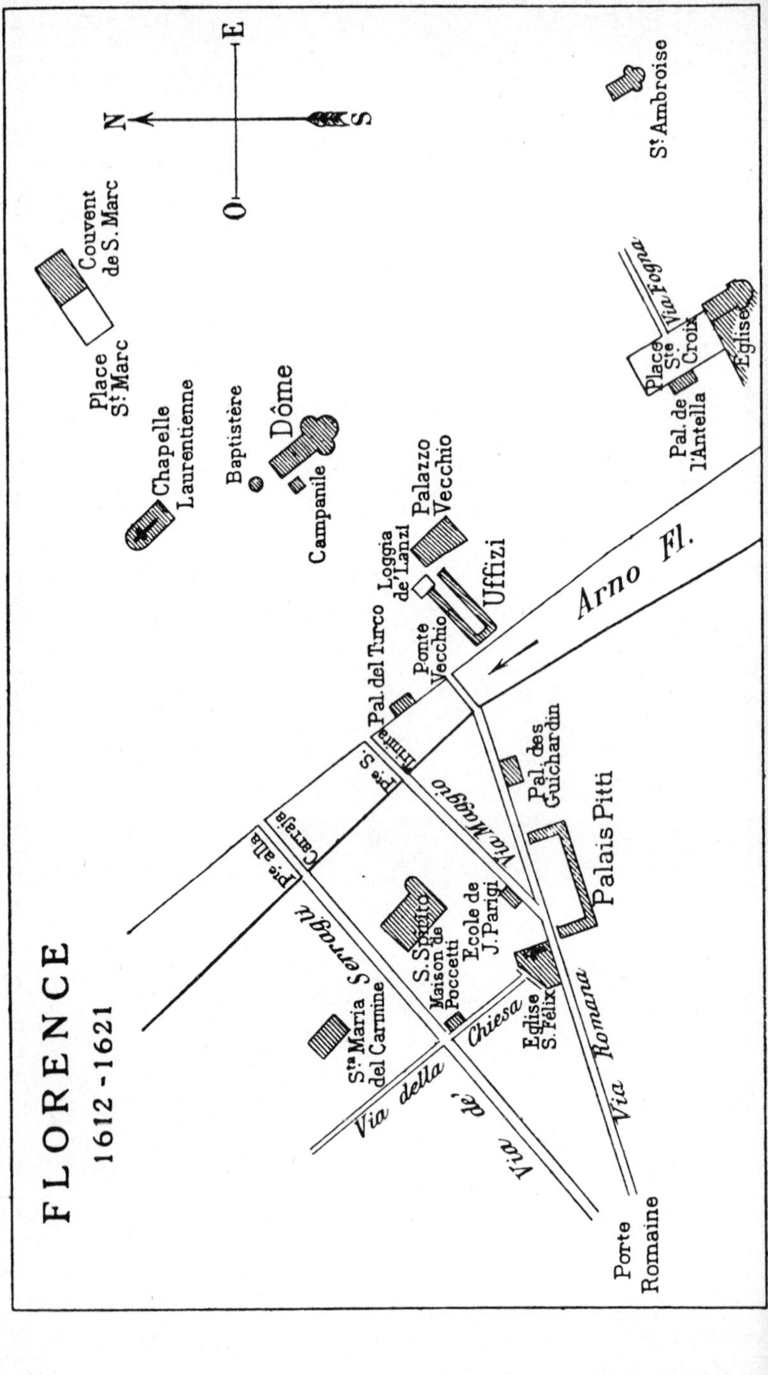
FLORENCE
1612 - 1621
N
S
E
O
Couvent de S. Marc
Place St. Marc
Chapelle Laurentienne
Baptistère
Dôme
Campanile
St. Ambroise
Place Ste. Croix
Via Fogna
Eglise
Pal. de l'Antella
Palazzo Vecchio
Loggia de'Lanzi
Uffizi
Arno Fl.
Ponte Vecchio
Pal. del Turco
Pte. S. Trinita
Pte. alla Carraja
Pal. des Guichardin
Palais Pitti
Via Maggio
Via de' Serragli
S. Spirito
Maison de Poccetti
Ecole de J. Parigi
Sta. Maria del Carmine
Eglise S. Félix
Via della Chiesa
Via Romana
Porte Romaine

sik von Domenico Belli, das im März 1618 bei einem Besuch des Erzherzogs Leopold von Österreich in Florenz uraufgeführt worden ist.
Solche „Staatsbesuche“ wurden in Florenz zu Cosimos Regierungszeit stets aufwendig gefeiert. Sämtliche Künstler wetteiferten, damit nicht nur die Bühne, sondern auch die Stadt, ihre Paläste, Straßen, Plätze, der Arno und seine Ufer Schauplatz von Feuerwerken, Lustbarkeiten und Musik wurden. Der nebenstehende zeitgenössische Stadtplan, auf dem auch die „Ecole de J. Parigi“, Parigis großes Atelier, als besondere Sehenswürdigkeit eingezeichnet ist, gibt einen Eindruck vom Grundriß und den Standorten der Gebäude, die für Callot damals eine Rolle spielten: Der Palast der Familie Turco, Santa Croce, das Haus des Malers Poccetti, die Uffizien, in denen er selbst ein Zimmer bezogen hatte, und der Pitti-Palast, der so oft Schauplatz der Theateraufführungen und Musikdarbietungen gewesen ist.
All diese Veranstaltungen und Ehrungen gingen mit Cosimos Tod zu Ende. Solerti, ein treuer Biograph des Hofes, schrieb: „Mit dem Großherzog verschwanden Glanz und Festesfreude am Hof. Man sprach nur noch von Messen, Vespern, Predigten, als die strenge und bigotte Marie-Madeleine Regentin geworden war. Die Jesuiten waren die Herren, die öffentlichen Vergnügungen hatten nicht mehr die frühere Bedeutung.“
Unter solchen Umständen war es für Callot zunächst leicht, den Entschluß zur Heimkehr nach Nancy zu fassen. Parigi hatte sein Amt zur Verfügung gestellt, von der neuen Herrin konnte er kaum Aufträge erhoffen, wenn er auch seine Pension noch bezog und das Logis in den Uffizien weiter bewohnte.
Romain Rolland hat kritisch angemerkt, daß die Florentiner Feste eigentlich nur Geburten eines überfeinerten, fast schon degenerierten Kopfes gewesen seien, daß Cosimo mit all seinem Aufwand das Volk nicht erreicht habe: „All die prinzlichen Spektakel waren unnatürlich . . . Seine aristokratische Perfektion war weit entfernt vom gewöhnlichen Leben und der Seele des Volkes. Es war ein raffiniertes Spiel. Die hohen Gefühle, der Archaismus der Gegenstände, das gelehrte Heidentum der Personen waren nicht dazu geschaffen, die Menge zu gewinnen.“
Callot jedenfalls, der mit einer abgebrochenen Goldschmiedelehre das bürgerliche Nancy verlassen hatte, mochte am verwaisten Hof der Mediceer nicht länger bleiben. In der Gesellschaft des Bischofs von Toul, Porcellet, machte er sich 1621 auf den Heimweg. Am 5. August kam er in Nancy an und stellte

Callots Vater zu Pferde bei einer Prozession in Nancy

sich dort, oft von Heimweh nach Italien gequält, in den Dienst des lothringischen Hofes, wie das schon sein Vater, der Wappenherold Karls III. getan hatte.
„Andromeda“ war sicher als Vorlage zur Druckgraphik bestimmt und wahrscheinlich aus der „Zentaurenkampf“ – hier tauchen bei Callot zum ersten Mal Themen der griechischen Mythologie unabhängig von Festzeremoniell („Liebeskrieg“; „Krieg der Schönheit“) oder Theatermaschinerie („Zwischenspiele“) auf.
Die „Berber“ könnten in Zusammenhang mit dem Galeerenüberfall (siehe S. 39 und Band II, S. 960 ff.) stehen. Admiral Inghirami befehligte damals die toskanische Flotte gegen die Türken. Ternois bringt sie mit der großen Folge aus dem „Leben Ferdinands I.“ in Verbindung; ihm, dem Vater Cosimos II., werden die Gefangenen ja vorgeführt.
Die beinahe schon barocken Brunnenentwürfe schließlich stehen im Gesamtwerk Callots völlig isoliert. Figur und bewegte Menge sind seine Themen, Landschaft, Vedute, Bühne oder Kulisse sind hauptsächlich Staffage, wenn auch meistens akribisch ausgeführt. Ornamentales ist bei Callot gewöhnlich Rahmen für ein menschliches Bild, ob Porträt oder Titelblatt. Ein bloßer Zweckgegenstand, sei er noch so dekorativ oder so phantasisch angelegt, wie die Brunnen-Skizzen, ist in seinem Oeuvre ein Unikum.

Der Kindermord auf einem offenen Platz
Schwarze Kreide, mit Bister laviert, oval, Abbildung in Originalgröße. Paris, Louvre
Ternois 414

Stolz, Faulheit, Völlerei, Neid
Schwarze Kreide; Rötel, Abbildungen in Originalgröße.
Leningrad, Eremitage
Ternois 415–417; 419

Überfluß, Zorn, Geiz
418 Vorder- und Rückseite eines Blattes
Rötel; schwarze Kreide, Abbildungen in Originalgröße.
Leningrad, Eremitage
Ternois 418; 420/421

Junge Frau
Rötel, Abbildung in Originalgröße. Leningrad, Eremitage
Ternois 422

Die Dreifaltigkeit, umgeben von Franziskanermönchen
Schwarze Kreide, 204 x 193. London, Collection Rudolf
Ternois 423

Drei Jagdskizzen
Rötel; schwarze Kreide, Abbildungen in Originalgröße.
New York, Collection Nathan Chaikin; Leningrad, Eremitage;
Florenz, Uffici
Ternois 424–426

Die italienischen Landschaften und die „vier Landschaften“

I. Ausgeführte Zeichnungen und Skizzen

Die Mühle am Wasser
Feder, 114 x 247. Chatsworth, Devonshire Collection

Der kleine Hafen
Feder, 114 x 247. Chatsworth, Devonshire Collection
Ternois 428

Der große Felsen
Feder, 114 x 247. Chatsworth, Devonshire Collection

Am Ufer
Feder, 114 x 247. Chatsworth, Devonshire Collection
Ternois 430

Die Badenden
Schwarze Kreide, mit Bister laviert, Gouachetupfen im Vordergrund, 187 x 335.
Chatsworth, Devonshire Collection

Die Badenden
Schwarze Kreide, mit Bister laviert, 184 x 323. Paris, Louvre
Ternois 432

Die Badenden
Feder, 114 x 247. Chatsworth, Devonshire Collection

Vogeljagd
Feder, 114 x 247. Chatsworth, Devonshire Collection
Ternois 434

Hirschjagd
Feder, 114 x 247. Chatsworth, Devonshire Collection
Ternois 435

Heimkehr von der Jagd
Feder, 114 x 247. Chatsworth, Devonshire Collection
Ternois 436

Seeschlacht
Feder, 114 x 247. Chatsworth, Devonshire Collection
Ternois 437

Abfahrt der Händler
Feder, 114 x 247. Chatsworth, Devonshire Collection
Ternois 438

Jäger; Bauern; Badende
Schwarze Kreide, Abbildungen in Originalgröße.
Leningrad, Eremitage
Ternois 439–444

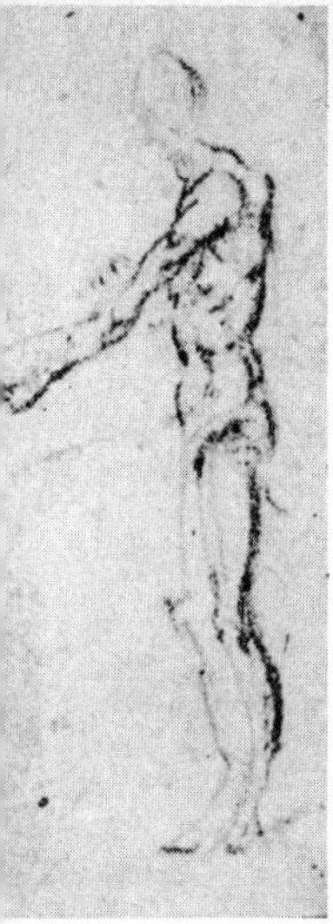

Badender; Bauer und Pferd; eine Kuh
Schwarze Kreide; Rötel, Abbildungen in Originalgröße.
Leningrad, Eremitage
Ternois 445–447

Tierskizzen
Rötel; schwarze Kreide, Abbildungen in Originalgröße.
Leningrad, Eremitage
Ternois 448–451

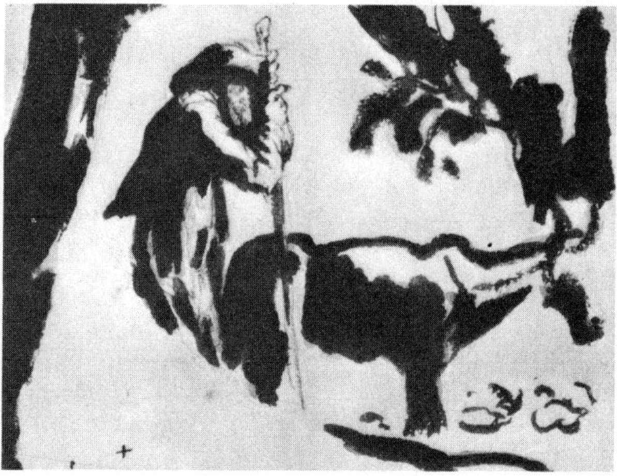

Tier- und Bauernskizzen
Rötel; Rötel mit Bister laviert, Abbildungen in Originalgröße.
Leningrad, Eremitage
Ternois 452–454

Entwurf einer Theaterdekoration
Feder, schwarze Kreide und Rötelstriche, 191 x 156.
Stockholm, Nationalmuseum
Ternois 455

Zwei Zuschauerskizzen
Schwarze Kreide, mit Chinatusche laviert, Abbildungen in Originalgröße. Paris, Louvre; Leningrad, Eremitage
Ternois 456/457

Soldatenskizze; Skizze eines Bürgers
Vorder- und Rückseite eines Blattes
Schwarze Kreide, mit gelbem Bister laviert; schwarze Kreide,
Abbildungen in Originalgröße. Leningrad, Eremitage

Zwei Offiziersskizzen
Vorder- und Rückseite eines Blattes
Schwarze Kreide, mit Chinatusche laviert; schwarze Kreide,
Abbildungen in Originalgröße. Paris, Louvre
Ternois 459

Zwei Offiziersskizzen
Schwarze Kreide, mit Chinatusche laviert, Abbildungen in Originalgröße. Paris, Louvre
Ternois 460/461

Zwei Zuschauerskizzen
Schwarze Kreide, mit Chinatusche laviert, Abbildungen in Originalgröße. Paris, Louvre
Ternois 462/463

Sitzende Frauen; ein Edelmann, von hinten gesehen
Schwarze Kreide, mit Chinatusche laviert, Abbildungen in Originalgröße.
Paris, Louvre; Leningrad, Eremitage
Ternois 464/465

Zwei Skizzen von Edelleuten
Schwarze Kreide, mit Chinatusche laviert, Abbildungen in Originalgröße.
Leningrad, Eremitage
Ternois 466/467

Zwei Edelleute im Gespräch; zwei Frauen im Gespräch
Schwarze Kreide, mit Chinatusche laviert, Abbildungen in Originalgröße.
Leningrad, Eremitage; Paris, Louvre

Zwei Frauenskizzen
Schwarze Kreide, mit Chinatusche laviert, Abbildungen in Originalgröße. Paris, Louvre
Ternois 470/471

Sitzende Frauen
Schwarze Kreide, mit Chinatusche laviert, Abbildungen in Originalgröße. Paris, Louvre

Zwei Skizzen von Edelleuten im Gespräch
Schwarze Kreide, mit Chinatusche laviert, Abbildungen in Originalgröße. Paris, Louvre
Ternois 474/475

Drei Skizzen von Edelleuten
Schwarze Kreide, mit Chinatusche laviert, Abbildungen in Originalgröße.
Leningrad, Eremitage

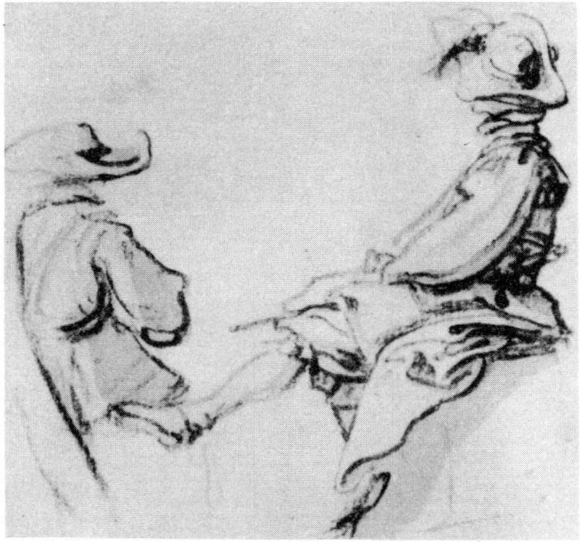

Zwei Skizzen von Edelleuten
Schwarze Kreide, mit Chinatusche laviert, Abbildungen in Originalgröße.
Leningrad, Eremitage
Ternois 479/480

Zwei Edelleute im Gespräch; junge Frau im Profil
Schwarze Kreide, mit Chinatusche laviert, Abbildungen in Originalgröße.
Leningrad, Eremitage; Paris, Louvre

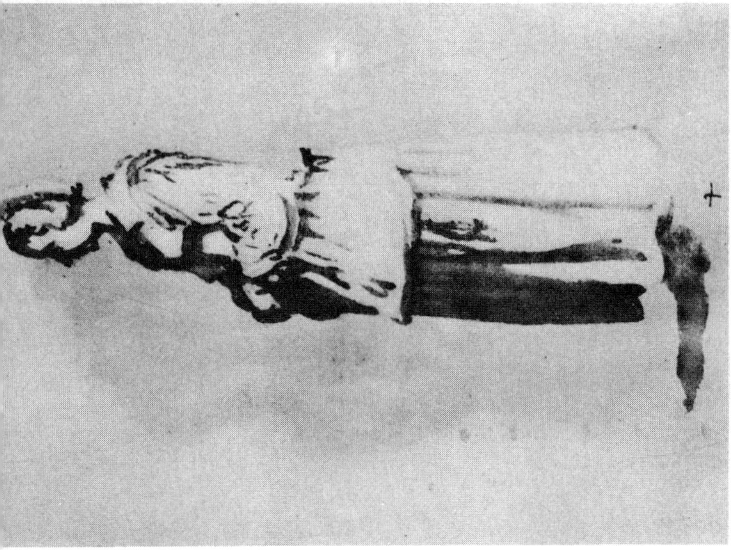

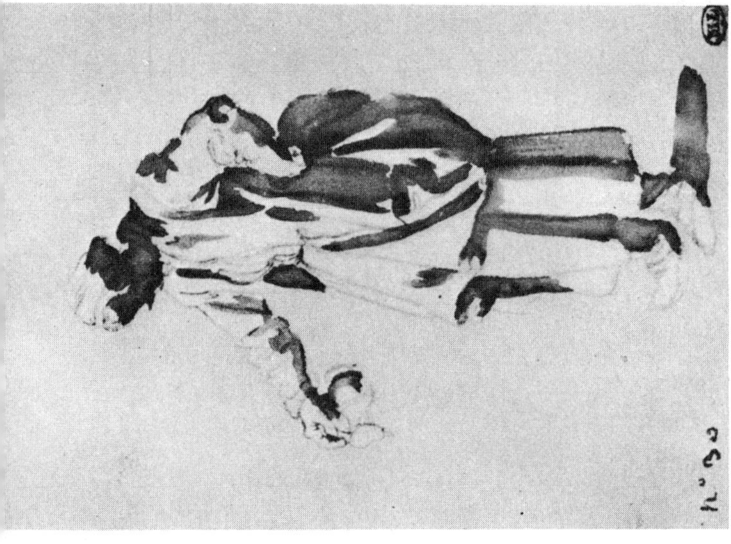

Bäuerin von vorn; Bäuerin im Profil
Vorder- und Rückseite eines Blattes
Schwarze Kreide, mit gelbem Bister laviert, Abbildungen in Originalgröße. Paris, Louvre
Ternois 483

Bäuerin bei der Arbeit; Bäuerin im Profil
Vorder- und Rückseite eines Blattes

Bäuerin mit Korb; zwei sitzende Bäuerinnen
Vorder- und Rückseite eines Blattes
Schwarze Kreide, mit gelbem Bister laviert, Abbildungen in Originalgröße. Paris, Louvre
Ternois 485

Bäuerin; Frau mit zwei Kindern
Vorder- und Rückseite eines Blattes
Schwarze Kreide, mit gelbem Bister laviert. Abbildungen in Originalgröße. Paris, Louvre

Zwei Bäuerinnen im Profil
Vorder- und Rückseite eines Blattes
Schwarze Kreide, mit gelbem Bister laviert, Abbildungen in Originalgröße. Paris, Louvre
Ternois 487

Frau mit Spindel
Schwarze Kreide, mit gelbem Bister laviert, Abbildung in Originalgröße. Paris, Louvre

Zwei Offiziere
Vorder- und Rückseite eines Blattes
Schwarze Kreide, mit gelbem Bister laviert, Abbildungen in Originalgröße. Paris, Louvre
Ternois 489

Polnischer Offizier; sitzende Frau
Vorder- und Rückseite eines Blattes
Schwarze Kreide, mit gelbem Bister laviert, Abbildungen in Originalgröße. Paris, Louvre

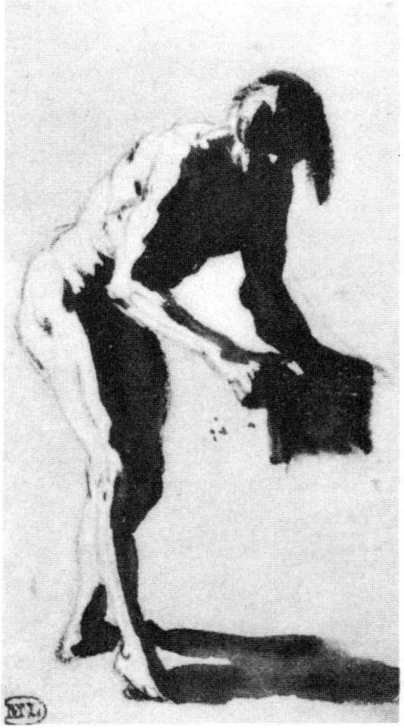

Drei badende Männer
Schwarze Kreide, mit gelbem Bister laviert, Abbildungen in Originalgröße. Paris, Louvre
Ternois 491–493

Ein Bauer im Profil; ein laufender Bauer
Vorder- und Rückseite eines Blattes
Schwarze Kreide, mit gelbem Bister laviert, Abbildungen in Originalgröße. Paris, Louvre

Sitzende Bäuerin mit Kind; laufender nackter Mann
Schwarze Kreide, mit gelbem Bister laviert, Abbildungen in Originalgröße.
Leningrad, Eremitage
Ternois 495/496

Junge Bäuerin mit Pferden; Hund und Karren
Vorder- und Rückseite eines Blattes
Schwarze Kreide, die Pferde mit gelbem Bister laviert,
Abbildungen in Originalgröße. Leningrad, Eremitage
Ternois 497

Schlafende Bauern; Bauer mit Pferd; Pferd
499 Vorder- und Rückseite eines Blattes
Schwarze Kreide, mit gelbem Bister laviert,
Abbildungen in Originalgröße. Leningrad, Eremitage
Ternois 498/499

Flötenspieler; drei Badende
Vorder- und Rückseite eines Blattes
Schwarze Kreide, der Flötenspieler mit Bister laviert,
Abbildungen in Originalgröße. Leningrad, Eremitage
Ternois 500

Sitzende Bäuerin; fünf Pferde
Schwarze Kreide, mit gelbem Bister laviert,
Abbildungen in Originalgröße. Leningrad, Eremitage
Ternois 501/502

Sitzender Mann; Pferde vor dem Karren
Vorder- und Rückseite eines Blattes
Schwarze Kreide, mit Bister laviert; der Karren nur schwarze Kreide. Leningrad, Eremitage
Ternois 503

Bäuerinnen bei der Arbeit
Vorder- und Rückseite eines Blattes
Schwarze Keide; mit Bister laviert;
schwarze Kreide, Abbildungen in Originalgröße.
Leningrad, Eremitage
Ternois 504

Drei Bauernskizzen
506 Vorder- und Rückseite eines Blattes
Schwarze Kreide, mit gelbem Bister laviert, Abbildungen in Originalgröße.
Leningrad, Eremitage

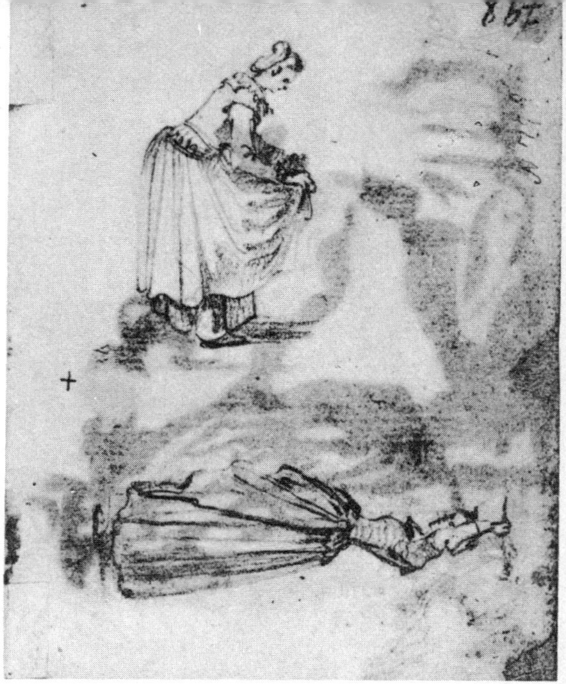

Zwei Trinker; zwei Bäuerinnen
Vorder- und Rückseite eines Blattes
Schwarze Kreide, mit Bister laviert; schwarze Kreide, Abbildungen in Originalgröße.
Leningrad, Eremitage
Ternois 507

Bauer; Soldat; Edelmann
509 Vorder- und Rückseite eines Blattes
Schwarze Kreide, mit gelbem Bister laviert, Abbildungen in Originalgröße.
Leningrad, Eremitage

Zwei Bäuerinnen
Vorder- und Rückseite eines Blattes
Schwarze Kreide, mit gelbem Bister laviert, Abbildungen in Originalgröße.
Leningrad, Eremitage
Ternois 510

Bäuerinnen
Vorder- und Rückseite eines Blattes
Schwarze Kreide, mit Bister laviert;
schwarze Kreide, Abbildungen in Originalgröße.
Leningrad, Eremitage
Ternois 511

Sitzende alte Frau; Bäuerin bei der Arbeit
Vorder- und Rückseite eines Blattes
Schwarze Kreide, mit gelbem Bister laviert; schwarze Kreide,
Abbildungen in Originalgröße. Leningrad, Eremitage
Ternois 513

Vier Figurenskizzen
Schwarze Kreide, mit gelbem Bister laviert,
Abbildungen in Originalgröße. Leningrad, Eremitage
Ternois 512; 514–516

Wirtshausszene; ein Edelmann
Schwarze Kreide, mit Chinatusche laviert, Abbildungen in Originalgröße.
Leningrad, Eremitage
Ternois 517/519

Beim Barbier; sitzende Frau mit Kindern
Vorder- und Rückseite eines Blattes
Schwarze Kreide, mit Chinatusche laviert, Abbildungen in Originalgröße.
Leningrad, Eremitage
Ternois 518

Junge Frau, von hinten gesehen; Tierstudien
521 Vorder- und Rückseite eines Blattes
Schwarze Kreide, mit gelbem Bister laviert, Abbildungen in Originalgröße.
Leningrad, Eremitage
Ternois 520/521

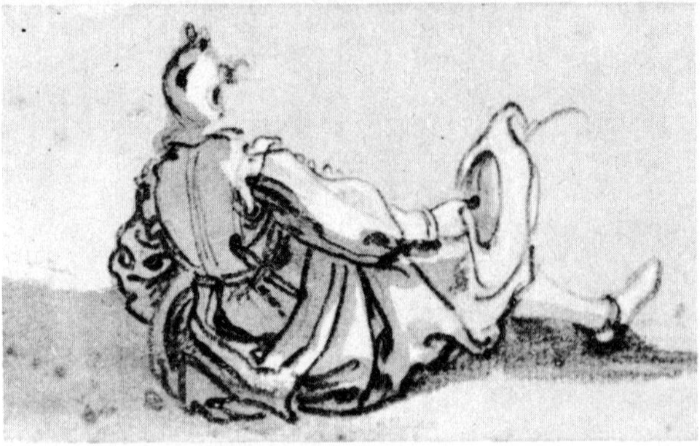

Sitzende Frau; zwei sitzende Bauern
Schwarze Kreide, mit Chinatusche laviert, Abbildungen in Originalgröße.
Leningrad, Eremitage
Ternois 522/523

Sitzende Bäuerinnen; Edelmann
Schwarze Kreide, mit Bister laviert, Abbildungen in Originalgröße. Leningrad, Eremitage
Ternois 524–526

Harfenspielerin; Bauer; Pferde; Pferd mit Wagen
Schwarze Kreide, mit Bister laviert, Abbildungen in Originalgröße. Leningrad, Eremitage
Ternois 527–530

Vier Bauernszenen
Schwarze Kreide, mit gelbem Bister laviert, Abbildungen in Originalgröße.
Leningrad, Eremitage
Ternois 531–534

Zwei Straßenzüge mit Palast und Arkaden
Schwarze Kreide, mit Bister laviert, 215 x 283. Darmstadt, Hessisches Landesmuseum

Platz mit Obelisk, Palästen und Arkaden
Schwarze Kreide, mit Bister laviert, 200 x 325. Darmstadt, Hessisches Landesmuseum
Ternois 536

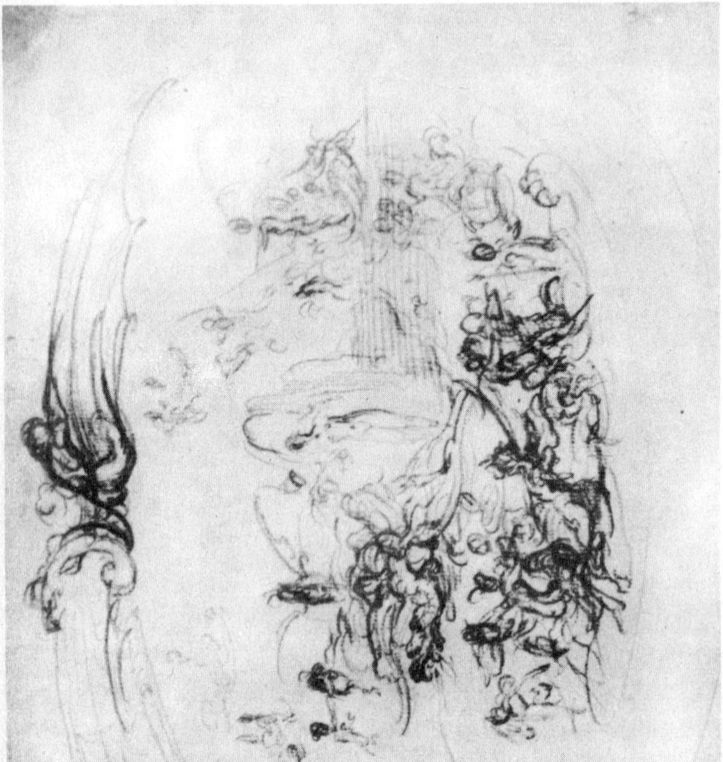

Perseus befreit Andromeda (erste Skizze)
Rötel mit schwarzen Kreidestrichen, 235 x 310. Florenz, Uffici

Perseus befreit Andromeda (zweite Skizze)
Rötel, 176 x 237. Florenz, Uffici
Ternois 538

Perseus befreit Andromeda (dritte Skizze)
Rötel, 173 x 218. Florenz, Uffici

Perseus befreit Andromeda (vierte Skizze)
Rötel, 154 x 205. Florenz, Uffici
Ternois 540

Der Kampf unter einem großen Baum
Schwarze Kreide, sehr dunkel mit gelblichem Bister laviert, 162 x 261. Florenz, Uffici

Admiral Inghirami führt Ferdinand I. die Gefangenen vor (erster Entwurf)
Schwarze Kreide, mit Bister laviert, 194 x 303. New York, Collection John S. Newberry Jr.
Ternois 542

Admiral Inghirami führt Ferdinand I. die Gefangenen vor (zweiter Entwurf)
Schwarze Kreide, mit Bister laviert, 130 x 207. Florenz, Uffici

Zwei Regimenter zu Pferde im Angriff
Schwarze Kreide, mit Chinatusche laviert, 107 x 256. Leningrad, Eremitage
Ternois 544

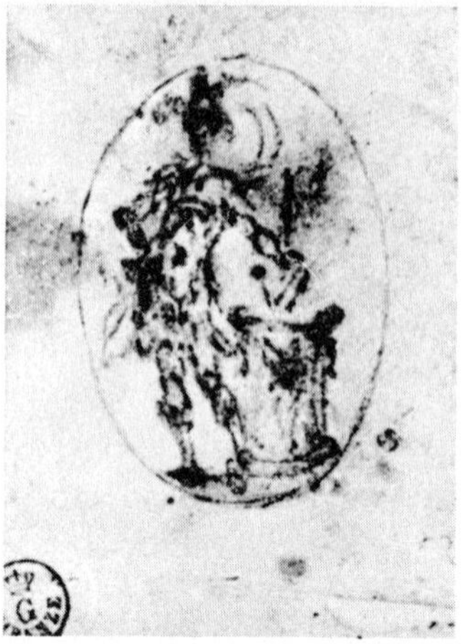

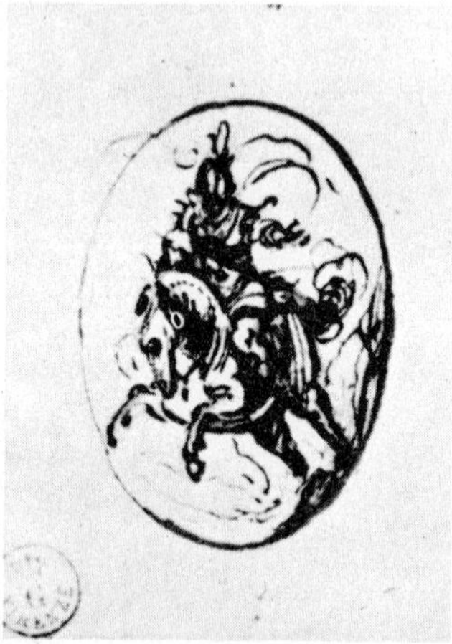

Mucius Scaevila legt seine Hand ins Feuer; Ritter zu Pferde
Schwarze Kreide; schwarze Kreide und Feder, Abbildungen in Originalgröße. Florenz, Uffici
Ternois 545/546

Junger Mann in höfischer Tracht
Rötel, 238 x 156. Florenz, Uffici
Ternois 547

Springbrunnen (erster Entwurf)
Rötel, Abbildung in Originalgröße. Florenz, Uffici
Ternois 548

Springbrunnen (zweiter Entwurf)
Rötel, 316 x 275. Florenz, Uffici
Ternois 549

Fuß zum Springbrunnen
Rötel, Feder, mit Bister laviert, 153 x 203. Florenz, Uffici
Ternois 550

Fuß zum Springbrunnen
Rötel, 153 x 203. Florenz, Uffici
Ternois 551

Fuß zum Springbrunnen
Rötel, 152 x 203. Florenz, Uffici

Fuß zum Springbrunnen
Rötel, mit Feder übergangen, mit Bister laviert, 153 x 205. Florenz, Uffici
Ternois 553

Endgültiger Entwurf des Springbrunnens
Rötel, mit Feder übergangen, mit Bister laviert, 370 x 300.
Florenz, Uffici
Ternois 554

Replik des endgültigen Entwurfs
Feder, mit Bister laviert, 342 x 290. Stockholm, Nationalmuseum
Ternois 555

Vier aufgesperrte Mäuler (Dekorationen zum Springbrunnen)
Rötel, 208 x 140. Florenz, Uffici
Ternois 556

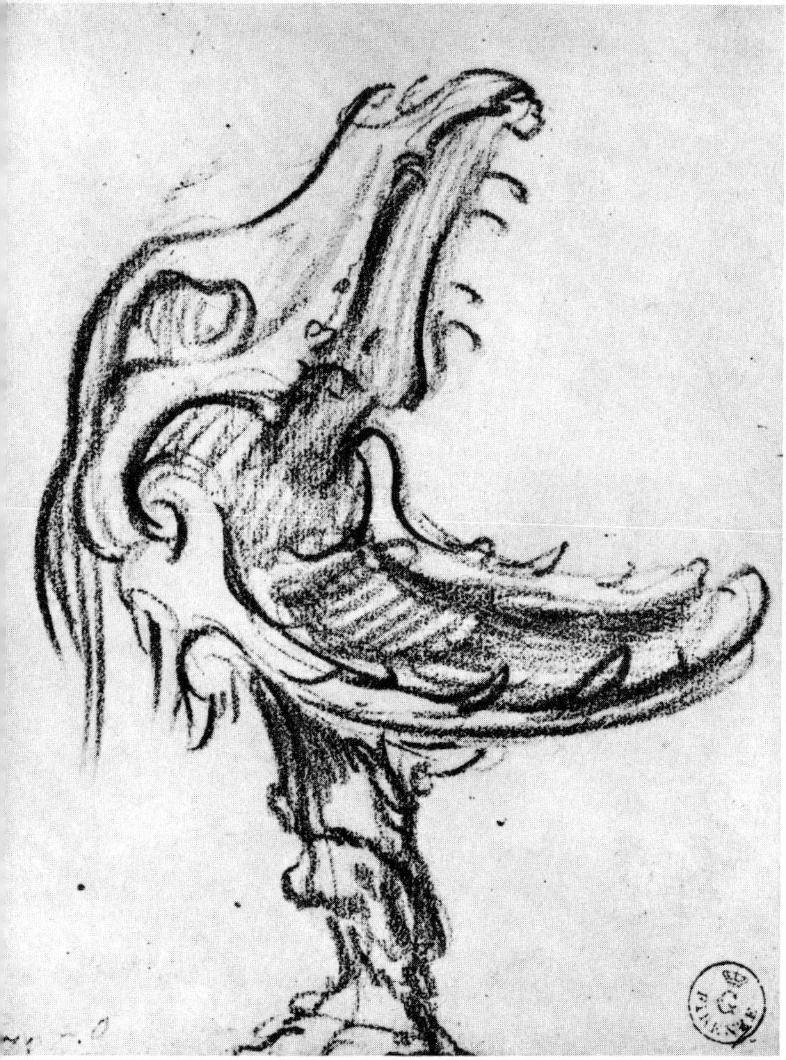

Aufgesperrtes Maul (Dekoration zum Springbrunnen)
Rötel, 162 x 129. Florenz, Uffici
Ternois 557

Aufgesperrtes Maul (Dekoration zum Springbrunnen)
Rötel, 187 x 128. Florenz, Uffici
Ternois 558

Entwurf zu einem anderen Springbrunnen
Rötel, Abbildung in Originalgröße. Florenz, Uffici
Ternois 559

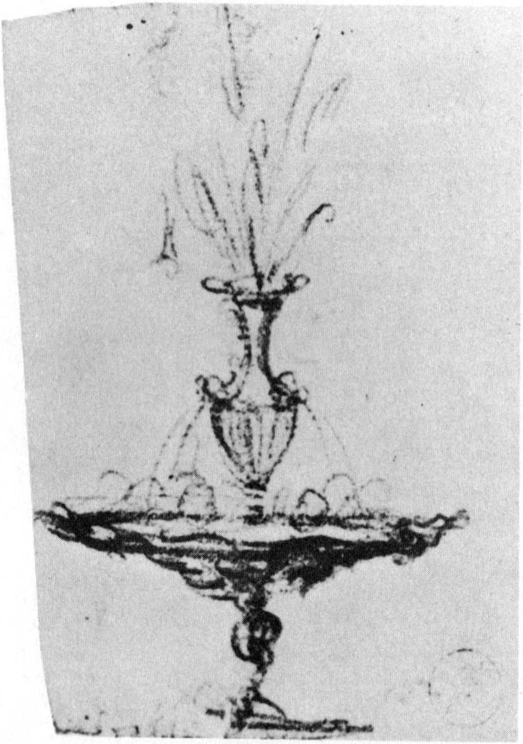

Entwurf zu einem weiteren Springbrunnen
Rötel, Abbildung in Originalgröße. Florenz, Uffici
Ternois 560

Zwei dekorative Details zum Springbrunnen
Rötel, 200 x 145. Florenz, Uffici
Ternois 561

Dekorative Details zum Springbrunnen
Rötel und schwarze Kreide, 182 x 141. Florenz, Uffici
Ternois 562

Dekoratives Detail zum Springbrunnen
Rückseite des vorhergehenden Blattes
Rötel und schwarze Kreide, 182 x 141. Florenz, Uffici
Ternois 562

Sieben dekorative Details
Rötel, 160 x 193. Florenz, Uffici

Dekorative Details
Rückseite des vorhergehenden Blattes
Rötel, 160 x 193. Florenz, Uffici
Ternois 563

Drei Entwürfe für eine Vase
Rötel, 159 x 191. Florenz, Uffici

Studie zur Vase
Rötel, 195 x 147. Florenz, Uffici
Ternois 565

Entwurf zu einem Krug
Rötel, Abbildung in Originalgröße. Florenz, Uffici
Ternois 566

Flache Schale mit Fuß
Rötel, Abbildung in Originalgröße. Florenz, Uffici
Ternois 567

ENDE DER FLORENTINER ZEIT ODER SCHON LOTHRINGISCHE EPOCHE (NICHT DATIERBARE ARBEITEN)

Im Jahr 1619 erschien bei Cecconcelli in Florenz ein Werk von Agniolo Lottini, das die Wundertaten des Verkündigungsbildes in der Florentiner Kirche Sta. Annunziata beschreibt und verherrlicht. Die Stiche dazu stammen von Callot (siehe Band II, S. 1550 ff.). Ein Exemplar dieses Buches befindet sich in Paris in der Bibliothèque Nationale; es enthält das Wappen Callots und eine eigenhändige Eintragung: „Jacomo Callot di Lorr . . .", außerdem zwei Federskizzen, den „Heiligen Livarius" und den „Heiligen Amond". Die Zeichnungen wurden von Bruwaert entdeckt und 1911 in der „Gazette des Beaux-Arts" publiziert. Bruwaert weist nach, daß das Buch aus dem Besitz Alphonse de Rambervilles, eines hohen Beamten aus der lothringischen Stadt Vic, Callots Auftraggeber und Gönner, stammt, der 1624 die Geschichte des heiligen Livarius schrieb. Dieser Heilige und Märtyrer wurde in Lothringen besonders verehrt. Bruwaert datiert die Zeichnungen folglich auf das Jahr 1624. Ternois dagegen nimmt eine Entstehungszeit noch in Florenz an und stützt sich dabei besonders auf die graphologische Untersuchung des handschriftlichen Zusatzes. Tatsächlich spricht die Schreibweise des Vornamens und die Präzisierung „di Lorr . . .", also „aus Lothringen", sehr für Italien. Der in Nancy ansässige Callot hätte eine solche Erklärung nicht nötig gehabt; abgesehen davon, daß der Künstler während seines Florentiner Aufenthalts den Zunamen „Lorrain" geradezu als Titel führte. In den Archiven der Medici, wo alle für den Hof tätigen Künstler und Gelehrten sorgsam notiert wurden, ist zwar Callots bürgerlicher Name falsch geschrieben, das Heimatland aber exakt erwähnt: „Jacques Castor de Lorraine, graveur au burin" steht im herzoglichen Register, nur wenige Zeilen unter der Eintragung des Namens Galileo Galilei.

Der heilige Mansuetus war Bischof von Toul, er starb um 350. Der Legende nach erweckte er den französischen Königssohn, der in die Mosel gefallen und ertrunken war, wieder zum Leben, daraufhin bekehrten sich die königliche Familie und das Volk zum christlichen Glauben. Die Datierung der vier Blätter ist umstritten und auch die Entstehungszeit der Radierung (Lieure setzt sie 1621 an) ungesichert (siehe Band II, S. 1456).

Die „Große Passion“ (siehe Band II, S. 1042 ff.) ist als Radierungenfolge unvollendet geblieben – sei es nun, daß Callot die Lust an dieser, den Vorzeichnungen und zahlreichen Skizzen nach zu schließen, umfangreich geplanten Arbeit verloren hat, andere Aufträge dazwischen kamen, oder daß er die Ausführung nur verschieben wollte. Die vielen vorbereitenden Studien jedenfalls deuten darauf hin, daß ihm dieses Werk sehr wichtig gewesen ist. Die Ausführung der Radierungen erstreckte sich vermutlich über viele Jahre; zwischen 1619 und 1624 gibt Ternois an. Die Vorzeichnungen entstanden wahrscheinlich noch in Florenz. In der Gesamtausgabe der Handzeichnungen Callots identifiziert Ternois, soweit das bei der Fülle und Winzigkeit überhaupt möglich ist, die Studienfiguren mit denen der radierten Blätter der „Passion“ (S. 101 ff.).
Die Studien zu den „Balli di Sfessania“ hat Callot in Italien gezeichnet, die Radierungen der berühmten Folge (siehe Band II, S. 1080 ff.) sind sicher in Nancy entstanden. Die Commedia dell'arte, die Stegreifkomödie, in der die Schauspieler nur ihre Rollen und den Gang der Handlung kennen, den Text und alle Bewegungen aber frei extemporieren müssen, hatte Callot am Mediceerhof kennengelernt. Cosimo II. förderte diese Kunst und veranstaltete in seinen Palästen Aufführungen. Der Künstler zeichnete und radierte die beiden tanzenden „Pantalone“ (siehe S. 49 und Band II, S. 1410); in den „Capricci“ tauchen groteske Tänzer auf (siehe Band II, S. 1011 f.), die in der Darstellungsweise und dem Format nach unmittelbare Vorläufer der „Balli“-Figuren sind; die drei großen „Pantalone“ (siehe Band II, S. 1051) gehören ebenfalls in diesen Zusammenhang. Das Titelblatt der „Balli“ könnte, so Ternois, noch in Italien radiert worden sein, dafür spricht die Aufschrift in italienischer Schreibweise des Namens „. . . di Jacomo Callot“. Zu den 24 Radierungen der „Balli“ gibt es über 60 Vorzeichnungen, Skizzen, Studien meist von Einzelgestalten, nur wenige sind exakt so übernommen. Das Prinzip der radierten Folge, daß sich immer zwei Personen gegenüberstehen, und zwar in unmittelbarer, aktiver Beziehung zueinander, fehlt noch. Auf den Radierungen schauen die Tänzer einander an, doch die oft lustig und skurril wirkende Gebärde, die kecken Schnabelnasen und maskierten Gesichter können den fast gehässigen Zorn nicht verbergen, mit dem sich diese leichtfüßigen Figuren belauern, verspotten, befehden. Callots „Balli“-Radierungen haben sich von der Bühne, vor der der Künstler wohl zeichnend gesessen hat, längst entfernt. Diderot

sagt von der Commedia, sie setze eine ursprüngliche Fröhlichkeit voraus, ihre Charaktere seien wie die Grotesken des Callot: „dort sind die wichtigsten Grundzüge der Menschengestalt bewahrt“. Das trifft auf die Zeichnungen zu, in denen Callot die Leichtigkeit der Bewegung, die doch so schwierig herzustellen ist, studiert und festgehalten hat; die gezeichneten „Balli“-Tänzer sind so ursprünglich fröhlich, wie Diderot beschrieben hat. Für die Radierungen trifft Wolfgang Kaysers Bezeichnung „chimärisch“ zu, ihre Gesten sind aggressiv, ihre Blicke grausam, das zeigt sich besonders, wenn man die kleinen Blätter vergrößert.

Der „Adel Lothringens“, vornehme Damen und Herren aus der Gesellschaft Nancys, wurden von Callot in einer großen Folge radiert (siehe Band II, S. 1141). Wann die mit breitem Pinsel skizzierten Zeichnungen, von denen keine ganz genau für die Radierungen übernommen wurde, entstanden sind, ist ungesichert. Bruwaert datiert sogar die radierten Blätter noch in die

Florentiner Zeit, er schreibt: „Die sechs Edelleute und die sechs noblen Damen, genannt ‚Der Adel Lothringens‘, können auch Personen aus Italien sein, denn eine der Damen hat ihr Gesicht mit einer Maske bedeckt, die in Florenz Mode war!“ Die Zeichnungen sind nur vom Motiv her mit den Radierungen verwandt: große, blattfüllende Figuren im leeren Raum, reiche, elegante Kleidung, ob nun aus Italien oder Lothringen, ganz offensichtlich von hohem Stand. Wenn man aber die These, einige Figuren der radierten Folge seien Porträts von Callot selbst und von einigen seiner Familienmitglieder, (siehe Band II, S. 1142/1143/1147/1149) als richtig voraussetzt, gehört die „Noblesse Lorraine“ unbedingt in die Zeit nach der Rückkehr nach Nancy.

Zu den „Bettlern“, einer der wichtigsten Folgen im Oeuvre Callots, gibt es nur eine winzige und unbedeutende Rötelskizze, die der Künstler zu dem Blatt „Die Alte mit den Katzen“ (siehe Band II, S. 1133) verwendete.

Der „Jahrmarkt von Gondreville“ (siehe Band II, S. 1462 f.) oder Xeuilley oder vielleicht, wie Mariette annimmt, auch eines italienischen Dörfchens, wurde sicher in Nancy radiert; die Entstehungszeit der Zeichnung ist ungewiß wie auch die Lokalisierung des dargestellten Ortes. Mariette verweist auf Italienisches in Kleidung und Brauchtum der Bevölkerung: In Florenz und Umgebung sei es üblich gewesen, daß sich zu Beginn des Monats Mai die jungen Mädchen mit einem geschmückten Zweig in den Händen singend und tanzend unter das Volk mischten und dafür Geld erhielten. Solche tanzenden Mädchen, die ein Bäumchen tragen, sind auf der Radierung deutlich zu erkennen und auf der Zeichnung angedeutet. Es ist aber auch durchaus denkbar, daß Callot Gepflogenheiten, die er in Italien kennengelernt hatte, als aparte Komponente in seine französische Marktszene eingebracht hat. Das Blatt wird in der Literatur als „Jahrmarkt von Gondreville“ und als „Jahrmarkt von Xeuilley“ geführt. Genau lokalisieren läßt es sich wohl nicht, aber beide Orte kommen in Betracht. In Gondreville hatte Jean Porcellet, Titularbischof von Toul, seine Sommerresidenz. Callot war in Porcellets Gefolge von Florenz nach Nancy zurückgereist, er hat den Stammbaum seines Hauses radiert (siehe Band II, S. 1394), der Bischof war ein Gönner und Auftraggeber des Künstlers, Callot verkehrte in seinem Hause und gewiß auch auf seinem Landsitz. In Xeuilley indessen besaß Callot selber ein Haus. Von den wenigen gezeichneten Figuren zu diesem „Jahrmarkt“ sind

die meisten zur Radierung verwendet worden; die genaue Identifizierung findet sich bei Ternois, S. 112 ff.
Der „Sklavenmarkt“ ist ein problematisches Blatt in Callots Werk. Auf der Vorzeichnung zum ersten Zustand der Radierung (siehe Band II, S. 1453) ist als Hintergrund deutlich die Stadtsilhouette von Paris zu erkennen: der Tour de Nesle, der Pont Neuf, der Louvre, alles Motive, die Callot eigenhändig als die beiden „Großen Ansichten von Paris“ (siehe Band II, S. 1493/94) radiert hat. Doch die Urheberschaft des Hintergrunds auf dem zweiten „Sklavenmarkt“ wird von der Forschung angezweifelt, die Zuschreibung ist allerdings unterschiedlich. Bruwaert gibt Zeichnung und Radierung an Stefano della Bella, einen italienischen Nachahmer Callots. Ternois bestreitet dies mit stilistischen Argumenten und vermutet, daß Callots Verleger Israel Henriet, der auch als Radierer tätig war, oder Callots Schüler Collignon nach dem Tod des Künstlers die Vedute hinzugefügt hat. Das Blatt trägt den Vermerk: „Callot f. A Paris 1629.“ Baldinucci zählt es deshalb zu Callots eigenhändigen Arbeiten. Lieure dagegen schreibt: „Die Originalzeichnung des Künstlers, die sich in der Sammlung Mariette im Louvre befindet, läßt keinen Zweifel in dieser Angelegenheit zu. Der Hintergrund der Zeichnung zeigt einen Hafen am Meer mit Schiffen, zweifellos Livorno. Wenn Callot seine Radierung hätte vollenden wollen, dann hätte er das seiner Zeichnung entsprechend getan, auf der der Vordergrund als eine Art Abschluß gegeben ist. Nach Callots Tod blieb die Platte unvollendet liegen. Israel wollte daraus Nutzen ziehen: Um sie interessanter zu machen, radierte er (oder ließ er radieren) die kleine Ansicht von Paris hinzu und fügte, um den Anschein der Eigenhändigkeit zu wahren, das Datum 1629 bei, das Jahr, in dem Callot in Paris gewesen ist.“ Die Zeichnung trägt am oberen Rande (auf der Reproduktion nicht erkennbar) eine Aufschrift Callots: „Redimere captivum“, Freikaufung der Gefangenen. Die Bezeichnung des Blattes als „Sklavenmarkt“ ist demnach unrichtig.
Die „Szenen aus dem Leben Jesu“ sind Vorzeichnungen zu den verschiedensten radierten Blättern. Die „Kleine Kreuztragung“ gehört zu einer „außergewöhnlich fein ausgeführten“ (Lieure) Radierung (siehe Band II, S. 1423) und ist, nach Mariette, Meaume und Lieure, noch in Italien, 1617 oder 1618, entstanden, ebenso die Radierung selbst. Bruwaert datiert um 1623 in die Lothringer Zeit. Dasselbe gilt für das kleine Pfingstmedaillon (siehe Band II, S. 1423). Das Oval „Jesus im Tempel“, wahr-

scheinlich zu Beginn der Jahre in Lothringen gezeichnet, ist eine Skizze zu den „Wundern der Passion“ (siehe Band II, S. 1226 ff.) Diese Folge aus 20 ovalen und runden, sehr kleinformatigen Radierungen, ist wahrscheinlich als Amulettserie gedacht gewesen, die zum Schutz gegen die Pest, die 1631 in Lothringen wütete, getragen werden sollten. Das „Jesuskind mit dem Kreuzstab“ wird gelegentlich den „Todsünden“ als erstes oder letztes Blatt zugefügt. Nach Lieure entstanden Zeichnung und Radierung (siehe Band II, S. 1058) noch in Italien, nach Bruwaert erst um 1629/30 in Paris.

Die Radierung „Johannes auf Patmos“ (siehe Band II, S. 1470) hat Callot signiert: „Iacobus Callot In. et Fecit.“ Das ist die Schreibweise seines Namens, die er in Italien gebrauchte, demnach könnten Zeichnung und Radierung in Florenz entstanden sein; Ternois bezweifelt das aufgrund stilistischer und technischer Eigentümlichkeiten und datiert in die Epoche in Lothringen, vor 1630.

Zur „Pandora“ (siehe Band II, S. 1471) gibt es eine Anzahl winziger Kreideskizzen, eine Götterversammlung, die auf der Radierung über der nackten Hauptfigur in den Wolken sitzt. Das radierte Blatt ist bezeichnet: „Jac. Callot In. et Fec.“ Es stammt vermutlich aus derselben Zeit wie der „Johannes“, nach Ternois also vor 1630. Das „Martyrium des heiligen Lorenz“ (siehe Band II, S. 1155) steht in enger Verbindung mit der kaum exakt

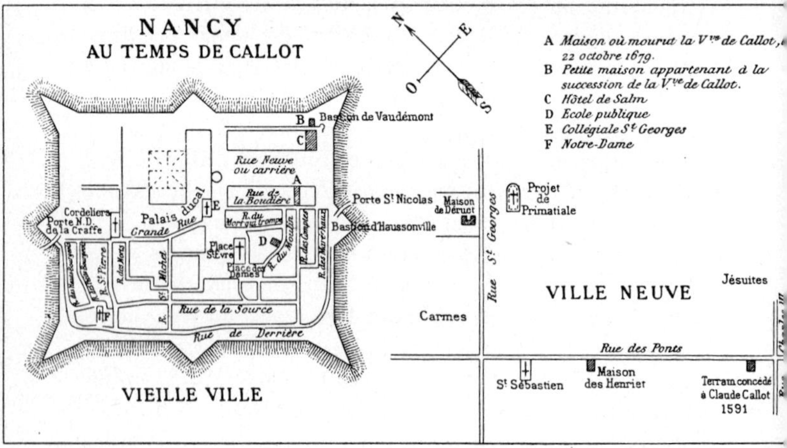

zu interpretierenden Folge „Die Opfer“ (siehe Band II, Seite 1154 f.); beide sind schwer datierbar, aber vermutlich in Lothringen entstanden. Die letzte Radierung der „Opfer“, die „Anbetung des Menschen“, hat Callot wiederholt. Die rätselhafte verhüllte Männergestalt ist als einzige Figur in verschiedenen Varianten gezeichnet.

Der „Heilige Remigius“ wurde von Callot für keine Radierung und keinen Kupferstich verwendet. Die Aufschrift „Remigio ... Sancta Ampulla datur Clodoc ...“ dürfte eigenhändig sein, der Zusatz „Du Callot“ stammt von fremder Hand. Die Zeichnung ist vermutlich gleich nach Callots Rückkehr nach Nancy entstanden.

C. Thierry, Callots Haus in Nancy um 1861
Radierung

Die Statue des heiligen Livarius mit anbetendem Volk
Feder, mit Bister laviert, 200 x 135. Paris, Bibliothèque Nationale
Ternois 568

Der heilige Amond
Feder, mit Bister laviert, 135 x 200. Paris, Bibliothèque Nationale
Ternois 569

Der heilige Mansuetus und die Königsfamilie (erster Entwurf)
Feder, mit Bister laviert, schwarze Kreidestriche, 210 x 176.
Nancy, Musée Lorrain
Ternois 570

Der heilige Mansuetus und die Königsfamilie (zweiter Entwurf)
Feder, mit Bister laviert, schwarze Kreidestriche, 240 x 180.
New York, Collection Mr. und Mrs. Germain Seligman
Ternois 571

Der heilige Mansuetus und die Königsfamilie (dritter Entwurf)
Feder, mit Bister laviert, 206 x 181. Boston, Museum of Fine Arts
Ternois 572

Der heilige Mansuetus und die Königsfamilie (vierter Entwurf)
Rötel, Feder, mit Bister laviert, 212 x 275. Stockholm, Nationalmuseum
Ternois 573

Die Fußwaschung
Schwarze Kreide, mit Bister laviert, 100 x 215. Chatsworth, Devonshire Collection

Die Fußwaschung
Schwarze Kreide, mit Bister laviert, 88 x 200. Truro Cornwall, Royal Institution
Ternois 575

Christus am Ölberg
Schwarze Kreide, mit Bister laviert, 100 x 215. Chatsworth, Devonshire Collection
Ternois 576

Die Gefangennahme Christi
Schwarze Kreide, mit Bister laviert, 100 x 215. Chatsworth, Devonshire Collection
Ternois 577

Christus vor Kaiphas
Schwarze Kreide, mit Bister laviert, 100 x 215, Chatsworth, Devonshire Collection

Christus vor Pilatus
Schwarze Kreide, mit Bister laviert, 100 x 215. Chatsworth, Devonshire Collection
Ternois 579

Die Dornenkrönung
Schwarze Kreide, mit Bister laviert, 100 x 215. Chatsworth, Devonshire Collection

Die Geißelung
Schwarze Kreide, mit Bister laviert, 100 x 215. Chatsworth, Devonshire Collection
Ternois 581

Die Darstellung Christi vor dem Volk
Rötel, mit schwarzer Kreide überarbeitet, 101 x 204. Leningrad, Eremitage
Ternois 582

Die Darstellung Christi vor dem Volk
Schwarze Kreide, mit Bister laviert, 100 x 215. Chatsworth, Devonshire Collection
Ternois 583

Die Kreuztragung

Schwarze Kreide, mit Bister laviert, 230 x 290. Paris, Collection Strölin

Die Kreuztragung
Schwarze Kreide, mit Bister laviert, 100 x 215. Chatsworth, Devonshire Collection
Ternois 585

Die Kreuzannagelung
Schwarze Kreide, mit Bister laviert, 100 x 215. Chatsworth, Devonshire Collection
Ternois 586

Die Kreuzigung
Schwarze Kreide, mit Bister laviert, 100 x 215. Chatsworth, Devonshire Collection
Ternois 587

Die Kreuzabnahme
Schwarze Kreide, mit Bister laviert, 100 x 215. Chatsworth, Devonshire Collection
Ternois 588

Die Auferstehung
Schwarze Kreide, mit Bister laviert, 100 x 215. Chatsworth, Devonshire Collection
Ternois 589

Soldatengruppe

Schwarze Kreide, mit Bister laviert. Abbildung in Originalgröße. London, British Museum

Zuschauergruppe
Schwarze Kreide, mit Bister laviert, 125 x 135.
Leningrad, Eremitage
Ternois 591

Soldaten- und Zuschauergruppe
Schwarze Kreide, mit Bister laviert, Abbildung in Originalgröße.
Paris, Louvre
Ternois 592

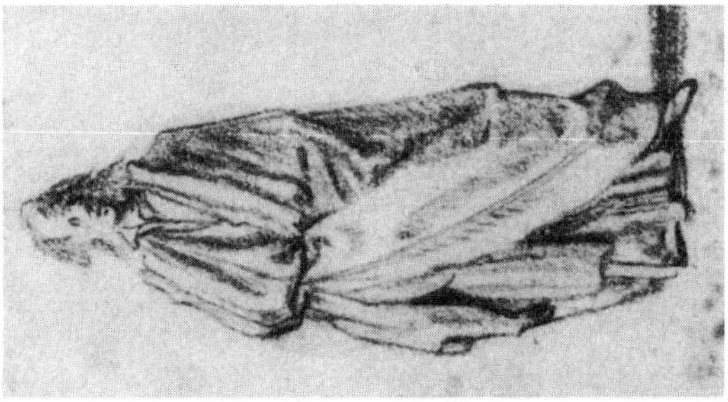

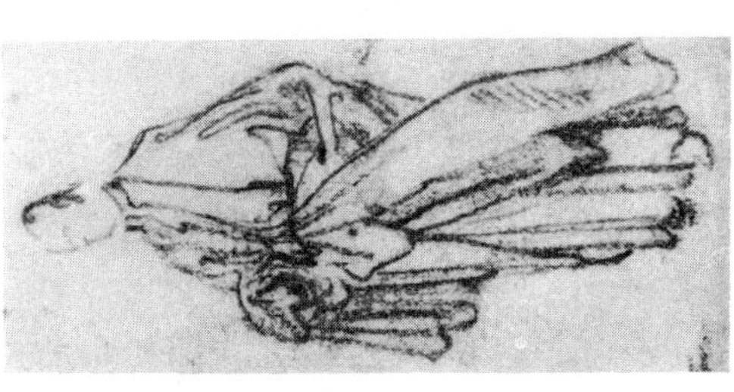

Vier Figurenstudien
Rötel; schwarze Kreide, Abbildungen in Originalgröße. Leningrad, Eremitage
Ternois 593—596

Vier Apostelstudien
Rötel, Abbildungen in Originalgröße. Leningrad, Eremitage

Vier Apostelstudien
Rötel; schwarze Kreide, Abbildungen in Originalgröße. Leningrad, Eremitage
Ternois 601–603; 606

Apostel; zwei Diener; Edelmann
Rötel; schwarze Kreide, Abbildungen in Originalgröße. Leningrad, Eremitage

Diener; Soldaten; sitzender Schmerzensmann; Knecht
Schwarze Kreide, Abbildungen in Originalgröße. Leningrad, Eremitage (608–610);
Paris, Louvre (611)
Ternois 608–611

Drei Soldatenskizzen
Schwarze Kreide, Abbildungen in Originalgröße. Leningrad, Eremitage

Zwei Soldaten; zwei Zuschauer
Schwarze Kreide, Abbildungen in Originalgröße. Paris, Louvre
Ternois 615–618

Zwei Soldaten; ein Türke; ein Bauer
Schwarze Kreide, Abbildungen in Originalgröße. Leningrad, Eremitage
Ternois 619–622

Zwei Türken; ein Soldat; ein Zuschauer
Schwarze Kreide, Abbildungen in Originalgröße. Leningrad, Eremitage (623—625);
Paris, Louvre (626)
Ternois 623—626

Ein Zuschauer; der Hohepriester; ein Zuschauer
Schwarze Kreide, Abbildungen in Originalgröße. Paris, Louvre (627);
Leningrad, Eremitage (628/629)

Zwei Zuschauer; ein Soldat
Schwarze Kreide, Abbildungen in Originalgröße. Leningrad, Eremitage (630/631);
Paris, Louvre (632)
Ternois 630–632

Sitzende Maria; Soldat; zwei weibliche Heilige
Schwarze Kreide, Abbildungen in Originalgröße.
Leningrad, Eremitage
Ternois 633–636

Frau; Soldat; Fahnenträger; Heiliger
Schwarze Kreide, Abbildungen in Originalgröße.
Leningrad, Eremitage (637, 639/640); Paris, Louvre (638)
Ternois 637–640

Liegender Christus; zwei nackte Schächer
Schwarze Kreide, Abbildungen in Originalgröße.
Leningrad, Eremitage (641); Paris, Louvre (642/643)
Ternois 641–643

Drei Soldaten; ein Apostel
Schwarze Kreide, Abbildungen in Originalgröße.
Leningrad, Eremitage (644–646); Paris, Louvre (647)
Ternois 644–647

Ein Jünger; zwei Soldaten
Schwarze Kreide, Abbildungen in Originalgröße. Paris, Louvre
Ternois 648–650

Vier Soldaten
Jeweils Vorder- und Rückseite eines Blattes
Schwarze Kreide, Abbildungen in Originalgröße. Paris, Louvre
Ternois 651/652

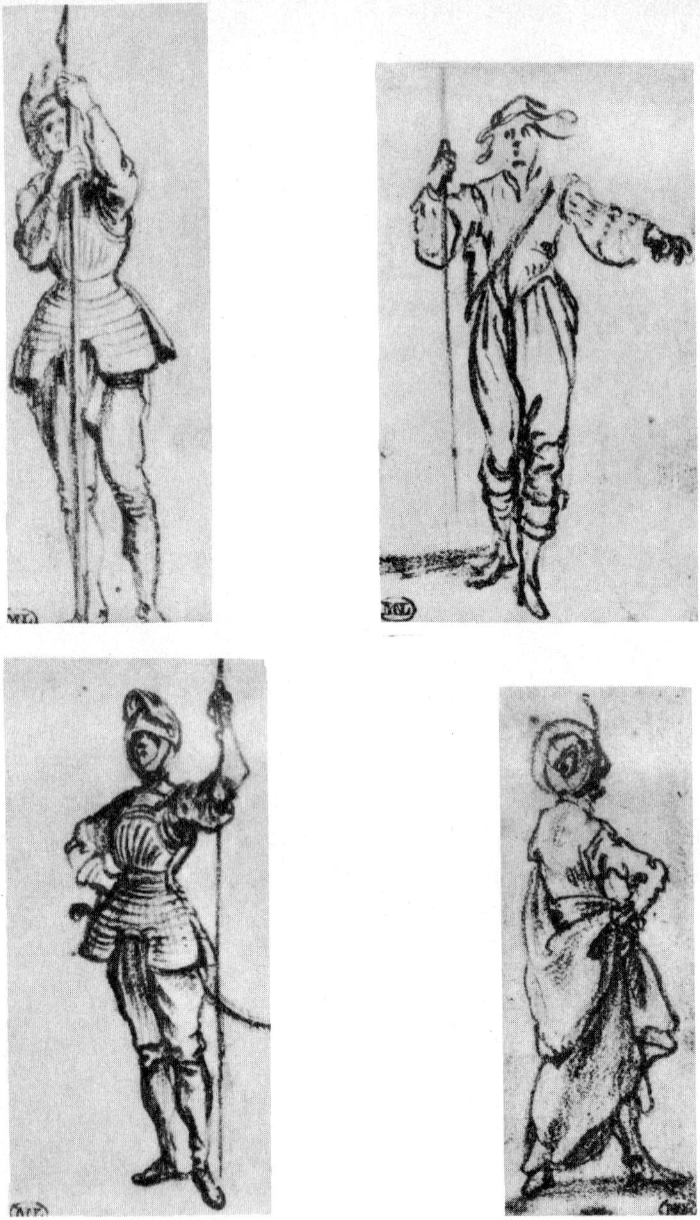

Vier Soldaten
Schwarze Kreide, Abbildungen in Originalgröße. Paris, Louvre
Ternois 653–656

Hoherpriester und Jude; sitzende Heilige
Schwarze Kreide, Abbildungen in Originalgröße.
Leningrad, Eremitage
Ternois 657/658

Sitzende Frau; Soldat
Schwarze Kreide, Abbildungen in Originalgröße.
Leningrad, Eremitage
Ternois 659/660

Soldat; ein Apostel
Schwarze Kreide, Abbildungen in Originalgröße.
Leningrad, Eremitage; Paris, Louvre
Ternois 661/662

Gitarrespieler; Tamburinschläger; grotesker Tänzer;
Cucurongna
Schwarze Kreide, Abbildungen in Originalgröße.
Leningrad, Eremitage
Ternois 663–666

Pernoualla; Cerimonia; Cerimonia mit Hut und Degen; Lavinia
Schwarze Kreide, Abbildungen in Originalgröße.
Leningrad, Eremitage
Ternois 667–670

Lavinia; Smaraolo Cornuto; Ratsa di Boio;
Ratsa di Boio kniend
Schwarze Kreide, Abbildungen in Originalgröße.
London, British Museum (671); Leningrad, Eremitage (672–674)
Ternois 671–674

Maramao und Cicho Sgarra; Collo Francisco und Cicho Sgarra
Schwarze Kreide, Abbildungen in Originalgröße.
Leningrad, Eremitage
Ternois 675/676

Gian Fritello; Ciurlo; Riculina beim Tanz
Schwarze Kreide, Abbildungen in Originalgröße. Leningrad, Eremitage (677–679);
London, British Museum (680)

Riculina; Metzetin und ein Tamburinschläger; Metzetin
Schwarze Kreide, Abbildungen in Originalgröße. London, British Museum
Ternois 681–683

Pulliciniello; Lucretia; Pulliciniello und Lucretia
Schwarze Kreide, Abbildungen in Originalgröße.
Leningrad, Eremitage (684/685); London, British Museum (686)
Ternois 684–686

Tastulla und Spessa Monti; Bagattino und ein grotesker Tänzer
Schwarze Kreide, Abbildungen in Originalgröße.
Leningrad, Eremitage
Ternois 687/688

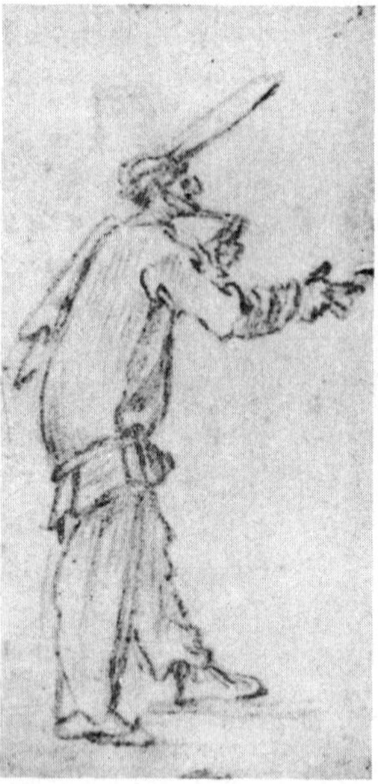

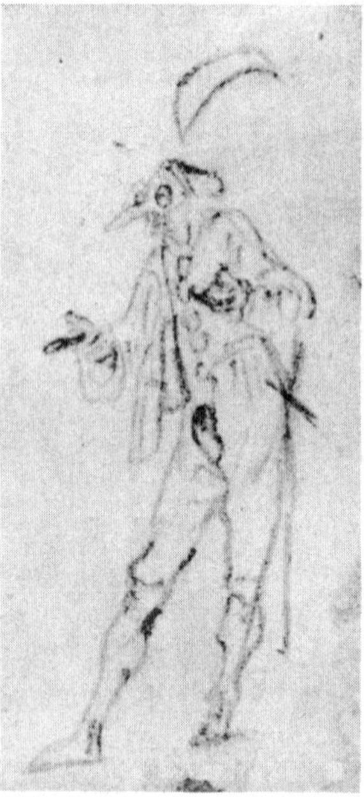

Scaramuccio und Fricasso; Scapino; Zerbino
Schwarze Kreide, Abbildungen in Originalgröße.
London, British Museum (689); Leningrad, Eremitage (690/691)
Ternois 689–691

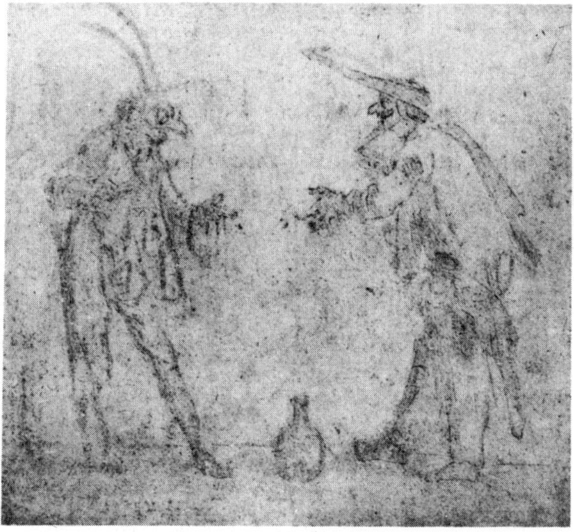

Scapino und Zerbino
Schwarze Kreide, Abbildungen in Originalgröße.
London, British Museum; Leningrad, Eremitage
Ternois 692/693

Bonbardon; Cocodrillo; Babeo
Schwarze Kreide, Abbildungen in Originalgröße. Leningrad, Eremitage
Ternois 694; 697; 699

Grillo und Babeo; Bello Sguardo und Escangarato
Schwarze Kreide, Abbildungen in Originalgröße. Leningrad, Eremitage
Ternois 695/696

Razullo und Bellavita; Fracischina; Gian Farina
Schwarze Kreide, Abbildungen in Originalgröße. Leningrad, Eremitage

Fracischina und Gian Farina
Schwarze Kreide, Abbildungen in Originalgröße.
London, British Museum
Ternois 702/703

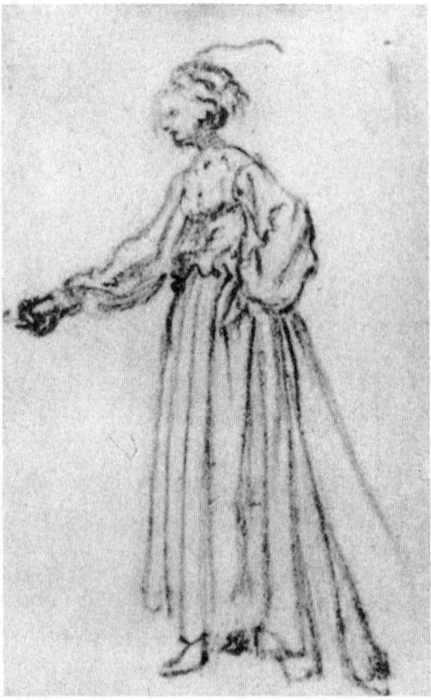

Coviello; Meo Squaquara; Lucia; Cardoni
Schwarze Kreide, Abbildungen in Originalgröße.
Leningrad, Eremitage
Ternois 704–706; 708

Lucia und Trastullo; Franca Trippa und Fritellino
Schwarze Kreide, Abbildungen in Originalgröße.
London, British Museum
Ternois 707; 710

Cardoni; Taglia Cantoni in drei Tanzstellungen
Schwarze Kreide, Abbildungen in Originalgröße.
Leningrad, Eremitage
Ternois 709; 711–713

Taglia Cantoni und Fracasso
Schwarze Kreide, Abbildungen in Originalgröße.
Leningrad, Eremitage; London, British Museum
Ternois 714/715

Vier groteske Tänzer
Schwarze Kreide, Abbildungen in Originalgröße.
Leningrad, Eremitage
Ternois 716–719

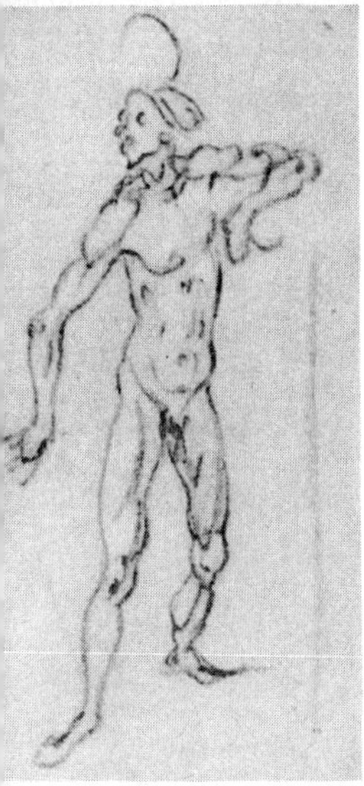

Vier groteske Tänzer
Schwarze Kreide, Abbildungen in Originalgröße.
Leningrad, Eremitage
Ternois 720–723

Groteske Tänzer; Dame
Schwarze Kreide, Abbildungen in Originalgröße.
Leningrad, Eremitage
Ternois 724–726

Tanzendes Paar; Tamburinschläger und groteske Tänzer
Schwarze Kreide, Abbildungen in
Originalgröße. London, British Museum
Ternois 727/728

Maskierte Dame
Pinselzeichnung mit violetter Tinte, 293 x 160. Florenz, Uffici
Ternois 729

Maskierte Dame
Pinselzeichnung mit violetter Tinte, 272 x 154. Florenz, Uffici
Ternois 730

Ein Edelmann
Pinselzeichnung mit violetter Tinte, 308 x 158. Florenz, Uffici
Ternois 731

Ein Edelmann
Pinselzeichnung mit violetter Tinte, 311 x 179. Florenz, Uffici
Ternois 732

Ein Edelmann mit gezogenem Hut
Pinselzeichnung mit violetter Tinte, 295 x 182. Florenz, Uffici
Ternois 733

Ein Edelmann
Pinselzeichnung mit violetter Tinte, 309 x 193. Florenz, Uffici
Ternois 734

Ein Edelmann mit dem Gewehr über der Schulter
Pinselzeichnung mit violetter Tinte, 290 x 159. Florenz, Uffici
Ternois 735

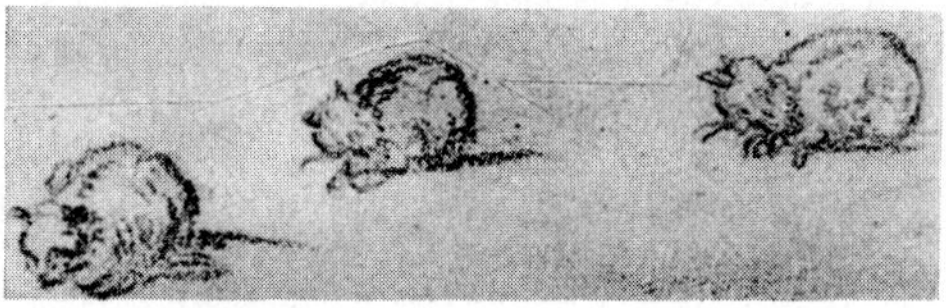

Drei Katzen
Rötel, Abbildung in Originalgröße. Leningrad, Eremitage
Ternois 736

Der Marktplatz

Schwarze Kreide mit Bister laviert, 176 x 332. Basel, Privatbesitz. Ternois 737

Fünf Skizzen junger Frauen
Schwarze Kreide, Abbildungen in Originalgröße.
Leningrad, Eremitage
Ternois 738–742

Junge Frau; zwei Skizzen kauernder Kinder; zwei Edelleute
Schwarze Kreide; Rötel, Abbildungen
in Originalgröße. Leningrad, Eremitage
Ternois 743–746

Der Marktplatz
Schwarze Kreide, mit Bister laviert, 117 x 221. Paris, Louvre
Ternois 747

Drei Sklavenskizzen; zwei Offiziersskizzen
Schwarze Kreide, Abbildungen in Originalgröße. Leningrad, Eremitage
Ternois 748–752

Zwei Offiziere, zwei Sklaven; ein Händler
Schwarze Kreide, Abbildungen in Originalgröße. Leningrad, Eremitage
Ternois 753/754

Die Kleine Kreuztragung; Pfingsten; Jesus im Tempel;
Jesuskind mit dem Kreuzstab
Schwarze Kreide; Rötel, Abbildungen in Originalgröße.
Leningrad, Eremitage (755/756); London,
Prof. J. Isaacs (757); London, British Museum (758)
Ternois 755–758

Zwei Skizzen des sitzenden Johannes
Schwarze Kreide, Abbildungen in Originalgröße.
Leningrad, Eremitage
Ternois 759/760

Neptun; nackte Göttergestalt; Saturn; Apollo; Merkur; nackte Göttergestalt; Mars
Schwarze Kreide, Abbildungen in Originalgröße.
Leningrad, Eremitage
Ternois 761–767

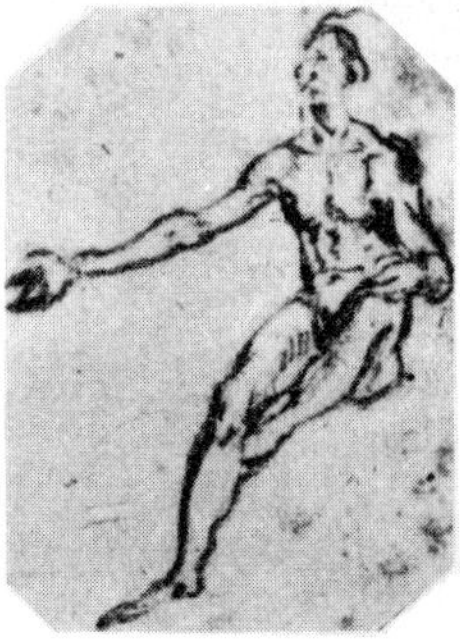

Vulkan; Herkules; Diana; drei nackte Göttergestalten
Schwarze Kreide, Abbildungen in Originalgröße.
Leningrad, Eremitage
Ternois 768–773

Die Folterknechte bei der Marter
Schwarze Kreide, Abbildung in Originalgröße.
London, Prof. J. Isaacs
Ternois 774

Vier verhüllte Männergestalten
Schwarze Kreide, Abbildungen in Originalgröße.
Paris, Louvre (775–777); Leningrad, Eremitage (778)
Ternois 775–778

Vier verhüllte Männergestalten
Schwarze Kreide, Abbildungen in Originalgröße.
Leningrad, Eremitage
Ternois 779/780; 782/783

Verhüllte Männergestalten
Schwarze Kreide, Abbildung in Originalgröße. Leningrad, Eremitage
Ternois 781

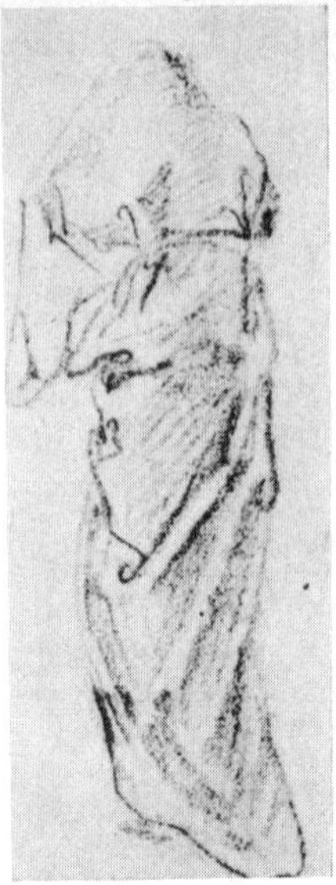

Vier verhüllte Männergestalten
Schwarze Kreide, Abbildungen in Originalgröße.
Paris, Louvre (784–786); Leningrad, Eremitage (787)
Ternois 784–787

Der Heilige mit dem Kreuzstab
Feder, mit Bister laviert, Abbildung in Originalgröße. London, British Museum
Ternois 788

DIE JAHRE IN LOTHRINGEN, 1621–1635 (SICHER DATIERBARE ARBEITEN)

Das „Reiterbildnis" hat Callot zweimal gezeichnet, die Radierung (siehe Band II, S. 1458) entspricht dem zweiten Entwurf. Louis de Guise, Baron von Ancerville, war der Sohn des Kardinals von Lothringen. 1621 heiratete er Henriette von Lothringen, seit 1624 führte er den Titel eines Prinzen von Pfalzburg (Prince de Phalsbourg). Zeichnungen und Radierung sind wahrscheinlich in diesem Jahr entstanden. Auf der Radierung brachte Callot eine ausführliche Widmung und Huldigung an den Bastard der Lothringer an, die zugleich auch an die Adresse Herzog Heinrichs II., den besonderen Gönner des Prinzen, gerichtet ist. Der Künstler wollte sich mit dieser Inschrift wohl die Protektion Heinrichs erwerben, eine Absicht, die fehlschlug, denn der Herzog starb 1624. „Louis de Lorraine" ist eine sehr eigenmächtige „Beförderung", die Callot dem illegitimen Abkömmling des Herrscherhauses zugedacht hatte. Jedoch nahm der Prinz bei Hofe einen ehrenvollen und gleichberechtigten Platz ein. Als 1627 das berühmte Turnier zu Ehren der verbannten Herzogin de Chevreuse stattfand (siehe Band II, S. 1644 ff.), focht der Prinz von Pfalzburg als Verteidiger ihrer Sache.

„La Petite Thèse" (siehe Band II, S. 1636), ein großes, figurenreiches Titelblatt, das auch „Sieg der Jungfrau" oder „Fest der Jungfrau" genannt wird, sollte eine Diskussion um religiöse Grundfragen unterstützen, die von den Franziskanermönchen André de l'Auge und Étienne Didelot im Mai 1625 in Rom vorgetragen wurden. Callots Zeichnungen dazu sind vielleicht noch in Florenz entstanden. Eine der Zeichnungen in der Leningrader Eremitage (Ternois Nr. 835) trägt das Wasserzeichen der Papiersorte, die Callot in Italien verwendete. Vielleicht hat er aber von diesem Papier einige Blätter mit nach Nancy gebracht. Ternois läßt diese Frage offen. Den genauen Inhalt der These der beiden Franziskaner, die die Verherrlichung der Reinheit und Tugend der Gottesmutter zum Gegenstand hat, gibt Lieure sehr ausführlich wieder (Band V, S. 57 ff.). Die allegorischen Figuren, die Spruchbänder und beschriftete Fahnen tragen, hat Callot in vielen Variationen skizziert, nicht alle sind zur Radierung verwendet worden. Die große Zeichnung aus dem Britischen Museum in London ist im Vordergrund rechts deutlich zu erkennen.

Der „Schloßpark von Nancy", ein kunstvoll angelegter Terrassengarten, der an das herzogliche Schloß angrenzt, gehört zu Callots schönsten und berühmtesten Radierungen (siehe Band II, S. 1464 ff.). Er hat dazu nur wenige, aber sehr sorgfältige und lebendige Vorzeichnungen gemacht. Die beiden Gesamtentwürfe sind mit der ausgeführten Radierung identisch. Das nur angedeutete Wappen Lothringens erhielt auf der Radierung ein Spruchband mit der Inschrift: „Der Park des Schlosses zu Nancy, als Radierung gearbeitet und der Herzogin von Lothringen gewidmet von Jacques Callot, Ihrer Hoheit sehr ergebener Diener am 15. doc. 1625." Die Aufschrift am unteren Rande, bezeichnet mit „Iac. Callot excudit Nanceij", preist die junge Herzogin, Nicole, Karls IV. Gemahlin, die inmitten ihres Hofstaates zu sehen ist, und erläutert, daß das Blatt „zu Ehren des Frühlings" entstanden sei. Die einzelnen gezeichneten Figuren sind auf der Radierung deutlich zu erkennen, besonders die Ballspieler im Vordergrund.
Die kleine Skizze des heiligen Hidulph findet sich auf der Titelradierung zu einer Schrift von Jean Ruir, „Recherches des Saintes Antiquités de la Vosge", die heiligen Altertümer in den Vogesen. Sie erschien 1626 in Saint-Dié, bei „Jacques Marlier, dem Drucker seiner Hoheit" (siehe Band II, S. 1638).
Das Turnier in Nancy, ein aufwendiges und glanzvolles Fest, das Herzog Karl IV. von Lothringen am 14. Februar 1627 zu Ehren der Herzogin von Chevreuse gab, war eine Herausforderung an Frankreich und besonders an Richelieu, gegen den die schöne Dame intrigiert hatte. Als Folge ihrer Widersetzlichkeit gegen den mächtigen Kardinal Frankreichs und König Ludwigs XIII. mußte sie nach Nancy ins Exil fliehen. Das Turnier im Ehrensaal des Palastes wurde vom „Hofpoeten" Henry Humbert aufgezeichnet und von Claude Deruet, dem „Directeur des Fêtes" am herzoglichen Hofe und Ritter von Portugal, ausgestattet. Der vollständige Text steht bei Lieure, Band V, S. 73 ff. Callot illustrierte das Opus mit seinen Radierungen (siehe Band II, S. 1644 ff.), zu denen er nur wenige Vorzeichnungen angefertigt hat. Richelieu rächte sich für diese und noch andere Provokationen der Lothringer später blutig. Die Truppen Frankreichs besetzten das unabhängige Herzogtum, die „Grandes Misères de la Guerre", Unglück und Schrecken des Krieges, verwüsteten das Land, Nancy wurde belagert und fiel. Aus dem spielerisch vor der Barriere, einer Trennwand zwischen den Turnierkämpfern, ausgetragenen Krieg wurde bitterer Ernst,

dessen Chronist Callot mit seinen beiden berühmten Radierungenfolgen, den Kleinen und Großen „Schrecken des Krieges", (siehe Band II, S. 1320 ff.) später geworden ist.
Callot schrieb der Herzogin von Chevreuse einen Huldigungsbrief, überschwänglich im Ton, wie es zu dieser Zeit üblich war: „Der hochverehrten, hochmächtigen und hochberühmten Prinzessin, der herzoglichen Dame von Chevreuse.
Madame, dieses königliche Haus, dem Monseigneur Euer Gemahl seine Herkunft schuldet, war allezeit gewöhnt, seine Stunden mit Übungen zu verbringen, die der Tugend dienlich sind. So hat es Seiner Hoheit höchstpersönlich in diesem Jahr gefallen, in Fortführung der Gebräuche seiner Vorfahren und unter nützlichen Aspekten, die Bilder der Wahrheit neu zu beleben. Zu diesem Zwecke hat man mich auf seinen Befehl hin mit der Ehre, die Maschinen zu warten, betraut, zusammen mit Herrn Deruet, dessen Pinsel durch seine seltene Kunstfertigkeit täglich neue Anschauungen der Natur liefert: Diese weichen nicht im mindesten von seinen Intentionen ab. Aber damit diese heroischen Darstellungen, die niemals jenen offenkundig sind, die sie bewundern, den Sinn der entferntesten Dinge offenbaren können, strebe ich danach, die Figuren durch meinen Zeichenstift lebendig zu machen und begrüße den Tag, an dem sie zum Leben erwachen. Ihr, Madame, die Ihr in Frankreich als das Licht der Vollkommenheit bekannt wurdet, seid nun gekommen, um auch den Beifall unserer Augen, unserer Stimmen, unserer Herzen entgegenzunehmen. Wir bekennen, schöne Prinzessin, daß Lothringen niemals solche Schönheit gesehen hat, die um so ruhmvoller erscheint, weil sie uns keine Fremde ist. Edle Dame, hier ist der Himmel, an dem Eure Sonne von Natur her strahlen sollte, um mit jenem großen Mars vereint zu werden, der von ihr seinen Ursprung nahm. Ich weiß, daß Euer Geist und Euer Körper, die die einzigartigsten Wunder des Himmels und der Natur darstellen, nur unter Euresgleichen, nur von jenen, die diesen Qualitäten entsprechen, recht gewürdigt werden können. Aber wenn die schönen Aktionen, erleuchtet durch die Strahlen Eurer Gegenwart, Euren Augen zu gefallen vermögen, fühle ich mich durch das Bewußtsein geschmeichelt, daß diese Ideen Eurem wachen Geiste angenehm sind. Ich biete sie Eurer Hoheit mit derselben Demut, die wir dem Ansehen der Göttlichkeit schulden und deren Bilder in solchen wie dem Eurigen leben. Und wie die himmlischen Werte ganz natürlich durch Eure repräsentiert werden, erwarte ich von Euch die gleiche Gnade, die die

Götter jenen erweisen, die sich ihrem Altar opfernd und mit offenem Herzen nähern, und ich bitte Euch demütig, meine Ehrerbietung entgegenzunehmen. Die Gunst wird größer sein als das Verdienst, wenn man sie mit demselben Auge mißt wie Eure gütige Milde, die auf die Opfer gerichtet ist, die ihr gebracht werden. Erlauben Sie mir, Madame, mich in Ewigkeit Euren sehr ergebenen, demütigen und gehorsamen Diener zu nennen, Jacques Callot."

Am 2. Juni 1625 endete die Belagerung der Stadt Breda, die das Heer Spinolas lange und beharrlich ausgeübt hatte. Breda, eine der letzten Zentren des Widerstands gegen die Herrschaft Spaniens in den Niederlanden, ergab sich, und Callot erhielt von Isabella, der spanischen Regentin, den Auftrag, diese Belagerung zu radieren. Ein Schreiben Giovanni Francesco Cantagallinas vom 10. Juli 1627 bezeugt Callots Aufenthalt in der Stadt. 1628 waren die sechs Tafeln, die zu einem großformatigen Tableau zusammengefügt wurden (siehe Band II, S. 1156 ff.), fertig. Die Zeichnungen, zwischen 1627 und 1628 entstanden, sind im Verhältnis zu dem umfangreichen Werk spärlich. Ternois versucht (auf S. 125 seines Katalogs) die sehr schwierige Einordnung. Sieben Briefe von Balthasar Moretus an Callot, die sich auf die mühsame Arbeit in der Druckerei Plantin zu Antwerpen beziehen (datiert von Januar bis Juni 1628), sind auf S. 845 ff. abgedruckt. Callots Antwortschreiben sind verschollen.
Die zweite große „Belagerung" auf der Insel Ré bestellte der französische König Ludwig XIII. bei Callot. 1629 reiste der Künstler nach Frankreich, um Zeichnungen anzufertigen, die in Paris radiert werden sollten. Wie die „Belagerung von Breda" besteht auch diese Radierung aus sechs zusammengesetzten Platten, dazu kommen noch Bordüren (siehe Band II, S. 1197 ff.). Callot ist, nach Félibiens Bericht, persönlich auf Ré gewesen, aber die Belagerung war zu diesem Zeitpunkt schon lange vorüber; die Zitadelle St. Martin, letzte Hochburg und Zuflucht der Hugenotten, hatte 1627 vor Richelieus Truppen kapituliert. Auf der ausgeführten Radierung sind der König und Gaston von Orleans im Vordergrund deutlich zu erkennen. Das Bildnis des Kardinals hat Callot eigenhändig ausgetilgt. Die Kreidezeichnung im Weimarer Schloßmuseum (S. 568) zeigt Richelieu noch, zu Pferde neben dem König. Callot war Katholik, er galt in Nancy als frommer Mann, und aus seinem Testament (siehe

Band II, S. 873 ff.) spricht gläubige Anhänglichkeit an seine Kirche. Aber die Vernichtung der Hugenotten, Richelieus unbarmherziges Vorgehen gegen Andersgläubige, hat Callots Widerspruch geweckt, und er gab seinem Protest unmißverständlich Ausdruck, indem er den späteren Feind Lothringens von der Platte verschwinden ließ.

Zugleich mit der „Belagerung der Insel Ré“ erteilte Ludwig den Auftrag für die „Belagerung von La Rochelle“. Auch dort ist Callot selbst gewesen, die große Radierung besteht wieder aus sechs Teilen und hat reiche Bordüren (siehe Band II, S. 1212 ff.), es sind jedoch nur zwei kleine Kreideskizzen dazu bekannt.

Zu den beiden „Großen Ansichten von Paris“ hat Callot zwei sehr ausführliche und detaillierte Vorzeichnungen angefertigt, die mit den Radierungen (siehe Band II, S. 1493 ff.) nahezu identisch sind. Auf dem Louvreblatt ist eine Regatta der Ruderboote im Gange. Bruwaert fand heraus, daß dieses Wettrennen alljährlich am 25. August ausgetragen wurde und Callot bei seinem Parisaufenthalt folglich persönlich Zuschauer gewesen sein könnte. Ternois zitiert dagegen eine Quelle, aus der hervorgeht, diese Schiffsprozession sei die siegreiche Heimkehr des Königs nach dem Fall von La Rochelle. Auf dem Blatt mit dem Pont Neuf und Tour de Nesle erkennt man, ganz zart im Hintergrund in der Mitte, die Türme der Kathedrale von Notre Dame.

Den „Durchzug durch das Rote Meer“, eine der Meisterradierungen Callots, widmete der Künstler mit einer überschwänglichen Inschrift seinem Freund und Verleger Israel Henriet (siehe Band II, S. 1491 f.). An Vorzeichnungen ist nur eine Skizze der Hauptgruppe erhalten, die zur Radierung genauso verwendet wurde: Moses, der mit erhobenem Stab das Wasser teilt.

Charles Delorme, dessen Bildnis Callot, kunstvoll und mit schwer erklärbaren Emblemen und symbolischen Requisiten umgeben, radierte (siehe Band II, S. 1486), war Leibarzt des französischen Königs Ludwigs XIII. Lieure gibt eine ausführliche Interpretation zu diesem rätselhaften Porträt (Band VII, S. 19 ff.); an Zeichnungen sind nur zwei kleine Studien zu dem liegenden nackten Mann, Hippolytos, der von Äskulap zum Leben erweckt wird, bekannt (auf der Radierung links neben der unteren Zacke des Sechssterns).

R. P. Nicolas Jullet, Oberaufseher über die Klöster im Herzogtum Lothringen, verfaßte eine Schrift mit dem Titel „Miracles et Grâces de Notre-Dame de Bonsecours-les-Nancy“; Callot radierte das Titelblatt dazu (siehe Band II, S. 1660). Die Skizze des knienden Franziskus von Paule verwendete er zu diesem Blatt, das das Innere der kleinen Kapelle Notre-Dame de Bonsecours in der Nähe von Nancy zeigt.

Die Schlacht im Tal von Avigliano fand am 10. Juli 1630 zwischen der Nachhut des französischen Heeres und den Truppen des Herzogs von Savoyen statt. Befehlshaber der Nachhut war der Marquis d'Effiat. Callot zeichnete und radierte (siehe Band II, S. 1487 ff.) das Ereignis. Auf dem „Reiterbildnis Ludwigs XIII." (siehe Band II, S. 1491), von Michel Lasne in Kupfer gestochen, ist diese Schlacht, von Callot radiert und nur wenig verändert, als Hintergrund wiederholt.

Zu den „Großen Aposteln" (siehe Band II, S. 1303 ff.) sind nur drei Entwürfe erhalten. Ternois berichtet von weiteren Zeichnungen aus englischem Privatbesitz, die seit ungefähr 1939 verschwunden sind. Es ist aber nicht sicher, ob das Originale oder Kopien von fremder Hand waren.

Claude Deruet, Arrangeur der Festlichkeiten am Hofe von Nancy, leitete unter anderem auch den berühmten „Combat à la Barrière", das Turnier zu Ehren der Herzogin von Chevreuse (siehe S. 553 ff. und Band II, S. 1644 ff.). Callots Bildnis von Deruet und seinem Sohn, beziehungsvoll vor einer Bühnenrampe postiert, ist Vorzeichnung zu einer Radierung mit der Widmung: „Für Claude Deruet, Ritter des Ordens von Portugal, von seinem treuen Freunde Jacques Callot" (siehe Band II, S. 1504). Deruet hatte zusammen mit Callot in seiner Jugend Zeichenunterricht bei Israel Henriet genommen, war später in Rom im Atelier Tempestas tätig und wurde nach der Rückkehr nach Lothringen „Directeur des Fêtes" am Hof. 1621 wurde er geadelt. Ludwig XIII. von Frankreich und Karl IV. von Lothringen waren seine Auftraggeber und Gönner. Auf der Radierung, zu der ein Geistlicher, Pater Lemoyne, ein Lobgedicht auf Deruet gefügt hatte, sind zwei Schlösser zu erkennen, die dem reichen und allseits respektierten Künstler und Hofmann gehörten, außerdem die Befestigungsanlagen von Nancy.

Die Vorzeichnungen zu den „Schrecken des Krieges" spiegeln, mehr noch als die ausgeführte Radierungenfolge (siehe Band II, S. 1320 ff.), die innere Aufgewühltheit des Künstlers im Angesicht der Ereignisse wider. Chaotisch, panisch hat er die sechs großen Skizzen hingeworfen, lebhaft und dramatisch bewegt in der Gestik die kleinen Einzelfiguren. In der „Teutschen Akademie der Edlen Bau-Bild- und Mahlerey-Künste", erschienen in

Frankfurt und Nürnberg 1675, erwähnt Joachim Sandrart Callots „Misères“ als „das verwunderliche Büchlein, genannt Le Misere della Guerre als ein besonders ausgesonnenes Werk von des Krieges Jammer, Elend und Noth“. Dieses fertige „Büchlein“, das 1633, dem Jahr der Belagerung von Nancy, in Paris erschien, erregte keineswegs besonderes Aufsehen bei den Zeitgenossen, bildete es doch nur ab, was damals jedermann selber sah und erlebte. Die Radierungen übertreffen die Entwürfe an Kraßheit und Grausamkeit bei weitem und verbergen die Betroffenheit hinter nüchterner Kälte der Darstellung.
Eckhart Knab schreibt dazu: „Wie kaum ein anderer bedeutender Künstler des siebzehnten Jahrhunderts kam Callot mit den Auswirkungen des Dreißigjährigen Krieges in Berührung. Auch hat keiner so wie er den Krieg erlebt und nach allen Aspekten zu schildern gewußt. Die ‚Petites‘ und ‚Grandes Misères de la Guerre‘, die allein schon wegen ihrer leider bis heute währenden Aktualität zu den bekanntesten Radierfolgen des Meisters gehören, entstanden kurz vor seinem Tode, in den unglücklichsten Tagen seines Landes, da von Norden und Osten die Schweden und die Truppen Bernhards von Weimar und von Westen die Heere Ludwigs XIII. und Richelieus hereinbrachen. Nancy, eine der stärksten Festungen jener Zeit, fiel nach längerer Belagerung ... Am 25. September 1633 hielt der König in Begleitung der Königin unter großem militärischem Gepränge seinen Einzug, umgeben von einer stummen, erbitterten Bevölkerung.“
Die große „Versuchung des heiligen Antonius“, eine zweite Fassung des Motivs, das er schon 1617 in Florenz gezeichnet und radiert hatte (siehe S. 50 und Band II, S. 1513 ff.), entstand in Callots letztem Lebensjahr, kurz vor seinem Tode. Von den vier großen Vorzeichnungen beschäftigt sich die letzte als Detail der Gesamtkomposition mit dem Heiligen selber, auf den anderen entfaltet sich, stärker noch als auf der Florentiner Version, die Dämonenwelt Breughels und Hieronymus Boschs.
Nach den „Misères de la Guerre“ und dem Antonius, einem letzten großen und kompliziert komponierten Blatt, zeichnete und radierte Callot nur noch vergleichsweise unverfängliche Themen: die zierlichen, winzigen Figürchen zu den „Fantasien“, die spielerischen, wie Zinnsoldaten radierten „Militärischen Übungen“, Szenen aus dem Neuen Testament und Heiligenlegende. Die Studien zeigen, soweit es die „weltlichen“ Themen betrifft, elegante Modefigurinen im Kostüm der Zeit mit Anleihen an die Kleidung der Damen und Herren am Florentiner Hof.

Der Prinz im Galopp zu Pferde
Schwarze Kreide, mit Bister laviert, 247 x 333. Chatsworth, Devonshire Collection

Der Prinz im Galopp zu Pferde
Schwarze Kreide, mit Bister laviert, 247 x 340. London, British Museum
Ternois 790

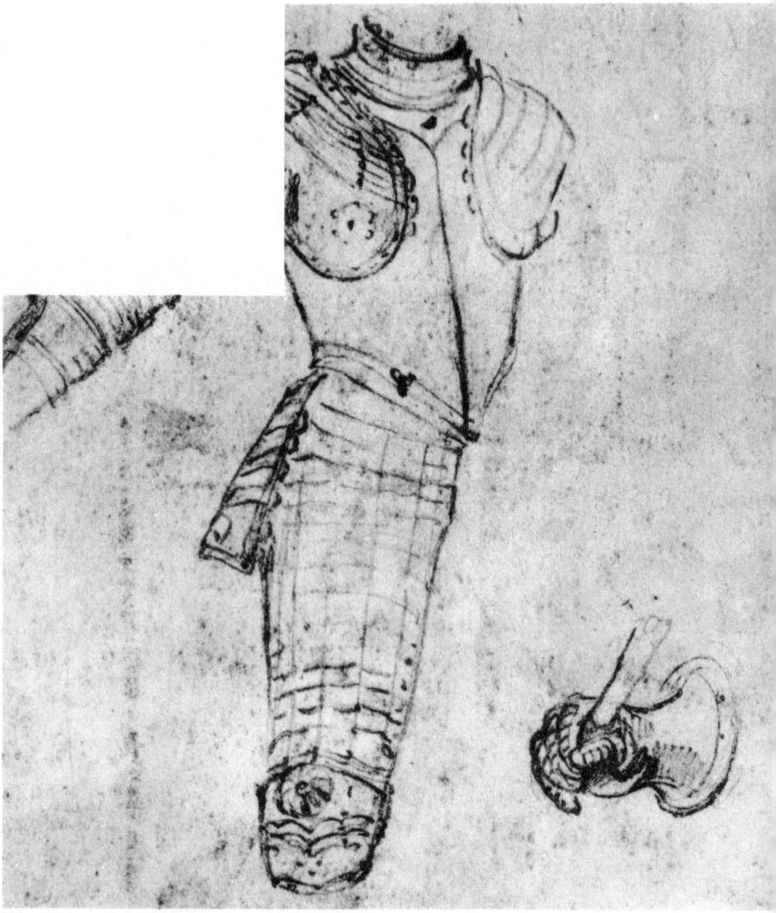

Der Panzer des Prinzen
Schwarze Kreide, 136 x 123. Leningrad, Eremitage
Ternois 791

Drei Frauen mit dem Sonnenspiegel
Schwarze Kreide, mit Bister laviert, Abbildung in Originalgröße.
London, British Museum
Ternois 792

Vier Frauengestalten
Schwarze Kreide, Abbildungen in Originalgröße. Paris, Louvre
Ternois 793–796

Vier Frauengestalten
Schwarze Kreide, Abbildungen in Originalgröße. Paris, Louvre
Ternois 797–800

Vier Frauengestalten
Schwarze Kreide, Abbildungen in Originalgröße. Paris, Louvre
Ternois 801–804

Vier Frauengestalten
807 Vorder- und Rückseite eines Blattes
Schwarze Kreide, Abbildungen in Originalgröße. Paris, Louvre
Ternois 805–807

Vier Frauengestalten
Schwarze Kreide, mit gelblichem Bister laviert, Abbildungen in Originalgröße. Paris, Louvre
Ternois 808–811

Vier Frauengestalten
Schwarze Kreide, mit gelblichem Bister laviert, Abbildungen in Originalgröße. Paris, Louvre
Ternois 812–815

Vier Frauengestalten
Schwarze Kreide, mit gelblichem Bister laviert, Abbildungen in Originalgröße. Paris, Louvre
Ternois 816–819

Vier Frauengestalten
Schwarze Kreide, mit gelblichem Bister laviert, Abbildungen in Originalgröße. Paris, Louvre
Ternois 820–823

Vier Frauengestalten
826 Vorder- und Rückseite eines Blattes
Schwarze Kreide, mit gelblichem Bister laviert, Abbildungen in Originalgröße. Paris, Louvre
Ternois 824–826

Vier Frauengestalten
Schwarze Kreide, mit gelblichem Bister laviert, Abbildungen in Originalgröße. Paris, Louvre
Ternois 827–830

Fünf Frauengestalten
Schwarze Kreide, mit gelblichem Bister laviert; 832 Rötel,
Abbildungen in Originalgröße.
Paris, Louvre (831); Leningrad, Eremitage (832–835)
Ternois 831–835

Vier Frauengestalten
837 Vorder- und Rückseite eines Blattes
Schwarze Kreide, mit gelblichem Bister laviert, Abbildungen in Originalgröße. Leningrad, Eremitage
Ternois 836–838

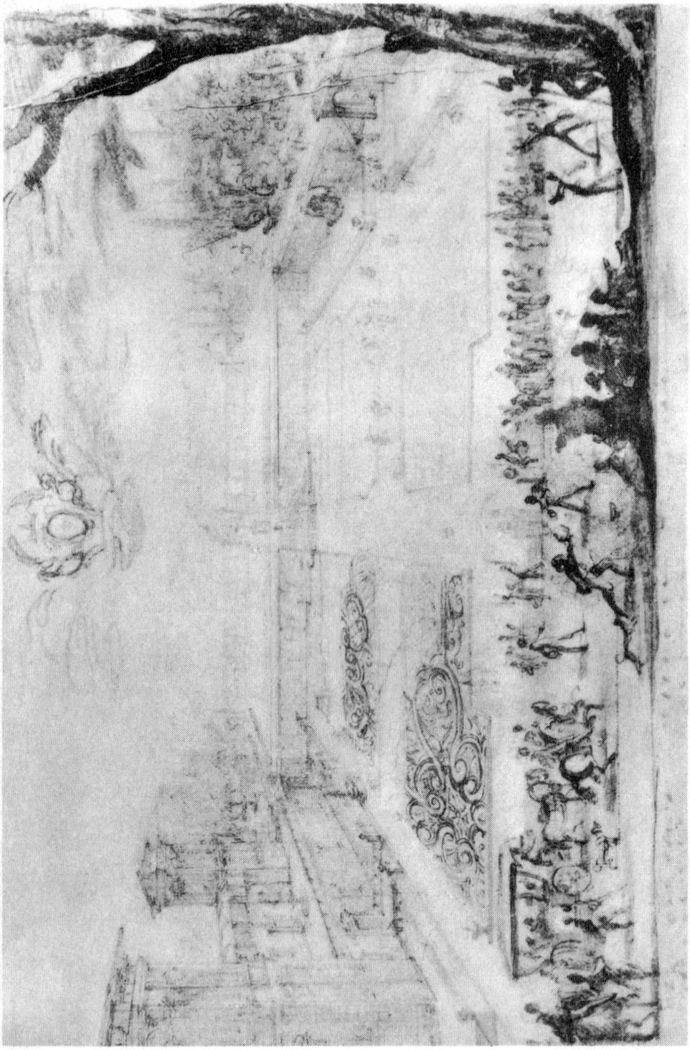

Der Schloßgarten, oben das Wappen Lothringens
Schwarze Kreide, mit Bister laviert; das Wappen Rötel, 260 x 390. Leningrad, Eremitage

Der Schloßgarten
Schwarze Kreide, mit Chinatusche laviert, 248 x 392. Nancy, Musée Lorrain
Ternois 840

Drei Offiziere
Schwarze Kreide, mit Bister laviert, Abbildungen in Originalgröße. Paris, Louvre

Zwei Offiziere; eine sitzende Frau
Schwarze Kreide, Abbildungen in Originalgröße. Leningrad, Eremitage
Ternois 844–846

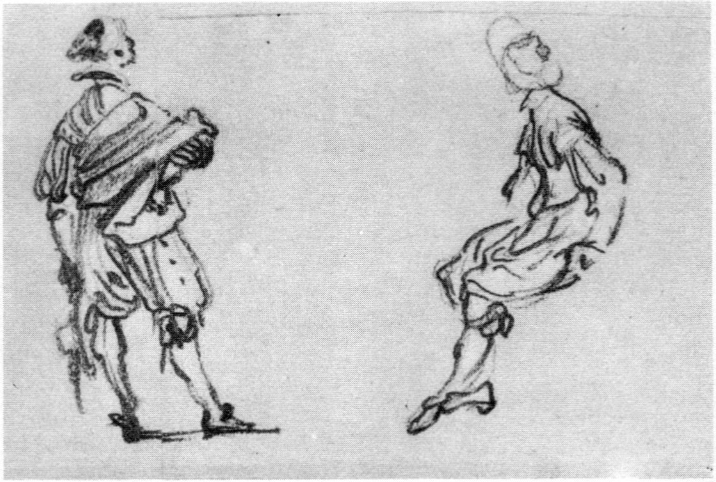

Edelmann; Bäuerin; zwei Offiziere
Schwarze Kreide; Rötel, Abbildungen in Originalgröße. Leningrad, Eremitage

Zwei Edelleute; eine Frau, von hinten gesehen
Schwarze Kreide; Rötel, Abbildungen in Originalgröße. Leningrad, Eremitage
Ternois 850–852

Ein Wachsoldat; zwei Frauen; ein Offizier
Schwarze Kreide; Rötel, Abbildungen in Originalgröße.
Leningrad, Eremitage
Ternois 853–856

Drei Szenen mit Ballspielern
Rötel, Abbildungen in Originalgröße. Leningrad, Eremitage
Ternois 857–859

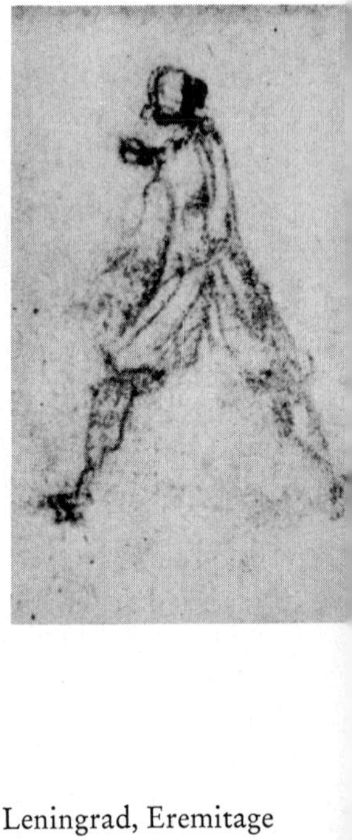

Vier Ballspieler
Rötel, Abbildungen in Originalgröße. Leningrad, Eremitage
Ternois 860–863

Zwei Ballspieler
Rötel, Abbildungen in Originalgröße. Leningrad, Eremitage
Ternois 864/865

Titelbild zu „Saintes antiquités de la Vosge“, 1626
(Altertümer in den Vogesen)

Der heilige Hidulph
Schwarze Kreide, mit Feder übergangen, Abbildung
in Originalgröße. Leningrad, Eremitage
Ternois 866

„Le Combat à la barrière“, 1627
(Das Turnier in Nancy)

Der Wagen der Majestäten
Schwarze Kreide, mit Bister laviert, 178 x 315. Leningrad, Eremitage
Ternois 867

Der Wagen der Majestäten (zweite Fassung)
Schwarze Kreide, Feder, mit Bister und Chinatusche laviert, 90 x 258. Paris, Louvre

Soldaten auf dem Rücken eines Salamanders
Schwarze Kreide, mit Bister laviert, Abbildung in Originalgröße.
Stockholm, Nationalmuseum
Ternois 869

Amor auf einem Schwan; Frau, von hinten gesehen
Schwarze Kreide, mit Bister laviert; schwarze Kreide,
Abbildungen in Originalgröße. Stockholm, Nationalmuseum;
Leningrad, Eremitage
Ternois 870/871

Zwei Edelleute
Schwarze Kreide, Abbildungen in Originalgröße
Leningrad, Eremitage
Ternois 872/873

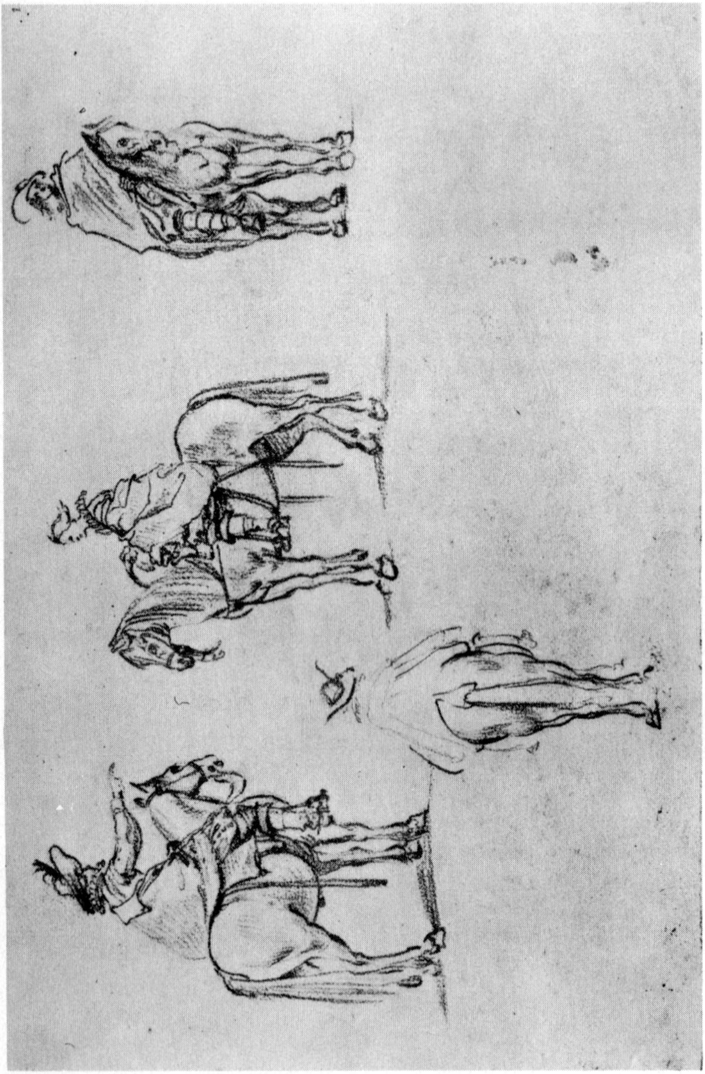

Vier Kavaliere zu Pferde
Rötel, 175 x 254. Jenkintown/Pennsylvanien, Collection Lessing J. Rosenwald
Ternois 874

Drei Offiziere
Rötel, Abbildungen in Originalgröße. Leningrad, Eremitage
Ternois 875–877

Zwei Offiziersskizzen
Rötel, Abbildungen in Originalgröße. Leningrad, Eremitage

Zwei Offiziere
Rötel, Abbildungen in Originalgröße. Leningrad, Eremitage
Ternois 880/881

Ein Offizier; zwei Karren
Rötel, Abbildungen in Originalgröße. Leningrad, Eremitage

Pferde; zwei Bauern
Rötel, Abbildungen in Originalgröße. Leningrad, Eremitage
Ternois 884–886

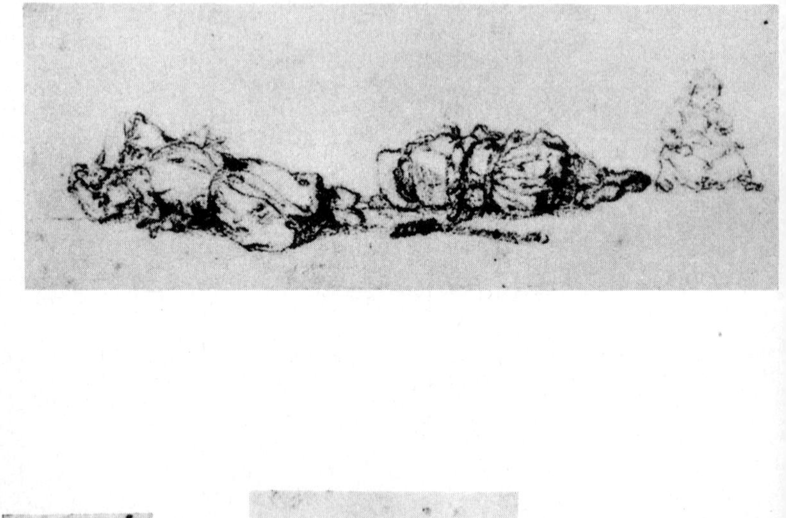

Vier Bauernszenen
Rötel, Abbildungen in Originalgröße. Leningrad, Eremitage
Ternois 887–890

Vier Soldatenszenen
Schwarze Kreide; Rötel, Abbildungen in Originalgröße.
Leningrad, Eremitage
Ternois 891–894

Ein Offizier; Bauernszene
Rötel, Abbildungen in Originalgröße. Leningrad, Eremitage
Ternois 895/896

Die Belagerung der Zitadelle St. Martin auf der Insel Ré. 1628–1631

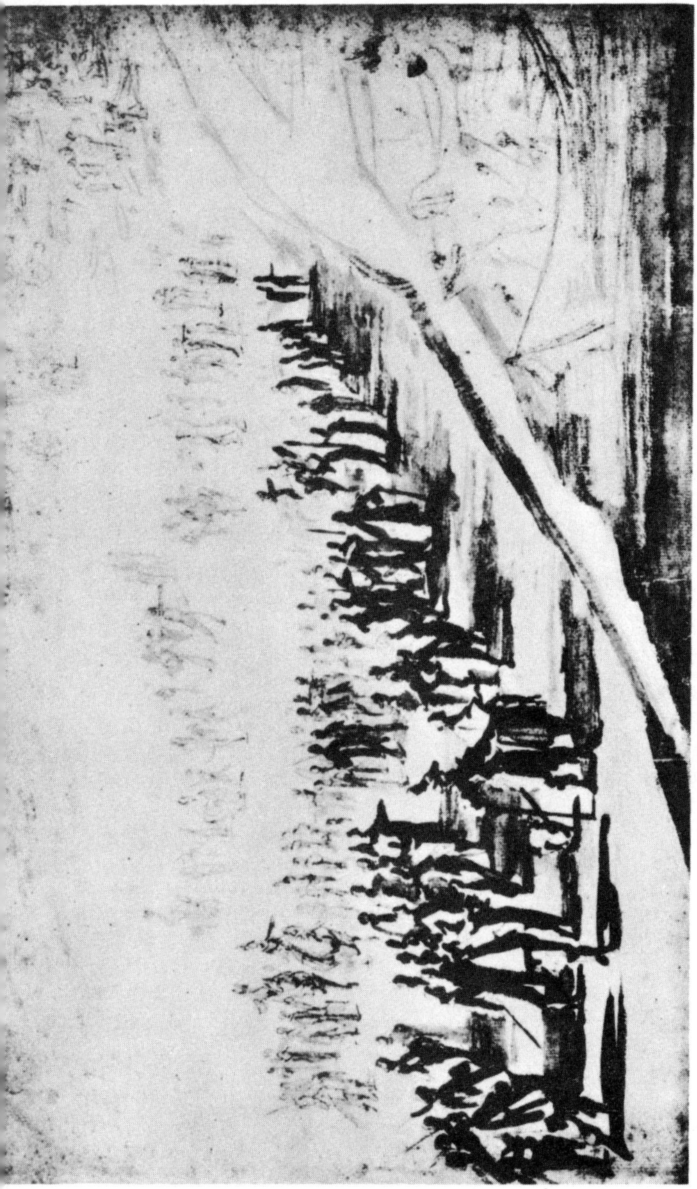

Ludwig XIII. und Richelieu bei der Belagerung, Soldaten
Schwarze Kreide, im Vordergrund mit Bister laviert, 340 x 528. Paris, Privatbesitz
Ternois 897

Ludwig XIII. und Richelieu zu Pferde
Schwarze Kreide, mit Bister laviert, 285 x 557. Weimar, Staatliche Kunstsammlungen im Schloßmuseum

Marschierende Truppen; ein Hund
Schwarze Kreide, mit Bister laviert; Rötel, 155 x 530; Abbildung in Originalgröße.
Paris, Bibliothèque Nationale; Leningrad, Eremitage
Ternois 899/900

Zwei Männerskizzen
Schwarze Kreide, Abbildungen in Originalgröße.
Leningrad, Eremitage
Ternois 901/902

Der Louvre
Schwarze Kreide, 162 x 340. London, British Museum
Ternois 903

Pont Neuf
Schwarze Kreide, 162 x 340. London, British Museum

Moses, Aaron, drei Frauen
Schwarze Kreide, Abbildung in Originalgröße. Leningrad, Eremitage
Ternois 905

Zum Bildnis Charles de Lorme; Titelbild „Miracles et grâces de Notre-Dame de Bon-Secours-les Nancy“, 1630

Zwei liegende nackte Männerstudien
Schwarze Kreide, mit Bister laviert, Abbildungen in Originalgröße. Leningrad, Eremitage
Ternois 906/907

Der heilige Franziskus von Paule
Rötel, Abbildung in Originalgröße. Leningrad, Eremitage
Ternois 908

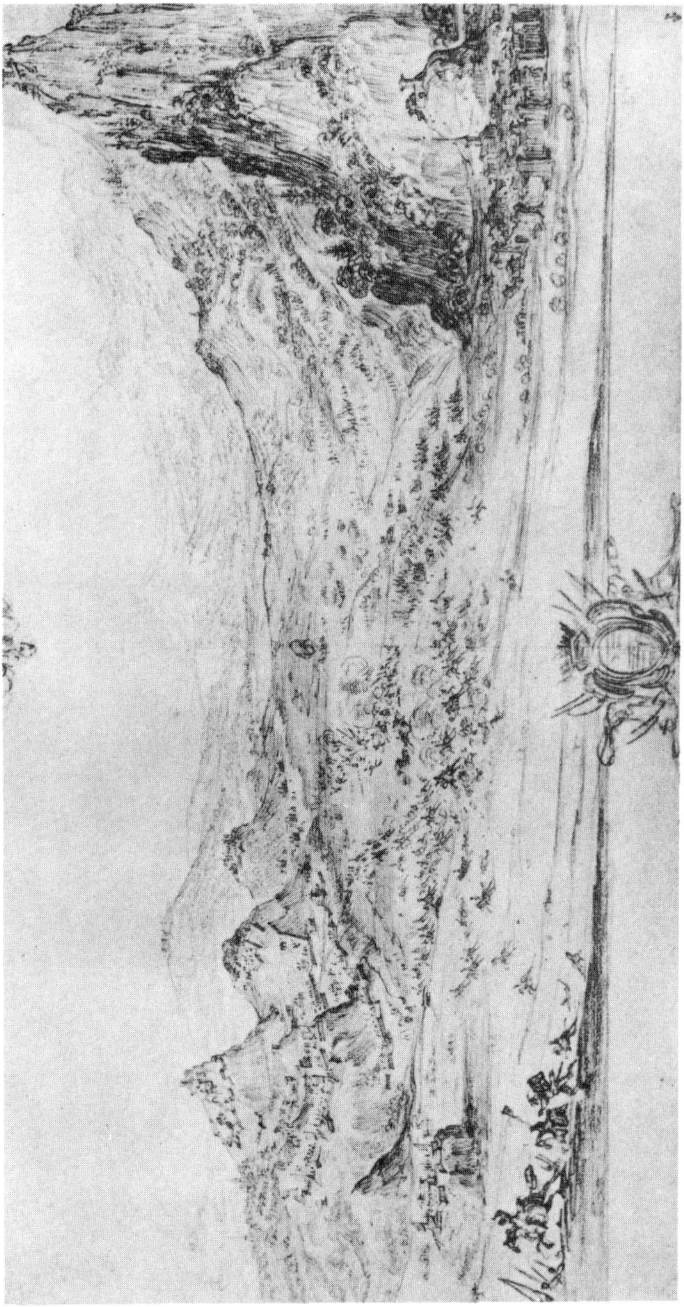

Das Schlachtfeld im Alpental
Schwarze Kreide, 290 x 540. Chantilly, Musée Condé
Ternois 909

Maria im Gebet
Schwarze Kreide, Abbildung in Originalgröße. Weimar, Staatliche Kunstsammlungen im Schloßmuseum
Ternois 910

Der heilige Petrus
Schwarze Kreide, Abbildung in Originalgröße. New York, Mr. und Mrs. Seligman
Ternois 911

Der heilige Bartholomäus
Schwarze Kreide, Abbildung in Originalgröße. New York, Mr. und Mrs. Seligman
Ternois 912

Der Edelmann und sein Sohn
Feder, mit Bister laviert, schwarze Kohlestriche, 272 x 177. Paris, Louvre, Ternois 913

Die Sterbenden und die Bettler
Schwarze Kreide, mit Chinatusche laviert (die Lavierung vermutlich von fremder Hand),
86 x 192. Paris, Louvre

Eine Hinrichtung
Schwarze Kreide, mit Bister laviert, 97 x 216. London, Mr. J. C. Witt
Ternois 915

Reiterschlacht
Schwarze Kreide, mit Bister laviert, 109 x 228. London, British Museum
[illegible]

Eine Schlacht
Schwarze Kreide, mit Bister laviert, 109 x 229. London, British Museum
Ternois 917

Reiterschlacht in einem tiefen Tal
Schwarze Kreide, mit Bister laviert, 110 x 230. London, British Museum
Ternois 918

Schlacht auf einer Brücke
Schwarze Kreide, mit Bister laviert, 110 x 230. London, British Museum
Ternois 919

Angriff auf eine Festung
Schwarze Kreide, mit Bister laviert, 110 x 230. London, British Museum

Zwei Soldatenskizzen
Rötel, Abbildungen in Originalgröße. Leningrad, Eremitage
Ternois 921/922

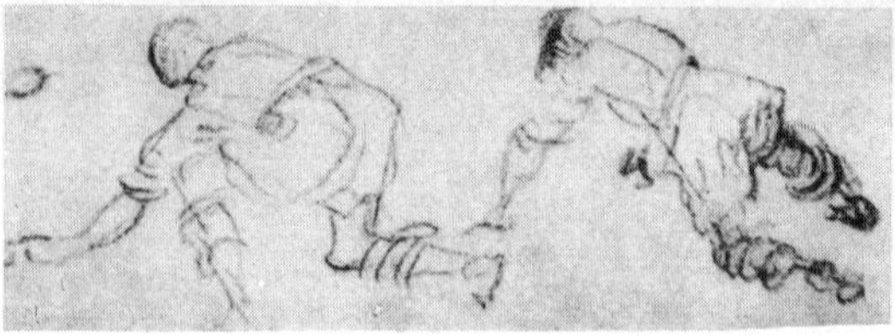

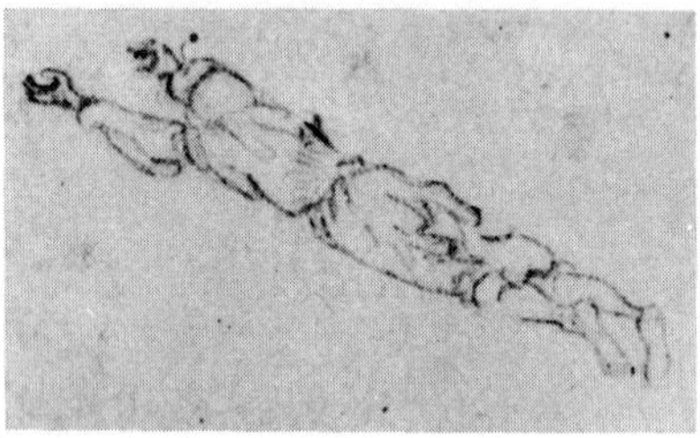

Zwei Männer, von hinten gesehen; Karren; ein Toter
Rötel; schwarze Kreide, mit Bister laviert; schwarze Kreide,
Abbildungen in Originalgröße. Leningrad, Eremitage
Ternois 923–925

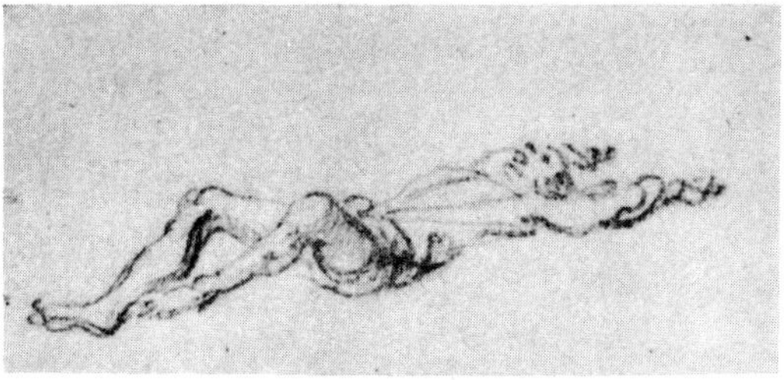

Zwei Soldaten; ein Toter; ein Soldat
Rötel; schwarze Kreide, Abbildungen in Originalgröße.
Leningrad, Eremitage
Ternois 926–928

Fünf Soldatenskizzen
Schwarze Kreide, Abbildungen in Originalgröße.
Leningrad, Eremitage
Ternois 929–933

Vier Soldatenskizzen
Schwarze Kreide; Rötel, Abbildungen in Originalgröße.
Leningrad, Eremitage
Ternois 934–937

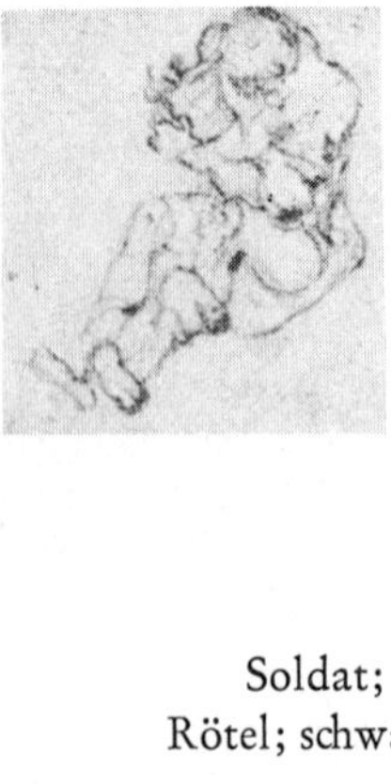

Soldat; zwei Offiziere; Sitzender; Henkerszene
Rötel; schwarze Kreide, Abbildungen in Originalgröße.
Leningrad, Eremitage
Ternois 938–941

Drei Sterbende; ein Toter; Soldat am Boden
Schwarze Kreide; Rötel, Abbildungen in Originalgröße. Leningrad, Eremitage
Ternois 942—944

Soldaten; zwei Tote; fünf laufende Männer
Schwarze Kreide; Rötel, Abbildungen in Originalgröße.
Leningrad, Eremitage
Ternois 945/946; 950

Bauern und ein toter Soldat; Skizzen zweier laufender Bauern
Schwarze Kreide; Rötel, Abbildungen in Originalgröße.
Leningrad, Eremitage
Ternois 947–949

Prügelnde Bauern
Rötel, Abbildung in Originalgröße. Leningrad, Eremitage

Laufender Soldat
Schwarze Kreide, Abbildung in Originalgröße. Paris, Louvre
Ternois 952

„La Tentation de Saint Antoine"
(Die Versuchung des heiligen Antonius), 1635

Der Heilige und die Ungeheuer
Schwarze Kreide, mit Bister laviert, mit Gouache gehöht, 448 x 671.
Stockholm, Nationalmuseum

Der Heilige und die Ungeheuer
Schwarze Kreide, Rötel, mit Bister laviert, mit Gouache gehöht. 450 x 670.
Leningrad, Eremitage
Ternois 954

Der Heilige und die Ungeheuer
Schwarze Kreide, stark mit gelbem und braunem Bister laviert, 310 x 447.
London, British Museum

Der Heilige im Gebet
Schwarze Kreide, mit Bister laviert, 373 x 652. Oxford, Ashmolean Museum
Ternois 956

Skizze dreier Offiziere
Schwarze Kreide, Abbildung in Originalgröße. Chatsworth, Devonshire Collection

Drei Offiziere
Schwarze Kreide, Abbildungen in Originalgröße. Paris, Louvre
Ternois 958–960

Vier Offiziere
Schwarze Kreide, Abbildungen in Originalgröße. Paris, Louvre (961); Leningrad, Eremitage (962–964)

Zwei Damen; zwei Offiziere
Schwarze Kreide, Abbildungen in Originalgröße. Leningrad, Eremitage
Ternois 965–968

Zwei Offiziere; zwei Damen
Schwarze Kreide; Rötel, Abbildungen in Originalgröße. Leningrad, Eremitage

Vier Offiziere
Schwarze Kreide, Abbildungen in Originalgröße. Leningrad, Eremitage
Ternois 973–976

Ein Offizier; ein gebückter Mann
Vorder- und Rückseite eines Blattes
Schwarze Kreide, Abbildungen in Originalgröße. Leningrad, Eremitage

Drei Soldaten
Schwarze Kreide; Rötel, Abbildungen in Originalgröße. Leningrad, Eremitage
Ternois 978–980

Zwei Soldaten; eine Kanone
Schwarze Kreide, Abbildungen in Originalgröße.
Leningrad, Eremitage
Ternois 981–983

Zwei Kanonen
Schwarze Kreide, Abbildung in Originalgröße.
Leningrad, Eremitage
Ternois 984

Fünf Skizzen
Schwarze Kreide, Abbildungen in Originalgröße.
Paris, Louvre (985); Leningrad, Eremitage (986–989)
Ternois 985–989

Sechs Skizzen
Rötel; schwarze Kreide, Abbildungen in Originalgröße.
Leningrad, Eremitage
Ternois 990–995

Sechs Skizzen, davon ein Apostel und sitzende Maria
Schwarze Kreide; Rötel, Abbildungen in Originalgröße.
Leningrad, Eremitage
Ternois 996–1001

Fünf Apostelgestalten; eine Frau im Profil
Rötel; schwarze Kreide, Abbildungen in Originalgröße.
Leningrad, Eremitage
Ternois 1002–1007

Sechs Skizzen
Schwarze Kreide, Abbildungen in Originalgröße.
Leningrad, Eremitage
Ternois 1008–1013

Fünf Skizzen, darunter die Auferstehung des Lazarus
Schwarze Kreide, Abbildungen in Originalgröße.
Leningrad, Eremitage
Ternois 1014–1018

Fünf Skizzen, davon zwei Skizzen Christi im Profil
Schwarze Kreide, Abbildungen in Originalgröße.
Leningrad, Eremitage
Ternois 1019–1023

Drei Skizzen
Schwarze Kreide, Abbildungen in Originalgröße.
Leningrad, Eremitage
Ternois 1024–1026

Vier Skizzen
Schwarze Kreide; Rötel, Abbildungen in Originalgröße.
Leningrad, Eremitage
Ternois 1027–1030

Vier Skizzen
Schwarze Kreide; Rötel, Abbildungen in Originalgröße.
Leningrad, Eremitage
Ternois 1031–1034

Der heilige Simon auf der Säule; der heilige Titus;
die Rückkehr der Heiligen Familie aus Ägypten
Rötel; schwarze Kreide, Abbildungen in Originalgröße.
Leningrad, Eremitage
Ternois 1035–1037

Maria; Maria; Joseph
Schwarze Kreide, Abbildungen in Originalgröße.
Paris, Louvre (1038); Leningrad, Eremitage (1039/1040)
Ternois 1038–1040

Die Heiligen Julian und Basilius; Marter der heiligen Dorothea;
der heilige Felix
Schwarze Kreide; schwarze Kreide, mit Bister laviert;
schwarze Kreide, Abbildungen in Originalgröße.
London, British Museum (1041); Leningrad, Eremitage (1042/43)
Ternois 1041–1043

Der heilige Joseph von Arimathia; die Auffindung des heiligen Kreuzes
Schwarze Kreide, Abbildungen in Originalgröße.
Leningrad, Eremitage; Paris, Privatbesitz
Ternois 1044/1045

DIE JAHRE IN LOTHRINGEN, 1621–1635
(NICHT DATIERBARE ARBEITEN)

Die Zeichnungen zur „Kleinen Passion“ bestehen, fast schon einem Callotschen Schema entsprechend, aus exakten Vorzeichnungen der Ensembles und Studien zu den einzelnen, auf den Radierungen (siehe Band II, S. 1134 ff.) wesentlich kleineren einzelnen Figuren. Diese Einzelfiguren stellt Ternois in eine nahe Verwandtschaft mit den Figurenskizzen zur „Großen Passion“ (S. 432 ff.). Er zitiert dann Meaume, der zu den Zeichnungen schreibt: „Ich habe alle Zeichnungen der ‚Kleinen Passion‘ und auch die zu den ‚Vier Tafelszenen‘ gesehen, die Callot zu den Radierungen benutzt hat und die ebenso groß sind wie die Platten. Sie sind mit schwarzer Kreide gezeichnet, mit Bister laviert und in unendlicher Feinheit dargestellt, aber so wie alles beseelt und nichts verschwommen ist, muß man schon ein Callot sein, um mit dem Stift solch schöne Themen zuwege zu bringen. Es ist tatsächlich so, daß er für jede Figur dieser kleinen Zeichnungen Entwürfe angefertigt hat, als hätte er sie für große Radierungen benutzen wollen.“ Ternois ordnet auch diese Personenstudien den Radierungen zu (S. 143 ff.), angesichts der Winzigkeit der ausgeführten Blätter ein schwieriges Unterfangen. Am Ende seiner Liste nennt er auch die Skizzen, die zur Druckgraphik nicht verwendet worden sind.

Zugleich mit der „Kleinen Passion“ nennt Meaume auch die „Tafelszenen“, die Callot im gleichen Format gezeichnet und radiert (siehe Band II, S. 1055) hat. Auf den Radierungen findet sich die Signatur „I. Callot“, d. h. „Iacopo“, die Schreibweise seines Namens aus der Florentiner Zeit, die er kurz nach der Rückkehr nach Nancy abgelegt hat. Daraus läßt sich schließen, daß die „Tafelszenen“ in den allerersten Lothringer Monaten entstanden sind. Vorstudien zu den einzelnen Figuren gibt es nicht.

Die „Kreuzigung“ steht thematisch und stilistisch den beiden vorhergehenden Folgen aus dem Leben Jesu nahe und ist sicherlich im Zusammenhang mit ihnen gezeichnet und radiert (siehe Band II, S. 1502) worden.

Am 5. Februar 1628 wurden die „Japanischen Märtyrer“, deren Leiden und Sterben Callot auf einer sehr drastischen Radierung dargestellt hat (siehe Band II, S. 1481), heiliggesprochen. Das blutrünstige Blatt, in der schonungslosen Schilderung der Grau-

samkeiten den „Schrecken des Krieges“ und den „Strafarten“ verwandt, und die vier Vorzeichnungen dazu sind nach Ternois „wenig nach diesem Datum“, also 1628 einzuordnen.
Der heilige Amond war der zweite Bischof von Toul. Auf der Radierung (siehe Band II, S. 1457) ist er vor der Grotte von Saulxerotte, in die er sich vor seinen Feinden geflüchtet hatte, dargestellt. Die Zeichnungen, wie Ternois angibt „auf Lothringischem Papier“, datiert er und auch Bruwaert wie die Radierung um 1621, Meaume sogar erst 1627. Diese Heiligengestalt hatte Callot schon einmal beschäftigt, wahrscheinlich für ein Buch Alphonse de Rambervilles zeichnete er eine Skizze in ein Exemplar der „Wunder des Verkündigungsbildes“, für das er in Florenz die Illustrationen gestochen hatte (siehe Band II, S. 1550).
„Die Bekehrung Pauli“, ein ovales Blatt (dieses Format benutzte Callot nur selten) hält Ternois der Form und wild bewegten Dramatik wegen für ein Gegenstück zum „Bethlehemitischen Kindermord“, den Callot in Nancy, der Florentiner Zeichnung und Radierung entsprechend, wiederholt hat (siehe S. 316 und Band II, S. 1428 f.).
Zu der aus 17 Radierungen bestehenden Folge „Lux claustri“, einem Lob des beschaulichen Klosterlebens in symbolischen Darstellungen (siehe Band II, S. 1171 ff.), gibt es nur eine Studie zu Lieure 602.
„Der Kartenspieler“, eine Radierung (siehe Band II, S. 1483), die allgemein als der verlorene Sohn im Kreise seiner leichtsinnigen Gefährten ausgedeutet wird, ist neben der „Heiligen Familie bei Tisch“ (siehe Band II. S. 1482) das einzige Blatt der Druckgraphik Callots, mit dem er sich in Helldunkel-Manier versucht hat. Die Radierung ist bezeichnet: „Jac. Callot fe. Nanceij.“ Die Zeichnung der beiden singenden oder vielleicht auch lesenden jungen Mädchen hält Ternois für ein Jugendwerk des Künstlers, entstanden ungefähr zur selben Zeit wie die heilige Lucia (S. 112): „Callot hat diese Gruppe sehr viel später wiederholt und in die ‚Kartenspieler‘ eingefügt, aber dabei verwandelte er die eine Frauenfigur in einen jungen Mann.“
Die „Zigeuner“ gehören zu Callots wichtigster Radierungenfolge. Einer ungesicherten Legende nach ist er als Kind mit Zigeunern aus Nancy nach Italien geflohen, aufgegriffen und nach Hause zurückgebracht worden. Wahrscheinlicher hat er diese malerisch-elenden Gestalten 1622 in Nancy gesehen, ausführlich gezeichnet und dann in vier großen Blättern, mit eigenen Ge-

François Collignon, Callots Atelier in Nancy
Radierung mit der Aufschrift: „Zimmer des Herrn Callot im Jahr 1630 und die Art, wie er arbeitet. François Collignon, sein Schüler, hat es erdacht und ausgeführt.“

dichten versehen, radiert (siehe Band II, S. 1070 ff.). Ternois beruft sich, wie schon öfter, auf die Papiersorte mit Wasserzeichen (einem gekrönten Doppel-C), das Callot in Nancy für seine Zeichnungen zu benutzen pflegte, und datiert Zeichnungen und Radierungen vor die Reise von 1630, als er Henriet, seinem späteren Verleger, alle seine Platten anvertraute. Von S. 149 ff. gibt Ternois genau die Studien im Bezug zu den Radierungen an.

Die „Spinnerin" gehört zu einer kleinen Radierung (siehe Band II, S. 1461), auf der der Figur als Gegenstück die Garnwinderin gegenübersitzt. Ternois setzt für die Entstehungszeit der Skizze gegen 1618–20 an, die Ausführung der Radierung datiert er später, aber jedenfalls vor 1630.

Die „Strafarten" sind nach Baldinucci vor 1630 entstanden, denn die Radierung, die Callot nach seinem Kreideentwurf gemacht hat, trägt nicht die Signatur Henriets, wie sonst die Hauptwerke nach diesem Datum. Bruwaert und auch Ternois datieren Zeichnung und Radierung in die Zeit um 1633, nach den „Misères", denn die „Strafarten" könnten eine Zusammenfassung der grausamen Darstellungen der Schrecken des Krieges sein. Die Aufschrift der Zeichnung, ein Zitat aus der Bergpredigt („Selig sind, die um der Gerechtigkeit willen verfolgt werden, denn ihrer ist das Himmelreich"), stammt von fremder Hand, wahrscheinlich aus dem 17. Jahrhundert, und widerspricht als Interpretation der Zeichnung in allem den moralisierenden Texten der Radierung. Dort ist von Übeltätern, gerechter Strafe und Sühne die Rede; nähme man aber das Bibelzitat zur Grundlage, dann handelte es sich nicht um eine Bestrafung von Missetätern, sondern um die Verfolgung Unschuldiger, und damit wäre ein Zusammenhang mit den „Misères" nicht mehr gegeben. Der heilige Sebastian ist um 1632/33 entstanden. Diese Einordnung läßt sich dadurch begründen, daß Callot Figuren für dieses Blatt und die 1633 erschienenen „Misères" verwendet hat: Der hängende Sebastian, S. 679, links unten, ist zugleich eine Studie zum Galgenbaum mit den „Gehenkten" (siehe Band II, S. 1340 f.). Der im Hintergrund schwach angedeutete kniende Soldat (S. 681, links unten) ist ebenfalls eine Studie zu den „Misères", ebenso die Skizze eines Mannes mit gefalteten Händen (S. 682, rechts), die zum „Scheiterhaufen" (siehe Band II, S. 1343) gehört. Auf dem zweiten Entwurf (S. 677) ist im Hintergrund ein Kolosseum skizziert, das auch auf der Radierung wiederholt wird, eventuell eine Reminiszenz Callots an seine

LOTHARINGVS CALCOGRAPHVS
IACOBꝰ CALOTTVS NOBILIS
En Miraculum Artis, et Naturę; Hic delineat, et incidit
in ære paruo quidquid magnificum Natura fecit; imò
perficit illa omne opus suum cum dextera tanti viri;
vnde meritò creditur cœlestium Idearum vnicus hæres
Israel amicus optimus excudit.
Masne delineauit et fecit

Michel Lasne, Bildnis Callots
Radierung

römischen Lehrjahre. Die „Kleinen Apostel", eine Radierungenfolge, ist bei Henriet erschienen, aber nicht datiert (siehe Band II, S. 1363), ebenso die Studien und Radierungen zum „Marienleben" (siehe Band II, S. 1351 ff.). Für diese Serie hat Callot auch die beiden Kreideskizzen des Engels Gabriel und der sitzenden Maria verwendet (siehe Band II, S. 1355).

Das „Marienlob" Alphonse de Rambervilles, „Discours de louanges à la Mère de Dieu", ist nie erschienen. Ternois nimmt an, daß der Autor um 1630 gestorben ist. Um diese Zeit dürften dann auch Zeichnung und Radierungen (siehe Band II, S. 1634) entstanden sein. Nach Callots Tod benutzte Henriet die unveröffentlichte Radierung als Titel zu einem Buch, in dem er verschiedene religiöse Blätter des Künstlers zusammenfaßte: „Divers sujets réunis".

Die Büßer, eine unvollendete Folge, dürfte um 1632 gezeichnet und radiert worden sein (siehe Band II, S. 1312 f.), wahrscheinlich ist Callot über der Arbeit an den Platten gestorben. Das Titelblatt stammt von Abraham Bosse. Alle drei Vorstudien wurden für die Radierungen verwendet.

Die „Anbetung der Könige" und die „Himmelfahrt Mariens", als Radierungen in Henriets „Divers sujets" erschienen, sind nicht datierbar, die „Schutzmantelmadonna" ist in ihrer Eigenhändigkeit umstritten. Radiert oder gestochen hat sie Callot jedenfalls nicht.

Die Serie der „Bürgerinnen", Frauentypen und Kostüme aus Lothringen, schließen stilistisch unmittelbar an den „Adel Lothringens (S. 494 ff. und Band II, S. 1141 ff.) an. Der Tod hat wohl Callots Absicht, sie zu radieren, vereitelt. Israel Henriet hat sie später gestochen.

Gaston von Orleans, der Bruder des französischen Königs Ludwigs XIII., der häufig an Konspirationen gegen Richelieu beteiligt war und zwischen 1629 und 1631 am Hof von Nancy Asyl suchte, hat wahrscheinlich diese Landschaftsserie in Auftrag gegeben. Callot selber hat sie nicht radiert, das geschah von Nachahmern des Künstlers nach dessen Tod. Israel Henriet veröffentlichte sie unter dem Titel: „Verschiedene Landschaften, verlegt von Israel. Herrn Louis de Crevant, dem Marquis von Dhumières gewidmet. Von Herrn Callot ersonnen." Die Federzeichnungen, fein wie Stiche oder Radierungen ausgeführt, gehören zu den seltenen reinen Landschaftsdarstellungen Callots, ein Genre, das ihm, als er die ersten Versuche damit machte, eingestandenermaßen viel Mühe bereitete.

Die folgenden Skizzenblätter wurden von Callot nicht gestochen oder radiert. Es sind zum Teil vermutlich nach der Natur gezeichnete Entwürfe, meist ländlicher Motive und Personen, ähnlich den Studien etwa zum „Jahrmarkt von Impruneta“.

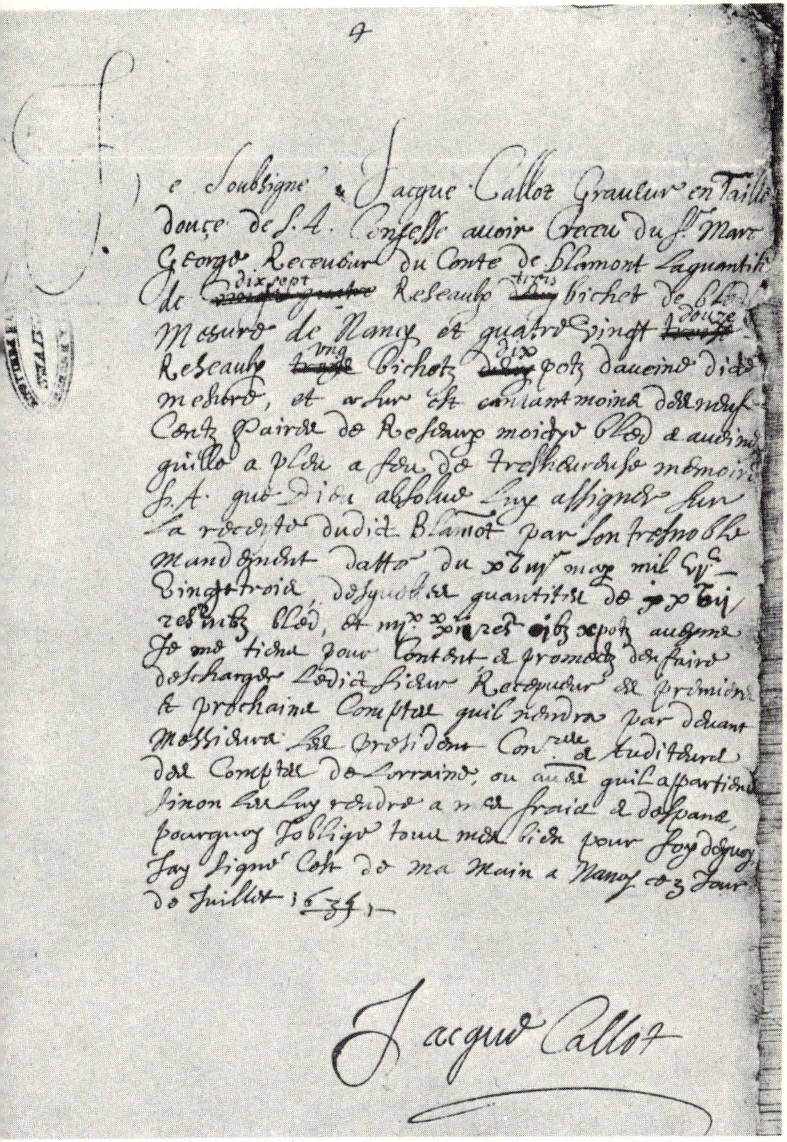
Je Soubsigné Jacque Callot Graveur en Taille douce de S.A. Confesse avoir receu du Sr Marc George Receveur du Conte de Blamont la quantité de dixsept Reseaux trois bichet de blé Mesure de Nancy et quatre vingt douze Reseaux cinq Bichetz dix potz d'avoine d'icelle mesure, …

Jacque Callot

Faksimile eines Briefes, siehe Band II, S. 873

Fußwaschung; Abendmahl; Christus am Ölberg; Judaskuß
Schwarze Kreide, mit Bister laviert, Abbildungen in Originalgröße. Paris, Louvre
Ternois 1046–1049

Verurteilung; Geißelung; Christus vor Kaiphas; Dornenkrönung
Schwarze Kreide, mit Bister laviert; schwarze Kreide,
Abbildungen in Originalgröße. Paris, Louvre
Ternois 1050–1053

Darstellung vor dem Volk; Kreuztragung; Kreuzaufrichtung; Kreuzigung
Schwarze Kreide, mit Bister laviert, Abbildungen in Originalgröße. Paris, Louvre
Ternois 1054–1057

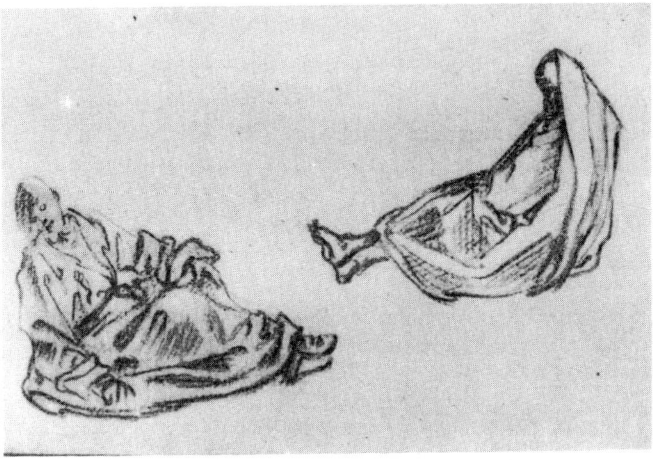

Kniender Christus; zwei Apostel
Schwarze Kreide, Abbildungen in Originalgröße. Paris, Louvre;
Leningrad, Eremitage
Ternois 1058/1059

Apostel; Christus im Profil
Schwarze Kreide, Abbildungen in Originalgröße.
Leningrad, Eremitage (1060); Paris, Louvre (1061/1062)
Ternois 1060–1062

Fünf Studien
Schwarze Kreide, Abbildungen in Originalgröße.
Paris, Louvre (1063); Leningrad, Eremitage (1064–1067)
Ternois 1063–1067

Christus; zwei Folterknechte; drei Soldatenstudien
Schwarze Kreide, Abbildungen in Originalgröße.
Leningrad, Eremitage
Ternois 1068–1072

Vier Soldatenstudien
Schwarze Kreide, Abbildungen in Originalgröße.
Paris, Louvre (1073–1075); Leningrad, Eremitage (1076)
Ternois 1073–1076

Vier Studien
Schwarze Kreide, Abbildungen in Originalgröße.
Paris, Louvre (1077/1078); Leningrad, Eremitage (1079/1080)
Ternois 1077–1080

Dornenkrönung; fünf Studien
Schwarze Kreide, Abbildungen in Originalgröße.
Leningrad, Eremitage (1081–1084); Paris, Louvre (1085)
Ternois 1081–1085

Drei Soldaten
Schwarze Kreide, Abbildung in Originalgröße. Leningrad, Eremitage

Soldatenstudie; Zuschauerstudie
Schwarze Kreide, Abbildungen in Originalgröße. Leningrad, Eremitage
Ternois 1087/1088

Zwei Ringerstudien
Vorder- und Rückseite eines Blattes
Schwarze Kreide, Abbildungen in Originalgröße.
Leningrad, Eremitage
Ternois 1089

Vier Studien, darunter eine lesende Maria
Schwarze Kreide, Abbildungen in Originalgröße.
Leningrad, Eremitage
Ternois 1090–1093

Soldatenstudie; Christus; gefesselter Christus
Rötel; schwarze Kreide, Abbildungen in Originalgröße.
Leningrad, Eremitage (1094); Paris, Louvre (1095–1096)
Ternois 1094–1096

Hochzeit zu Kanaa; Christus bei den Pharisäern; Abendmahl; Emmaus
Schwarze Kreide, mit Bister laviert; Rötel, mit Bister laviert, Abbildungen in Originalgröße. Weimar, Staatliche Kunstsammlungen im Schloßmuseum
Ternois 1097–1100

Der Stich mit der Lanze
Schwarze Kreide, Abbildung in Originalgröße. Paris, Louvre
Ternois 1101

Vier Skizzen
Rötel; schwarze Kreide, Abbildungen in Originalgröße.
Leningrad, Eremitage
Ternois 1102–1105

Vier Zuschauerskizzen
Schwarze Kreide, Abbildungen in Originalgröße.
Leningrad, Eremitage
Ternois 1106–1109

Drei Zuschauerskizzen
Schwarze Kreide, Abbildungen in Originalgröße.
Leningrad, Eremitage
Ternois 1110–1112

Die Bekehrung des heiligen Paulus
Schwarze Kreide, mit Bister laviert, Abbildung in Originalgröße.
Paris, Louvre
Ternois 1113

Skizze mit vielen Schafen; zwei Sängerinnen
Schwarze Kreide; Rötel, Abbildungen in Originalgröße.
Leningrad, Eremitage; Stockholm, Nationalmuseum
Ternois 1114/1115

„Les Bohémiens“ (Die Zigeuner)

Zigeuner auf der Wanderung
Schwarze Kreide, mit Bister laviert, 120 x 210. Truro Cornwall, Royal Institution

Vier Zigeunerinnen
Schwarze Kreide, Abbildungen in Originalgröße. Leningrad, Eremitage
Ternois 1117–1120

Zwei Soldaten; wandernde Frauen
Schwarze Kreide, Abbildungen in Originalgröße.
Leningrad, Eremitage
Ternois 1121–1123

Hühner; zwei Männerskizzen
Schwarze Kreide, Abbildungen in Originalgröße.
Leningrad, Eremitage
Ternois 1124–1126

Reitende Frau; Soldat
Schwarze Kreide, Abbildungen in Originalgröße.
Leningrad, Eremitage
Ternois 1127/1128

Drei Frauen, eine davon zu Pferde
Schwarze Kreide, Abbildung in Originalgröße.
Leningrad, Eremitage
Ternois 1129

Drei Soldaten, zwei davon zu Pferde
Schwarze Kreide, Abbildungen in Originalgröße.
Leningrad, Eremitage
Ternois 1130–1132

Frauenskizzen
Schwarze Kreide, Abbildungen in Originalgröße.
Leningrad, Eremitage
Ternois 1133–1137

Frau; Soldat; Pferd
Schwarze Kreide, Abbildungen in Originalgröße.
Leningrad, Eremitage
Ternois 1138–1140

Rebhühner und Hasen; zwei Soldatenskizzen; sitzende Frau
Schwarze Kreide, Abbildungen in Originalgröße.
Leningrad, Eremitage
Ternois 1141–1144

Vier Frauen- und Soldatenskizzen
Schwarze Kreide, Abbildungen in Originalgröße.
Leningrad, Eremitage
Ternois 1145–1148

Drei Soldatenskizzen
Schwarze Kreide, Abbildungen in Originalgröße.
Leningrad, Eremitage
Ternois 1149–1151

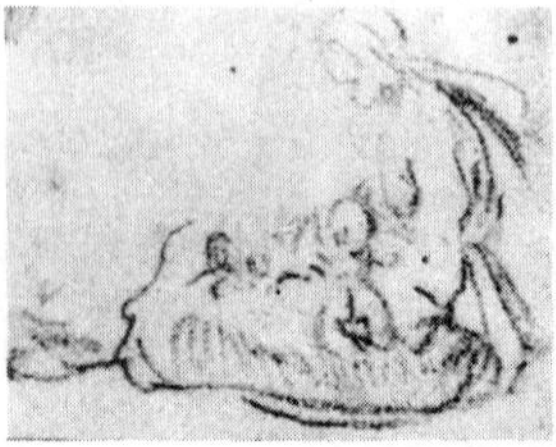

Drei Frauenskizzen; zwei Soldatenskizzen
Schwarze Kreide, Abbildungen in Originalgröße.
Leningrad, Eremitage
Ternois 1152–1156

Sechs Frauenskizzen
Schwarze Kreide, Abbildungen in Originalgröße.
Leningrad, Eremitage
Ternois 1157–1162

Zwei Frauenskizzen; ein Soldat
Schwarze Kreide, Abbildungen in Originalgröße.
Leningrad, Eremitage
Ternois 1163–1165

Ein Pferd; Frau im Profil
Schwarze Kreide; Rötel, Abbildungen in Originalgröße.
Leningrad, Eremitage
Ternois 1166/1167

Zwei Soldatenskizzen
Schwarze Kreide, Abbildungen in Originalgröße.
Leningrad, Eremitage
Ternois 1168/1169

„La Dévideuse et la Filieuse“
(Die Garnwinderin und die Spinnerin)

Die Spinnerin
Rötel, Abbildung in Originalgröße. Leningrad, Eremitage
Ternois 1170

Der Richtplatz
Schwarze Kreide, mit Bister laviert, 110 x 220. London, British Museum

Ein Folterknecht
Rötel, Abbildung in Originalgröße. Leningrad, Eremitage
Ternois 1172

Das Martyrium (erster Entwurf)
Schwarze Kreide, mit Bister laviert, 125 x 225. Paris, Collection Jacques Dupont

Das Martyrium (zweiter Entwurf)
Schwarze Kreide, mit Bister laviert, 204 x 344. Sacramento/Kalifornien,
Crocker Art Gallery
Ternois 1174

Das Martyrium (dritter Entwurf)
Schwarze Kreide, mit Bister laviert, 197 x 340. London, Victoria and Albert Museum

Zwei Soldaten; der heilige Sebastian; ein Offizier
Rötel; schwarze Kreide, Abbildungen in Originalgröße.
Leningrad, Eremitage
Ternois 1176–1178

Vier Soldatenskizzen
Rötel, Abbildungen in Originalgröße. Leningrad, Eremitage
Ternois 1179–1182

Vier Soldatenskizzen
Rötel, Abbildungen in Originalgröße. Leningrad, Eremitage
Ternois 1183–1186

Ein Soldat; drei Bogenschützen
Rötel, Abbildungen in Originalgröße. Leningrad, Eremitage

Ein Bogenschütze; zwei Apostel
Rötel, Abbildungen in Originalgröße. Leningrad, Eremitage
Ternois 1191–1193

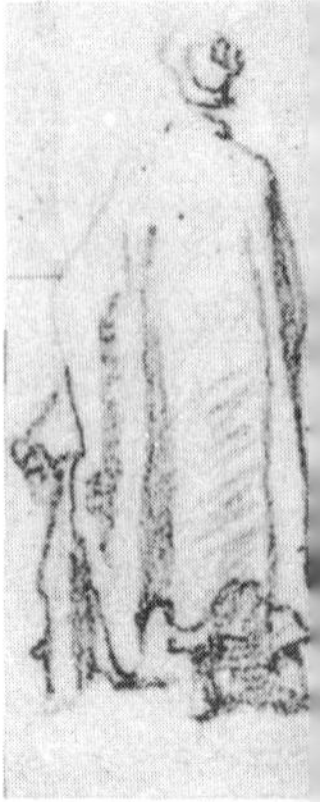

Vier Skizzen von Folterknecht und Märtyrern
Rötel; schwarze Kreide, Abbildungen in Originalgröße.
Paris, Louvre (1195); Leningrad, Eremitage (1196/1197)
Ternois 1194–1197

Christus und ein Soldat; drei Soldaten- und Heiligenskizzen
Schwarze Kreide; Rötel; schwarze Kreide, mit Bister laviert,
Abbildungen in Originalgröße. Leningrad, Eremitage
Ternois 1198–1201

Sieben Soldaten- und Heiligenskizzen
Rötel, Abbildungen in Originalgröße. Leningrad, Eremitage
Ternois 1202–1208

Fünf Soldaten- und Zuschauerskizzen
Rötel; schwarze Kreide, Abbildungen in Originalgröße.
Leningrad, Eremitage
Ternois 1209–1213

Vier Soldatenskizzen
Schwarze Kreide; Rötel, Abbildungen in Originalgröße.
Leningrad, Eremitage
Ternois 1214–1217

Vier Zuschauer- und Soldatenskizzen
Rötel; schwarze Kreide, Abbildungen in Originalgröße.
Leningrad, Eremitage
Ternois 1218–1221

Sechs Figurenskizzen zum Martyrium der Apostel
Rötel, Abbildungen in Originalgröße. Leningrad, Eremitage
Ternois 1222–1227

Frau; Mann im Profil; Begegnung zwischen Maria und Elisabeth
Schwarze Kreide, Abbildungen
in Originalgröße. Leningrad, Eremitage
Ternois 1228–1230

Joseph; kniender Hirte; Joseph; kniende Maria
Schwarze Kreide, Abbildungen in Originalgröße. Leningrad, Eremitage
Ternois 1231–1234

Drei Hirtenskizzen; ein kniender Apostel
Schwarze Kreide, Abbildungen in Originalgröße. Leningrad, Eremitage
Ternois 1235–1238

Drei Apostelskizzen
Schwarze Kreide; Rötel, Abbildungen in Originalgröße.
Leningrad, Eremitage
Ternois 1239–1241

Der Engel Gabriel; sitzende Maria
Schwarze Kreide, Abbildungen in Originalgröße. Leningrad, Eremitage
Ternois 1242/1243

Titel mit sechs Medaillons
Schwarze Kreide, mit Bister laviert, Abbildung in Originalgröße.
Leningrad, Eremitage
Ternois 1244

Johannes der Täufer; Stigmatisierung des heiligen Franziskus;
der heilige Franziskus
Schwarze Kreide, Abbildungen in Originalgröße, Leningrad
Eremitage
Ternois 1245–1247

Zwei kniende Könige
Schwarze Kreide, Abbildungen in Originalgröße. Leningrad, Eremitage
Ternois 1248/1249

Die Himmelfahrt (erste und zweite Fassung)
Schwarze Kreide, mit Bister laviert, Abbildungen in Originalgröße.
Paris, Privatbesitz; Frankfurt am Main, Städelsches Kunstinstitut
Ternois 1250/1251

Maria mit dem Kind, Heiligen und kniendem Volk
Schwarze Kreide, mit Bister laviert, Abbildung in Originalgröße.
Paris, Privatbesitz
Ternois 1252

Junge Frau mit zusammengelegten Händen
Schwarze Kreide, Abbildung in Originalgröße.
Chatsworth, Devonshire Collection
Ternois 1253

Junge Frau mit aufgestützten Händen
Schwarze Kreide, Abbildung in Originalgröße. Chatsworth, Devonshire Collection
Ternois 1254

Junge Frau mit Spindel
Schwarze Kreide, Abbildung in Originalgröße.
Chatsworth, Devonshire Collection
Ternois 1255

Bäuerin mit Korb
Schwarze Kreide, Abbildung in Originalgröße.
Chatsworth, Devonshire Collection
Ternois 1256

Junge Frau mit ausgestrecktem Arm
Schwarze Kreide, Abbildung in Originalgröße.
Chatsworth, Devonshire Collection
Ternois 1257

Junge Frau mit Korb, von hinten gesehen
Schwarze Kreide, Abbildung in Originalgröße.
Chatsworth, Devonshire Collection
Ternois 1258

Junge Frau mit Korb
Schwarze Kreide, Abbildung in Originalgröße.
Chatsworth, Devonshire Collection
Ternois 1259

Frau mit Kind
Schwarze Kreide, Abbildung in Originalgröße.
Chatsworth, Devonshire Collection
Ternois 1260

Junge Frau mit Muff
Schwarze Kreide, Abbildung in Originalgröße.
Chatsworth, Devonshire Collection
Ternois 1261

Junge Frau im Profil
Schwarze Kreide, Abbildung in Originalgröße.
Chatsworth, Devonshire Collection
Ternois 1262

Junge Frau mit Fächer
Schwarze Kreide, Abbildung in Originalgröße.
Chatsworth, Devonshire Collection
Ternois 1263

Junge Frau mit Zweig
Schwarze Kreide, Abbildung in Originalgröße.
Chatsworth, Devonshire Collection
Ternois 1264

Frau im Gebet
Schwarze Kreide, Abbildung in Originalgröße.
Chatsworth, Devonshire Collection
Ternois 1265

Junge Frau, von hinten gesehen
Schwarze Kreide, Abbildung in Originalgröße.
Chatsworth, Devonshire Collection
Ternois 1266

Junge Frau mit gefalteten Händen
Schwarze Kreide, Abbildung in Originalgröße.
Chatsworth, Devonshire Collection
Ternois 1267

Frau mit Kind
Schwarze Kreide, Abbildung in Originalgröße.
Chatsworth, Devonshire Collection
Ternois 1268

Frau mit Klapper
Schwarze Kreide, Abbildung in Originalgröße.
Chatsworth, Devonshire Collection
Ternois 1269

Junge Frau mit Korb
Schwarze Kreide, Abbildung in Originalgröße.
Chatsworth, Devonshire Collection
Ternois 1270

Junge Frau mit Kiepe
Schwarze Kreide, Abbildung in Originalgröße.
Chatsworth, Devonshire Collection
Ternois 1271

Landleben
Feder, Abbildung in Originalgröße. Chatsworth, Devonshire Collection

Landleben (Zweite Fassung)
Feder, Abbildung in Originalgröße. Chatsworth, Devonshire Collection
Ternois 1273

Der Turm auf der Felseninsel

Feder. Abbildung in Originalgröße. Chatsworth, Devonshire Collection

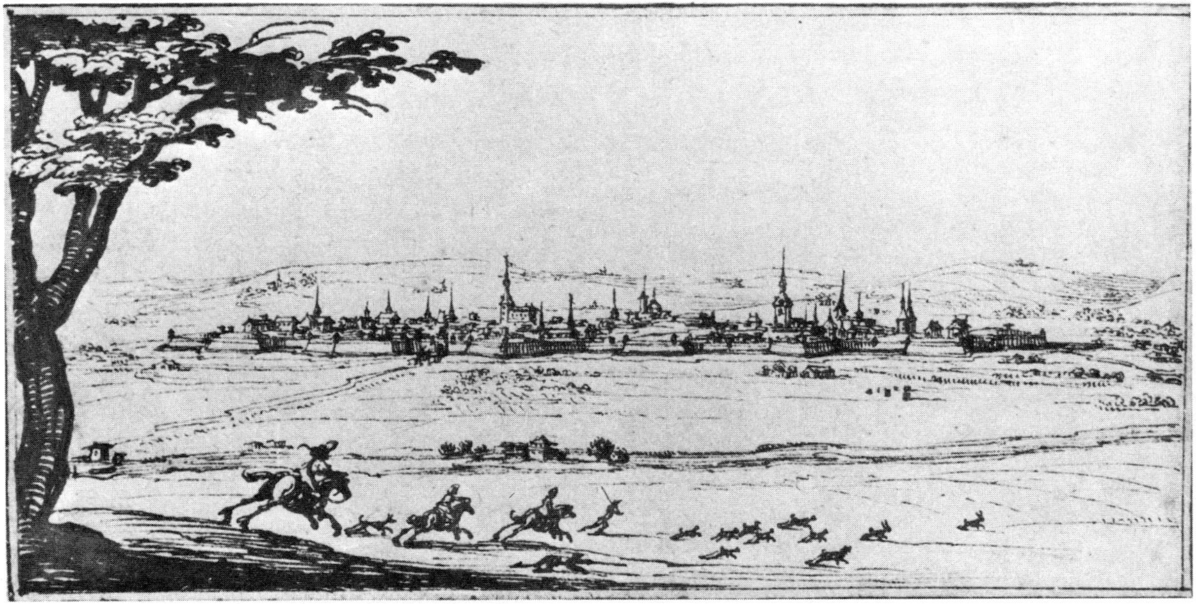

Blick auf Nancy
Feder, Abbildung in Originalgröße. Chatsworth, Devonshire Collection
Ternois 1275

Flußlandschaft mit Brücke
Feder, Abbildung in Originalgröße. Chatsworth, Devonshire Collection
Ternois 1276

Dorf am Fluß
Feder, Abbildung in Originalgröße. Chatsworth, Devonshire Collection
Ternois 1277

Blick auf ein Dorf
Feder, Abbildung in Originalgröße. Chatsworth, Devonshire Collection

Die Wassermühle
Feder, Abbildung in Originalgröße. Chatsworth, Devonshire Collection
Ternois 1279

Ein Dorfplatz
Feder, Abbildung in Originalgröße. Chatsworth, Devonshire Collection

Ein Herrschaftssitz
Feder, Abbildung in Originalgröße. Chatsworth, Devonshire Collection
Ternois 1281

Dorf am Wasser
Feder, Abbildung in Originalgröße. Chatsworth, Devonshire Collection
Ternois 1282

Landschaft mit großem Baum
Feder, Abbildung in Originalgröße. Chatsworth, Devonshire Collection
Ternois 1283

Eine Kirche
Feder, Abbildung in Originalgröße. Chatsworth, Devonshire Collection

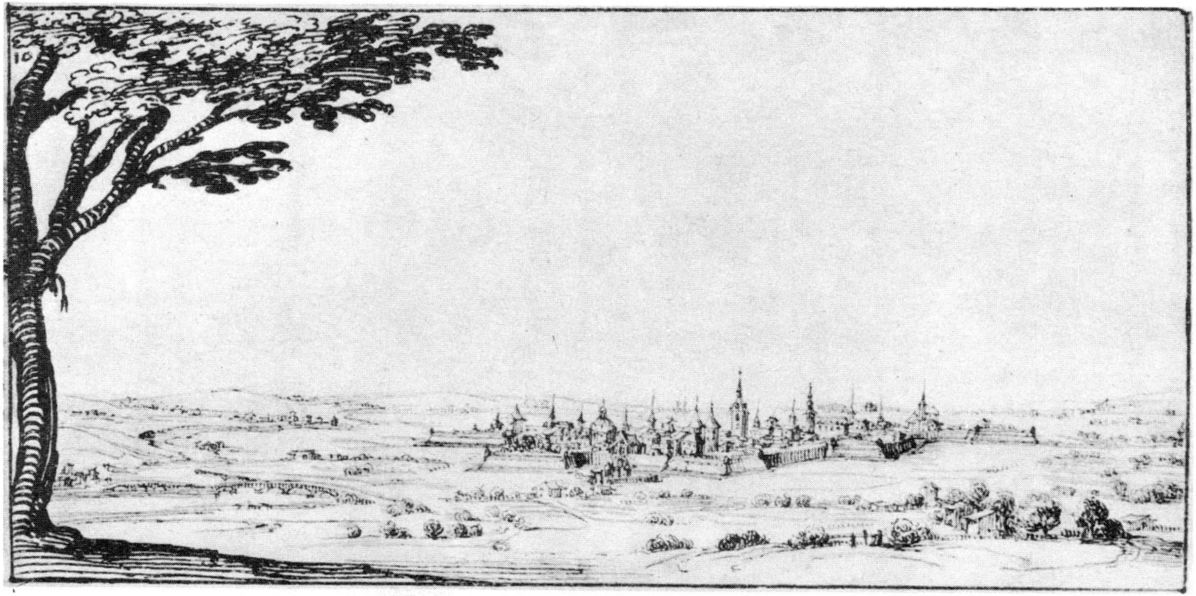

Blick auf eine befestigte Stadt (Nancy?)
Feder, Abbildung in Originalgröße. Chatsworth, Devonshire Collection
Ternois 1285

Felseninsel
Feder. Abbildung in Originalgröße. Chatsworth, Devonshire Collection

Blick auf ein Dorf
Feder, Abbildung in Originalgröße. Chatsworth, Devonshire Collection
Ternois 1287

Der Ziegenbock auf dem Heuhaufen
Feder, Abbildung in Originalgröße. Chatsworth, Devonshire Collection
Ternois 1288

Blick auf ein Dorf
Feder, Abbildung in Originalgröße. Chatsworth, Devonshire Collection
Ternois 1289

Ein Schloß
Feder, Abbildung in Originalgröße. Chatsworth, Devonshire Collection

Schloß am Seeufer
Feder, Abbildung in Originalgröße. Chatsworth, Devonshire Collection
Ternois 1291

Hirschjagd im Walde
Feder, Abbildung in Originalgröße. Chatsworth, Devonshire Collection

Schloßallee
Feder, Abbildung in Originalgröße. Chatsworth, Devonshire Collection
Ternois 1293

Eine Dorfkirche
Feder, Abbildung in Originalgröße. Chatsworth, Devonshire Collection

Eine Dorfstraße
Feder, Abbildung in Originalgröße. Chatsworth, Devonshire Collection
Ternois 1295

Schloß mit Zugbrücke
Feder, Abbildung in Originalgröße. Chatsworth, Devonshire Collection

Felseninsel mit Einsiedelei
Feder, Abbildung in Originalgröße. Chatsworth, Devonshire Collection
Ternois 1297

Bergige Landschaft
Feder, Abbildung in Originalgröße. Chatsworth, Devonshire Collection

Blick auf eine Stadt
Feder, Abbildung in Originalgröße. Chatsworth, Devonshire Collection
Ternois 1299

Weg am Flußufer
Feder, Abbildung in Originalgröße. Chatsworth, Devonshire Collection

Dorf am Fluß
Feder, Abbildung in Originalgröße. Chatsworth, Devonshire Collection
Ternois 1301

Vogeljagd
Feder, Abbildung in Originalgröße. Chatsworth, Devonshire Collection

Die Kapelle auf dem Hügel
Feder, Abbildung in Originalgröße. Chatsworth, Devonshire Collection
Ternois 1303

Felslandschaft
Feder, Abbildung in Originalgröße. Chatsworth, Devonshire Collection

Dorf im Winter
Feder, Abbildung in Originalgröße. Chatsworth, Devonshire Collection
Ternois 1305

Ein Hafen
Feder, Abbildung in Originalgröße. Chatsworth, Devonshire Collection

Seeschlacht
Feder, Abbildung in Originalgröße. Chatsworth, Devonshire Collection
Ternois 1307

Ein Hafen
Feder, Abbildung in Originalgröße. Chatsworth, Devonshire Collection

Der Hafen von La Rochelle
Feder, Abbildung in Originalgröße. Chatsworth, Devonshire Collection
Ternois 1309

Schiffe vor Anker
Feder, Abbildung in Originalgröße. Chatsworth, Devonshire Collection

Ein Dorf
Feder, Abbildung in Originalgröße. Chatsworth, Devonshire Collection
Ternois 1311

Ein Dorf am Wasser

Feder, Abbildung in Originalgröße. Chatsworth, Devonshire Collection

Ein Schloß im Stil Ludwigs XIII.
Schwarze Kreide, der Edelmann im Vordergrund Feder, Abbildung in Originalgröße. Chatsworth, Devonshire Collection
Ternois 1313

Bauernhaus am Flußufer
Feder, 106 x 217. Chatsworth, Devonshire Collection

Eine Dorfkirche
Feder, Abbildung in Originalgröße. Chatsworth, Devonshire Collection
Ternois 1315

Ein Bauernhof
Feder, 96 x 220. Chatsworth, Devonshire Collection

Ein Hafen mit Turm
Feder, Abbildung in Originalgröße. Los Angeles, County Museum
Ternois 1317

Eine befestigte Stadt
Feder, 100 x 244. Im Kunsthandel

Ein Dorf
Feder, 112 x 275. Im Kunsthandel
Ternois 1319

Winterlandschaft
Feder, Maße unbekannt. Im Kunsthandel der Vereinigten Staaten

Hügelige Landschaft
Schwarze Kreide, mit Bister laviert, 107 x 230. London, British Museum
Ternois 1321

Felsenufer
Schwarze Kreide, mit Bister laviert, 109 x 228. London, British Museum

Landschaft
Schwarze Kreide, mit Bister laviert, 103 x 226.
Chatsworth, Devonshire Collection
Ternois 1323

Feldarbeit
Schwarze Kreide, mit Bister laviert, 104 x 226.
Chatsworth, Devonshire Collection

Waldlandschaft
Schwarze Kreide, mit Bister laviert, 97 x 221.
Chatsworth, Devonshire Collection
Ternois 1325

Hütten unter Bäumen
Schwarze Kreide, mit gelbem Bister laviert, 120 x 260.
Chatsworth, Devonshire Collection

Baum in der Ebene
Rückseite des vorhergehenden Blattes
Schwarze Kreide, mit gelbem Bister laviert, 120 x 260.
Chatsworth, Devonshire Collection
Ternois 1326

Der Galgen am Waldrand
Schwarze Kreide, mit gelbem Bister laviert, 121 x 257.
Chatsworth, Devonshire Collection

Ein Tal
Schwarze Kreide, mit gelbem Bister laviert, 120 x 258.
Chatsworth, Devonshire Collection
Ternois 1328

Ein Dorfplatz
Schwarze Kreide, mit gelbem Bister laviert. Maße unbekannt. Im Kunsthandel
Ternois 1329

Ein Dorfplatz
Schwarze Kreide, mit Bister laviert, Abbildung in Originalgröße.
Paris, Collection Frits Lugt
Ternois 1330

Felsenlandschaft
Schwarze Kreide, mit gelbem und braunem Bister laviert, 95 x 215.
Quimper, Musée des Beaux-Arts

Landschaft mit Mühle
Schwarze Kreide, mit Bister laviert, 90 x 220. Poitiers, Musée des Beaux-Arts
Ternois 1332

Dorf am Flußufer
Schwarze Kreide, mit Bister laviert, 122 x 254. Paris, Louvre

Landschaft
Rückseite des vorhergehenden Blattes
Schwarze Kreide, mit Bister laviert, 122 x 254. Paris, Louvre
Ternois 1333

Landschaft
Schwarze Kreide, mit gelbem Bister laviert, 115 x 250. Paris, Louvre

Ein Schloß in der Ebene
Schwarze Kreide, mit gelbem Bister laviert, 115 x 250. Paris, Louvre
Ternois 1335

Landschaft am Ufer eines Teiches
Rückseite des vorhergehenden Blattes
Schwarze Kreide, mit gelbem Bister laviert, 115 x 250. Paris, Louvre

Landschaft am Wasser
Schwarze Kreide, mit Bister laviert, 181 x 329. Haarlem, Museum Teyler
Ternois 1336

Eine Mühle am Wasser
Schwarze Kreide, mit Bister laviert, 181 x 329. Haarlem, Museum Teyler

Ein Dorfplatz
Schwarze Kreide, mit Bister laviert, 171 x 337. Stockholm, Nationalmuseum
Ternois 1338

Eine Dorfkirche
Schwarze Kreide, mit Bister laviert, Abbildung in Originalgröße.
Chatsworth, Devonshire Collection

Fluß mit Dorf und Brücke
Schwarze Kreide, mit Bister laviert, Abbildung in Originalgröße. London, British Museum
Ternois 1340

Ein Dorf
Schwarze Kreide, mit Bister laviert, Abbildung in Originalgröße.
Chatsworth, Devonshire Collection
Ternois 1341

Dorfkirche zwischen Bäumen
Schwarze Kreide, mit Bister laviert, Abbildung in Originalgröße.
Stockholm, Nationalmuseum
Ternois 1342

Dorfkirche zwischen Bäumen
Schwarze Kreide, mit Bister laviert, Abbildung in Originalgröße. London, British Museum

Ein Haus auf dem Hügel
Schwarze Kreide, mit Bister laviert, Abbildung in Originalgröße.
Chatsworth, Devonshire Collection
Ternois 1344

Ein Haus auf dem Hügel
Schwarze Kreide, mit Bister laviert, 112 x 230. Paris, Collection Strölin

Ein Dorf
Schwarze Kreide, mit Bister laviert, Abbildung in Originalgröße. Paris, Privatbesitz
Ternois 1346

Ein Bauernhof
Schwarze Kreide, mit Bister laviert, 110 x 185. Paris, Louvre

Ein Dorf am Wasser
Schwarze Kreide, mit Bister laviert, 116 x 217. Chatsworth, Devonshire Collection
Ternois 1348

Dorf am Seeufer
Schwarze Kreide, mit gelbem Bister laviert, 116 x 217. Chatsworth, Devonshire Collection

Vier Boote
Rückseite des vorhergehenden Blattes
Schwarze Kreide, mit gelbem Bister laviert, 116 x 217. Chatsworth, Devonshire Collection
Ternois 1349

Landschaft mit Bauernhof
Schwarze Kreide, mit gelbem Bister laviert, 120 x 260. Paris, Collection Strölin

Dorf am Fluß
Schwarze Kreide, mit Bister laviert, 86 x 191. Stockholm, Nationalmuseum
Ternois 1351

Bauernhof am Flußufer
Schwarze Kreide, mit Bister laviert, 98 x 228. Stockholm, Nationalmuseum

Mittelalterliches Schloß
Schwarze Kreide, Abbildung in Originalgröße. Leningrad, Eremitage
Ternois 1353

Dorfstraße
Schwarze Kreide, Abbildung in Originalgröße. Leningrad, Eremitage

Ein Dorf am Flußufer
Schwarze Kreide, Abbildung in Originalgröße. Leningrad, Eremitage
Ternois 1355

Himmelfahrt
Schwarze Kreide, mit gelbem Bister gehöht,
Abbildung in Originalgröße. Stockholm, Nationalmuseum
Ternois 1356

Reiterbildnis Louis de la Valette, Herzog von Epernons (?)

Der Edelmann zu Pferde
Schwarze Kreide, mit Bister laviert, 393 x 285. Darmstadt,
Hessisches Landesmuseum
Ternois 1357

Junge Leute an einem Tisch
Rötel, mit Bister laviert, 110 x 185. London, British Museum

Undeutliches Skizzenblatt mit Reiter und mehreren Figuren
Schwarze Kreide, der Reiter Rötel, 68 x 187. Leningrad, Eremitage
Ternois 1360

Zwei Edelleute, von hinten gesehen
Schwarze Kreide, Abbildung in Originalgröße. Leningrad, Eremitage

Skizze mit Karren und Personen
Schwarze Kreide, Abbildung in Originalgröße. Leningrad, Eremitage
Ternois 1361

Ein Dorf

Rückseite des vorhergehenden Blattes

Schwarze Kreide, Abbildung in Originalgröße. Leningrad, Eremitage

Offiziere und ein Reiter
Schwarze Kreide, Abbildung in Originalgröße. Leningrad, Eremitage
Ternois 1362

Figurenstudien
Sehr schwache schwarze Kreide, Abbildung in Originalgröße. Leningrad, Eremitage

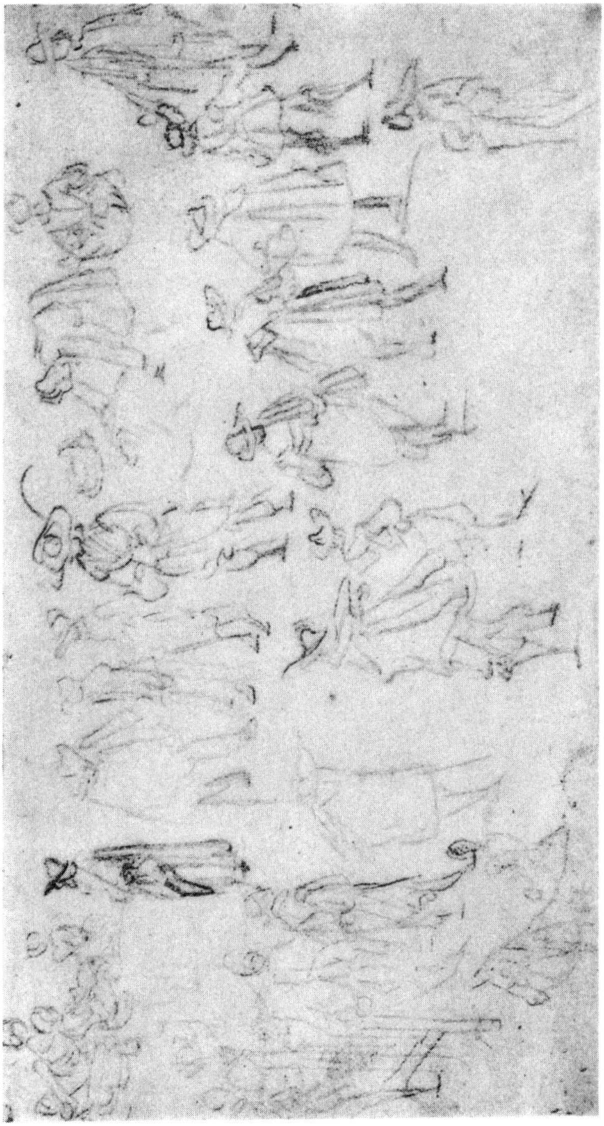

Figurenstudien
Schwarze Kreide, Abbildung in Originalgröße. Leningrad, Eremitage
Ternois 1364

Wagen, Katzen und Figurenstudien
Schwarze Kreide und Rötel, Abbildung in Originalgröße. Leningrad, Eremitage

Figurenstudien; Pferdestudien
Schwarze Kreide und Rötel, Abbildungen in Originalgröße.
Leningrad, Eremitage
Ternois 1366/1367

Offiziere und Reiter
Rötel und schwarze Kreide, Abbildung in Originalgröße. Leningrad, Eremitage

Figurenstudien
Rötel, Abbildung in Originalgröße. Leningrad, Eremitage
Ternois 1369

Edelleute und Soldaten
Schwarze Kreide, 75 x 197. Leningrad, Eremitage

Ein Pferd und Figurenstudien
Schwarze Kreide und Rötel, Abbildung in Originalgröße. Leningrad, Eremitage
Ternois 1371

Zwei lesende Einsiedler; zwei stehende Soldaten
Vorder- und Rückseite eines Blattes
Rötel; schwarze Kreide, Abbildungen in Originalgröße.
Leningrad, Eremitage
Ternois 1372

Zwei lesende Einsiedler
Rötel, Abbildung in Originalgröße. Paris, Louvre
Ternois 1373

Vier Heiligenstudien
Rötel; schwarze Kreide, Abbildungen in Originalgröße.
Leningrad, Eremitage
Ternois 1374–1377

Ein Wagen; ein Heiliger; zwei Soldatenskizzen
Schwarze Kreide; Rötel, Abbildungen in Originalgröße.
Leningrad, Eremitage
Ternois 1378–1381

Offizier; bäuerliche Szenen; ein Maulesel
Schwarze Kreide; Rötel, Abbildungen in Originalgröße.
Leningrad, Eremitage
Ternois 1382–1386

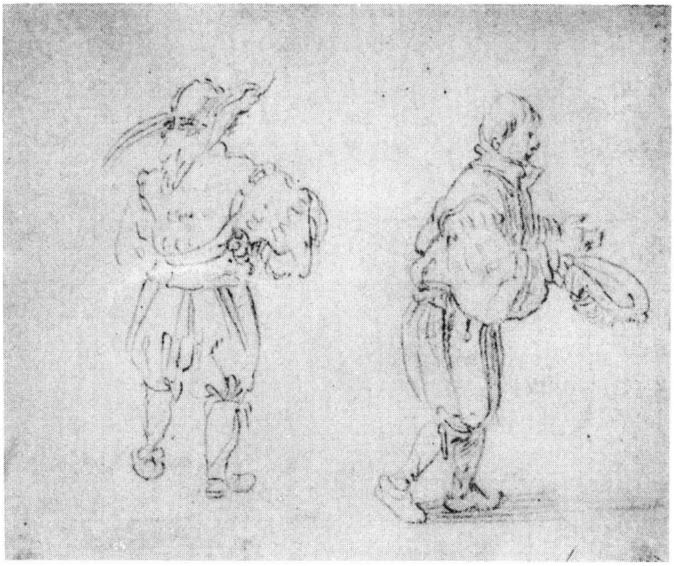

Drei Bauernskizzen
Rötel; schwarze Kreide, Abbildungen in Originalgröße.
Leningrad, Eremitage
Ternois 1387–1389

Sechs Figurenstudien
Rötel; schwarze Kreide, Abbildungen in Originalgröße.
Leningrad, Eremitage
Ternois 1390–1395

Vier Figurenstudien
Schwarze Kreide; Rötel, Abbildungen in Originalgröße.
Leningrad, Eremitage
Ternois 1396–1399

Fünf Figurenstudien
Schwarze Kreide; Rötel, Abbildungen in Originalgröße.
Leningrad, Eremitage
Ternois 1400–1404

Sechs Figurenstudien
Schwarze Kreide; Rötel, Abbildungen in Originalgröße.
Leningrad, Eremitage
Ternois 1405–1410

Mann mit Stab; umgekippter Wagen; zwei Pferdeköpfe;
Soldat, von hinten gesehen
Schwarze Kreide, Abbildungen in Originalgröße.
Leningrad, Eremitage
Ternois 1411–1414

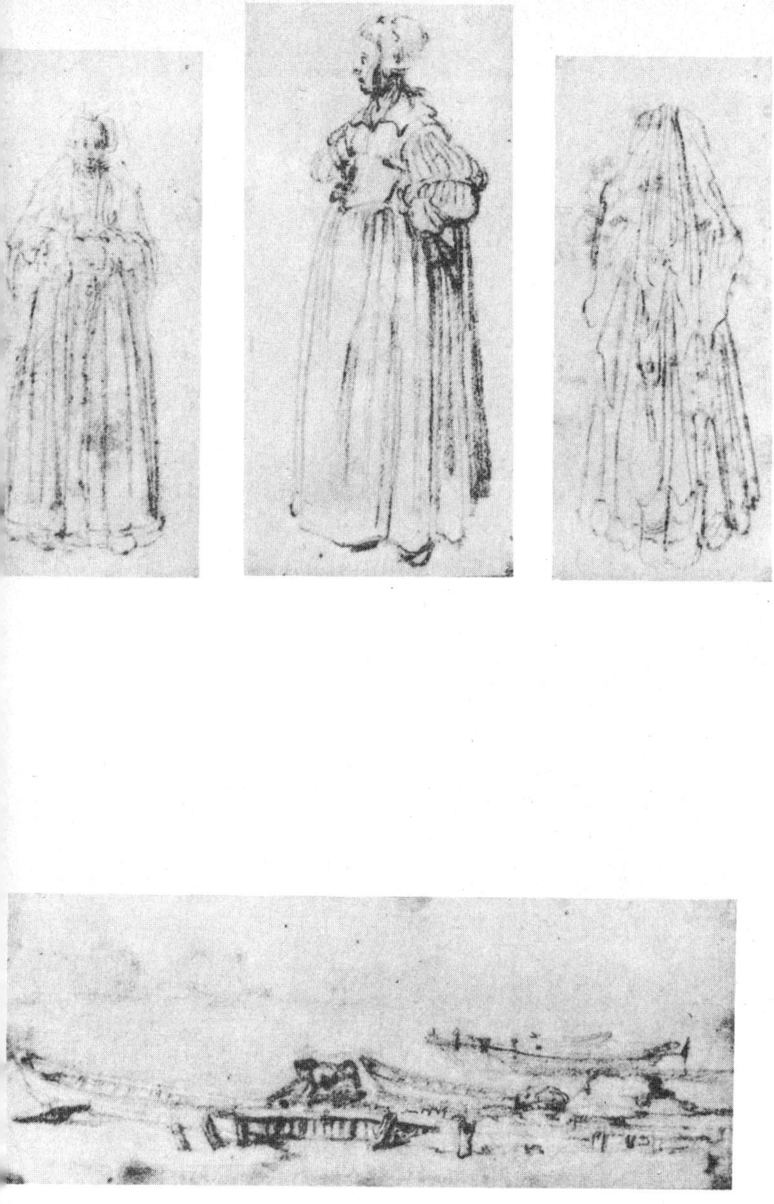

Drei Frauenstudien; Ruderboote
Schwarze Kreide; Rötel, Abbildungen in Originalgröße.
Leningrad, Eremitage
Ternois 1415–1418

Vier Figurenstudien
Rötel; schwarze Kreide, Abbildungen in Originalgröße.
Leningrad, Eremitage
Ternois 1419–1422

Fünf Figurenstudien
Rötel; schwarze Kreide, Abbildungen in Originalgröße.
Leningrad, Eremitage
Ternois 1423–1427

Fünf Figurenstudien
Schwarze Kreide, Abbildungen in Originalgröße.
Leningrad, Eremitage
Ternois 1428–1432

Sechs Figurenstudien
Schwarze Kreide; Rötel, Abbildungen in Originalgröße.
Leningrad, Eremitage
Ternois 1433–1438

Vier Figurenstudien
Schwarze Kreide; Rötel, Abbildungen in Originalgröße.
Leningrad, Eremitage
Ternois 1439–1442

Fünf Figurenstudien
Rötel; schwarze Kreide, Abbildungen in Originalgröße.
Leningrad, Eremitage
Ternois 1443–1447

Abraham Bosse, Callots Grabmal mit Nekrolog; Radierung

BRIEFE ZUR „BELAGERUNG VON BREDA“ AUS DER DRUCKEREI PLANTIN IN ANTWERPEN

Monsieur,
ich wollte meinen Brief an Sie hinausschieben, bis ich die Kopie der Erklärung in Händen haben würde, dich ich, nach Ihrer Meinung, auf die Umrahmung der Belagerung von Breda setzen soll, um sie Ihren Wünschen gemäßer zu machen. Da ich jedoch bis jetzt nichts erhalten habe, möchte ich, was Jan Martin Ihnen sagte, hiermit bestätigen, daß ich Ihr Papier zur Verwahrung erhalten habe, nämlich achtzehn Ries und acht Buch, und daß jedes Ries nur achtzehn Buch enthält, während gewöhnlich das Ries aus zwanzig Buch besteht. Monsieur Monphort hat mir gesagt, daß Ihre Hoheit die Infantin zweihundert Exemplare der oben erwähnten Erklärung in Form einer Broschüre gedruckt haben möchte, wozu Ihr Papier sich nicht eignen würde. Haben Sie die Güte mir mitzuteilen, ob Sie Ihre Exemplare ebenfalls in Form einer Broschüre zu erhalten wünschen oder auf der Umrahmung der Belagerung, und in welcher Anzahl, worüber Sie mir bisher noch keine Anweisungen zugehen ließen. Ich hoffe, zugleich mit dem Exemplar der Erklärung das Geld zu erhalten und werde, sobald das eine oder andere in meinen Händen ist, sofort eine Bestätigung schicken.
Ich bitte Gott den Herrn, Er möge Sie in Seiner heiligen Gnade bewahren. Zu Antwerpen, in der Druckerei Plantin, den 14. Januar 1628.

Antwerpen, in der Druckerei Plantin, am 4. Februar 1628
Monsieur,
ich habe Ihr Schreiben vom 20. Januar erhalten und gleichzeitig die Beschreibung der Belagerung von Breda in spanischer Sprache, letztere aus den Händen von Monsieur Rubens, der sie aus Brüssel von Monsieur Monfort erhielt, welchem sie von Don Jan de Medicis zur Weiterleitung an mich anvertraut wurde mit dem Auftrag, ich solle sie ins Italienische, Französische und Lateinische übersetzen lassen. Von einer Sprache, die Sie an Stelle des Latein wünschten, war nicht die Rede. Und in der Tat würde das Lateinische für Deutschland angebrachter sein, da die Deutschen verschiedentlich des Lateins mächtig sind und damit auch die Polen und andere Nationen bedient wären. Doch hinsichtlich Ihres Schreibens, wonach alle vier Sprachen zugleich wiedergegeben werden sollen, muß ich Ihnen mitteilen, daß die Beschreibung so ausführlich ist, daß sie bereits in einer einzigen Sprache nur mit Mühe auf der Umrahmung Ihrer Karte unterzubringen wäre. Ich muß daher wissen, ob Sie wünschen, daß

jede Sprache gesondert gedruckt werden soll und in welcher Anzahl, oder ob Sie beabsichtigen, eine gesonderte kleine Beschreibung in allen vier Sprachen anfertigen zu lassen. In Erfüllung des Auftrags Ihrer Hoheit der Infantin werde ich sie in Form einer Broschüre in zweihundert Exemplaren drucken; und einige mehr, die denen dienen könnte, welche die Beschreibung in andere Sprachen übersetzen werden, wenn Sie entscheiden, daß dieselbe auf der Umrahmung Ihrer Karte erscheinen soll. Sobald das Büchlein in spanischer Sprache fertig gedruckt sein wird, werde ich Ihnen einige Exemplare schicken, falls Sie davon im voraus Übersetzungen in andere Sprachen anfertigen lassen wollen; denn ich persönlich werde die Übersetzungen der Beschreibung nicht in Auftrag geben, sondern sie an die Herren in Brüssel zurückschicken. Ich werde Ihre Vollmacht an einen meiner Freunde schicken, damit er die dreihundert Taler kassieren kann, die Ihre Hoheit die Infantin Ihnen schuldet; und werde nach Vollzug Nachricht erhalten. Ich hatte nicht das Vergnügen, Sie in Antwerpen zu sehen oder zu sprechen, da ich mich in der Druckerei und nicht im Laden aufhielt; statt dessen haben Sie mit meinem Kollegen Herrn Van Meurs gesprochen. Hätten Sie mit mir gesprochen, so hätte ich Sie besser darüber unterrichten können, was für die Beschreibung Ihrer Karte und für deren Drucklegung vonnöten ist. Es erstaunt mich, auf Ihrer Karte den leeren Platz zwischen den beiden Wappen des Königs und der Infantin zu sehen, wo Aufschrift und Geschichte bequem hätten eingraviert werden können; denn sie an besagtem Platz aufzukleben, würde nicht gut aussehen. Vielleicht aber wünschen Sie, daß der Titel über dem Karton angebracht werden soll. In Erwartung Ihrer Antwort verbleibe ich, Monsieur, Ihr getreuer Diener und Freund B. M.

Don Jan de Medici hat zusammen mit der Beschreibung eine in Ihrem Namen von Monsieur Puteanus, Professor zu Lovain in Lateinisch verfaßte Widmung geschickt, welche ich ins Spanische werde übersetzen lassen.

Antwerpen, Druckerei Plantin, den 3. März 1628

Monsieur,
ich schicke Ihnen ein Exemplar der Beschreibung der Belagerung von Breda, die ich in einer Anzahl von zweihundert gedruckt habe, für die zweihundert Exemplare Ihrer Karte von Breda, welche Sie Ihrer Hoheit der Infantin geliefert haben, die Druck-

kosten dafür belaufen sich auf fünfundsiebzig Gulden. Außer diesen habe ich von besagter Broschüre nur noch einige wenige Exemplare für Freunde gedruckt, welchen die Beschreibung sehr gefällt, da sie wenig Worte aber viel Substanz enthält.
Falls Sie der Meinung sind, auf die Umrandung von Breda nur die Erklärung der Buchstaben und Zahlen zu setzen, so könnte die Widmung dienen, von der ich Ihnen hier die Kopie in Latein schicke, die in der Broschüre ins Spanische übersetzt ist und sich auf die Beschreibung bezieht. Die Betitelung könnte über die Karte gesetzt werden, nicht jedoch die Widmung, da es nicht gut aussehen würde, sie in so großen Zeilen zu setzen. Außerdem weiß ich nicht, ob es die Mühe lohnen würde, die Erklärung der Buchstaben und Zahlen in Latein wiederzugeben, da sie voll ist von neuen, dem Lateinischen unbekannten Namen. Ich möchte eher dazu raten, Ihre Karte ohne Aufschrift zu lassen und zusätzlich ein Büchlein aus obengenannter Beschreibung plus Erklärung in vier Sprachen zu drucken; ich erwarte Ihren diesbezüglichen Bescheid. M. Monfort hat mir zugesagt, daß ich in wenigen Tagen in Antwerpen zweihundertundfünfzig Taler erhalten werde, macht sechshundert Gulden, welche ich Ihnen redlich verrechnen werde, den Überschuß wird Sr. Louys übernehmen. Ich möchte noch darauf aufmerksam machen, daß auf Ihrer Karte eine Fehler bei den Zahlen unterlaufen ist, denn das Schloß Breda und das Haus des Prinzen von Oranien sind mit der gleichen Zahl bezeichnet, d. h. 66. Hiermit empfehle ich mich Ihrem Wohlwollen und bitte Gott, Er möge Sie in Seiner Gnade bewahren.

Antwerpen, den 11. März 1628

Monsieur,
ich erhielt heute von M. Halbert, im Auftrage von M. Monfort die zweihundert Taler oder Ecus, die vom König eingefordert wurden. Ich erwarte die Antwort auf mein Schreiben vom 3. ds., damit ich Ihrem Wunsche entsprechen kann, entweder ein Büchlein in vier Sprachen oder eine Erklärung der Zahlen zu Ihrer Karte zu drucken. Indem ich Gott bitte, Sie in Seiner Gnade zu bewahren, bleibe ich, Monsieur

Ihr Diener und Freund

Antwerpen, den 28. April 1628

Monsieur,
ich habe mit meinem Brief warten wollen, bis die Beschreibung Ihrer Tafel von Breda fertig gedruckt sein würde. Nun bin ich sehr bestürzt über Ihre letzten Schreiben, aus denen hervorzugehen scheint, daß ich Ihnen hätte mitteilen sollen, was ich von dem für Ihr Konto, nicht ohne Mühen und Plagen, erhaltenen Geld dem Sr. Louys überwiesen habe. Ich glaubte vielmehr, richtiger zu handeln, wenn ich warten würde, bis besagte Beschreibung gedruckt und die Kosten dafür abgerechnet sein würden, wie ich von Sr. Jan Morin angewiesen wurde. Ich habe Ihr Papier zur Gänze verwendet, und ich habe 1825 Exemplare gedruckt, wobei ich für jedes Blatt drei Ries, dreizehn Buch und einige Blätter verwendete: Wenn der Papierhändler sich bei der Zählung seiner Blätter nicht geirrt hat, so kommt genau die genannte Zahl zustande. Ich veranschlage Ihnen den gesamten Druck auf hundertfünfundzwanzig Gulden. Außerdem habe ich neun Gulden und sechzehn Batzen (Kreuzer?) für die in Brüssel gemachten Übersetzungen Ihrer Beschreibung bezahlt, wie aus der Quittung des Sr. Daniel Dieudonné erhellt, und ferner neunzehn Kreuzer für den Versand der an den genannten Sr. Daniel Dieudonné geschickten 85 Exemplare der Beschreibung. Gibt zusammen die Summe von hundertfünfunddreißig Gulden und fünfzehn Kreuzern; dazu kommen noch die 75 Gulden für die Broschüren Ihrer Hoheit der Infantin, macht zusammen 210 Gulden und 15 Kreuzer; dies abgezogen von den 625 Gulden, welche mir Sr. Monfort zu Ihren Gunsten anwies, verbleiben für das Konto von Sr. Louys 414 Gulden und 15 Kreuzer, was ich Sie bitte, ihm von mir bestellen zu wollen; und sollten Sie wünschen, daß dem Sr. Louys eine größere Summe gutgeschrieben werde, und daß Sie mir für den Druck anderes Geld schikken, so wäre ich dankbar, wenn Sie ihm sagen wollten, welche Ihnen beliebige Summe ihm gutgeschrieben werden wird, was er zu wissen wünscht, damit wir unsere Abrechnung tätigen können. Hiermit verbleibe ich, indem ich Gott bitte, Sie in Seiner Gnade zu bewahren,

Ihr Diener und Freund
B. M.

Antwerpen, den 9. Juni 1628

Monsieur,
ich habe von M. Balbani fünfzig Gulden und fünfzehn Kreuzer erhalten. Die hundert Francs Ihres Geldes erwarte ich aus Brüssel. Wenn diese auch mehr wert sind als unsere Gulden, so werden Sie doch mehr bezahlen, als Sie mir schulden; aber es wird noch die Verpackung und Leinwand zu zahlen sein, und des ferneren habe ich vergessen, die neununddreißig Kreuzer zu erwähnen, die ich für den Versand Ihres Papiers von Brüssel nach Antwerpen bezahlt habe. Ich werde Ihre Beschreibungen einpacken lassen und ein oder zwei Exemplare für mich behalten, von denen eines mir zu der Karte dienen soll, die Sie mir zu Beginn schickten. Das Paket wird Ihnen mit der nächsten Fuhre zugehen, und ich werde Sie noch ausführlicher benachrichtigen; indem ich Gott bitte, Ihnen ein langes und glückliches Leben zu bewahren, bin ich

Ihr sehr getreuer Diener und Freund
B. M.

Antwerpen, den 30. Juni 1628

An Jacques Callot

Monsieur,
vergangenen Freitag (23. Juni) konnte ich Ihnen aus zwingenden Gründen nur mitteilen, daß das Paket mit den Schriften (Drucken?) Ihnen durch den Fuhrmann Jan Mougé zugestellt wird und ich hoffe, daß Sie es inzwischen erhielten oder bald erhalten werden.
Im übrigen beläuft sich unsere Rechnung für den Druck und die übrigen Ausgaben sowie Verpackung und Leinwand auf hundertunddreiundvierzig Gulden und neun Kreuzer in unserer Währung.

Ich erhielt von M. Monfort	25 Gulden	
Ich erhielt von M. Balbani	50 Gulden	
Ich erhielt von Jan Barnard	60 Gulden	15 Kreuzer
Summe	135 Gulden	15 Kreuzer

In Worten: hundertfünfunddreißig Gulden und fünfzehn Kreuzer; Sie schulden mir folglich noch sieben Gulden und vierzehn

Kreuzer. Ich habe für mich drei Exemplare Ihrer Drucke zurückbehalten: Wenn Sie dafür Bezahlung wünschen, so können Sie sie in Abzug bringen. Bei Erhalt der sechsundsechzig Francs und sechs Groschen in Ihrer Währung vom Sr. Jan Merle (Morel? Martin?) werde ich, was Sie mir noch schulden, in Abzug bringen und den Rest dem Sr. Louys gutschreiben.
Hiermit bitte ich Gott . . .

Ihr sehr getreuer Diener und Freund
B. M.

Die einseitige Korrespondenz des Druckers Balthazar Moretus (die Briefe Callots wurden nicht aufgefunden) endet hier. In einem der Geschäftsbücher des Hauses steht folgender Eintrag, der unmittelbar nach beendetem Druck der von der Infantin bestellten Broschüre vorgenommen wurde:
„(Spanisch)
(Latein)
Beschreibung der Stadt und der Belagerung von Breda, sowie des Einzugs Ihrer Hoheit der Infantin Doña Isabella-Klara-Eugenie am 12. Juni 1625, in-4°, 5 Stuveros und Titelblatt auf Kupfer. Einige Exemplare auf Kosten der Infantin gedruckt.

Jacques Callot.“

BIBLIOGRAPHIE

Aus dem großen Repertoire der meist französischen Literatur ist hier nur eine kleine Auswahl angegeben. Ausführliche Bibliographien finden sich bei Ternois, „Jacques Callot. Catalogue complet de son œuvre dessiné“, im Katalog der Albertina, Wien, „Jacques Callot und sein Kreis“, 1969, und im Katalog der Callotausstellung 1970, Providence/Rhode Island.

Baldinucci, Filippo: *Notizie de' professori del disegno da Cimabue in quà . . .*, Florenz 1845 ff.

Bartsch, Adam von: *Le Peintre Graveur.* Wien 1803 ff.

Bechtel, Edwin de: *Jacques Callot.* New York 1955

– *Jacques Callot and his prints from the „Battles of the Medici“ to „The Miseries of War“.* In: *The Prinz Collector's Quaterly.* XXIX, Februar 1942, S. 26–89

Bénézit, Emmanuel: *Dictionnaire critique et documentaire des peintres, sculpteurs, dessinateurs, et graveurs.* Paris 1948

Bouchot, Henri: *Jacques Callot, sa vie, son œuvre et ses continuateurs.* Paris 1889

Bruwaert, Edmond: *Un livre de la Bibliothèque Nationale ayant appartenu à Jacques Callot et orné de ses dessins.* Paris 1911

– *Vie de Jacques Callot, graveur lorrain, 1592–1635.* Paris 1912

– *Jacques Callot. Biographie critique.* Paris 1913

– *Jacques Callot à Florence.* In: *Revue de Paris.* 15. Juni 1914

– *La vie et les œuvres de Philippe Thomassin, graveur troyen, 1562–1622.* Troyes 1914

– *Jacques Callot et Don Giovanni Medici.* Paris 1924

Dohmann, Albrecht: *Jacques Callot. Radierungen.* Dresden 1960

Gersaint, E. F.: *Catalogue raisonné des diverses curiosités du cabinet de feu M. Quentin de Lorangère.* Paris 1744

Giesey, Ralph E.: *The Royal Funeral Ceremony in Renaissance France.* Genua 1960

Glikman, Alexander: *Jacques Callot.* Leningrad und Moskau 1959

Hauser, Arnold: *Sozialgeschichte der Kunst und Literatur.* München 1953

Hind, Arthur: *Jacques Callot.* In: *Burlington Magazine.* Mai 1912, S. 74–81

Kagan, Moissey: *Vorlesungen zur marxistisch-lenistischen Bewegung.* Berlin 1969

Kagan, Moissey: *Vorlesungen zur marxistisch-lenistischen Bewegung*. Berlin 1969

Katalog der Ausstellung „Jacques Callot. Loan Exhibition of Prints and Drawings“, Los Angeles Museum, 1957

Katalog der Ausstellung „Jacques Callot et les peintres et graveurs lorrains du dix septième siecle“, Nancy, Musée Historique Lorrain, 1935

Katalog der Ausstellung „Jacques Callot und sein Kreis“, Wien, Albertina, 1968/69

Katalog der Ausstellung „Jacques Callot. 1592–1635“, Providence/Rhode Island, Museum of Art, 1970

Kayser, Wolfgang: *Das Groteske in Malerei und Dichtung*. Oldenburg o. J.

Kristeller, Paul: *Kupferstich und Holzschnitt in vier Jahrhunderten*. Berlin 1922

Levertin, Oscar: *Über Callots Skizzenbuch in der Albertina*. In: *Zeitschrift für bildende Kunst*, XV, 1904, S. 177 ff.

– *Jacques Callot*. Minden 1911

Lieure, J.: *Jacques Callot. La Vie artistique. Catalogue de l'Oeuvre gravé*. Paris 1924 ff.

Löffler, Peter: *Jacques Callot, Versuch einer Deutung*. Winterthur 1958

Mariette, P. J.: *Notes manuscrites (1740–1770) conservées au Cabinet des estampes de la Bibliothèque Nationale, Band II*. Paris 1939

Marot, Pierre: *L'Apprentissage de Jacques Callot à Nancy et son départ pour Rome*. In: *Mélanges Félix Grat*, 1949, II, S. 445–470 ff.

– *Jacques Callot d'après des documents inédits*. Nancy und Paris 1939

– *Une Gravure emblematique de Jacques Callot*. In: *Mélanges Historiques Littéraires, et Bibliographiques*, 1954, S. 141 ff.

– *Recherches sur les pompes funèbres des ducs de Lorraine*. Nancy und Paris 1935

Meaume, Edouard: *Recherches sur quelques artistes lorrains, Claude Henriet, Israël Henriet, Israël Silvestre*. Nancy 1852

– *Recherches sur la vie et les ouvrages de Claude Deruet*. Nancy 1853

– *Recherches sur la vie et les ouvrages de Jacques Callot*. Würzburg 1924

Meder, Joseph: *Die Handzeichnung, ihre Technik und Entwicklung*. Wien 1919

Nadeau, Maurice: *Geschichte des Surrealismus.* Reinbek 1965
Nasse, Hermann: *Jacques Callot.* Leipzig 1919
Pietro, Filippo di: *I disegni della R. Galleria degli Uffici. Disegni di Jacopo Callot e Stefano della Bella.* Florenz 1914
Pollhammer, Karl: *Jacques Callot als Illustrator.* Wien 1925
Sadoul, Georges: *Jacques Callot, miroir de son temps.* Paris 1969
Sandrart, Joachim von: *Teutsche Akademie, 1. Teil, 1. Buch, Kapitel 6 und 8. Buch, Kapitel 27.* O. O. 1654
Schmoll, gen. Eisenwerth, J. A.: *Jacques Callot, Das Welttheater in der Kavalierperspektive.* In: *Festschrift W. Hagen.* 1966, S. 81–102
Spielmann, Heinz: *Phantastische Kunst in Lothringen: Jacques Bellange, Jacques Callot, Monsu Desiderio.* In: *Das Kunstwerk.* XVII, Febr., 1964, S. 2–9
Ternois, Daniel: *L'Art de Jacques Callot.* Paris 1962
– *Dessins de Jacques Callot pour le „Siège de l'Île de Ré".* In: *Bulletin de la Société de l'histoire de l'art français,* 1958, S. 25–30
– *Esquisses de Jacques Callot pour le „Livre des paysages".* In: *Revue des Arts,* VIII, 1958, No. 1, S. 38–42
– *Jacques Callot, Catalogue Complet de son œuvre dessiné.* Paris 1962
– *Jacques Callot paysagiste.* In: *Gazette des Beaux-Arts,* März 1954, S. 151–164
Thausing, Moritz von: *Le livre d'esquisses de Jacques Callot.* Paris 1880
Villa, Nicole: *Le XVIIe siècle vu par Abraham Bosse.* Paris 1967
Zahn, Leopold: *Die Handzeichnungen Jacques Callots.* In: *Mitteilungen der Gesellschaft für vervielfältigende Kunst,* 1918, S. 1–10 und 33–43
– *Die Handzeichnungen des Jacques Callot unter besonderer Berücksichtigung der Petersburger Sammlung.* München 1923

INHALTSVERZEICHNIS

DIE FLORENTINER JAHRE, 1612–1617 (SICHER DATIERBARE ARBEITEN 17

„Vie de Ferdinand I. Medici“ (Leben Ferdinands I. von Toskana) 25
„Les Gobbi“ (Die Buckligen) 28
„La Guerre d'Amour“ (Der Liebeskrieg) 36
„Les Intermèdes“ (Zwischenspiele) 38
„Le Combat de quatres Galères“ (Der Kampf der vier Galeeren) 39

DIE FLORENTINER JAHRE, 1612–1617 (NICHT DATIERBARE ARBEITEN) 41

„Généalogie de la Maison des Porcellets“ (Der Stammbaum des Hauses Porcellet) 48
„Les deux Pantalons“ (Die beiden Pantalone) 49
„La première Tentation de Saint Antoine“ (Die erste Versuchung des heiligen Antonius) 50
„Les Caprices“ (Die Capricci) 51
Pferdestudien 55
Skizzenblätter 84
Verschiedene Figuren 112

DIE FLORENTINER JAHRE, 1618–1621 (SICHER DATIERBARE ARBEITEN) 123

Der Katafalk Kaiser Matthias II. 130
„L'Eventail“ (Der Fächer) 134
„Portrait de Peri“ (Peris Bildnis) 138
Soliman 144
„La Foire d'Impruneta“ (Der Jahrmarkt von Impruneta)
I. Gesamtskizzen 171
II. Erste Entwürfe 175
III. Personenstudien 201
IV. Verschiedenes 251
Skizzen zum Titelblatt „Statuts des Chevaliers de Saint-Etienne“ 298
Entwurf zum Titelblatt „Thèse du Périer“ 299
Entwürfe zum Bildnis Cosimo II. Medici 300

DIE FLORENTINER JAHRE, 1618–1621 (NICHT DATIERBARE ARBEITEN) 309

Der Bethlehemitische Kindermord 316
Die sieben Todsünden 317
Der Baum des heiligen Franziskus 320
„La grande Chasse" (Die große Jagd) 321
Die italienischen Landschaften und die „Vier Landschaften" I. Ausgeführte Zeichnungen und Skizzen 322
II. Studien 334
„Les Trois Pantalons" (Die drei Pantalone) 338
Figurenstudien 353
Theaterdekorationen 384
Perseus und Andromeda 386
Der Kampf der Zentauren und Lapithen 390
Die gefangenen Berber 391
Reiterschlacht 393
Zwei Medaillons 394
Bildnis Teodoro di Ciagnio (?) 395
Ornamentale Entwürfe und Skizzen 396

ENDE DER FLORENTINER ZEIT ODER SCHON LOTHRINGISCHE EPOCHE (NICHT DATIERBARE ARBEITEN) 419

Skizzen zum „Saint Livier" und „Saint Amond" 426
Das Wunder des heiligen Mansuetus 428
Die Große Passion I. Skizzen 432
II. Studien 451
Die „Balli di Sfessania" 472
Der Adel Lothringens 494
„Les Gueux" (Die Bettler) 501
„La Foire de Gondreville" (Der Jahrmarkt von Gondreville) 502
Der Sklavenmarkt 505
Aus dem Leben Jesu 508
Johannes auf Patmos 509
Pandora 510
Das Martyrium des heiligen Lorenz 512
„Les Sacrifices" (Die Opfer) 513
Der heilige Remigius 517

DIE JAHRE IN LOTHRINGEN, 1621–1635 (SICHER DATIERBARE ARBEITEN) 519

Reiterbildnis des Prinzen von Pfalzburg 526
„La Petite Thèse“ 529
„Le Parterre de Nancy“ (Der Schloßpark von Nancy) . . 542
Titelbild zu „Saintes Antiquités de la Vosge“ (Altertümer in den Vogesen) 552
„Le Combat à la Barrière“ (Das Turnier in Nancy) 553
Die Belagerung von Breda 558
Die Belagerung der Zitadelle St. Martin auf der Insel Ré 567
Die Belagerung von La Rochelle 570
Die beiden großen Ansichten von Paris 571
Der Durchzug durch das Rote Meer 573
Zum Bildnis Charles de Lorme; Titelbild „Miracles et Grâces de Notre-Dame de Bon-Secours-les-Nancy“ 574
Die Schlacht bei Avigliano 575
Die Große Apostelserie 576
Bildnis Claude Deruet 579
„Les Misères de la Guerre“ (Die Schrecken des Krieges) . . 580
„La Tentation de Saint Antoine“ (Die Versuchung des heiligen Antonius) 598
„Fantaisies“ (Fantasien) 602
„Exercises militaires“ (Militärische Übungen) 610
Der verlorene Sohn 612
Aus dem Neuen Testament 614
Heiligenbilder 622

DIE JAHRE IN LOTHRINGEN, 1621–1635 (NICHT DATIERBARE ARBEITEN) 627

Die Kleine Passion I. Skizzen 634
II. Studien 637
Die vier Tafelszenen 649
Kreuzigung 650
Die Japanischen Märtyrer 651
Der heilige Amond 652
Der heilige Paulus 654
„Lux Claustri“; „Le Brelan“ 655
„Les Bohèmiens“ (Die Zigeuner) 656
„La Dévideuse et la Fileuse“ (Die Garnwinderin und die Spinnerin) 673
„Les Supplices“ (Die Strafarten) 674

Das Martyrium des heiligen Sebastian 676
Die Kleinen Apostel 683
Marienleben 691
Die Verkündigung 695
Titelbild zu einem Marienlob 696
Die Büßer 697
Die Anbetung der Könige 698
Die Himmelfahrt Mariens 699
Die Schutzmantelmadonna 700
Bürgerinnen 701
Landschaften für Gaston von Orleans 720
Landschaftsskizzen 769
Die Vision des heiligen Johannes 808
Reiterbildnis Louis de la Valette, Herzog von Epernons (?) 809
Galantes Fest 810
Militärskizzen 811
Einsiedler und Soldaten 824
Studien verschiedenen Inhalts 826
BRIEFE ZUR „BELAGERUNG“ VON BREDA“ AUS DER DRUCKEREI PLANTIN IN ANTWERPEN .. 843
BIBLIOGRAPHIE 853

Ansicht der Stadt Nany im Jahre 1608. In der Mitte der herzogliche Palast dahinter das „Parterre“, das Callot 1625 zeichnete und radierte.

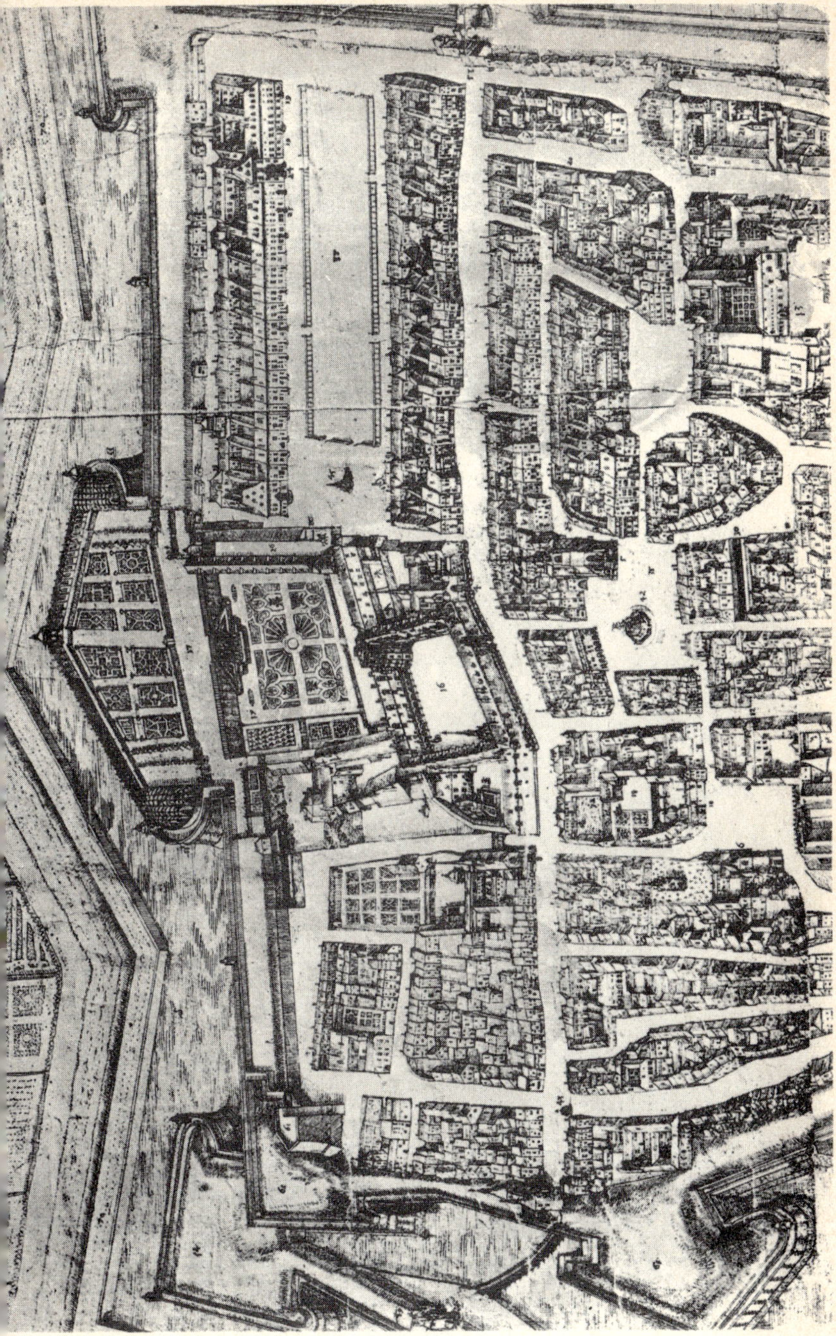

1. BIS 7. TAUSEND

SCHUTZUMSCHLAG ATELIER NOTH + HAUER, BERLIN
SATZ IN DER 9 PUNKT GARAMOND ANTIQUA MIT KURSIV
PAPIER VON DER MÜNCHEN DACHAUER PAPIERFABRIK, DACHAU
GESAMTHERSTELLUNG DRUCKEREI LUDWIG AUER, DONAUWÖRTH
PRINTED IN GERMANY, AUGUST 1971
LEINEN: ISBN 3 920802 71 3 / LEDER: ISBN 3 920802 72 1

JACQUES CALLOT

Das gesamte Werk

Druckgraphik

Einleitung: Thomas Schröder

Rogner & Bernhard

DOKUMENTATION
ÜBER
CALLOT

Warum kann ich mich an deinen sonderbaren fantastischen Blättern nicht sattsehen, du kecker Meister! – Warum kommen mir deine Gestalten, oft nur durch ein paar kühne Striche angedeutet, nicht aus dem Sinn? – Schaue ich deine überreichen aus den heterogensten Elementen geschaffenen Kompositionen lange an, so beleben sich die tausend und tausend Figuren, und jede schreitet, oft aus dem tiefsten Hintergrunde, wo es erst schwer hielt, sie nur zu entdecken, kräftig und in den natürlichsten Farben glänzend hervor. –

Kein Meister hat so wie Callot gewußt, in einem kleinen Raum eine Fülle von Gegenständen zusammenzudrängen, die ohne den Blick zu verwirren, nebeneinander, ja ineinander heraustreten, so daß das Einzelne als Einzelnes für sich bestehend, doch dem Ganzen sich anreiht. Mag es sein, daß schwierige Kunstrichter ihm seine Unwissenheit in der eigentlichen Gruppierung sowie in der Verteilung des Lichts vorgeworfen; indessen geht seine Kunst auch eigentlich über die Regeln der Malerei hinaus, oder vielmehr seine Zeichnungen sind nur Reflexe aller der fantastischen wunderlichen Erscheinungen, die der Zauber seiner überregen Fantasie hervorrief. Denn selbst in seinen aus dem Leben genommenen Darstellungen, in seinen Aufzügen, seinen Bataillen usw. ist es eine lebensvolle Physiognomie ganz eigner Art, die seinen Figuren, seinen Gruppen – ich möchte sagen etwas fremdartig Bekanntes gibt. – Selbst das Gemeinste aus dem Alltagsleben – sein Bauerntanz, zu dem Musikanten aufspielen, die wie Vögelein in den Bäumen sitzen – erscheint in dem Schimmer einer gewissen romantischen Originalität, so daß das dem Fantastischen hingegebene Gemüt auf eine wunderbare Weise davon angesprochen wird. – Die Ironie, welche, indem sie das Menschliche mit dem Tier in Konflikt setzt, den Menschen mit seinem ärmlichen Tun und Treiben verhöhnt, wohnt nur in einem tiefen Geiste, und so enthüllen Callots aus Tier und Mensch geschaffene groteske Gestalten dem ernsten, tiefer eindringenden Beschauer alle die geheimen Andeutungen, die unter dem Schleier der Skurrilität verborgen liegen. – Wie ist doch in dieser Hinsicht der Teufel, dem in der Versuchung des heiligen Antonius die Nase zur Flinte gewachsen, womit er unaufhörlich nach dem Mann Gottes zielt, so vortrefflich; – der lustige Teufel Feuerwerker, sowie der Klarinettist, der ein ganz besonderes Organ braucht, um seinem Instrumente den nötigen Atem zu geben, auf demselben Blatte sind ebenso ergötzlich.

Es ist schön, daß Callot ebenso kühn und keck wie in seinen festen kräftigen Zeichnungen auch im Leben war. Man erzählt, daß, als Richelieu von ihm verlangte, er solle die Einnahme seiner Vaterstadt Nancy gravieren, er freimütig erklärte: eher haue er sich seinen Daumen ab, als daß er die Erniedrigung seines Fürsten und seines Vaterlands durch sein Talent verewige. Könnte ein Dichter oder Schriftsteller, dem die Gestalten des gewöhnlichen Lebens in seinem innern romantischen Geistreiche erscheinen, und der sie nun in dem Schimmer, von dem sie dort umflossen, wie in einem fremden wunderlichen Putze darstellt, sich nicht wenigstens mit diesem Meister entschuldigen und sagen: Er habe in Callots Manier arbeiten wollen?

E. Th. A. Hoffmann

*Callot an Curzio Picchena**

Hochedler Herr und teurer Gönner.

Darf ich Euch mit diesem Briefe meine demütigsten Grüße entbieten und für die Ehre danken, die Ihr mir erwiesen habt, als Ihr mich mit soviel Güte und Artigkeit über meine Abreise getröstet habt, die wirklich zu meinem lebhaften Bedauern und gegen meinen Willen stattgefunden hat; denn ich habe niemals einen anderen Wunsch gehabt, als in der schönen Stadt Florenz zu bleiben, um mit ganzem Herzen den Hoheiten und Euch anderen edlen Herren zu dienen, an die ich mich, so lange ich lebe, stets erinnern werde, in der Hoffnung, eines Tages in jene Dienste zurückzukehren und zum Teil die zahlreichen Verpflichtungen zu lösen, die ich hier eingegangen bin. Deshalb bitte ich Euch, mich der Gnade der fürstlichen Gönner zu empfehlen und sie bei Gelegenheit meines Wunsches, ihnen zu dienen, zu versichern. Ich danke Euch auch untertänig für das Paket, das Ihr mir gesandt habt, und bitte aufs Neue, hochedler Herr, um die Gunst eines Empfehlungsbriefes an den Herrn Gesandten in Mailand, von wo ich meinen Schüler kommen lassen möchte. Ich bitte nur, daß dieser Brief ihm für die Sicherheit seiner Reise und gute Gesellschaft von Mailand nach Nancy zurück dienen möge. Ich grüße Euch respektvoll, edler Herr, indem ich darum flehe, Ihr möget mich mit Euren Befehlen beehren und mich der Schar Eurer sehr ergebenen und verbundenen Diener zuzählen.

Nancy am 5. August 1621. *Iacomo Callot*

* Picchena war Staatssekretär des Großherzogs von Toskana. Das Paket, von dem Callot spricht, enthielt wahrscheinlich „vernis dur" für die Radierungen; der Gesandte war Hippolyte Buondelmonte (siehe S. 872); der Schüler Francesco Lucini.

*Callot an Domenico Pandolfini**

Mein Hochedler und Hochverehrter Gönner,

hiermit erlaube ich mir, Euer Gnaden meinen Respekt zu entbieten und für alle Gunstbeweise zu danken, die Euer Gnaden mir zuteil werden ließen: Ich werde Euer Gnaden dafür in Ewigkeit verbunden bleiben. Ich möchte Euer Gnaden mitteilen, daß ich bei meiner Rückkehr aus dem Ausland mit Monseigneur dem Erzbischof von Toul, meinem edlen Gönner, von Euch drei sehr liebenswürdige Schreiben vorfand, worin ich, in zwei Umschlägen, den Firnis fand, und dem dritten entnahm, daß mein Schüler Antonio Francesco (Lucini) sich entschlossen hat, hierher in unser Land zu kommen, was mir größte Freude bereitet hat. Ich erfuhr ferner, daß der Hochwürdige Augustinerpater Jean-Baptiste Euer Gnaden gesagt hat, er habe Anweisung erhalten, das Geld zu geben, dessen der Schüler für die Reise bedürfen wird. Ich hatte wohl den Hochwürdigen Vater Etienne (Arbinot) darum gebeten, und er hat mir auch versprochen, mir diesen Gefallen zu tun. Doch wäre mir sehr daran gelegen, daß der genannte Hochwürdige Vater das Geld wirklich gibt, damit der Schüler bestimmt kommen kann. Auch würde ich einen Brief von Monsieur Curzio Picchena an den Agenten Seiner Exzellenz in Mailand als eine sehr große Gunst betrachten, worin der reisende Schüler ihm empfohlen wird. Ich habe zur Kenntnis genommen, daß Euer Gnaden von meiner Hand Federzeichnungen von Schlachtenszenen erhalten möchten. Ich habe noch niemals solche gemacht; ich werde jedoch nicht verfehlen, sie baldmöglichst anzufertigen, und fühle mich verpflichtet, sie Euer Gnaden schnellstens zugehen zu lassen. Ich hatte die Ehre, einen Brief von Monsieur Curzio Picchena zu erhalten, der mir ein großer Trost gewesen ist und in mir noch die Verpflichtung verstärkt, die mir gebietet, eines Tages in sein Land zurückzukehren und dort zu bleiben, um anderen hohen Herren zu dienen. Es wohnt ihnen soviel Liebenswürdigkeit inne! und je mehr ich von den Umgangsformen hierzulande zu sehen bekomme, um so öfter denke ich an die zu Florenz, und es überkommt mich eine so tiefe Melancholie, daß ich ohne die Hoffnung, eines Tages, wie schon gesagt, dorthin zurückkehren zu können, wohl daran sterben müßte. Doch wird noch einige Zeit vergehen, bis ich mich

* Pandolfini war Sekretär Picchenas in Florenz; der Erzbischof von Toul Jean des Porcellet.

werde frei machen können. So entbiete ich denn Euer Gnaden meinen untertänigsten Gruß und bitte zu glauben, daß ich, wo immer ich auch weilen möge, stets von ganzem Herzen bereit bin, Euer Gnaden zu dienen. Ich habe Eure Briefe in sehr gute Hände gegeben und werde nicht verfehlen, für die Antwort Sorge zu tragen.

Ich bin Euer Hochwohlgeboren treuer und sehr gehorsamer Diener

Iacomo Callot. Nancy am 5. August 1621

Callot an Marc Georges

Ich, Endesunterzeichneter, Kupferstecher Seiner Herzoglichen Hoheit, bestätige, von Herrn Marc Georges, Rentmeister der Grafschaft Blamont, erhalten zu haben: siebzehn Gebinde, drei Krüge Weizen, Maßeinheit von Nancy, und zweiundneunzig Gebinde, einen Krug, zehn Töpfe Hafer, gleicher Maßeinheit, dies als Abschlag auf die neunhundert Paar Gebinde halb Weizen halb Hafer, die es Seiner verewigten Hoheit, Gott sei seiner Seele gnädig, gefallen hat, ihm zuzuweisen aus den Einnahmen des genannten Blamont, durch ein hochedles Schreiben vom XVIII ten Mai 1623. Urkundlich dessen ich unterschrieben habe, in meiner eigenen Hand ausgefertigt zu Nancy, am heutigen 3 ten Tag des Juli 1625.

Jacques Callot

Testament vom XV. März 1635, Vormittag.

Im Namen des Vaters und des Sohnes und des Heiligen Geistes Amen, Ich, Jacques Callot, Graveur Seiner Hoheit, wohnhaft zu Nancy und bei klaren Sinnen und Verstand (wenngleich von Krankheit heimgesucht), habe mein Testament gemacht und aufgesetzt als meinen letzten Willen in der Form und Weise wie folgt. Im Wissen darum, daß es Gott gefiel, mich durch die Verdienste Seines kostbaren Blutes loszukaufen von der Sünde, durch Unseren Heiland und Erlöser, befehle ich mich in die Hände der göttlichen Vorsehung und möchte sterben, wie ich gelebt habe, im Glauben und in der katholischen apostolischen und römischen Religion und erflehe, wenn es Ihm gefällt, mich aus dieser Welt in die andere zu rufen, den Beistand der glorreichen Jungfrau Maria, aller Heiligen des Paradieses und im besonderen des heiligen Jakobus, meines Namenspatrons. Ich wähle mein Grab im Kloster der Patres vom Orden des heiligen

Franziskus, gewöhnlich „Cordeliers“ (Franziskaner) genannt, hier zu Nancy, und möchte vor dem Altare begraben werden, der sich im Kreuzgang besagten Klosters befindet und auf welchem bei den feierlichen Prozessionen das Allerheiligste abgesetzt wird, an dem Ort, wo mein verstorbener Vater und andere mir Vorausgegangene begraben liegen. Ich wünsche, daß man allwöchentlich, für alle Zeit, in besagtem Kloster eine Messe lese für mein Seelenheil und das meiner Vorgänger, und zwar an dem Wochentage, an welchem ich aus diesem Leben in das andere eingehen werde, und am Ende der Messe ein *De Profundis* auf meinem Grab. Und für die Stiftung dieser Messe soll ein Fonds von tausend Francs gegründet und dessen Ertrag von den genannten Patres erhoben und für die Messe verwendet werden. Und an meiner besagten letzten Ruhestätte ist ein Grabstein mit meinem Namen zu errichten, auf dem dieser Stiftung Erwähnung getan werde. Und für die Erstellung dieses Mals werden 400 Francs meinem teueren und edlen Bruder ausgehändigt, der sich darum annehmen und die Arbeit sofort nach meinem Tode bestellen wird. Es sollen ferner sogleich nach meinem Tode tausend Messen in den Kirchen von Nancy für mein Seelenheil und das meiner Vorfahren gelesen werden. Für diesen Zweck sind tausend Francs auszuzahlen; wünsche und bestimme, daß nach dem Plan, welchen ich seit langem hege, in der Kirche Notre Dame de Bon Secours eine Altartafel aufgerichtet werde zu Ehren und in Anrufung des heiligen Franz von Paula, dem ich stets besondere Verehrung zollte. Um diese zu fertigen und aufzustellen, vermache ich den Patres vom Orden der Minimen zu Nancy vierhundert Francs mit der Auflage, daß sie mir auf ewige Zeiten alljährlich an meinem Todestage an besagtem Altar eine Totenmesse lesen. Den Patres vom Dritten Orden des Klosters Notre Dame des Anges zu Nancy hundert Francs, damit sie für mich, sofort nach meinem Tode, einen Gottesdienst von drei Messen mit den in einem solchen Falle üblichen Vigilien und Totengebeten abhalten. Ich vermache meiner Schwester Jeanne Callot, Nonne im Kloster der Grauen Schwestern zu Nancy, hundert Francs für ihre persönlichen Bedürfnisse, und fünfzig Francs besagtem Kloster mit der Auflage, daß man dafür einige Gebete für mein Seelenheil spreche. Ich verfüge nach langgehegtem Wunsche, welchen ich meiner lieben Ehefrau eröffnet habe und sogar auf deren Bitte, meiner Mutter eine lebenslängliche Jahresrente von einhundertfünfzig Francs zu zahlen, die sie aus einem eigens dafür zu schaffenden und sicherzustellenden Fonds beziehen soll. Ich vermache meinem oben genannten Bruder Jean Callot zweitausend Francs als Hilfe zur Erziehung und zum Unterhalt seiner Kinder, meiner Neffen und Nichten, dem Herrn Nicolas Notaire von Arroignes, meinem Schwager, vermache ich mein Pferd. Es wird ausdrücklich bestimmt, daß als erstes und vor allem meine nachgewiesenen Schulden bezahlt und abgegolten werden sollen. Und was die Kosten für die Beerdigung und die in diesem Zusammenhang üblichen Almosen anlangt, so überlasse ich dies der Entscheidung meiner oben genannten lieben Ehefrau Cathérine Kuttinguer, in der Hoffnung, daß sie, die mir allezeit seit es Gott gefallen hat, uns in der Ehe zu vereinen, soviel Güte, Hilfe und Respekt entgegenbrachte, alles zum Besten tun werde und entsprechend der Ehre und dem Wohlverhalten, wie man es erwarten darf. Und vermache meiner oben genannten Ehefrau, in Ausschließung und vorrangig aller übrigen Zuwendungen und vor jeglicher Teilung, ihre Ringe und Schmuckstücke und die Hälfte aller meiner Güter, Möbel und Erwerbungen zu eigen, und vererbe ihr die Nutznießung der anderen Hälfte, wobei ich wünsche und bestimme, daß nach Ablauf besagter Nutznießung diese andere Hälfte an meinen oben genannten Bruder Jean Callot zu drei Vierteln übergehe. Und das letzte Viertel an Marguerite Callot, meine Schwester, Ehefrau des oben genannten Notaire, denen ich in vorgesagter Form meine oben genannten Güter, Möbel und Erwerbungen vermache und hinterlasse: oben genanntes Vermächtnis an meine Ehefrau in Anerkennung der guten und freundlichen Behandlung, die sie mir vor und während meiner Krankheit zuliebe tat, und der beträchtlichen Werte in Bargeld, Möbeln und anderem, welche sie in unsere eheliche Gemeinschaft eingebracht. Und meinem Bruder in Anbetracht des Respekts und der freundlichen Dienste, welche er mir sowohl vor wie während meiner Krankheit erwies und der großen Kinderzahl, für die er zu sorgen hat, und damit er meiner Ehefrau, die mich bereits früher ausdrücklich um dieses Legat für ihn gebeten hat, allezeit brüderliche Zuneigung bewahren möge. Und zur Erfüllung dieses meines Willens ernenne ich als meine Testamentsvollstrecker die Herren Raymond Luyton, Staatsrat Seiner Hoheit, und Schöffe beim Gericht zu Nancy, und Maître François Bricard, Doktor der Rechte und Advokat beim Gerichtshof von Nancy, denen ich vertraue, daß sie diese Aufgabe übernehmen, worum ich sie bitte: ich lege die Verfügung über allen meinen Besitz in ihre Hände, entsprechend dem allgemein in Lothringen geübten

Brauche, bis alles voll und ganz besorgt sein wird, was mein hier vorliegendes Testament beinhaltet, welches ich mir indes vorbehalte, durch Anfügungen oder Streichungen, per Kodizill oder in anderer Form zu verändern oder ganz oder teilweise zu annullieren, wenn es Gott gefallen sollte, mich auf den Weg der Genesung zu schicken. Und damit dieses mein von mir durchgelesenes Testament mit der Erklärung meines Willens betreffs jedes der hier stehenden Artikel, so wie sie gemeint und geschrieben sind, von allen beglaubigt sei, im Gericht und außerhalb, habe ich Dominic Wuillaume, Notar, wohnhaft zu Nancy, beauftragt, es schriftlich abzufassen, was er getan hat, und seinen Amtskollegen Herrn Liébault, wohnhaft zu Nancy, es . . . siegeln zu wollen. Was auch geschehen. Abgefaßt und verfügt, und desgleichen sorgfältig gelesen, zu Nancy am heutigen fünfzehnten Tage des März eintausendsechshundertfünfunddreißig, um die elfte Morgenstunde. In Gegenwart der Herren Claude Barbaret, Verwalter im Hotel de Salm, Paul Liébault, Maître Brodeur wohnhaft zu Nancy, Jean Genin hiesigen Orts, die zusammen mit dem genannten Erblasser als Zeugen und in Kenntnis des Inhalts unterschrieben haben . . .

Kodizill vom XVIII. März 1635.

Sintemalen ich, Jacques Callot, Graveur Seiner Hoheit, wohnhaft zu Nancy, am 15. Tage dieses Monats März 1635 mein Testament in Form meines letzten Willens gemacht und abgefaßt habe, und ich mir darin vorbehielt, anzufügen oder zu streichen, sei es durch Kodizill oder auf andere Art, gebieten mir nach gerechter und reiflicher Überlegung die Ehre, der Respekt und die guten Dienste, welche Jean Callot, mein lieber Bruder, mir erwiesen hat, und die geringen Zuwendungen, welche ich ihm in meinem Testament gemacht und angewiesen habe, hinsichtlich der Gaben, die es Gott gefallen hat, mir zu verleihen und der großen Kinderzahl, die er in seiner Obhut hat, aus allen diesen Gründen also vermache ich meinem Bruder ferner, außer dem, was ihm laut besagtem Testament bereits zukommt, die Hälfte der von meiner Hand gravierten und gestochenen Kupfertafeln, deren bei meinem Tode sich findende Anzahl zwischen meiner lieben Ehefrau Cathérine Kuttinguer und ihm geteilt werden soll; Jeanne Callot, meiner Schwester, Nonne bei den Grauen Schwestern, weitere hundert Francs außer der gleichen Summe, die ich ihr in besagtem Testament bereits vermacht habe; George Callot, meinem Bruder, Franziskanermönch, eine Summe von hundert Francs (*am Rande hinzugefügt und signiert:* Philippe, meinem Diener, die Summe von hundert Francs, und der Dienerin ebenfalls hundert Francs, außer ihrem Lohne, und der Wärterin, die mich pflegt, weitere hundert Francs, Jacque CALLOT), indem ich wünsche und bestimme, daß des weiteren mein besagtes Testament, wie dieses vorliegende Kodizill, in Kraft und gültig bleibe und nach Form und Inhalt erfüllet werde. Habe Dominique Wuillaume, unterzeichneter Notar zu Nancy, gebeten und beauftragt, vorliegendes Kodizill aufzusetzen und zu schreiben und siegeln zu lassen etc. Was wir getan und vollbracht haben zu Nancy, im Jahre eintausendsechshundertfünfunddreißig, besagten achtzehnten März nach Mittag. Anwesend die Herren Jean Simonin, Dekan und Profoss., Stadtpfarrer von St. Epvre, Paul Beschamps, Doktor der Medizin, und Jacques de Belleau appr. (Apotheker), sämtlich wohnhaft zu Nancy, Zeugen, die zusammen mit dem gen. Erblasser, welchen vorliegendes Kodizill genau vorgelesen worden ist, unterzeichnet haben.

Unterschrieben mit den Namen der Zeugen

IACOBVS CALLOT
CALCOGRAPHVS AQVA FORTI NANCEII IN LOTHARINGIA
NOBILIS.
Ant. van Dyck pinxcit.
Vorsterman Sculp.
Cum priuilegio.

Lucas Vorsterman, Bildnis Callots nach einer Zeichnung
Anthonis van Dycks
Radierung

FOLGEN

Die Monate, um 1610/11

12 Kupferstiche nach Adrien und Jean Collaert

Mit diesen zwölf Monatsblättern, von denen allerdings nur Januar und März signiert sind, gab Callot in Italien sein Debut als Kupferstecher. Er war 1609, wahrscheinlich im April, als Schüler in das Atelier des aus Troyes gebürtigen Philippe Thomassin in Rom eingetreten. Die ersten Zeichenstunden nahm er bei Antonio Tempesta, einem vielseitigen und zu seiner Zeit sehr populären Maler und Graphiker, der aus Florenz stammte und mit Thomassin sehr befreundet war. 1610 hatte Callot seine Lehre beendet und die Kunst des Stechens von Grund auf erlernt. Mitte 1610 kopierte er diese Blätter, die von Vater und Sohn Collaert nach Jodocus Momper gefertigt worden waren — damals die gebräuchliche Art, Werke der Niederländer über die Alpen und den Italienern ins Bewußtsein zu bringen. Callot folgt seinen Vorlagen genau; es sind Übungsstücke der Stecherkunst, Feinheiten und Möglichkeiten der Technik sollen demonstriert werden, nicht eigene Erfindungsgabe und Kompositionsfreude. Doch eben diese Technik, das rein Handwerkliche, ist Voraussetzung für die späteren Meisterwerke. Vor allem schärfte der junge Künstler durch das Kopieren seine Genauigkeit, übte das Handhaben und Gruppieren der vielen Hintergrundfiguren und machte sich mit Perspektive, Proportion und dem Wechselspiel zwischen den übergroßen Symbolgestalten der Monate und dem unverhältnismäßig kleinen, mehr höfischen als bäuerlichen „Personal" vertraut. Tänzer und Lautespieler auf dem Januarblatt erinnern an die Commedia dell'arte-Figuren der „Balli" (S. 1080 ff.), März, April und Mai an den berühmten „Schloßpark von Nancy" (S. 1464 ff.).

Januar. 205 x 260
Lieure 2

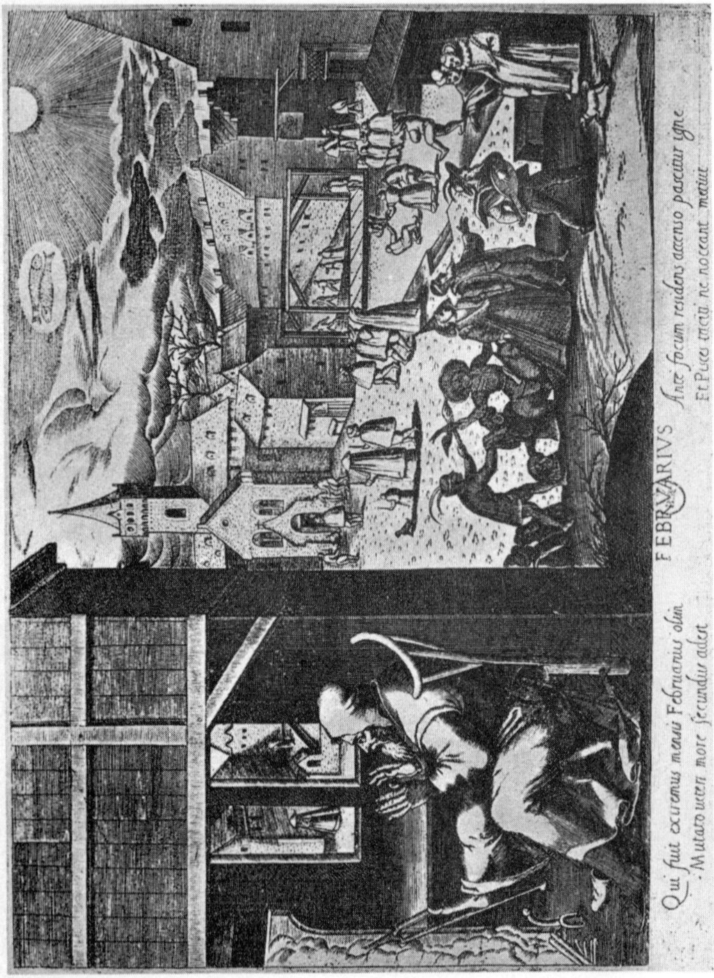

Februar. 201 x 260

März. 203 x 260
Lieure 4

April. 202 x 261

Mai. 201 x 257
Lieure 6

Juni. 199 x 249
Lieure 7

Juli. 205 x 265
Lieure 8

Iodoc. de Momper in.
AVGVSTVS.
Sextilis modò fert Augusto à Cæsare nomen.
In metas semen qui Cereale struit.
Et largam confert operosus in horrea messem.
Spicea dum manibus munera Virgo gerit.

August. 204 x 266

September. 206 x 265
Lieure 10

Oktober. 204 x 265

November. 203 x 261
Lieure 12

Dezember. 202 x 259

Die römischen Kopien, um 1610/11

30 Kupferstiche nach Altargemälden und -plastiken im Petersdom und St. Paolo fueri le mura, ca. 114 x 83

Als Schüler der Werkstatt Thomassin bekam Callot die Aufgabe, nach Zeichnungen Giovanni di Maggis (1566–1620) Gemälde und Plastiken der beiden größten Kirchen Roms zu kopieren. Vermutlich waren diese Kupferstiche als Illustrationen zu einem Buch, einer Art Kunstführer, gedacht, das jedoch nie erschienen ist. Für eine solche Annahme spricht zum Beispiel das ausführlich beschriftete Titelblatt und das ungewöhnliche, auch ungewöhnlich kleine Format der Folge.

Es sind allerdings nicht, wie der Titel sagt, die bedeutendsten Stücke aus Petersdom und Paulskirche – Georges Sadoul weist mit Grund darauf hin, daß Maggi und sein Kopist etwa Michelangelos „Pietà" in St. Peter ignoriert, schwächere Kunstwerke aber berücksichtigt haben.

Im Vergleich mit den „Monaten" oder auch den folgenden „Jahreszeiten" sind diese Stiche, 26 nach Gemälden, vier, die Nummern 18, 23, 26 und 29, nach Plastiken, schwach, offenbar eine Fleißarbeit, der sich der junge Künstler jetzt schon routinierter, aber nicht so sehr engagiert angenommen hat. Meister Thomassin oder der Auftraggeber haben ihn wohl auch zur Eile gedrängt: manches wirkt flüchtig oder unfertig.

Die „Römischen Kopien" blieben, wahrscheinlich weil das Buchprojekt scheiterte, unveröffentlicht, aber im Besitz Callots. Er nahm die Platten mit nach Florenz und 1621 nach Nancy (heute sind sie verschollen). Erst 1680 wurden sie zum ersten Mal gedruckt. Die Signaturen stammen von fremder Hand.

Titelblatt; Maria und das Kind

Salvator mundi; Papst Bonifaz VIII.
mit den Heiligen Franziskus und Crespin, der Madonna und dem Kind
Lieure 18/19

Anbetung Mariens; Maria und Johannes unter dem Kreuz

Der tote Christus, von Maria und Johannes gehalten; Pietà
Lieure 22/23

Maria im Strahlenkranz; Kruzifix
Lieure 24/25

Die Heiligen Petrus und Paulus; die heilige Helena
Lieure 26/27

Das Martyrium des heiligen Erasmus; der heilige Paulus

Die Himmelfahrt Christi; das Paradies
Lieure 30/31

Thronende Madonna mit den Heiligen
Jakobus und Hieronymus; das Martyrium des heiligen Etienne
Lieure 32/33

Die Bekehrung des Paulus; das Martyrium der Saphire
Lieure 34/35

Der Sturz des Simon Magus; Paulus erweckt Tabitha von den Toten
Lieure 36/37

Die Heiligen Petrus und Johannes heilen die Lahmen vor dem Tempel;
das Martyrium des heiligen Petrus
Lieure 38/39

Christus und Petrus auf den Wellen

Himmelfahrt; der heilige Hieronymus lehrt seine Schüler in der Wüste
Lieure 42/43

Die Messe des heiligen Basilius; der Tod des heiligen Benedikt

Die Jahreszeiten, um 1610/11

4 Kupferstiche nach Raphael und Jan Sadeler

Diese Blätter sind die dritte und letzte Folge, die Callot im Atelier Thomassin nach anderen Meistern kopierte. Der Auftraggeber ist namentlich bekannt: „Ioseppe del Sarto excudit“ steht auf dem Winterblatt. Nur drei Blätter sind durch Signatur als Arbeiten Callots ausgewiesen. Das Sommerblatt trägt die Aufschrift „Lucas fecit“ und stammt wohl von einem Werkstattkollegen. Frühling und Herbst entstanden nach Stichen Raphaels, des älteren Sadeler (1561–1628), Sommer und Winter nach seinem Bruder Jan (1550 – um 1610). Vorlagen für die Arbeiten der Sadeler, die um 1600 in Venedig gestochen wurden, sind vier Gemälde Jacopo da Pontes, genannt Bassano d. Ä.

Frühling. 211 x 281

Sommer. 215 x 281
Ohne Nr. bei Lieure

Herbst. 205 x 274

Winter. 213 x 280
Lieure 48

LEBEN FERDINANDS I. MEDICI, 1615

19 Kupferstiche und eine Radierung

Ende des Jahres 1611 verließ Callot Rom (eine ungesicherte Überlieferung sagt, wegen eines Eifersuchthandels mit Thomassin) und zog nach Florenz. Dort war Giulio Parigi (1570–1635) für den Hof der Medici beschäftigt – ein Universalkünstler, zugleich Stecher, Ingenieur, Architekt und Arrangeur fürstlicher Festlichkeiten, ein vielseitig talentierter und interessierter Mann. Callot fühlte sich nach den trockenen Lehrjahren bei Thomassin von ihm angezogen. Er war jetzt 23 Jahre alt; das Handwerk hatte er gelernt, in Florenz suchte er den Ruhm, die Karriere, den Hof. Filippo Baldinucci hat 1686 nach Augenzeugenberichten eine Charakteristik des jungen Künstlers gegeben: „Geistreich und lebhaft im Betragen und mehr noch im Tun, gewann er das Wohlwollen seines Lehrers, der sich seiner Arbeiten mit besonderer Vorliebe annahm."

Auch in Florenz hat Callot noch Kopien gemacht. Die Szenen aus dem Leben Ferdinands, überwiegend Darstellungen von Kampf und Schlacht (die Folge wird deshalb auch „Les Batailles des Médicis" genannt), entstanden im Auftrag des Großherzogs der Toskana und gehören zu Callots umfangreichsten Arbeiten im Kupferstich. Nur Nr. 158, die Seeschlacht, ist eine Radierung. Vorlagen waren Fresken und Zeichnungen Matteo Rosellis (1578–1651), Bernardino Poccettis (1548–1612) und anderer Florentiner Künstler. Auf Seite 920 hat sich Callot selbst dargestellt: als Soldat mit breitem Hut und Fahne.

1614 berief Cosimo II. Callot zum Hofkünstler. Ein anonymer Brief vom 18. Oktober dieses Jahres an Cosme Latini, den Leiter der Uffizien, spricht von „Jacques Castor aus Lothringen" für den ein Zimmer bereitgestellt werden solle. Dieser sei damit beschäftigt, „Stiche zu einem Buch über das Leben des allerhöchsten Großherzogs Ferdinand zu dessen ruhmvollem Angedenken" anzufertigen. „Gebt ihm alles, was er zu seiner Arbeit benötigt, und zwar auf Kosten des Hofes", schließt das Schreiben.

Zu dieser Folge gibt es drei gezeichnete Studien, eine auf dem mißglückten Andruck eines Stichs (siehe Band I, S. 25–27: Ternois 1 zu Lieure 163/64; Ternois 1, Rückseite, wahrscheinlich zu Lieure 154; Ternois 2 zu Lieure 147).

Die Hochzeit Ferdinands mit Christine von Lothringen. 222 x 300
Lieure 147

Die Großherzogin mit den Kindern. 223 x 305

Die Wiederherstellung des Florentiner Doms. 223 x 310
Lieure 149

Der Herzog läßt den Hafen von Livorno befestigen. 224 x 315

Die Wiederherstellung des Aquädukts von Pisa. 226 x 300
Lieure 151

Die Anwerbung der Soldaten. 224 x 301

Die Truppen in Marsch. 224 x 302
Lieure 153

Angriff der türkischen Reiter. 224 x 310

Die Wiedereinschiffung der Soldaten. 224 x 300
Lieure 155

Eroberung einer Stadt. 224 x 301

Eroberung einer Stadt. 224 x 301
Lieure 156 a

Seeschlacht. 228 x 305

Seeschlacht. 207 x 307
Lieure 158

Seeschlacht. 207 x 307

Angriff auf die Stadt Bône. 226 x 300
Lieure 159

Einnahme der Stadt Bône. 228 x 305

Die Soldaten schleifen eine Festung. 223 x 298
Lieure 161

Die Krönung der Herzogin. 234 x 306

Studie zur Anwerbung der Soldaten. Ca. 220 x 301
Lieure 163

Studie zur Anwerbung der Soldaten. 210 x 290

Die Ankunft Amors in der Toskana, 1615

Zwei radierte Entwürfe zu einem Hoffest in Florenz am 25. Juli

Der ehemalige Schüler Parigis begann im Lauf seiner Florentiner Jahre mit dem Lehrmeister zu konkurrieren. Auch er steuerte Entwürfe und Pläne zu den Festlichkeiten des Hofes bei, erfand Kulissen, Requisiten und Planskizzen und versah sie mit zugleich erläuternden und huldigenden Kommentaren. Bei der Radierung mit dem Theater oder Feuerwerk auf dem Arno, vor der Dom- und Stadtsilhouette von Florenz, begnügt er sich mit dem knappen Hinweis, daß hier eine Art Rennen um die Siegesfahne, „il Palio delle Fregate", abgehalten werde, dessen Beschluß und Höhepunkt ein Feuerwerk, die Explosion des Liebesschiffes, bilden sollte. Den Wagen, besser das Schiff Amors, beschreibt Callot wesentlich enthusiastischer und poetischer: „Amors Wagen ist in ein Schiff verwandelt. Er kommt von Cytherea zum Arno, um sich hier, in der Toskana, niederzulassen, um hier alle Gefangenen zu befreien, um Leid, Angst, Trübsal, Wahnsinn, Ärger, Trug und alles Böse in Fesseln zu schlagen. Amor willkommen zu heißen, haben sich hier am Flußufer die fürstlichen Herren eingefunden und all die schönen Damen von Florenz, die auch beim Wettrennen zugegen waren."

Es sind Repräsentationsblätter, eine Mischung aus Gebrauchsanweisung und Reportage. Callots durch früheres Kopieren geschärftes Auge erfaßt und reproduziert alles genau – sicher haben sich diese Feste so abgespielt, waren so Zeremoniell, Arrangement und Verlauf. Aber die für Callot eigenartige phantastische Manier klingt durch: Die Gondoliere sind bizarre, fast abstrakte Strichmännchen; das geometrisch aufgereihte Publikum wirkt starr und nur durch die unübersehbare Menge lebendig; die Höflinge im Vordergrund sind mehr Akteure als Zuschauer, auch ihre Gesten sind theatralisch.

Baldinucci zitiert einen Werkstattgefährten Callots, Ludovico Incontri, der sich erinnert, welche Mühe Parigi hatte, seinen Schüler an der Wirklichkeit zu halten. Doch: „Callot verstand es mit Leichtigkeit, kleine Figuren zu zeichnen, aber er tat dies in einer gekünstelten und grotesken Weise, als hätte er sich noch niemals um die Natur gekümmert."

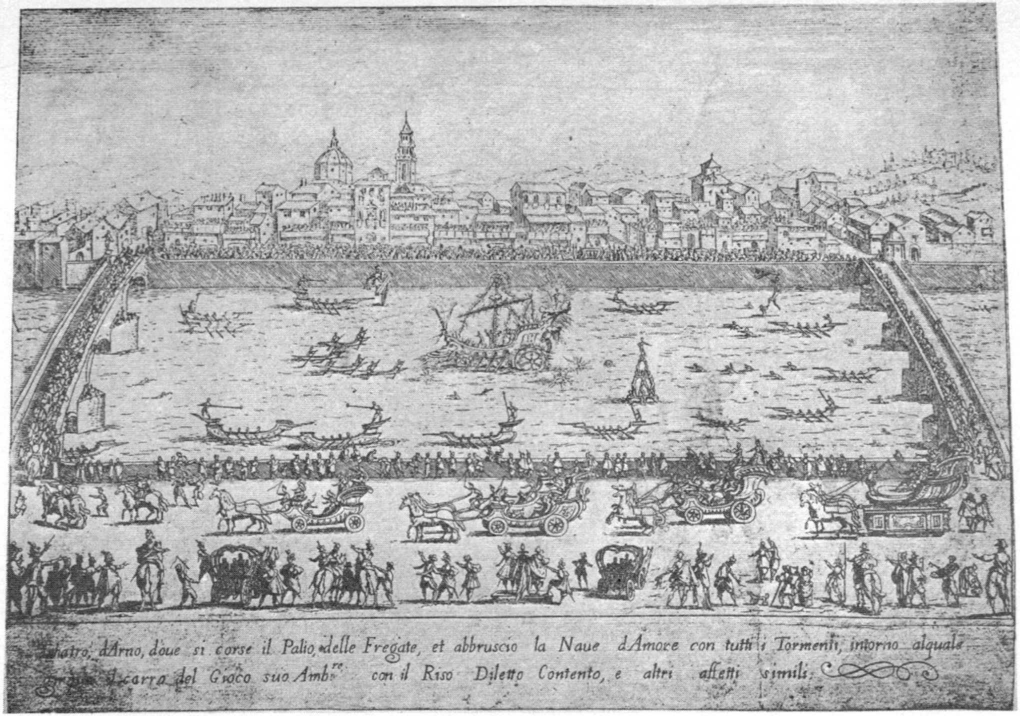

Das Theater am Arno. 224 x 302

Das Theater am Arno, Detail

Der Wagen Amors. 228 x 302

Der Liebeskrieg, 1616

4 radierte Entwürfe zu einem Hoffest in Florenz, Karneval 1616

Eine detaillierte Beschreibung dieses Festes von Andrea Salvadori erschien in Florenz bei Zenobi Pignoni unter dem Titel „Guerra d'Amore, Festa des Serenissimo Gran Duca di Toscana Cosimo Secondo. Fatta in Firenze il Carnevale del 1615*." zusammen mit Callots Radierungen. Auf der Piazza Santa Croce wird dem Hof ein ungeheures Spektakel geboten, Darstellung einer Schlacht, Ballett und Allegorie in einem. Die genaue Beschreibung steht bei Lieure, Band III, Seite 61 ff. Alles, was am Hof künstlerischen Rang und Namen besaß, wirkte an Vorbereitung und Ausführung mit. Salvadori notiert: „Der Enwurf von Schlacht und Ballett war das Werk von Agnolo Ricci, dem Ballettmeister seiner Hoheit, der das ganze Fest organisiert hat. Wagen, Kostüme und Inszenierung wurden nach Zeichnungen Giulio Parigis ausgeführt. Die Musik schrieben Jacopo Peri, Paolo Grezi und Giovanni Battista Signorini. Die Regie des gesamten Festes führte Giovanni del Turco, der auch die Musik für die Maskerade komponierte." Turco war Superintendant des Hofes; Callot hat den Stammbaum seiner Familie gestochen (siehe S. 1396).

Callot war so etwas wie der „Hoffotograf", der die Schau im Bilde festhielt: Kamele und Elefanten, Inder und Asiaten in phantastischen Kostümierungen, riesige Mengen von Statisten, Akteuren und Zuschauern in einer künstlich erstellten Arena vor der realen Häuserkulisse von Florenz. Albrecht Dohmann schreibt dazu: „Im Leben des Hofes war die Grenze zwischen Fest und Alltag schwer zu ziehen. Hauptaufgabe des Hofstaates war es, das Leben zu einem Fest zu gestalten und für die Erscheinung des Fürsten einen wirkungsvollen Hintergrund zu bilden. Auch in den Blättern Callots aus dieser Zeit gehen Fest und Alltag, Phantasie und Wirklichkeit eine untrennbare Verbindung ein."

* Nach Altflorentiner Zeitrechnung.

Die Wagen und die Schauspieler. 224 x 301

Die Wagen und die Schauspieler, Detail

Das Defilee: die afrikanischen und asiatischen Wagen. 227 x 303

Das Defilee, Detail

Darstellung einer Infanterieschlacht. 227 x 323

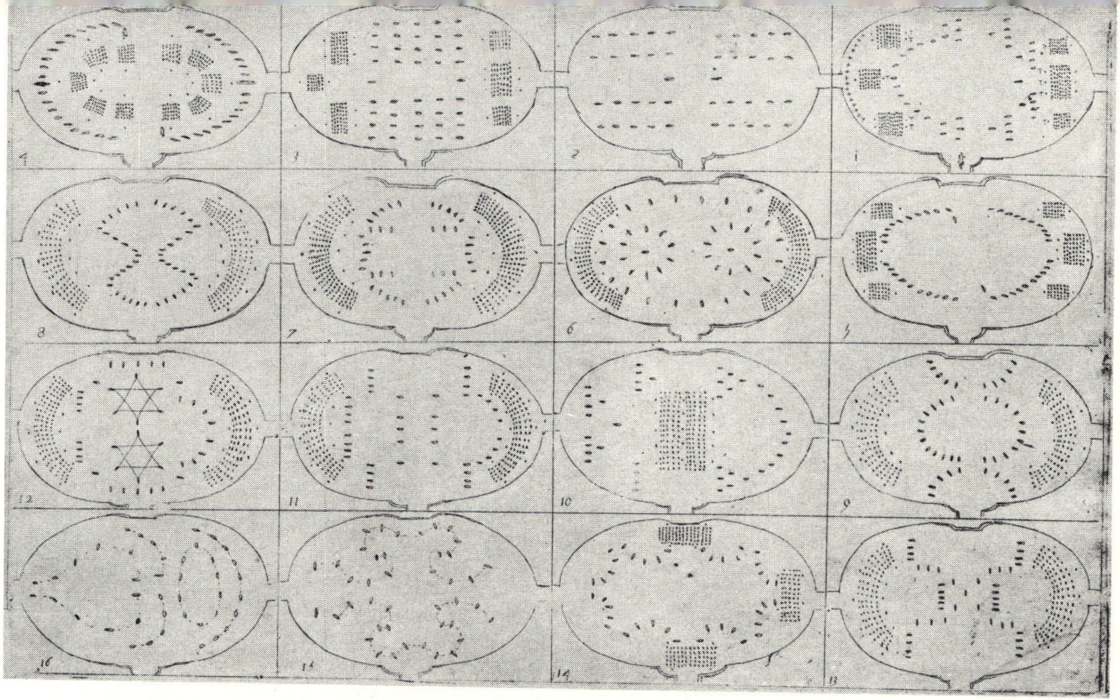

Grundriß der Festordnung. 218 x 332
Lieure 172

Der Krieg der Schönheit, 1616

1 Kupferstich und 6 radierte Entwürfe zu einem Hoffest in Florenz, Oktober 1616

Das nächste große Hoffest fand statt zu Ehren des Prinzen von Urbino, einem Verwandten des Großherzogs der Toskana aus dem Haus der Rovere. Das „Drehbuch" stammt wieder von Andrea Salvadori (nachzulesen bei Lieure, Band III, Seite 68 ff.) und erschien mit Callots Radierungen bei Pignoni mit folgendem Titel und der Widmung: „Guerra di Belezza. Festa a Cavallo fatta in Firenze per la Venuta del Serenissimo Principe d'Urbino." Das prinzliche Wappen auf dem Frontispiz stach Callot in Kupfer. Auch hier findet sich das phantastische Personal wieder: Götter, Riesen, die aufgeputzten Wagen und wimmelnden Zuschauer. Das Programm für dieses Fest, die Dekorationen und Kostüme, hatte Parigi allein erfunden, und Callot scheint diesmal – im Gegensatz zum „Amor" oder dem „Liebeskrieg" – der Spaß an der Wiedergabe des höfischen Pomps abhanden gekommen zu sein. Die Wagen und Tableaux wirken steif und schematisch. „Das Ballett war zu sehr eine Wiederholung des Liebeskriegs und inspirierte Callot kaum", schreibt Sadoul. „Diese Serie von Radierungen ist der vorhergehenden Folge nicht gleichrangig."

Von der Piazza Croce, dem Schauplatz des Ganzen, noch fast leer, der gewaltige Theaterring nur angedeutet, aber die Häuserfassaden des Hintergrunds schon ganz durchgearbeitet, hat Callot eine Zeichnung angefertigt (Siehe Band I, S. 37).

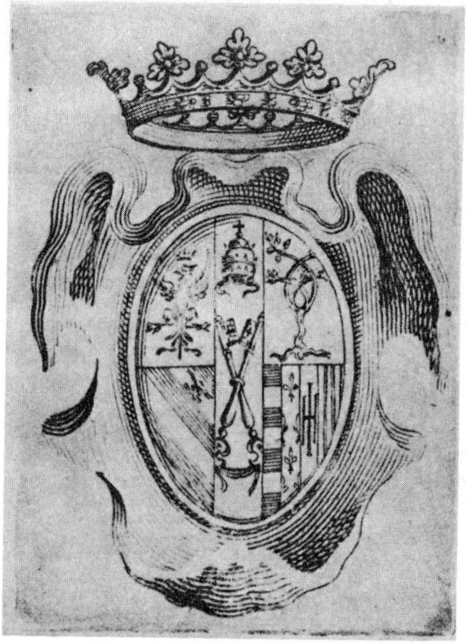

Das Wappen des Prinzen Rovere
Kupferstich.
Lieure 177

Der Wagen des Montparnass. 151 x 227

Carro di Teti fatto in firenze nella festa a Cauallo per la
uenuta del Serenissimo Principe d' Vrbino.
Era sù quest Carro Teti con le tre Sirene, con le Nereidi
et Tritoni, caminauano a pie del Carro Otto Giganti
in forma di tanti Nettunni che figurauano i principali
Mari del Mondo.

Der Wagen der Thetis. 150 x 228
Lieure 179

Der Sonnenwagen. 149,5 x 226,5

Der Wagen Amors. 150 x 128
Lieure 181

Der Festplatz. 227 x 299

Der Festplatz, Detail

Carro di Teti fatto in Firenze nella festa a
Cauallo perla uenuta del Ser.mo Principe d'Vrbino
Era su questo Carro Teti con le tre Sirene. con
le Nereidi ei Tritoni Caminauano a piè del Carro
ono Giganti in forma di tanti Nettunni
che figurauano i principali Mari del Mondo.

Der Wagen der Thetis. 151 x 227

Zwischenspiele, 1617

3 Radierungen zu einem Theaterstück Andrea Salvadoris

Salvadori, der unermüdliche Textbuchverfasser höfischer Lustbarkeiten, schrieb auch ein Stück fürs Theater: „La Liberazione di Tirenno e d'Arnea", eine Mischung aus Ballett und Oper. Karneval 1617 wurde es anläßlich der Hochzeit des Prinzen von Urbino mit der Schwester Cosimos II. im Palazzo Pitti in Florenz uraufgeführt. Abgesehen davon, daß es auf der Bühne in relativ bescheidenerem Rahmen stattfand als die großen Freiluftspektakel, unterscheidet es sich nur wenig von diesen – auch hier Allegorie, Aufwand, gewaltige Dekoration. Callot indessen gab es Anlaß, die Rolle des getreuen Hofberichterstatters zu verlassen. Auch für diesmal war zwar Parigi der Arrangeur. „Jullius Parigi inv." steht bei jedem der drei Blätter und: „Jac. Callot (oder, wie auf dem ersten Zwischenspiel, „Jacobus Callot) delineavit et F." – Parigi hat es erfunden, Callot ausgeführt. Aber ganz offensichtlich hat Callot sich hier eigentlich selbst entdeckt. Auch jetzt gibt es noch staksende Strichmännchen und dekorativ angeordnete Gruppen von Höflingen und schönen Damen. Aber die Drachen und Teufel im zweiten Zwischenspiel sind kaum Bühnengeschöpfe Parigis, es sind Vorläufer und nahe Verwandte all der phantastischen Ungeheuer, die die beiden großen Antoniusblätter bevölkern (S. 1415 und S. 1513). Ihre bizarren, nicht mehr spielerisch-zeremoniellen Posen sprengen den Rahmen des Unterhaltsamen; Monstren mit Tierköpfen, Schnäbeln und Flügeln, mehr als bloße Theaterteufel, lauern überall in der römischen Ruine, tanzen auf dem Gemäuer, stürzen sich durch die Luft und wimmeln im Wasser herum, genau wie später, dann allerdings in vielfältigeren und grausigeren Varianten, die Versucher des heiligen Antonius.

PRIMO INTERMEDIO DELLA VEGLIA DELLA LIBERATIONE DI TIRRENO FATTA NELLA SALA DELLE COM
DIE DEL SER.mo GRAN DVCA DI TOSCANA IL CARNOVALE DEL 1616 DOVE SI RAP.ta IL MONTE D'ISCHIA CON IL GIGANTE
TIFEO SOTTO.

Erstes Zwischenspiel: Der Riese auf dem Mont Ischia.
288 x 206
Lieure 185

Zweites Zwischenspiel, Detail

Zweites Zwischenspiel: Die Hölle bewaffnet sich, um Circe zu rächen. 204 x 289

Drittes Zwischenspiel: Amor beendet die Schlacht. 204 x 290
Lieure 187

Der Kampf der vier Galeeren, 1617

4 Radierungen

Auf diesen Blättern hat Callot ein Zeitereignis festgehalten, das später am Florentiner Hof gebührend gefeiert worden ist und entsprechend auch verbreitet werden sollte: Türkische Piraten griffen am 23. November die Küste der Toskana an. Unter dem Kommando von Admiral Iacopo Inghirami wurden sie verfolgt und bei Korsika geschlagen. 130 Türken kamen in Gefangenschaft.

Die Radierungen erschienen bei Pignoni in Florenz unter dem Titel „Relazione della Presa di due Bertoni di Tunis fatta in Corsica da quattro galere di Toscana, quest anno 1617, li 23 Novembre. Con privilego di S.A.S.“ (Eine Vorzeichnung, siehe Band I, S. 39).

A
B
C
A. Bertone di Tunis di 1500 salme B. Petaccio di 800 conserua del Bertone.
C. Quatro Galera di S.A.S. che tracheggiano il Bertone.

Der Angriff. 141 x 200
Lieure 194

Die Enterung der „Bertone“. 152 x 193

Die Enterung der „Petaccio". 143,5 x 197,5
Lieure 196

Pen.
N
M
.M· Galea Padrona che torna a inuestire il Bertone e lo rimette
N Galea S.ta Maria Maddalena e S.to Stefano che rimburchiano il Petaccio

Das Ende der Schlacht. 145 x 200

Figurenstudien, um 1617

21 Radierungen, davon 19 ca. 85 *x* 85

Diese Figurenstudien entstanden wahrscheinlich zum Teil noch in Florenz, zum Teil schon in Nancy, seiner Heimatstadt, in die Callot 1621 zurückkehrte, und stehen in engem Zusammenhang mit den berühmten „Capricci“. Die bäuerlichen Motive lassen auf Lothringen schließen, in Florenz bewegte sich Callot vor allem in höfischer Gesellschaft. Offiziere und Türken dagegen kommen auf den Florentiner Blättern vor. Sicher ist, daß die ganze Serie nicht zugleich und kontinuierlich erarbeitet wurde, ihre Enstehungszeit ist umstritten.

Titelblatt.
Lieure 403

Rastendes Bauernpaar.
Lieure 404

Bauernfamilie mit Kuh.
Lieure 405

Oben: Bäuerin im Profil und von hinten gesehen
Lieure 201/202

Rechts: Bäuerin, jeweils im Profil gesehen
Lieure 203–205

Links: Bäuerin, im Profil gesehen;
Offizier, von vorn gesehen (zwei Fassungen)
Lieure 206/207

Oben: Offiziere, von vorn gesehen (zwei Fassungen)
Lieure 208

Der Mann im weiten Mantel (zwei Fassungen)
Lieure 209

Offizier, von vorn gesehen (zwei Fassungen)
Lieure 210

Ein Türke, von hinten gesehen (zwei Fassungen)
Lieure 211

Ein Offizier, von hinten gesehen; zwei Türken im Profil
Lieure 212/213

Die „Capricci“, 1617 (Florentiner Fassung); 1622 (Fassung aus Nancy)

50 Radierungen, ca. 54 x 81

Auf diesen kleinformatigen Blättern hat Callot noch einmal ganz Florenz eingefaßt: die Atmosphäre der Stadt, den Hof, seine Feste und Gebräuche, aber auch bäuerliche Idylle und die Welt der Commedia dell'arte. Auf winzigstem Raum stellt sich bei den Festszenen ungeheure Weite und Menge her, versammeln sich so zahlreiche Zuschauer und Darsteller wie auf den vorhergegangenen großen Blättern. Die „Capricci“ gehören zu Callots Meisterradierungen und wurden ein großer Erfolg. In Nancy hat er sie später, mit kleinen Abweichungen, wiederholt. Eine ganze Reihe Radierungen aus dieser Serie (S. 988–1001) waren wohl auch als eine Art Übungsanleitung für Radierer und Stecher gedacht. 1621 erschien in Nürnberg ein Nachdruck der „Capricci“ mit einer „Zeichenschule“ von Hans Troeschel.

Bei den „Capricci“ hat Callot das erste Mal konsequent seine neue Radiermethode, der Verwendung von hartem Firnis („vernis dur“) und der „échoppe“ durchgeführt. Die échoppe, eine Art Grabstichel mit ovalem Durchschnitt und an der Spitze schräg abgeschnitten (siehe Band I. S. 11 und S. 311), übernahm Callot von der Goldschmiedekunst und vom Holzschnitt.

Die Florentiner Fassung widmete Callot mit einem Schreiben dem „sehr erlauchten und vortrefflichen Prinzen Don Lorenzo Medici“:

„Diese Radierungen, hochverehrter Herr, die ich Eurer Exzellenz in Bescheidenheit anbiete, sind sozusagen die ersten Blüten, die ich auf dem Boden meines unfruchtbaren Hirns sammeln kann. Nehmen Sie diese Gabe oder, besser gesagt, diesen Vorboten meiner künftigen Bemühungen, die ich Euch als Euer untertäniger Diener schulde, wohlwollend entgegen. Und wenn Euch der Boden, auf dem sie gewachsen sind, tauglich erscheint, durch verdienstvolle Werke Früchte hervorzubringen, dann habt die Güte, ihn mit den Strahlen Eurer Gnade fruchtbar zu machen; denn alles, was ich schaffen kann, soll Euch respektvoll zugeeignet sein. Ich küsse bescheiden das Gewand Eurer Exzellenz und bitte Gott, Euch mit Glückseligkeit zu überhäufen.

Eurer Hoheit ganz ergebener und verbundener Diener Iacopo Callot.“

Titelblatt
Lieure 214/29

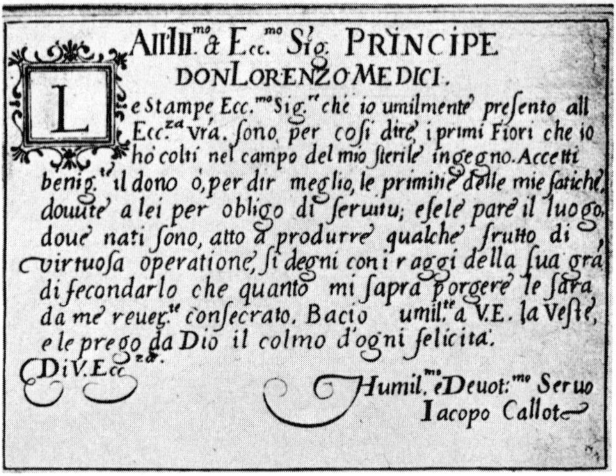

All'Ill.mo & Ecc.mo Sig. PRINCIPE
DON LORENZO MEDICI.

Le Stampe Ecc.mo Sig.re che io umilmente presento all Ecc.za vra. sono, per cosi dire, i primi Fiori che io ho colti nel campo del mio sterile ingegno. Accetti benig.te il dono o, per dir meglio, le primitie delle mie fatiche, douute a lei per obligo di seruitu; e se le pare il luogo doue nati sono, atto a produrre qualche frutto di virtuosa operatione, si degni con i raggi della sua grã di fecondarlo che quanto mi sapra porgere le sara da me reuer.te consecrato. Bacio umil.te a V.E. la Veste, e le prego da Dio il colmo d'ogni felicita.

Di V.Ecc.za

Humil.mo e Deuot.mo Seruo
Iacopo Callot

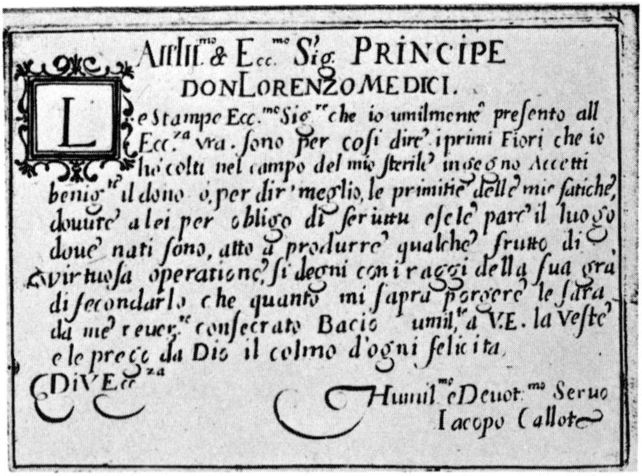

All'Ill.mo & Ecc.mo Sig. PRINCIPE
DON LORENZO MEDICI.

Le Stampe Ecc.mo Sig.re che io umilmente presento all Ecc.za vra. sono per cosi dire i primi Fiori che io ho colti nel campo del mio sterile ingegno Accetti benig.te il dono o, per dir meglio, le primitie delle mie fatiche, douute a lei per obligo di seruitu e se le pare il luogo doue nati sono, atto a produrre qualche frutto di virtuosa operatione, si degni con i raggi della sua grã di fecondarlo che quanto mi sapra porgere le sara da me reuer.te consecrato Bacio umil.te a V.E. la Veste e le prego da Dio il colmo d'ogni felicita.

Di V.Ecc.za

Humil.mo e Deuot.mo Seruo
Iacopo Callot

Widmung an Lorenzo de Medici
Lieure 215/429

Ein Edelmann und sein Page
Lieure 216/430

Zwei sitzende Männer
Lieure 217/431

Ein Hirte vor Ruinen
Lieure 218/432

Ein italienischer Bauernhof
Lieure 219/433

Der Ponte Vecchio in Florenz
Lieure 220/434

Die Räuberhöhle
Lieure 221/435

Der Spaziergang
Lieure 222/436

Der Rundtanz
Lieure 223/437

Pferde in der Wildbahn
Lieure 224/438

Laufender Mann
Lieure 225/439

Der Geigenspieler
Lieure 226/440

Grüßender Bauer
Lieure 227/441

Ein Edelmann, von vorn gesehen
Lieure 228/442

Der Edelmann mit dem langen Spazierstock
Lieure 229/443

Ein Edelmann, von hinten gesehen
Lieure 230/444

Ein Edelmann, von hinten gesehen
Lieure 231/445

Zwei Frauen, im Profil gesehen
Lieure 232/446

Eine Dame im weiten Kleid
Lieure 233/447

Der Edelmann im weiten Mantel, von vorn gesehen
Lieure 234/448

Der Edelmann im weiten Mantel, von hinten gesehen
Lieure 235/449

Ein Edelmann, von vorn gesehen
Lieure 236/450

Ein Bauer mit Stock, im Profil gesehen
Lieure 237/451

Ein Edelmann, im Profil gesehen
Lieure 238/452

Ein Bauer mit geschultertem Spaten
Lieure 239/453

Das Duell
Lieure 240/454

Das Duell
Lieure 241/455

Der Bauer mit dem Bienenschwarm
Lieure 242/456

Ruhender Bauer
Lieure 243/457

Bauer mit Korb
Lieure 244/458

Hockender Bauer
Lieure 245/459

Tänzer mit Flöte und Tamburin
Lieure 246/460

Zwei Tänzer, einer mit der Laute
Lieure 247/461

Zwei tanzende Hanswurste
Lieure 248/462

Zwei tanzende Hanswurste
Lieure 249/463

Flötespielender Hirt
Lieure 250/464

Das Krankenhaus
Lieure 251/465

Das Wirtshaus
Lieure 252/466

Ein General zu Fuß
Lieure 253/467

Ein General zu Pferde
Lieure 254/468

Der Fahnenschwinger
Lieure 255/469

Der Kampf in einem Zirkus
Lieure 256/470

Die Piazza Annunziata in Florenz
Lieure 257/471

Ein Feuerwerk am Arno
Lieure 258/472

Ein Fest vor der Signoria in Florenz
Lieure 259/473

Der Domplatz in Florenz
Lieure 260/474

Wagenrennen auf der Piazza Sta. Novella in Florenz
Lieure 261/475

Wagenrennen vor dem Palazzo Pitti in Florenz
Lieure 262/476

Ballspiel vor Santa Croce in Florenz
Lieure 263/477

Die „Vier Landschaften“ und die Landschaften für Giovanni di Medici

12 Radierungen

Die erste Serie reiner Landschaftsradierungen, von denen die ersten vier (S. 1030–1033) eine Art Einübung gewesen sein dürften, haben Callot offenbar viel Mühe bereitet.

Zwei Briefe an Giovanni di Medici sind überliefert, 1875 wurden sie in einer Akte Giovannis in den Uffizien entdeckt (Faksimile siehe S. 1028 f.). Am 15. Juni 1618 übersandte Callot die Landschaften dem „sehr erlauchten, vortrefflichen Herrn und teuren Gönner“:

„Da dieser meiner Arbeit die Gnade widerfahren soll, einem so aufgeklärten Fürsten wie Eurer Durchlaucht vorgelegt zu werden, ging mein Wunsch dahin, sie mit größtmöglicher Perfektion auszuführen. Doch die Eile, die mir auferlegt war, wird ihre Mängel um so deutlicher in Erscheinung treten lassen. Es erscheint mir daher notwendig, Eure Durchlaucht, der ich mit diesem Briefe meinen Dank aussprechen möchte, zugleich inständig zu bitten, meine Unzulänglichkeit und die zahlreichen Schwächen dieses Werkes, des ersten, das ich auf diesem Gebiet der Landschafts-Darstellungen jemals anfertigte, verzeihen zu wollen. Mögen Eure Durchlaucht es als den Erstling eines Eurer ergebensten Diener betrachten und mich trotz der Unvollkommenheiten desselben auch weiterhin beschäftigen: Ich werde alles aufbieten, um Euch mit jedem Tage besser zu dienen.

Da ich nicht das ganze Werk zur gleichen Zeit haben konnte, mag es sein, daß manche Platten tiefer gestochen sind als die übrigen, Eure Durchlaucht wissen, daß man in diesem Fall besser ausgleichen kann, indem man die Platte beim Druck gründlicher mit dem Drucktuch trocknet. Geruhen Eure Durchlaucht, meine Kühnheit und die Belästigung zu verzeihen, welche einzig meinem Wunsche entspringen, als Euer Diener zu gelten und mir nicht weitere Gelegenheit verweigern, Euch zu dienen, was für mich die höchste Ungnade bedeuten würde. Vermöchte ich eines Tages ein weniger unvollkommenes Werk zu schaffen, so krönte dies nur meinen Wunsch, in Euren Diensten zu bleiben, erwachsen mir doch Auszeichnung und Ruhm aus Eurem Namen und Eurem Schutze, unter welchen mich gütigst stellen zu wollen ich Eure Allergnädigste Durchlaucht sehr bitte. Indem ich respektvoll Euer Gewand küsse, bete ich auch weiterhin zu

Gott, Er möge Euch die Größe gewähren, zu der Eure hohen Verdienste Euch berufen. Eurer Allergnädigsten Durchlaucht sehr ergebener Diener

Iacopo Callot."

Giovanni scheint das Werk gar nicht so mangelhaft gefunden zu haben; der Antwortbrief an Callot ist zwar nicht erhalten, aber am 16. Juli 1618 schreibt der Künstler noch ein zweites Mal an den „sehr erlauchten, höchst vortrefflichen Herrn":
An dem sehr huldvollen Briefe Eurer Durchlaucht habe ich gesehen, mit welcher Liebenswürdigkeit Eure Durchlaucht sich mit meinen Arbeiten zufrieden erklären. Es ist mir eine um so größere Genugtuung, als ich nur den einen Wunsch habe, Eurer Durchlaucht zu dienen. Da diese Arbeiten, unter viel Mühen und Kosten, vier Monate gedauert haben, bitte ich Eure Durchlaucht inständig, mir dafür die Summe von 150 Talern auszahlen zu lassen, einschließlich der 100 Taler, die ich bereits erhielt und die meine Bemühungen nicht abgelten. Verzeiht mein Drängen, indes habe ich an dieses Werk nicht nur meine Zeit gewendet, sondern auch meine Gesundheit. Und wie immer dem sei, Eure Gunst ist mir mehr wert als alles Gold der Welt. Abschließend verneige ich mich in Demut vor Eurer Durchlaucht und erflehe von Gott für Euch alle erdenkliche Größe.
Eurer Allergnädigsten Durchlaucht sehr ergebener Diener

Iacopo Callot."

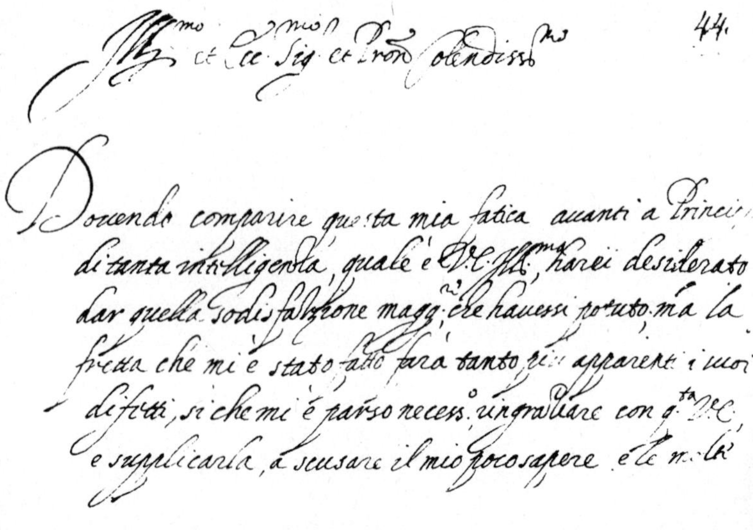
Ill.mo et Ecc.mo Sig.r et Pron Colendiss.mo 44.
Dovendo comparire questa mia fatica avanti a Princi[pe]
di tanta intelligenza, quale è V. E. Ill.ma, harei desiderato
dar quella sodisfattione maggiore che havessi potuto, ma la
fretta che mi è stato atto fara tanto più apparenti i mei
difetti, si che mi è parso necess.o ingraviare con q.ta V. E.
e supplicarla, a scusare il mio pocosapere e le m...

inventioni, che sono in essa, p(er) esser questa la prima opera
che in genere di Campagne habbi fatto. Gradisca la V.E.
con il primo parto di un suo deuotiss.mo ser.re e non resti di
impiegarmi p(er) i molti difetti che sono in questo, che mi
ingegnerò con tutte le forze, di seruirla ogni giorno meglio,
e perche io non hò potuta hauere tutta l'opera insieme
potrebbe essere che un Ram: riuscissi più fondo dell'
altro, nel qual caso V.E. sà, che il far nello stampare
pulire più con il foglio il Rame più fondo, uiene
ad agguagliar meglio. Perdoni V.E. l'ardire et il
fastidio, incolpandone il desiderio, che hò, di esser
riconosciuto per suo ser.re, e non mi porgendo V.E. altra occasione
di suo seruitio, il che reputerei a mia grand.ma disgratia, se
potrò un giorno condurre opera meno imperfetta sodisfarò
in qualche parte al mio desiderio, con supplicar V.E. a res-
tar seruita, che sia illustrata, e riceua lume dal suo nome
e protettione; sotto la quale prego V.E. Ill.ma a riceuermi,
e baciandoli reu.te la ueste, resterò pregando N.ro S.re
a concederli quelle grandezze, che i suoi grandiss.mi meriti
le augurano. Di Fiorenza il dì 15 di Giugno 1618

Di V. Ecc.za Ill.ma

Deuotiss.mo Ser.re

Jacopo Callot

Der Garten. 84,5 x 217

Der Taubenschlag. 86 x 220
Lieure 265

Die Mühle am Wasser. 88 x 221

Der kleine Hafen. 85 x 221
Lieure 267

Der Spaziergang am Ufer. 116 x 250

Die Einschiffung der Händler. 117 x 251
Lieure 269

Die Badenden. 117 x 253

Die Hirschjagd. 117 x 251
Lieure 271

Die Vogeljagd. 118 x 251

Die Heimkehr von der Jagd. 117 x 253
Lieure 273

Die Mühle am Wasser. 117 x 252

Der kleine Hafen. 116 x 249
Lieure 275

Die Grosse Passion, 1618 oder 1620/22

7 Radierungen

Callots „Große Passion“ ist unvollständig geblieben. 16 Gesamtentwürfe und zahlreiche Einzelstudien entstanden in Florenz (siehe Band I, S. 432 ff.), nur sieben Radierungen hat er in Nancy ausgeführt.

Motive religiösen Gehalts waren nicht unbedingt Callots Sache, wenn man von dramatischen Themen wie dem Martyrium des heiligen Sebastian (S. 1496), den großen Antonius-Radierungen (S. 1415) und den kleinen biblischen Folgen der letzten Lebensjahre (S. 1363 ff.) absieht (und auf diesen hat ihn dann die Heiligenfigur selbst auch nie so sehr interessiert). Dennoch ergriff er, seit er in Thomassins Werkstatt zu kopieren begonnen hatte, immer wieder zu Stoffen aus der Bibel. Sie gehören, vor allem, wenn er gleich so unabsehbare Folgen davon radierte, wie die „Heiligenbilder“ (S. 1242 ff.), nicht unbedingt zu den Meisterwerken; vieles, vor allem die Einzelblätter der frühen Zeit, waren Auftragsarbeit oder Kopie.

Die „Große Passion“ ist ein eigener Entwurf, bei dem Callot alle der Bühne abgelauschten Stilmittel ins Spiel bringt: scharfe Hell-Dunkel-Kontraste, kulissenhafte Hintergründe und Räumlichkeiten, zahlreiche, fast wie ein Opernchor postierte und bewegte Statisten und die konsequente perspektivische Aufteilung der Blätter in Vorder-, Mittel- und Hintergrund, die er schon bei den „Zwischenspielen“ (S. 955 ff.) beachtet und durchgeführt hatte.

Die Fußwaschung. 111 x 215
Lieure 281

Das Abendmahl. 113 x 216

Das Abendmahl, Detail

Christus vor Pilatus. 113 x 218
Lieure 283

Die Dornenkrönung. 110 x 213
Lieure 284

Purpurea quid opus ueste? heu: num cernis ut illi
Omnia purpureo membra cruore rubent?

Die Darstellung Christi vor dem Volk. 110 x 213

Quid Simon huic tentas onerj succedere, solus
Ille potest tantæ pondera ferre crucis

Die Kreuztragung. 116 x 215
Lieure 286

Die Kreuzigung. 113 x 218

Die drei Pantalone, um 1618/19

3 Radierungen

Die drei Figuren aus der italienischen Commedia dell'arte sind Prototypen des Improvisationstheaters: Pantalone, der liebestolle, stets genasführte Alte; Capitano, der angeberische junge Liebhaber; Zani, der ungehobelte Schelm und Eulenspiegel.
Die Kunstform der Stegreifkomödie, die Commedia dell'arte, kam wohl um die Mitte des 16. Jahrhunderts in Italien auf, und ihr eigentümliches Wesen besteht darin, daß nur Handlungsabläufe, Figurentypen und Kostüme vorgegeben und obligatorisch sind. Texte und Bewegungen werden frei improvisiert.
Im Gegensatz zu seinen späteren Commedia-Darstellungen, den grotesken „Balli di Sfessania“ (S. 1080 ff.) hat Callot auf diesen drei Blättern wirkliche Theaterfiguren gestaltet. Sie stehen übergroß und in der von der Rolle verlangten Bühnenpose im Vordergrund. Den Mittelgrund füllt jeweils das für Callots Florentiner „Hofstil“ bezeichnende Publikum, klein und in dicht gedrängter Menge, den Hintergrund reale Theaterkulisse.
Den drei Hauptakteuren hat Callots künstlerisches Bemühen offensichtlich nicht so stark gegolten, sondern vielmehr den Zuschauern. 29 Skizzen entwarf er zu den „Pantalone“-Radierungen (siehe Band I, S. 338 ff.), und das so detailliert und individuell in den verschiedenen Haltungen und Gebärden, wie er sie für die Radierungen selbst dann gar nicht gebrauchen konnte.

Pantalone oder Cassandre. 240 x 152
Lieure 288

Capitano oder Der Verliebte. 240 x 152
Lieure 289

Zani oder Scapin. 240 x 152
Lieure 290

Die vier Tafelszenen, 1620

4 Radierungen mit Kupferstich, ca. 77 x 57

Callots Kunst, auf einem großen Blatt viele Figuren zu versammeln und damit den Eindruck enormer Raumtiefe und -weite herzustellen, findet auf diesen vier kleinen Blättern ihre Entsprechung: Hier sind es nur wenige Personen, im Höchstfall zwölf, nämlich die Jünger beim „Abendmahl", und dennoch entsteht Fülle, Bewegung, Lebendigkeit; so klein die einzelnen Gestalten auch sind, allein durch Haltung und Gebärde deutlich unterschieden, erweisen sie sich als eigenständige Individuen.

Die Vorzeichnungen (heute im Weimarer Schloßmuseum) entstanden in Nancy; Callot hat sich bei der Ausführung genau an sie gehalten; ihre Datierung ist ungewiß (siehe Band I, S. 649).

Hochzeit zu Kana; Christus bei den Pharisäern
Lieure 295/296

Abendmahl; Emmaus
Lieure 197/198

Die sieben Todsünden, 1617/18 oder 1620

7 Radierungen, ca. 76 x 57

Ein Dämon, Zwitter aus Drache und Teufel, gehört kennzeichnend zu diesen Darstellungen der kirchlich festgelegten sieben Todsünden. Wahrscheinlich noch in Florenz hat Callot den Entwurf gezeichnet (siehe Band I, S. 317) – auf diesen Rötel- und Kreidezeichnungen fehlt die Fabelgestalt, wohlbekannt von den Antoniusradierungen (S. 1415 und S. 1513) und den „Zwischenspielen" (S. 955), noch völlig. Hier, auf den Radierungen, ist sie eine bizarre, reich variierte Chiffre geworden. Den Hauptsünden ist jeweils ihr Attribut, ein Tier, zugeordnet: dem Stolz der Pfau, der Faulheit ein Esel, der Völlerei das Schwein, der Unzucht ein Bock, dem Neid die Hündin, dem Zorn ein Löwe und dem Geiz die Kröte.

Stolz
Lieure 354

Faulheit; Völlerei
Lieure 355/356

Überfluß; Neid
Lieure 357/358

Zorn; Geiz
Lieure 359/360

SOLIMAN, 1619

6 Radierungen zu einer Tragödie Prospero Bonarellis

Nach allegorischen Balletten und Festen überliefert Callot eine Tragödie, die mit Brand, Gewalttat, Mord endet; auch diesmal wurde an Personal, Kostüm, an effektvollen Auftritten und Gruppierungen nicht gespart. Die zugleich zweckdienliche und dekorative Kulisse bleibt alle fünf Akte hindurch dieselbe. „In ihrer Tiefenperspektive bemerkt man den Einfluß des teatro Olimpico, das Palladio ein halbes Jahrhundert zuvor in Vicenza gebaut hatte", schreibt Georges Sadoul.
Zum „Soliman" gibt es eine Menge Studien: Türkenskizzen in allen nur denkbaren Varianten und Positionen (siehe Band I, S. 144 ff.), mehr als bloße Theaterfigurinen. Ähnlich wie für die großen Jahrmarktblätter („L'Impruneta", „Gondreville") oder die „Drei Pantalone", sind die Rötel- und Kreidezeichnungen lebendiger, persönlicher als die etwas steif geratenen ausgeführten Soliman-Radierungen selbst, für diese überhaupt nicht, oder doch mindestens nicht so verwendet worden.
Das Titelbild, der türkische Sultan Soliman I., hat in Haltung und Miene Ähnlichkeit mit den Pantalonen: eine Kostümfigur, ein Titelbild, keineswegs das Porträt eines Schauspielers oder gar des Vorbilds selber. Bonarellis Werk erschien, zusammen mit Callots Radierungen und einer Widmung an Cosimo II., 1620 bei Cecconcelli in Florenz.

Titelblatt. 200 x 140
Lieure 363

Titelblatt, Detail

Szenenbild 1. Akt. 200 x 282
Lieure 364

Szenenbild 2. Akt. 200 x 280
Lieure 365

Szenenbild 3. Akt. 198 x 278
Lieure 366

Szenenbild 4. Akt. 200 x 281

Szenenbild 5. Akt. 209 x 286
Lieure 368

Die Zigeuner, um 1621

4 Radierungen

Am 28. Februar 1621 starb Cosimo II., die nachfolgenden Regentinnen, Großherzogin Christine und Maria Magdalena machten dem Prunk der Feste bald ein Ende, was sich auch auf Callots Finanzen auswirkte. So folgte er dem Ruf des Thronfolgers von Lothringen, später Karl IV., und kehrte als gefeierter, umworbener Künstler in seine Heimatstadt Nancy zurück. Dort wurde er seßhaft, bürgerlich, nahm sich ein Atelier, heiratete und blieb, bis auf eine Reise nach Belgien und eine andere nach Paris, für immer dort. Die Sehnsucht nach Italien freilich quälte ihn noch einige Zeit. Am 5. August 1621 klagte er einem Florentiner Freund: „Je besser ich das Leben hier kennenlerne und es mit dem in Florenz vergleiche, desto betrübter werde ich. Ich glaube, ohne die Hoffnung, eines Tages zurückzukehren, würde ich sterben. Trotzdem wird es noch eine Weile dauern, bis ich wieder frei bin.“

Callots Biographen sind sich noch immer uneins darüber, ob die Überlieferung, er sei als halbwüchsiger Knabe mit einer Zigeunertruppe nach Italien ausgerissen und nur gewaltsam wieder nach Nancy zurückgebracht worden, Legende ist oder Tatsache. Seit dem 15. Jahrhundert tauchten die Zigeuner in Europa auf und waren von Anfang an Verfolgungen, Mißachtung und selbst für die geringsten Vergehen der Folter und Hinrichtung ausgesetzt. Noch im 17. Jahrhundert, so berichtet es eine lothringische Urkunde, wurden Zigeuner, des Diebstahls, der Notzucht und Gotteslästerung angeschuldigt, hart bestraft: „Ihr Hauptmann wurde gehenkt und erdrosselt, sein Körper vor dem Rathaus verbrannt; auch seine Frau hängte man auf, ihr Leib wurde im Wald an einem Baum am Hauptweg aufgeknüpft; alle anderen waren dazu verurteilt, diesen Exekutionen beizuwohnen, dann wurden sie verbannt.“

Solche Szenen mag auch Callot gesehen haben, obwohl er auf seinen vier Blättern eher die „romantische“, die malerische Seite des ungebundenen Lebens der Zigeuner betont. Die Inschriften allerdings ergeben, zusammengezogen, ein recht pessimistisches Gedicht dazu:

Diese sind bettelarm, doch ohne Sorgen,
Erwarten heute nichts und alles morgen.
Das sind wohl kaum Gesandte ehrenwert,
Was rastlos da durch fremde Lande fährt.
O laßt euch, lacht ihr über ihre Flausen,
Nicht eure Wäsche und Dukaten mausen.
Sie glauben noch, ein heilig Schicksal läßt
Sie aus Ägypten ziehn auf dieses Fest.

Baudelaire hat diese Zeilen in den „Blumen des Bösen" nachgedichtet; in der deutschen Übertragung von Stefan George lauten sie:

Zigeuner auf der Reise
Das volk der zaubrer deren augen blitzen
Zieht weiter – auf der mütter rücken sitzen
Die kleinen oder stillen ihr gelüste
Am immer offnen schatz der langen brüste.

Zu fuss die männer die in waffen starren ·
Die Ihren kauern neben in den karren.
Am himmel suchen sie mit trübem blicke
Die fernen bilder glücklicher geschicke.

Aus sandigem versteck die grille schaut
Und singt vor ihnen noch einmal so laut ·
Die mutter erde liebt sie – blumen dehnen
Sich in den wüsten · laub und gräser sprossen
Und felsen fliessen vor den wandrern denen
Der zukunft finsternisse sich erschlossen.

Mit den Zigeunerszenen tauchen in Callots Oeuvre zum ersten Mal als zentrales Thema Menschen in ihrer natürlichen Umgebung auf, Menschen, die nicht zur Kunstwelt des Hofes oder des Theaters gehören oder für Bildnisse Modell gestanden haben. Die Zigeuner sind Individuen, der lebendige Alltag mit allerlei gewöhnlichen Beschäftigungen und Situationen wird sichtbar: Kinderspiele, Geburt, Kartenspiel, Wahrsagerei, Mundraub, Lagerleben und mühselige Wanderung.
Zu den „Zigeunern" hat Callot noch in Florenz zahlreiche Skizzen angefertigt (siehe Band I, S. 656 ff.). Die Platten befinden sich in Nancy im Musée Lorrain.

Die Zigeuner unterwegs. 125 x 240

Die Zigeuner unterwegs, Detail

Ne uoila pas de braues messagers
Qui uont errants par pays estrangers.

Die Zigeuner unterwegs. 125 x 239

Die Zigeuner unterwegs, Detail

Vous qui prenez plaisir en leurs parolles,
Gardez uos blancs, uos testons, et pistolles.
Callot f.

Rastende Zigeuner. 135 x 239

Rastende Zigeuner, Detail

Rastende Zigeuner. 124 x 237

Lieure 377

Rastende Zigeuner, Detail

Die „Balli di Sfessania", um 1622

24 Radierungen, ca. 73 x 93

Diese neben den „Zigeunern" und den „Schrecken des Krieges" wohl bedeutendste Radierungenfolge Callots, Personal aus der italienischen Commedia dell'arte, ist vom Thema her eine Reminiszenz des in Nancy seßhaft und bürgerlich gewordenen Callot an die Zeit in Florenz. Schon in den „Capricci" tauchten solche grotesken Tänzer auf (S. 1011/12), jetzt aber sind sie Gegenstand der gesamten Serie. Sicher ist Lieures Bemerkung richtig, Callot habe seinen Landsleuten eine Vorstellung von der Hof- und Theaterwelt in Florenz geben wollen. Callot hat gründlich Studien betrieben, und zwar noch in Florenz an Ort und Stelle (siehe Band I, S. 472 ff.). Die Platten befinden sich im Musée Lorrain in Nancy. Aber es handelt sich um mehr als die bloße Schilderung von Bühnenwirklichkeit. Wolfgang Kayser nennt in seinem Buch „Das Groteske in Malerei und Dichtung" die äußerlich so heitere Welt der Commedia „chimärisch" und schreibt zu Callots „Balli":

„Das Wesen der Commedia dell'arte ist nicht vom Text her, sondern vom Aufführungsstil oder noch enger: vom Bewegungsstil her zu erfassen. Und da besagt es schon etwas, wenn wir hören, daß die Schauspieler wahre Artisten sein und es fertigbringen mußten, bei einem Salto ein Glas so in der Hand zu halten, daß kein Tropfen verschüttet wurde. ... Das ‚Chimärische' aber wurde noch dadurch gesteigert, daß die Schauspieler bis über die Nase reichende Masken trugen. Wozu sie dienten, lassen die Zeichnungen des genialen Illustrators erkennen, den die Commedia dell'arte gefunden hat: die des Jacques Callot. Die Blätter seines Zyklus der ‚Balli di Sfessania' sind getreu den Skizzen nachgearbeitet, die sich Callot während der Aufführungen gemacht hatte, ihre Verzerrungen also nicht etwa die Zutat des Zeichners. Wie man leicht erkennt, dienen die Masken dazu, den Menschenleibern etwas Tierisches aufzusetzen: überlange, schnabelähnliche Nasen entstehen, denen ein vorgespitztes Kinn entspricht, der Kopf scheint nach hinten in die Länge gezogen, und meist setzt sich das Vogelartige in fledermausartigen Auswüchsen und dem Schwung der langen Hahnenfedern fort. Auch der Bewegungsstil läßt sich aus den Zeichnungen Callots nachempfinden: das völlige Erstarren hier, das im nächsten Augenblick

umschlagen kann in die bis in die Fingerspitzen reichende Exzentrik der Bewegung dort . . ."
Eckart Knab schreibt dazu: „Eine der berühmtesten Folgen Callots und zugleich eines der wichtigsten Zeugnisse der Commedia dell'arte, die in Frankreich als ‚Comédie italienne' einzog und in Deutschland und Österreich auf den Hanswurstbühnen ein langes Nachleben hatte. Die bezeichneten Gestalten stellen ‚stehende Figuren' (‚tipi fissi') dar, die in verschiedenen Stücken wiederkehren. Wie in den ‚Capricci' sind jeweils im Hintergrund, perspektivisch stark verkleinert, analoge Szenen mit teilnehmenden Zuschauern geschildert. Technisch ein Meisterwerk der von Callot entwickelten Methode des Radierens auf hartem Firnis (‚vernis dur') mit Nadel und ‚échoppe'."
Auf die „Balli" bezieht sich auch E. Th. A. Hoffmann in der Einleitung zu seinen „Phantasiestücken in Callots Manier":
„Die Ironie, welche, indem sie das Menschliche mit dem Tier in Konflikt setzt, den Menschen mit seinem ärmlichen Tun und Treiben verhöhnt, wohnt nur in einem tiefen Geiste, und so enthüllen Callots aus Tier und Mensch geschaffene groteske Gestalten dem ernsten, tiefer eindringenden Beschauer alle die geheimen Andeutungen, die unter dem Schleier der Skurrilität verborgen liegen."

Titelblatt; Cucorongna und Pernoualla
Lieure 379/380

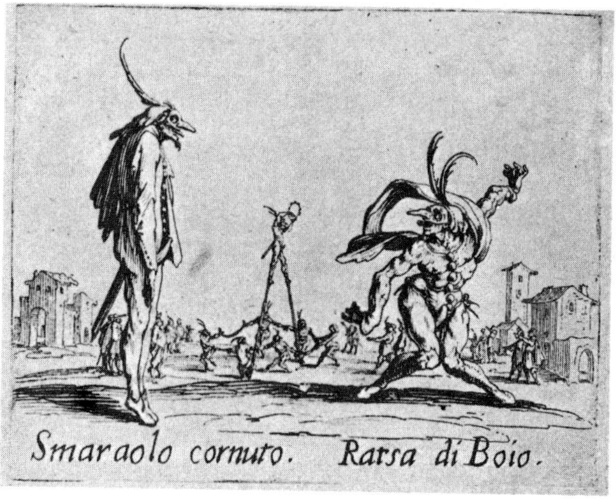

Cerimonia und Lauinia; Smaraolo und Rarsa di Boio
Lieure 381/382

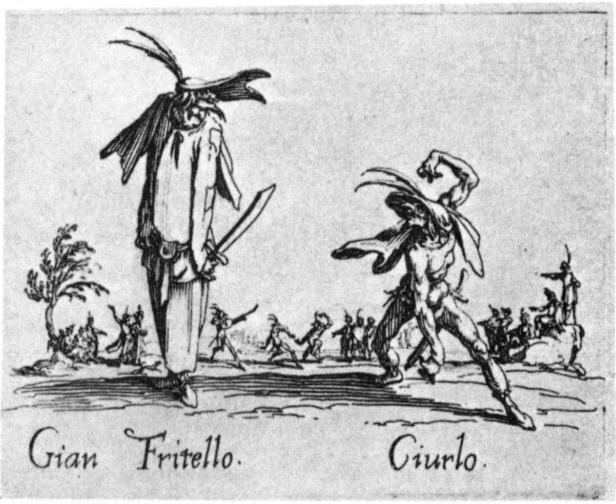

Cicho Sgarra und Collo Francisco; Gian Fritello und Ciurlo
Lieure 383/384

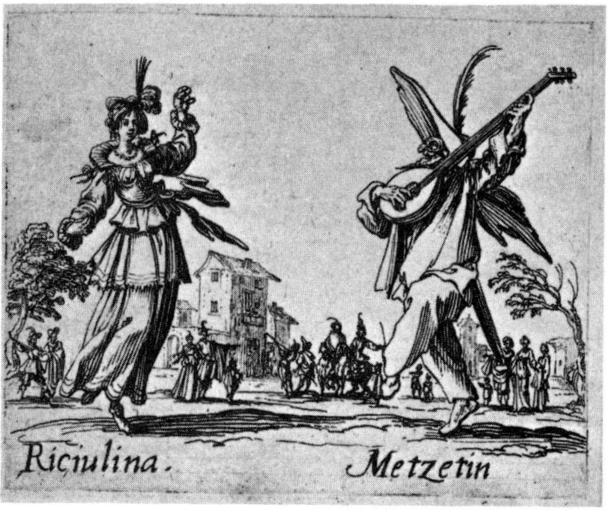

Guarsetto und Mestolino; Riculina und Metzetin
Lieure 385/386

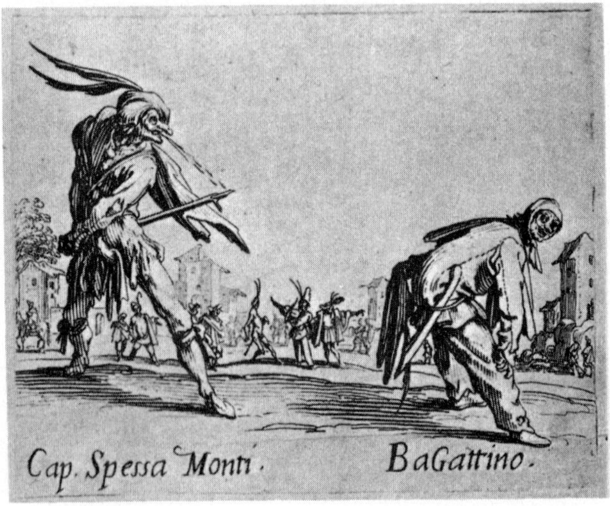

Pulliciniello und Lucretia; Spessa Monti und Bagattino
Lieure 387/388

Scaramucia und Fricasso; Scapino und Zerbino
Lieure 389/390

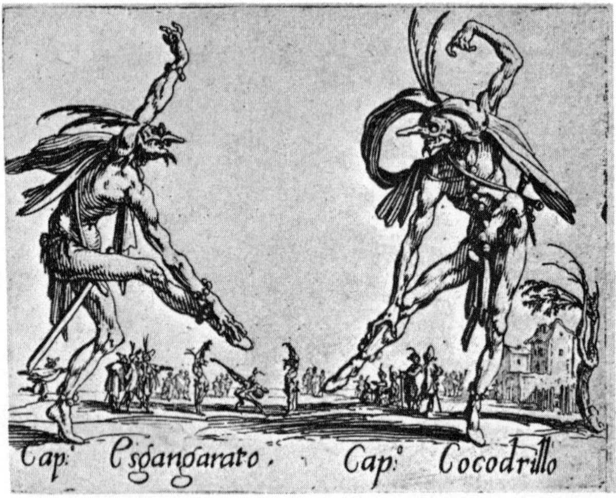

Bonbardon und Grillo; Escangarato und Cocodrillo
Lieure 391/392

Mala Gamba und Bellavita; Babeo und Cucuba
Lieure 393/394

Fracischina und Gian Farina; Bello Sguardo und Couiello
Lieure 395/396

Razullo und Cucurucu; Pasquariello Truonno
und Meo Squaquara
Lieure 397/398

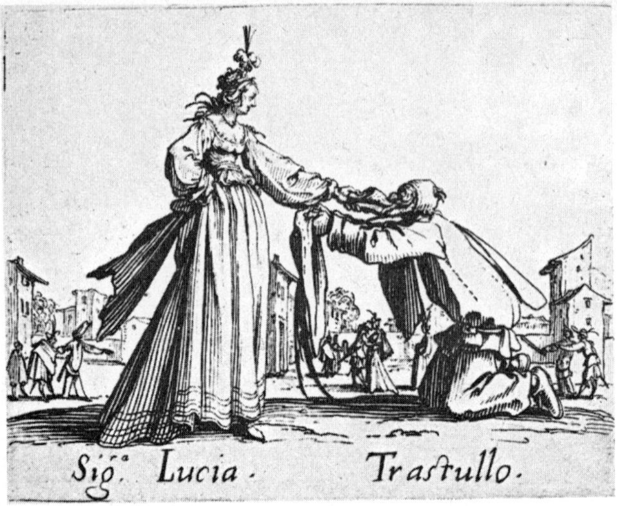

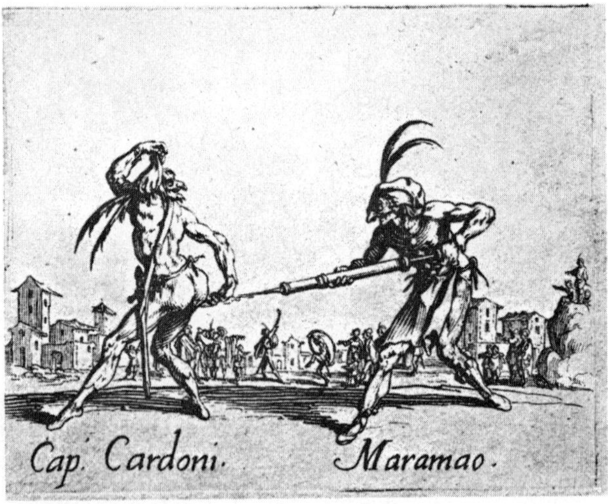

Lucia und Trastullo; Cardoni und Maramao
Lieure 399/400

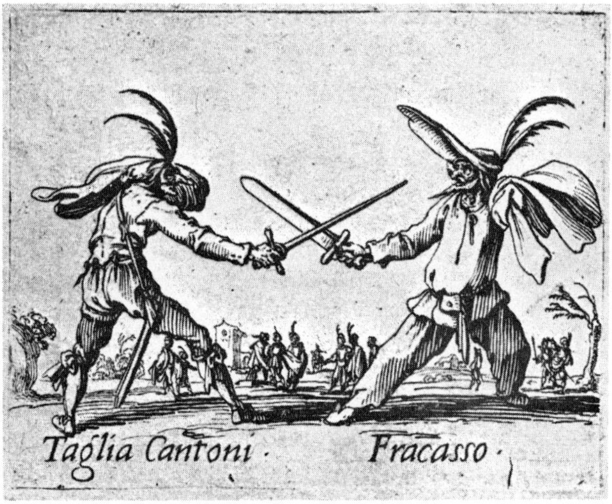

Franca Trippa und Fritellino; Taglia Cantoni und Fracasso
Lieure 401/402

Die „Gobbi“, um 1622, Titelblatt 1616

21 Radierungen, ca. 62 x 87

Die „Gobbi“, die Buckligen, zwerghafte, grotesk entstellte Menschenfiguren, weisen, schon vom Titel her, noch nach Italien. (Seit der „Großen Passion“ zeichnete der Künstler seine Blätter mit der französischen Namensschreibweise „Jacques Callot“; nicht mehr mit dem italienischen „Iacopo“, wie noch hier auf dem Titelblatt der „Gobbi“.) Der Titel dürfte in Italien entstanden sein, die Serie selbst aber sicherlich in Nancy.

Es scheint, als hätte sich Callot, dem Festzauber des Südens entzogen, plötzlich auf dessen Schattenseiten besonnen. Solche Krüppel waren an allen europäischen Höfen, auch in Florenz, als Hofnarren zu sehen; sie dienten dem Amüsement der Höflinge, traten in komischen Szenen auf dem Theater auf, ihre verzweifelten Sprünge und Kapriolen, ihre Häßlichkeit, Gebrechen wie Buckel, Wasserkopf, Krummbeine oder Hängebauch, durch Kostüm oder Maske noch betont, waren Gegenstand allgemeiner Belustigung. Noch eine Generation nach Callot malte Velasquez auf sein berühmtes Hofbild „Las Meninas“ (1656, Madrid, Prado) ganz selbstverständlich die Porträts solcher Zwerge in der Gesellschaft von Prinzessinnen und Hofdamen. Die „Gobbi“ sind bestimmt keine Porträts. Callot, der so virtuos die Menge von Personen zu bewältigen wußte, der noch bei den „Capricci“ und den „Balli“ mindestens zwei Mitwirkende der jeweiligen Szene benutzt hatte, hat die Buckligen isoliert in einen leeren Raum gestellt, ohne Bezug zu Dingen oder anderen Menschen. Es ist, von den chiffrenhaften „Todsünden“ (S. 1058) abgesehen, seine erste Serie, bei der auf jedem Blatt nur *eine* Figur in Aktion ist, und zwar in sehr intensiver Aktion. Die „Gobbi“ sind trotz oder eben wegen ihrer Monstrosität Individualitäten. Jeder von ihnen hat ein eigenes Gesicht, ganz persönliche Mimik. Und die Ernsthaftigkeit, mit der sie, ohne Bezug auf ein Gegenüber, ohne „Schau“ zu machen, Absurdes, Vergebliches tun (Duell mit zwei Säbeln; auf dem Grill Gitarre spielen; mit verkrüppelten Beinen tanzen), gibt ihnen eine tragische Note.

„Bucklige und Zwerge wurden gerne an den Fürstenhöfen der Renaissance und des Barocks gehalten als Spaßmacher und zwischen Mensch und Tier stehende Wesen, als Spiel der Natur“, schreibt Eckhart Knab im Katalog der Wiener Callotausstellung. „Nicht vollwertig genommen, hatten sie mehr Freiheiten als andere; doch durfte man auch in freiester Weise über sie scherzen.“ Knab weist auch darauf hin, daß Callots „Gobbi“-Folge wahrscheinlich Anregung zu den Zwergen der barocken Gartenplastik gegeben hat. Berühmt ist der „Zwerglgarten“ bei Schloß Mirabell in Salzburg und die „Villa dei Nani“, die Villa der Zwerge bei Vicenza.

Zu dem wirklichen Bild des Hofnarren, das Callot in Florenz und Nancy kennengelernt hat, tritt noch der Einfluß der Kunst des Nordens, die Italien nur zögernd erreicht hatte. Bosch und der Höllenbreughel haben Verwandte der „Gobbi“ gemalt, Callot selbst hat solche grotesken Krüppel, ins Dämonische gesteigert, auf dem großen Antoniusblatt (S. 1513) wiederkehren lassen.

Die Vorzeichnungen zu den „Gobbi“, ganz verschieden in den Formaten, deuten nicht auf eine konsequente Folge hin (siehe Band I, S. 28 ff.). Diese Blätter sind noch theatralisch, es gibt Gruppen, aufeinander bezogene Aktion, so als hätte Callot vor einer realen Bühne gesessen und Wirtshaus- und Rüpelszenen festgehalten.

Die radierten „Gobbi“ in ihrer Mischung aus überhektischer Beweglichkeit, grotesker Unwirklichkeit und völliger Isoliertheit sind in Callots Oeuvre eine Ausnahme und mit keiner der früheren oder späteren Arbeiten zu vergleichen. Die Platten befinden sich, Lieure Nr. 407 ausgenommen, im Musée Lorrain in Nancy.

Titelblatt
Lieure 279

Der Zwerg mit dem Degen; der Krüppel mit der Kapuze
Lieure 407/408

Der Bucklige mit dem Spazierstock;
der Krüppel mit Holzbein und Krücke
Lieure 409/410

Der Trinker; der Trinker, von hinten gesehen
Lieure 411/412

Der Duellant mit den Säbeln; der Duellant mit Degen und Dolch
Lieure 413/414

Der Zwerg mit dem dicken Bauch; der Zwerg
mit dem großen Buckel
Lieure 415/416

Der Zwerg mit Hängebauch und hohem Hut; der Geigespieler
Lieure 417/418

Der Maskierte mit den verdrehten Beinen; der Lautespieler
Lieure 419/420

Der Zwerg mit der Bettlerleier; der Flötespieler
Lieure 421/422

Der Zwerg mit einem Grill als Gitarre; der Dudelsackspieler
Lieure 423/424

Der maskierte Gitarrespieler; der Krummbeinige mit der Gitarre
Lieure 425/426

Die Bettler, um 1622/23

25 Radierungen, ca. 137 x 86

Mit den „Bettlern" ist Callot endgültig von den Eindrücken der glänzenden Florentiner Jahre abgerückt; er hat sich dem Alltag zugewandt, dem Elend, das drastisch und unverschönt auf den Straßen und Märkten Lothringens zu sehen war. Porträthafte Einzelfiguren (nur selten sind es mehrere auf einem Blatt) stehen ohne Bezug auf eine Umwelt isoliert im Raum und sind doch höchst lebendig, keine Figurinen mehr wie die „Pantalone" (S. 1051), auch keine grotesk verfremdeten Außenseiter wie die „Gobbi"; die Bettler sind außer Aktion und doch vom Typ her mancher Gestalt auf den „Zigeuner"-blättern oder der „Belagerung von Breda" (S. 1156) verwandt. Zu dieser Serie gibt es nur eine einzige winzige und dazu für das Thema nichtssagende Skizze (siehe Band I, S. 501). Die Platten sind im Musée Lorrain, Nancy, aufbewahrt. „Statt des Notizbuches moderner Schriftsteller das Skizzenbuch, wenn nicht gar eine Kupferplatte mit Radiernadel in der Hand, scheint Callot dem Leben als aufmerksamer Beobachter in allen seinen weitverzweigten Äußerungen nachgegangen zu sein. Wird doch behauptet, er habe äußere Eindrücke sofort mit der Nadel, ohne sich eine Vorlage wenigstens im Umriß vorzuzeichnen, nachgestochen", diese Bemerkung Hermann Nasses trifft für die „Bettler" mindestens genau zu.

In seiner Studie „Jacques Callot. Versuch einer Deutung" hat sich Peter Löffler mit der Bettlerserie ausführlich befaßt und die einzelnen Blätter beschrieben und interpretiert. Zusammenfassend schreibt er:

„Die Kraft dieser Gestalten geht von ihrer formalen Vereinzelung und ihrer thematischen Einsamkeit aus. Sie verlieren ihren Reiz, wenn man sie, wie es in Kopien aus späterer Zeit geschehen ist, auf größeren Blättern miteinander kombiniert wiedergibt. An Krücken oder Stöcken humpelnd, die Hand, den Hut oder ein Gefäß für das Almosen bereithaltend; sitzend, Wunden verbindend, aus einem Napf essend oder sich an Kohlen wärmend, ein einziger eine Drehleier spielend, so erscheinen sie vor uns. Diesen Lahmen, Blinden oder Einäugigen ist etwas gemeinsam: ihr Verhalten gegenüber der Welt, das sich in Hilflosigkeit, Entsagung oder Verachtung äußert. Dies zu veran-

schaulichen und damit zur Allgemeingültigkeit erhoben zu haben, ist Callot hier gelungen.
Die *Form* faszinierte Callot bisher von *außen* ... Körper*bewegung* und Körper*form* findet er in der Bühnenkunst, dem Tanz und dem Theaterspiel, auf dem Jahrmarkte oder bei Hofe. In den ‚Gueux' von 1622 dringt Callot zum ersten Mal über die äußere Erscheinung der Figur vor in ihre Innerlichkeit ... Er nannte diese Folge ursprünglich ‚Baroni', was ‚Freie' und ‚Schurken' zugleich heißen kann und wohl auch beides bedeuten soll. Diese Folge ist eine der bekanntesten von Callot, in erster Linie um ihrer Qualität willen, vielleicht aber auch ihrer thematischen Nähe zu Rembrandt wegen. Wie die Folgen der ‚Balli' und ‚Gobbi' sind die ‚Gueux' *ein* Thema mit Variationen."

Titelblatt
Lieure 479

Der Bettler mit der Leier
Lieure 480

Die beiden Wallfahrer
Lieure 481

Der Bettler mit den Krücken
Lieure 482

Der Bettler mit den Krücken, von hinten gesehen
Lieure 483

Der Bettler mit dem Krug
Lieure 484

Die Bettlerin mit dem Rosenkranz
Lieure 485

Zwei Bettlerinnen
Lieure 486

Der Blinde und sein Begleiter
Lieure 487

Der Verkrüppelte
Lieure 488

Der Bettler mit dem Rosenkranz
Lieure 489

Der barfüßige Bettler
Lieure 490

Der Kranke
Lieure 491

Die Einäugige
Lieure 492

Der Stelzfuß
Lieure 493

Die Bettlerin mit den Krücken
Lieure 494

Der Bettler mit einer Krücke
Lieure 495

Die Bettlerin mit drei Kindern
Lieure 496

Der Bettler mit dem langen Stock
Lieure 497

Die Bettlerin mit dem Teller
Lieure 498

Der Bettler mit der leeren Mütze
Lieure 499

Der Blinde und sein Hund
Lieure 500

Die Alte mit der geöffneten Hand
Lieure 501

Der essende Bettler
Lieure 502

Die Alte mit den Katzen
Lieure 503

(Lieure 513–524 eine verlorengegangene Serie Münzen, 1624)

Die Kleine Passion, um 1623

12 Radierungen, ca. 76 x 57

Im Gegensatz zur fragmentarisch gebliebenen „Großen Passion" (S. 1042 ff.) hat Callot seine „Kleine Passion" vollendet.
„Man kann kaum glauben, daß der Künstler auf einer Fläche von sieben Zentimeter Höhe und fünf Zentimeter Breite sein gesamtes Programm entwickeln konnte und wirklich nichts daran fehlt", schreibt Bouchot.
Auf den zwölf Blättern greift Callot wieder auf die für ihn typische Kunst zurück, viele Personen auf geringem Raum zu versammeln, auf das Kulissenhafte, Theatralische in der Anordnung und Bewegung der Menge und das trotz aller Winzigkeit noch Individuelle der einzelnen Gestalten. Zu dieser Folge hat Callot, noch in Florenz, nicht nur genaue Gesamtskizzen gemacht, sondern zusätzlich noch vierzig Einzelskizzen (siehe Band I, S. 634 ff.), viel ausführlicher und vor allem im Format wesentlich größer, als er sie dann für die Radierungen gebrauchen konnte. Die Platten befinden sich im Musée Lorrain, Nancy.

Die Fußwaschung; das Abendmahl
Lieure 537/538

Christus am Ölberg; der Judaskuß
Lieure 539/540

Christus vor Pilatus; die Geißelung Christi
Lieure 541/542

Christus vor Kaiphas; die Dornenkrönung
Lieure 543/544

Darstellung vor dem Volk; Kreuztragung
Lieure 545/546

Die Kreuzigung; der Stich mit der Lanze
Lieure 547/548

Der Adel Lothringens, 1624

12 Radierungen, ca. 144 x 92

Mit diesen zwölf Radierungen gibt Callot ein lebendiges und getreues Bild der Mode, die die vornehmen Damen und Herren zu seiner Zeit trugen. Die Serie ist in jeder Beziehung ein Gegenstück zu den „Bettlern“: Individuen dort wie hier, aber statt der Lumpen Putz und kostbare Gewänder, statt der Gebärde der Armut Koketterie, Anmut, Gelassenheit in der Haltung. Diese vornehmen Damen und Herren sind vermutlich Porträts aus Callots näherer Umgebung, die Dame mit dem kleinen Hut (S. 1142) ist wahrscheinlich des Künstlers Frau, Cathérine Kuttinger, der grüßende Edelmann (S. 1143) ein Selbstbildnis, der Edelmann mit dem Degen (S. 1147) Jean, Callots älterer Bruder, und die Dame mit dem großen Kragen (S. 1149) Marguerite, seine jüngere Schwester.

„In den Radierungen dieser Folge“, schreibt Löffler, „ist Callot nämlich zurückgekehrt zur Darstellung eines Hintergrundes, wie er ihn in den ‚Bohémiens‘ und bis zu einem gewissen Grad auch in den ‚Balli‘ verwendet hatte. Jede Hauptfigur steht, wie wir es immer gesehen haben, auf einem erhöhten Vordergrund, indessen ist der Hintergrund diesmal jenseits dieser Bodenerhöhung tiefer unten dargestellt, womit Callot auch zur Wiedergabe aus der Aufsicht zurückgekehrt ist. Er ist hier reicher an landschaftlichen Elementen, weniger bühnenhaft als in den früheren Folgen, mit einer stärkeren Tendenz zur Vedute. Es könnte sich bei diesen Hintergründen um Darstellungen der Gegend von Nancy handeln.

Pose und Tracht kennzeichnen die Folge der ‚Noblesse‘. Callots Vergnügen am kostümlichen Detail überwiegt.“

Die kräftigen Pinselvorzeichnungen (siehe Band I, S. 494 ff.) haben mit den ausgeführten Radierungen fast nur das Thema gemeinsam. Die Platten befinden sich im Musée Lorrain in Nancy.

Die Dame mit dem kleinen Hut (vermutlich Callots Frau)
Lieure 549

Grüßender Edelmann
Lieure 550

Der Krieger mit dem großen Federhut
Lieure 551

Die Dame mit dem Muff
Lieure 552

Die Dame mit dem großen Umhang
Lieure 553

Der Edelmann mit dem Degen
Lieure 554

Der Edelmann mit der pelzbesetzten Jacke
Lieure 555

Die Dame mit dem großen Kragen
Lieure 556

Die Dame mit dem Fächer
Lieure 557

Der Edelmann mit dem umgeschlagenen Mantel
Lieure 558

Der Edelmann mit gefalteten Händen
Lieure 559

Die Dame mit der Maske
Lieure 560

5 Kupferstiche, ca. 66 x 50

Bei diesen vier Blättern, von denen Nr. 572 und 573 thematisch identisch sind, ist völlig unklar, in welchem Zusammenhang sie entstanden sind und was Callot damit beabsichtigt hatte. Die Bezeichnungen stammen von Mariette („Notes Manuscrites"), die Entstehungszeit ist umstritten: Félibien datiert sie noch in die Florentiner Zeit, Meaume um 1627 in Nancy, Lieure ebenfalls.

Bemerkenswert ist, daß Callot in zahlreichen Varianten immer wieder die verhüllten Männergestalten von der „Anbetung des Menschen" studiert und gezeichnet hat (siehe Band I, S. 513 ff.)

Der Gottesdienst; der Dämonenkult
Lieure 570/571

Die Anbetung des Menschen;
die Opfer; das Martyrium des heiligen Lorenz
Lieure 572–574

Die Belagerung von Breda

6 Radierungen

Die gewaltige Radierung, bestehend aus sechs einzelnen Platten (sie befinden sich im Musée Lorrain, Nancy), entstand auf Wunsch der Infantin Isabella; 1625 reiste Callot nach den Niederlanden.
Auf dieser Reise ist Callot wohl auch in Brüssel und Antwerpen gewesen und hat Anthonis van Dyck getroffen, der für die „Iconographie" ein Porträt des Künstlers zeichnete. Es wurde später von Lucas Vorsterman radiert (siehe S. 878).
Breda, eine befestigte Stadt in Brabant, wurde auf Befehl Philipps IV. von Spanien belagert; Moritz von Nassau, Prinz von Oranien, der für die Befreiung der Niederlande kämpfte, suchte vergebens die Belagerung durch den spanischen General Ambrosio da Spinola zu brechen. Am 2. Juni 1625 zwang Spinola mit 30 000 Mann den Prinzen zur Übergabe (Velasquez hat diese Szene auf seinem berühmten Gemälde „Die Übergabe von Breda", 1634, im Prado in Madrid, dargestellt).
Von diesem Heer hat Callot, so errechnete Sadoul, ungefähr 10 oder 20 000 Mann auf seinem Werk untergebracht. Von der Belagerung ist der Moment dargestellt, in dem die den spanischen König vertretende Infantin Isabella-Claire-Eugénie, die Statthalterin der Niederlande, in die Stadt einzieht. Spinola, rechts, den Kommandostab in der Hand, blickt auf die vorbeifahrende Kutsche der Infantin. Man sieht Truppenaufmärsche, Lagerszenen, Plünderungen. Sitzend hat sich Callot selbst dargestellt (links). Er zeichnet nach den Angaben des Ingenieurs Cantagallina, der ihm den Belagerungsplan geliefert hat.
„Die Belagerung von Breda" erschien bei Plantin in Antwerpen, es gibt eine Reihe von Briefen des Druckers an Callot (siehe Band I, S. 843 ff.). Callot hat die Radierung der Infantin gewidmet:
„Edle Dame,
die Belagerung von Breda, die durch ihre Befestigungen und Maschinen eine der größten war, welche dieses Jahrhundert und das vergangene gesehen hat, hält noch heute das Urteil der Welt in Staunen und Sprachlosigkeit. Sie muß daher allen vor Augen geführt werden, damit, bewundernswert wie sie ist, ihre Berühmtheit durch eine wahre und genaue Beschreibung erhalten bleibe. Ich habe als Vorlage die Zeichnung des Jean-François

Cantagallina benutzt, Ingenieur seiner Majestät (der sein Können glücklicherweise an diesem Hof ausübt), und die ganze Stadt und die Belagerung mit allen Ortsentfernungen beschrieben; ich habe die kurze Schilderung der Ereignisse hinzugefügt, die von einer hohen Persönlichkeit der Armee verfaßt wurde, auf das das Werk, dessen Leib somit auch eine Seele bekommen hat, sozusagen sprechen könne, was ihm Leben einhaucht, indessen noch keine Dauer verleiht: Um es unsterblich zu machen, genügt die Inschrift des königlichen Namens Eurer Hoheit als seiner Schutzpatronin. In ihrem Namen wurde das Unternehmen begonnen, in ihrem Namen ist es nun vollendet, ihrem Ruhm gebührt diese Beschreibung. Mögen alle sie lesen, sie werden sodann anerkennen, daß dieses Unternehmen eines der größten der gegenwärtigen und vergangenen Zeiten bildet.

Jacobo Callot."

„Callot beschränkt sich nicht auf die örtliche Angabe der belagerten Stadt, ihre Befestigungen, vorgeschobenen Forts, Redouten, Innenforts, Stellungen einzelner Regimenter und der Belagerungsarmee", schreibt Hermann Nasse. „Er gibt viel mehr. Er verteilt auf der geräumigen Fläche, ähnlich der ‚Impruneta', zahllose Gruppen von jeweilig besonderer Beschäftigung, schildert, obgleich schon die Einnahme der Stadt dargestellt ist, auch Vorausgehendes, einzelne Scharmützel . . ."

Tatsächlich hat Callot außer reinen Militärszenen eine Fülle von Episoden untergebracht: Plünderung, Standgericht, Bettler, Trinker, Duelle, den Einzug der Infantin, Herolde und Kavaliere, Schiffe, Häuser und Zeltlager.

„Eine wiederholte Veränderung des Augenpunktes teilt das ganze in drei abgestufte Pläne. Im Vordergrunde, der selbst dreifach abgetreppt ist, befindet sich der Beschauer unter den Gruppen. Wir sehen die Gestalten von vorne. Nach der Mitte zu nehmen die Größenverhältnisse rasch ab. Wir sehen schon in den Hintergrund, aus halber Vogelperspektive. Die Vorgänge auf dem dritten Plan schließlich sind ganz aus der Vogelperspektive gesehen, als flöge etwa der Beobachter im Luftschiff nahe über die Verschanzungen hinweg. Je weiter nach hinten, je leerer wird die Bildfläche. Das Terrain ist wenig markiert, führt aber in Abstufungen in die Tiefe. Pflanzen, Steine fehlen fast völlig. Aber bis in die weitesten Fernen ist alles bestimmbar. Jede Funktion, Stehen, Gehen, Reiten, ist klargemacht. Die verschiedenartigen Trachten, Abzeichen, Bewaffnungen sind genau angegeben. Wir erleben überall den Vorgang mit" (Nasse).

Gesamtansicht
Lieure 593

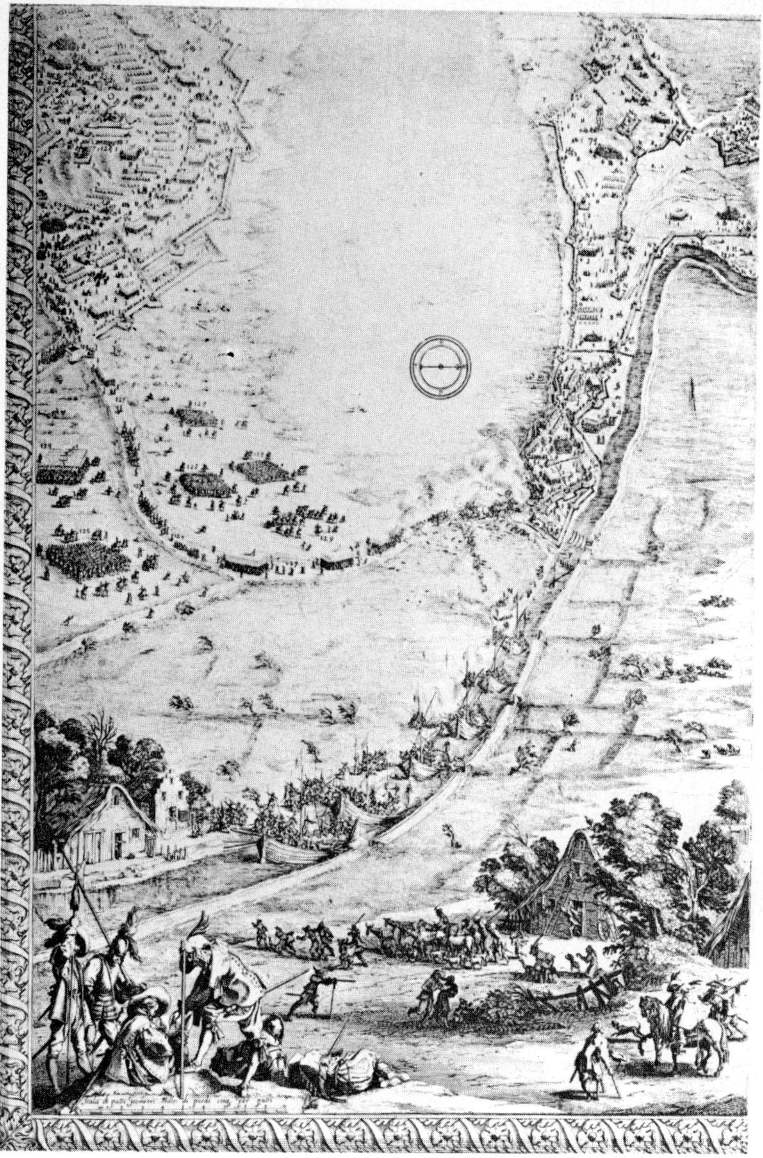

Tafel links unten. 658 x 463

Tafel unten in der Mitte. 654 x 487

Tafel rechts unten. 657 x 470

Tafel links oben. 545 x 462

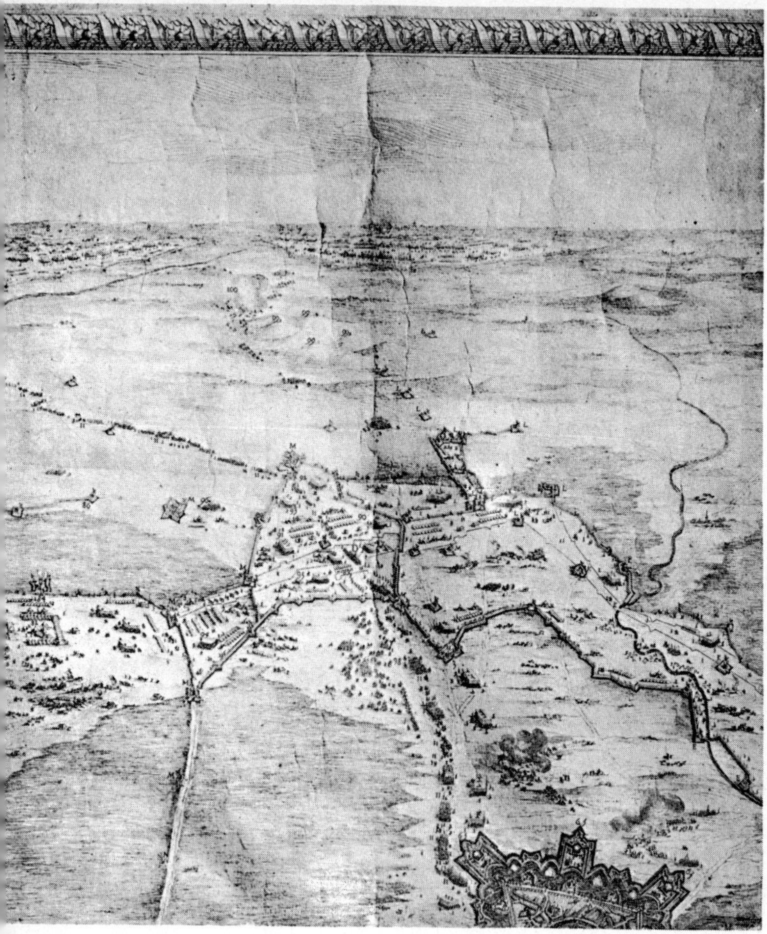

Tafel oben in der Mitte. 546 x 490

Tafel rechts oben. 547 x 467

Die Belagerung von Breda, Detail der Tafel links unten (S. 1159)

Die Belagerung von Breda, Detail der Tafel links unten (S. 1159)

Die Belagerung von Breda, Detail der Tafel unten in der Mitte (S. 1160)

Die Belagerung von Breda, Detail der Tafel unten in der Mitte

Die Belagerung von Breda, Detail der Tafel rechts unten (S. 1161)

Die Belagerung von Breda, Detail der Tafel rechts unten (S. 1161)

Lux Claustri, 1628

27 Radierungen, ca. 60 x 82

Ein Lob des Klosterlebens, der mönchischen Abgeschiedenheit und Frömmigkeit im Gegensatz zur sündenvollen Welt – eine seltsam kahle Folge von Radierungen, denen erst lange nach Callots Tod Texte beigegeben wurden, die aber sicherlich nicht auf Callots eigene Initiative zurückgehen. Die sprichwortartigen, meist recht banalen Verse des Franziscus Langlois, die die Bildsymbolik auflösen und erklären, sind bei Lieure, Band V, S. 91 ff. im ganzen Wortlaut abgedruckt. Auf dem Titelblatt ist Christus als Welterlöser mit den Heiligen Bruno, Franz von Assisi und Bernhard von Clairvaux dargestellt. Die Platten befinden sich im Musée Lorrain in Nancy.

LVX CLAVSTRI
Obedientia.
Paupertas
Castitas.
Iac. Callot fe.

Iac. Callot fe.

Links: Titelblatt; das wachsame Auge; die Kerze
Lieure 599–601
Oben: Die Hirten verteidigen ihre Herde; der Rabe und seine Jungen
Lieure 602/603

Die Tulpen und die Sonne; der Phönix in den Flammen
Lieure 604/605

Der Rabe und die Schnecke; die Schlange
Lieure 606/607

Die Katze vor dem Vogelkäfig; zwei Reiter
Lieure 608/609

Der Hirsch im Wasser; der Vogel auf der Blume
Lieure 610/611

Die Nachtigall auf dem Busch; der Adler verliert eine Feder
Lieure 612/613

Fliegender Kranich; die Meerjungfrau zwischen den Schiffen
Lieure 614/615

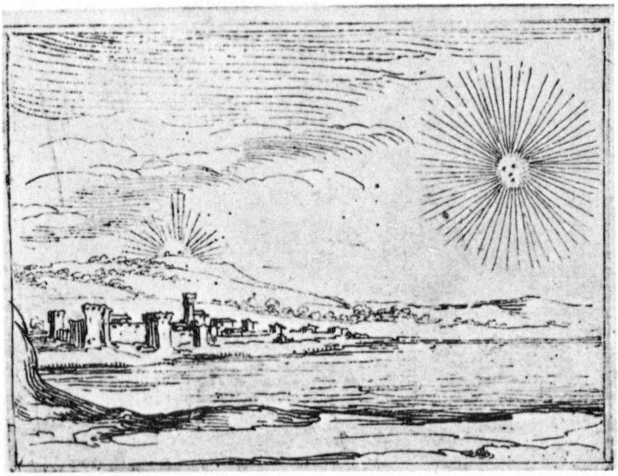

Der Krebs betrachtet die Sonne; Sonnenaufgang
Lieure 616/617

Das Grab; die Heilige am Kreuz
Lieure 618/619

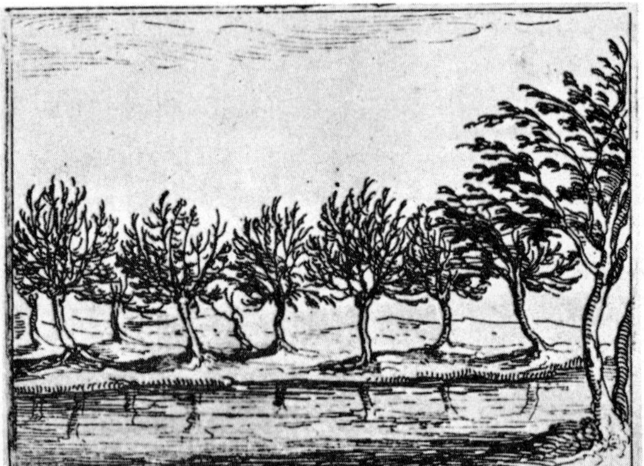

Narziß spiegelt sich im Wasser; Weidenbäume am Ufer
Lieure 620/621

Die beiden Herzen; ein Bauer prügelt seinen Esel
Lieure 622/623

Der Gärtner; Schilf im Wind
Lieure 624/625

Das Leben der Mutter Gottes, dargestellt durch Sinnbilder, 1629

27 Radierungen, ca. 62 x 82

Wie „Lux claustri“ ist auch dieses „Leben der Mutter Gottes“ kaum ein eigener Einfall Callots, sondern eine Auftragsarbeit; Lieure anerkennt sogar nur die ersten vier Blätter als Arbeiten Callots und schreibt die restlichen einem mit Callot später befreundeten Künstler namens Abraham Bosse zu, der nach Nancy gekommen war, um Callot „so rasch wie möglich nach Paris einzuladen, damit er die Belagerungen von Ré und La Rochelle (S. 1197 und 1212) steche“. Die Platten werden im Musée Lorrain, Nancy, aufbewahrt.

VITA
BEATÆ MARIÆ VIR:
MATRIS DEI EMBLE:
MATIB.⁹ DELINEATA
Callot fec.

Links: Titelblatt;
der Salamander in den Flammen; Schiff im Sturm
Lieure 626–628
Oben: Morgengrauen; der Adler und sein Junges
Lieure 629/630

Links: Der Paradiesvogel; die Weinrebe; der Geier
Lieure 631–633
Oben: Zwei Palmen; der Gärtner
Lieure 634/635

Links: die Hirschkuh; die Auster
mit der Perle; Sonnenstrahlen
Lieure 636–638
Oben: der Perlenwäscher; Löwe
und Löwenjunges, von den Jägern verfolgt
Lieure 639/640

Links: die Delphine und das
Krokodil; das Lamm sucht sein Junges; die Jägerin
Lieure 641–643
Oben: Die Hirschkuh betrauert
ihr Junges; die Löwin betrauert ihr Junges
Lieure 644/645

Links: die Taube in der Wüste; die Arche Noah; der Gärtner
Lieure 646–648
Oben: der Mann am Feuer; Regen und Sonne
Lieure 649/650

Die beiden Kronen; Nilüberschwemmung in Ägypten
Lieure 651/652

Die Belagerung der Zitadelle St. Martin auf der Insel Ré, 1631

6 große Radierungen und 4 Bordüren

Nach demselben Prinzip wie bei der „Belagerung von Breda“ gestaltete Callot auch die beiden anderen großen Belagerungen, Ré und La Rochelle; zu den sechs zusammengefügten Einzelplatten treten neu und dekorativ ergänzend die Bordüren hinzu. Komposition, Perspektive, Raumaufteilung sind jeweils verwandt.

Aus Protest gegen Richelieus Politik erklärte König Karl I. von England 1625 den Krieg gegen Frankreich und entsandte eine Flotte, die die Insel Ré an der französischen Westküste und ihre Zitadelle, St. Martin, einnehmen sollte, um den Hugenotten zu Hilfe zu kommen. Nach zweijährigem Kampf wurden die Engländer 1627 wieder vertrieben.

Callot stellt im Vordergrund seiner Radierung, die er im Auftrag des französischen Königs Ludwig XIII. anfertigte, den Herrscher und dessen Bruder, Gaston von Orleans, dar – Kardinal Richelieu, der ursprünglich auch abgebildet war, wurde vom Künstler selbst von der Platte wieder wegradiert. Was ihn dazu bewogen hat, ist nicht bekannt; immerhin war es der Kardinal, waren es französische Truppen, die 1633 die „Großen Schrecken des Krieges“ über das bis dahin autonome Lothringen, Callots Heimat, bringen sollten.

Im Schloßmuseum zu Weimar befindet sich eine Kreidezeichnung, ein Entwurf zur „Insel Ré“: „Ludwig und Richelieu zu Pferde“ (siehe Band I, S. 568).

Nasse schreibt zu dieser Belagerung: „Hier folgen wir den Ereignissen. Wir sehen, wie unter dem Kommando Ludwigs und Gastons die Truppen sich in bereitliegende halbgroße Segelschiffe begeben, wie Fässer, Kugeln, Räder, Kanonen, Lanzen, Ruderstangen, zum Teil bündelweise, in die Boote geschafft werden. Die vorderen Schiffe sind noch ohne Takelage, mehr nach der Mitte zu aber sind schon einzelne im vollen Segelschmuck im Wegsegeln begriffen. Weiterhin baut sich schließlich die ansehnliche Flottille sehr prächtiger, großer, feuernder, manövrierender Schlacht-Segelschiffe in doppelten Reihen auf. So gelangen wir zur Insel selbst mit dem stark befestigten, geschlossenen Kastell und Laufgraben. Wir landen dort mit den Truppen, die aus den Booten durch das seichte Wasser hindurch marschieren, um alsbald mit feindlicher Reiterei in Kampf zu geraten... Von höchstem malerischen Reiz sind die Segel, die vom Winde geschwellt nach der gewünschten Richtung in voller Fahrt gegeben sind. Masten und Rahen, jedes Tau fast, jedes einzelne Segel ist da. Und doch schließt sich das Ganze zu einem hier fast *impressionistischen* Bilde zusammen! Das ist eine mit den Augen eines malerisch empfindenden Künstlers gesehene Schlachtbeschreibung. Alles, auch die hier sehr energische Technik, weist gegenüber den Breda-Bildern noch einmal einen unverkennbaren Fortschritt auf. Man achte auf die Wiedergabe des anscheinend so bizarr gezeichneten Wassers. Wie da im Vordergrund sich ganz große Wellen im Winde kräuseln, dunkel gehalten, wie sie sich nach der Mitte zu in immer kleineren ‚Haken' allmählich beruhigen, wie die Ferne einen schließlich ganz hellen, zuletzt nur noch mit einzelnen wenigen waagrechten Linien angedeuteten, endlosen flimmernden Wasserspiegel gibt, bezeugt trefflich Callots scharfe Beobachtung des Wirklichen. Belagerungsbilder früherer, ja auch späterer Stecher erscheinen Callot gegenüber unendlich nüchtern."

Gesamtansicht
Lieure 654

Tafel links oben. 568 x 430

Tafel oben in der Mitte. 568 x 455

Tafel rechts oben. 568 x 445

Tafel links unten. 565 x 430

Tafel unten in der Mitte. 565 x 454

Tafel rechts unten. 565 x 446

Die Belagerung der Zitadelle St. Martin auf der Insel Ré,
Detail der Tafel links unten (S. 1203)

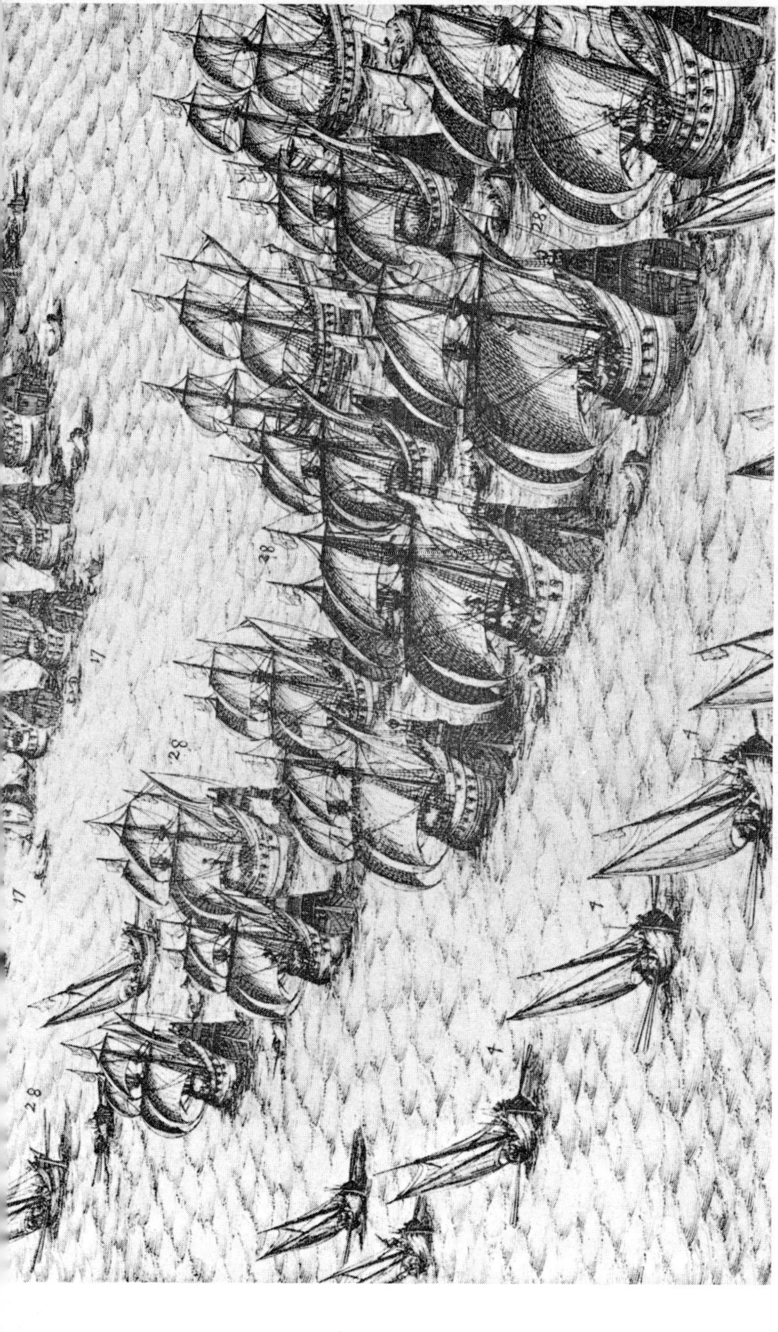

Die Belagerung der Zitadelle St. Martin auf der Insel Ré, Detail der Tafel rechts unten (S. 1205)

OBSIDIO A

RCIS SAM
LOVIS XIII. DV NOM ROY DE FRANCE ET NAVARRE

Die obere Bordüre. S. 1208: Die Ankunft des Herrn de Toyras; Bildnis Louis XIII.
Lieure 656
S. 1209: Hilfe für die Zitadelle
Lieure 657

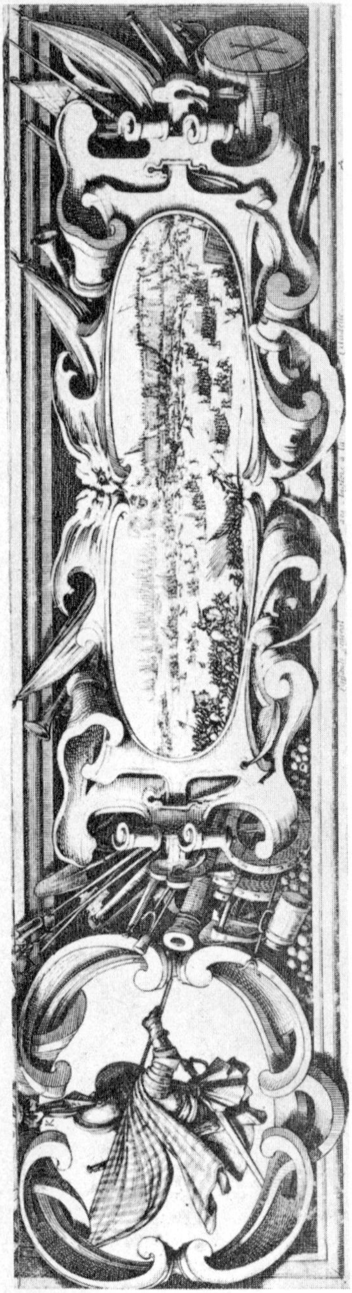

GASTON DE BOVRBON FRERE VNIQVE DV ROY

Die untere Bordüre. S. 1210: Der Angriff der Engländer; Bildnis Gaston von Bourbon
Lieure 658
S. 1211: Die Niederlage der Engländer
Lieure 659

Die Belagerung von La Rochelle, 1631

6 große Radierungen und 2 Bordüren

La Rochelle war ein Zentrum des Widerstands, die letzte Hochburg der Hugenotten. Trotz Unterstützung durch die Engländer wurde die Stadt am 29. Oktober 1628 nach dreizehnmonatiger Belagerung durch Kardinal Richelieu, vom Hunger bezwungen, eingenommen. Callots Radierung entstand als Auftragsarbeit für Ludwig XIII.

Eckhart Knab schreibt dazu: „Besonders qualitätsvoll, reich an malerischem Detail, ist die Darstellung der Seegefechte, der Schiffe, des Meeres und des Pulverdampfes. Callot wurde bei dieser Arbeit in Paris von Michel Lasne, Abraham Bosse und Israel Henriet, dem er seit 1629 die meisten seiner Platten und Verlagsrechte übergab, unterstützt. Nach dem Tode seines Vaters, der am 12. August 1630 in Nancy an der Pest starb, überließ Callot die Ausführung der Bordüren den Genannten, um sich in seine Heimatstadt zu begeben. ... Die Kupferplatten in der ‚Calcographie du Louvre'. Sie wurden 1630 bzw. 1631 von Charles de l'Orme, dem Leibarzt des Gaston d'Orléans, von Callot erworben. Callot radierte auch das Bildnis des bekannten Arztes.

Die Darstellung der Umrahmung, von links oben: ‚Les Rochelloys demandant pardon au Roy'. Von Callot die Szene (Radierung), von Abraham Bosse die Dekoration (Grabstichel). – Bildnis Ludwigs XIII. Das Bildnis selbst von Michel Lasne, Rahmung und Dekor von Abraham Bosse (Radierung und Grabstichel). – ‚L'entrée du Roy a la Rochelle'. Von Callot die Historie, Dekor von Abraham Bosse. – Von links unten: ‚Chasteau Dargencourt' (Fort vor dem Damm) und ‚Monsieur le Marechal de Schomberg, presentant les Anglois Captifz a Sa Mayeste'. Nach Callots Zeichnung von Israel Henriet oder Abraham Bosse. – Bildnis ‚Gaston de France. Frère unique du Roy', des Herzogs von Orleans und späteren Gegenspielers Richelieus. Von Michel Lasne und Abraham Bosse (Radierung und Grabstichel). – ‚Profil de la Rochelle et de la Digue' und ‚Machine de duplessis et vassal' (Deich- oder Belagerungsmaschine). Nach Callots Zeichnung von Henriet oder Bosse (Radierung und Grabstichel). – An den Seiten: lateinischer (links) und französischer Bericht (Laudationes) und Legenden."

Gesamtansicht
Lieure 655

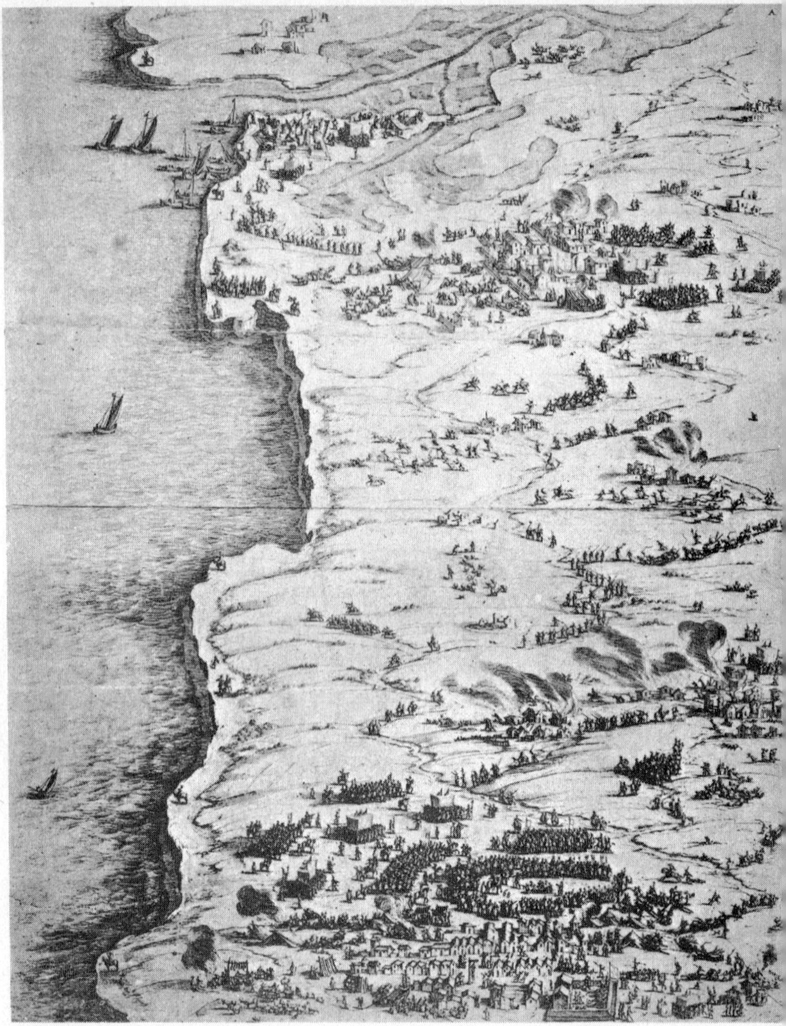

Tafel links oben. 565 x 443

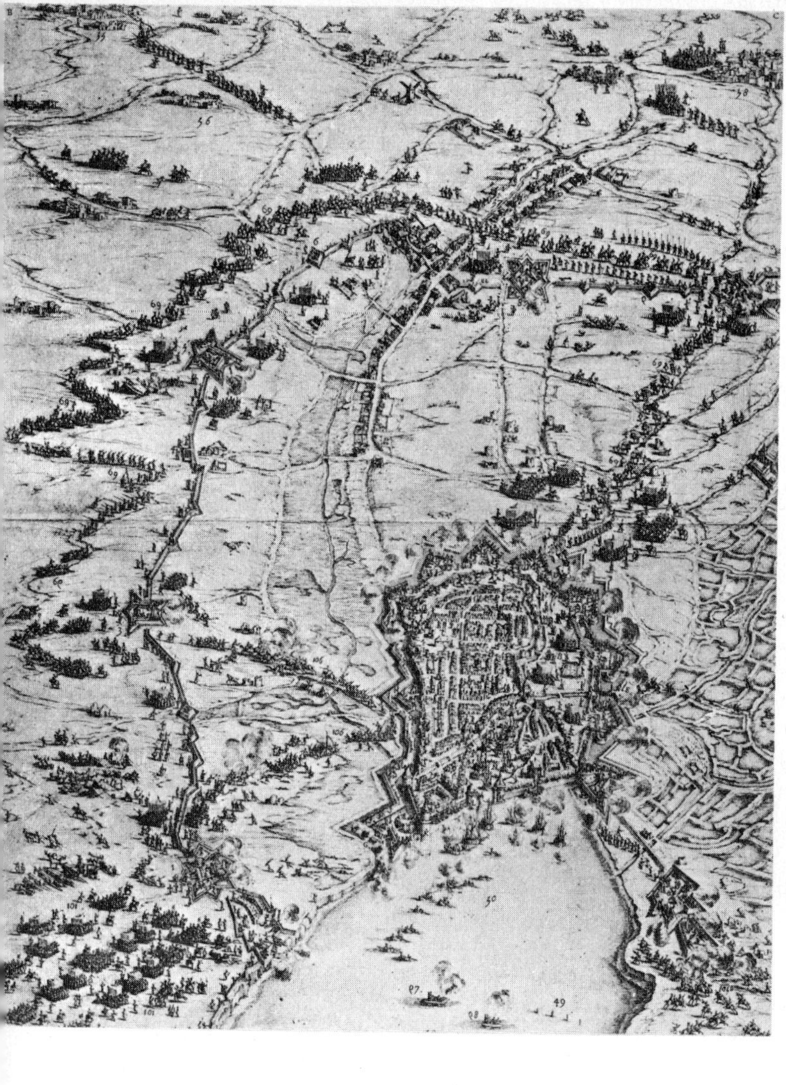

Tafel oben in der Mitte. 565 x 445

Tafel rechts oben. 665 x 444

Tafel links unten. 563 x 447

Tafel unten in der Mitte. 563 x 447

Tafel rechts unten. 665 x 444

Die Belagerung von La Rochelle,
Detail der Tafel links unten (S. 1217)

Die Belagerung von La Rochelle,
Detail aus der Tafel unten in der Mitte (S. 1218)

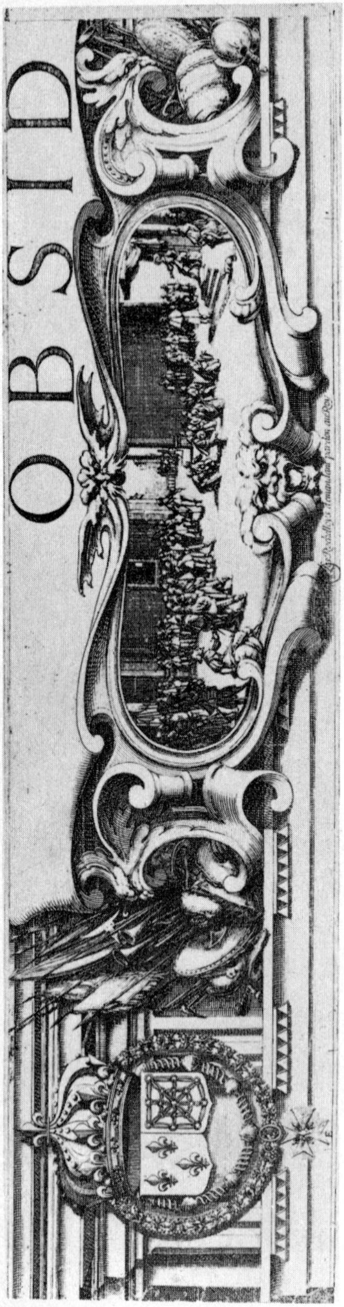
OBSID

LOVIS XIII. DV NOM
ROY DE FRANCE ET DE

Die obere Bordüre. S. 1222: Die Belagerten bitten den König um Gnade. Bildnis Louis XIII.
Lieure 660
S. 1223: Ankunft des Königs in La Rochelle
Lieure 661

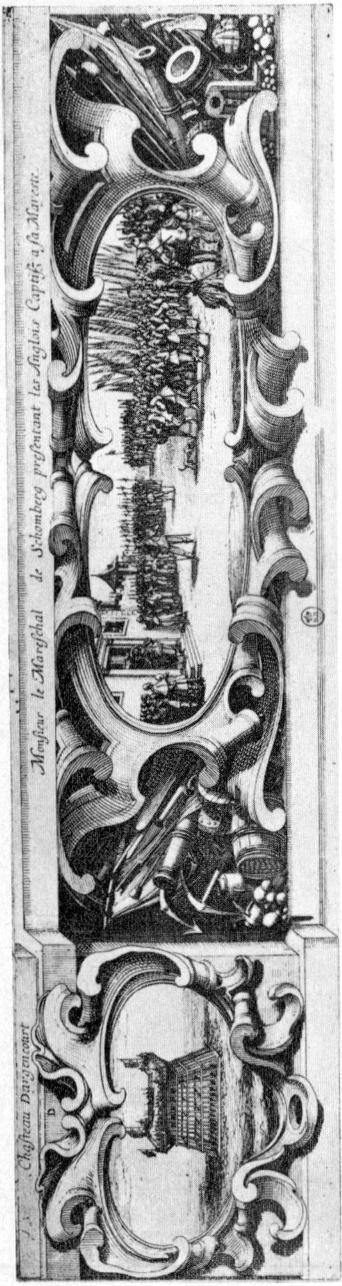
Monsieur le Mareschal de Schomberg presentant les Anglois Captifs a sa Mayeste.
Chasteau Dargencourt
D

GASTON DE FRANCE FRERE VNIQVE DV ROY

Die untere Bordüre. S. 1224: Die englischen Gefangenen werden vorgeführt; Bildnis Gaston de France
S. 1225: Ansicht von La Rochelle
Lieure 661

Die Wunder der Passion, um 1631

20 Radierungen in Medaillonform

Diese Medaillons, Szenen aus dem Leben und der Passion Christi, radierte Callot, als in Lothringen und Nancy die Pest wütete. Wahrscheinlich sollten sie gegossen und dann als Amulett gegen die Seuche verkauft und getragen werden. Abraham Bosse fügte einer späteren Ausgabe ein Titelblatt bei mit der Aufschrift: „Variae Tum Passionis Christi, Tum Vitae Beatae Mariae Virginis.“

Verkündigung; der zwölfjährige Jesus im Tempel; die Beschneidung; die Darstellung im Tempel; Himmelfahrt; Kreuzigung; Kreuzabnahme; Auferstehung
Lieure 679–686

Die Anbetung der Hirten; Elisabeth
begegnet Maria; die Anbetung der Könige; Auferstehung; Pfingsten; die Grablegung

Die Gefangennahme Christi; Christus vor Pilatus; die Dornenkrönung; die Geißelung; die Darstellung Christi vor dem Volk; die Kreuztragung
Lieure 693–698

Die Münzen, 1631

10 Radierungen

Mit dieser Serie hat Callot Bildnisse europäischer Prinzen, vor allem aus Deutschland und aus Italien dargestellt. Die Radierungen geben jeweils die Vorder- und Rückseite wieder; Gersaint gibt an, sie seien für Gaston de France, den Bruder Ludwigs XIII., bestimmt gewesen. Eine genaue Aufzählung der dargestellten Personen gibt Lieure (Band VII, S. 38 ff.). Zwei Platten, Nr. 711–720 und 791–806, befinden sich im Musée Lorrain in Nancy.

Die Münzen, Detail von Tafel 2, S. 1233

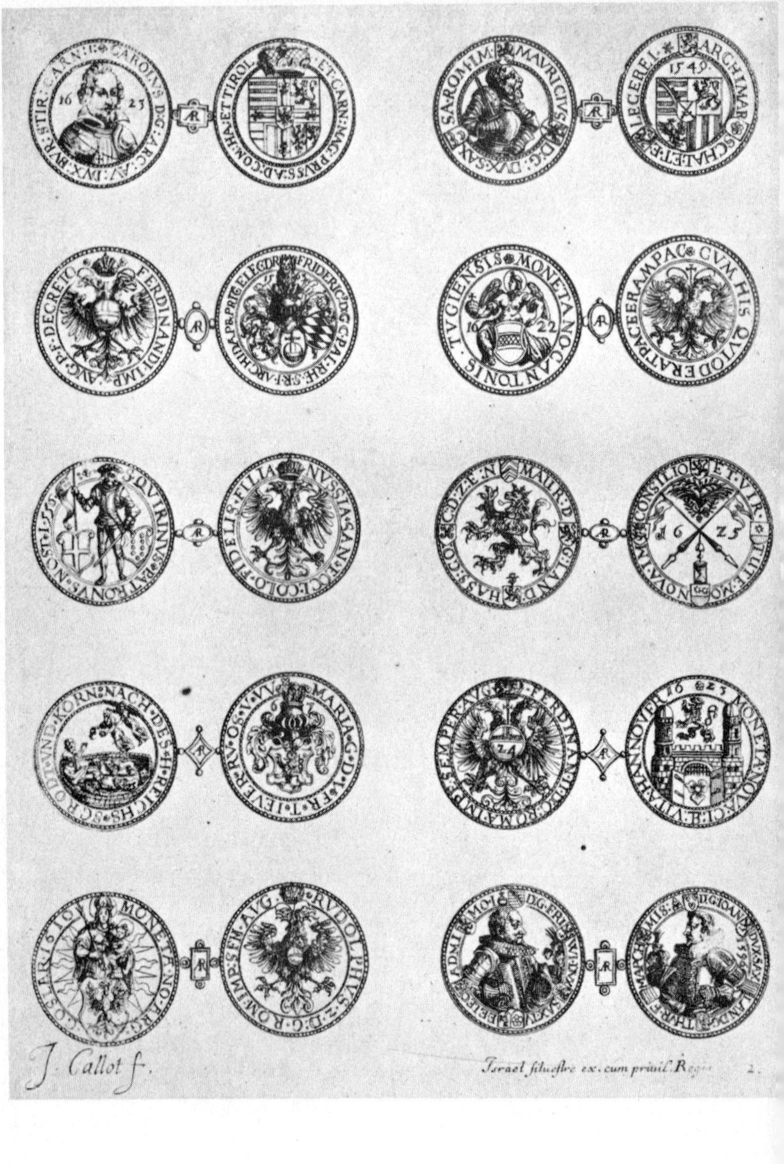

Tafel 1. 310 x 222
Lieure 701–710

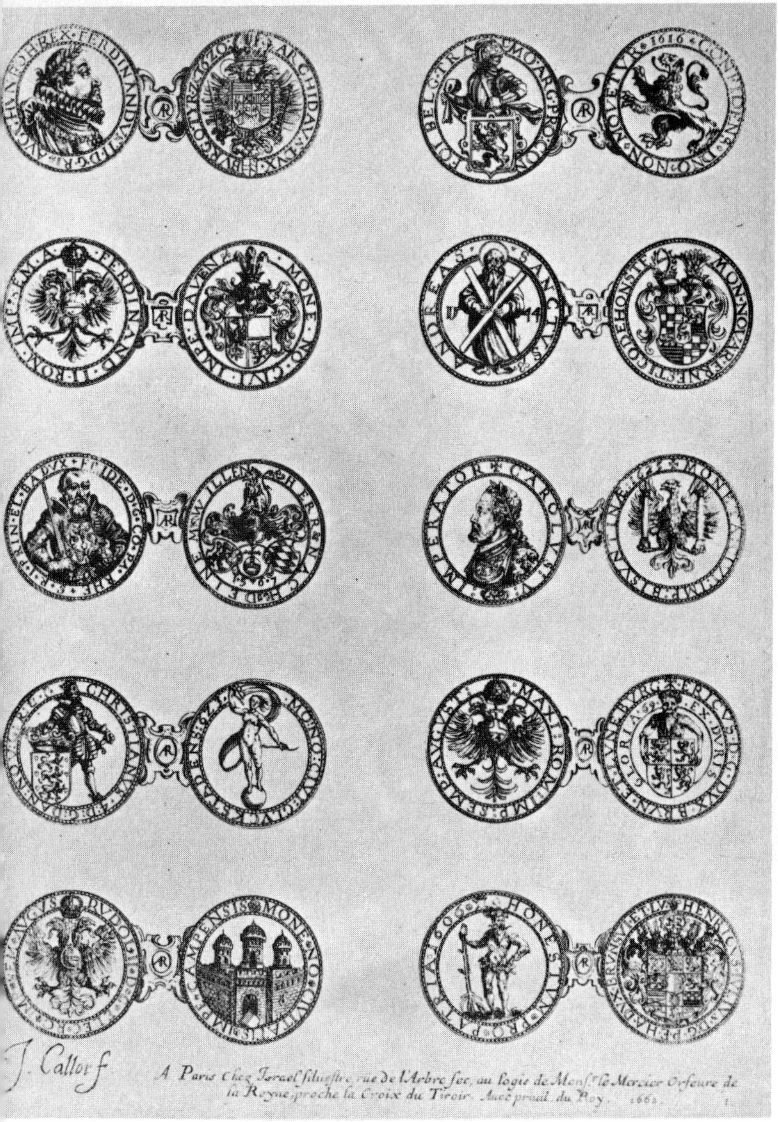

Tafel 2. 297 x 220
Lieure 711–720

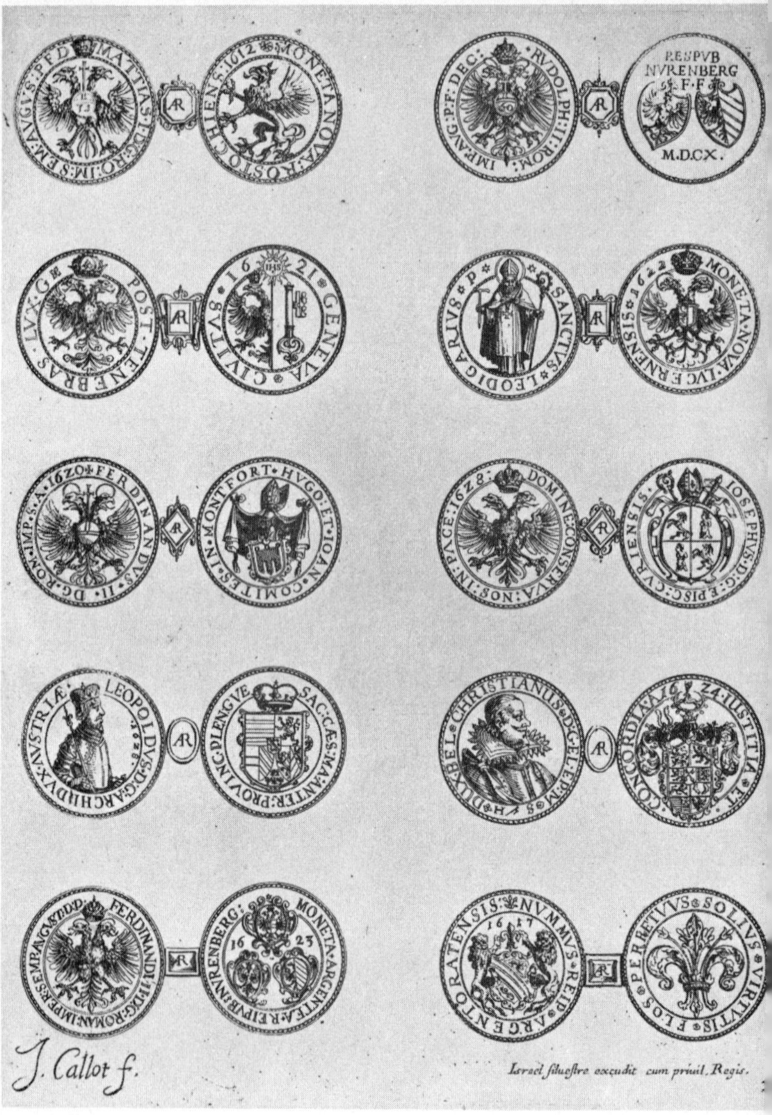

Tafel 3. 299 x 222
Lieure 721–730

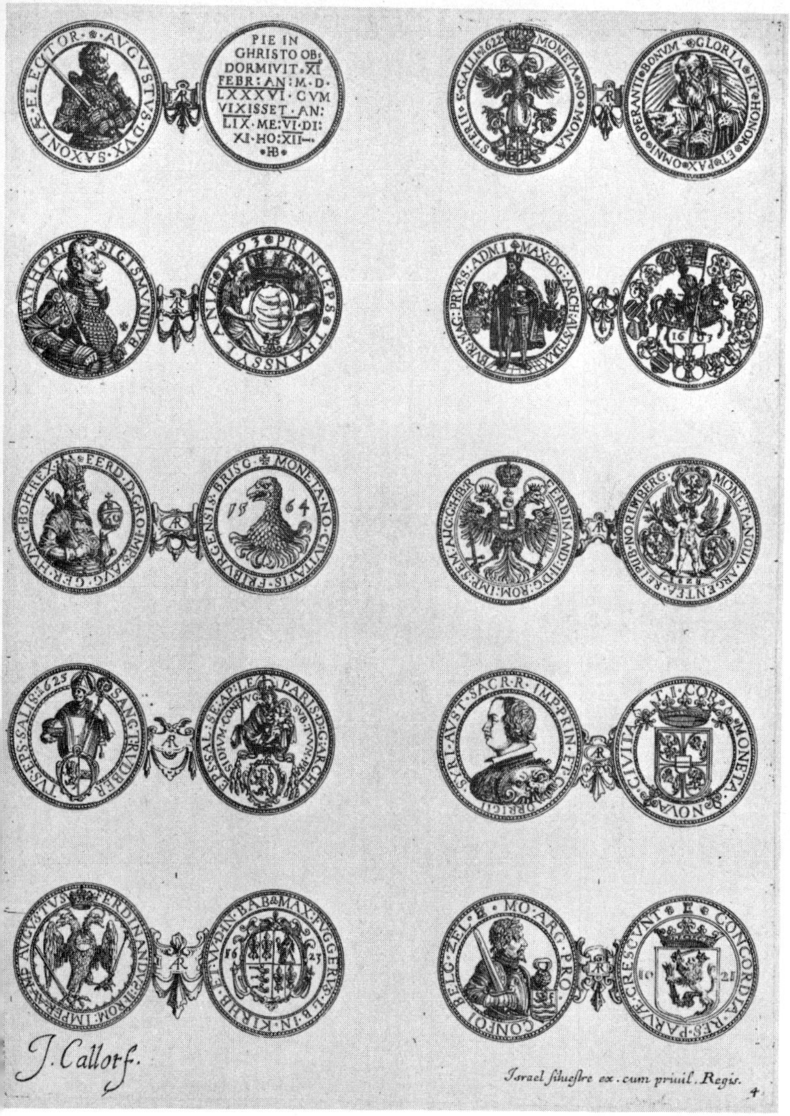

Tafel 4. 227 x 220
Lieure 731–740

Tafel 5. 299 x 221
Lieure 741—750

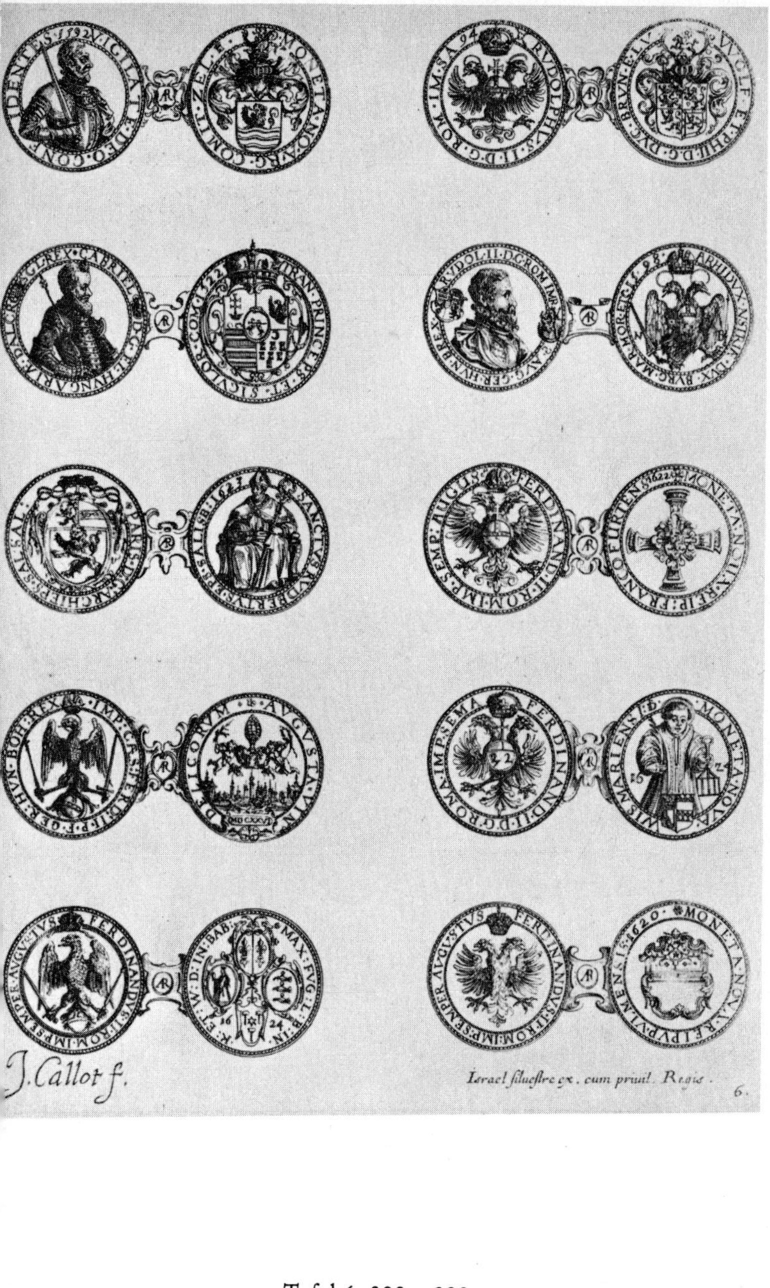

Tafel 6. 300 x 222
Lieure 751—760

Tafel 7. 280 x 210
Lieure 761–770

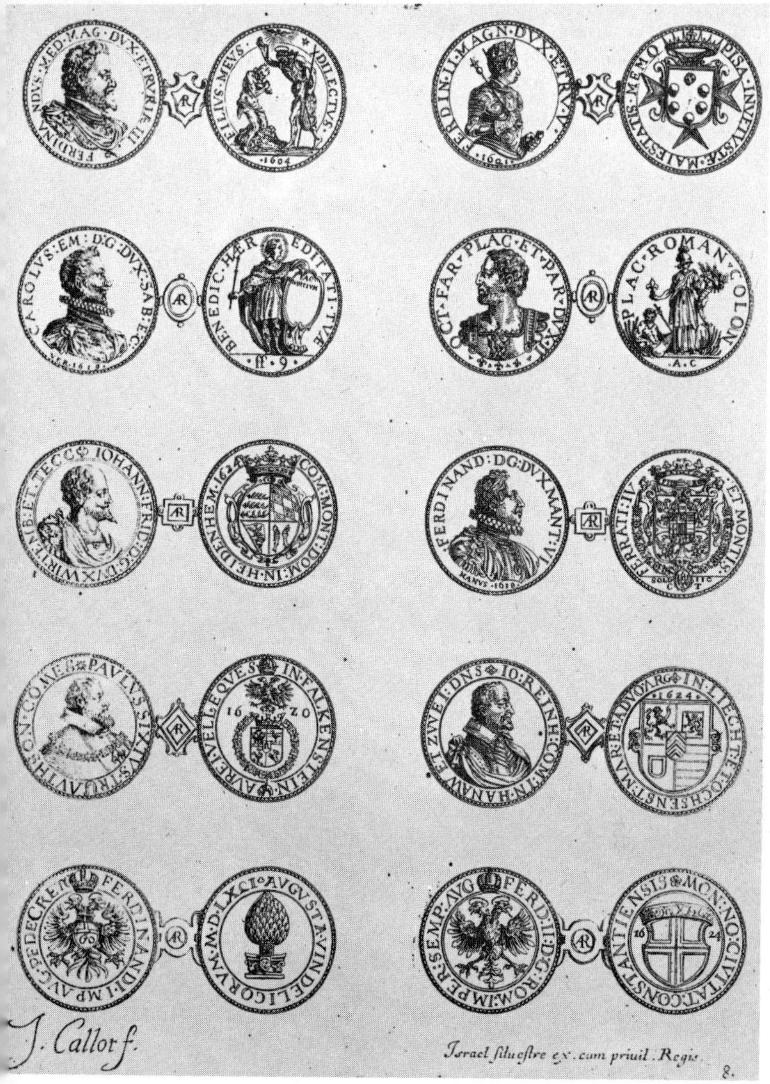

Tafel 8. 297 x 218
Lieure 771–780

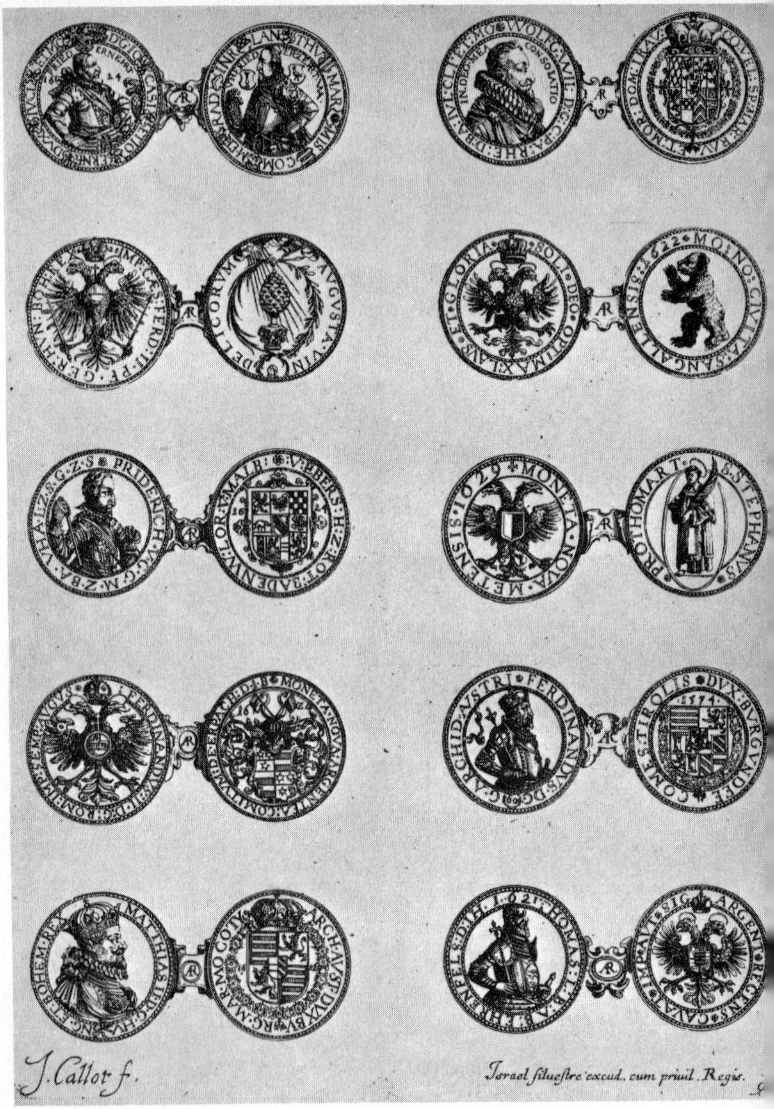

Tafel 9. 296 x 218
Lieure 781–790

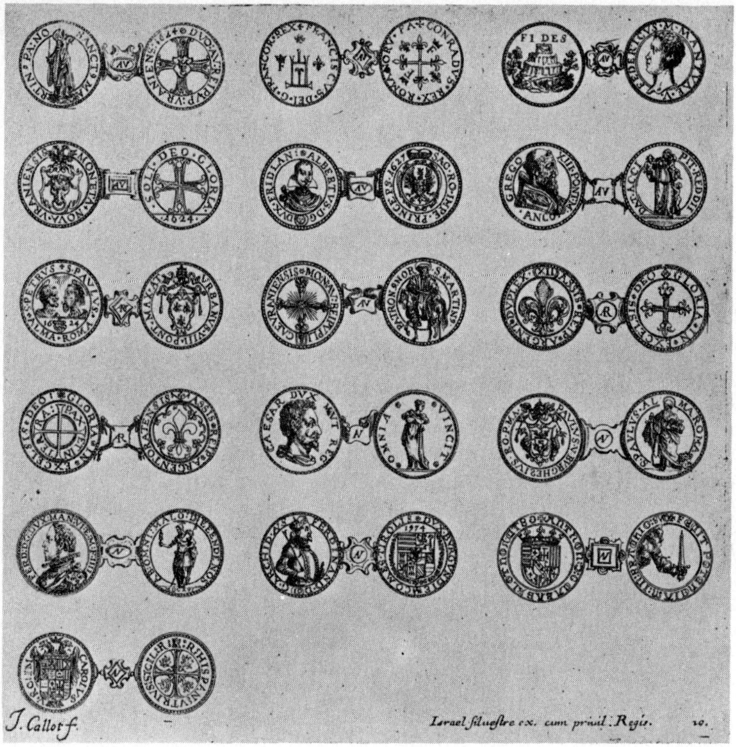

Tafel 10. 217 x 224
Lieure 791–806

Die Heiligenbilder, um 1630 beendet, 1636 erschienen

123 Radierungen mit 489 Darstellungen, 53 x 33

Die beweglichen Feste des Jahres

12 Radierungen, ca. 65 x 35

Vermutlich hat Callot sich schon bald nach seiner Rückkehr nach Nancy im Jahr 1622 mit diesen Heiligenfiguren zu beschäftigen begonnen; geplant war ein Heiligenbuch in der Art eines Kalenders mit je einer Heiligengestalt für jeden Tag des Jahres. Callot radierte 122 Platten mit je vier, insgesamt 489 Figuren (in unserer Ausgabe haben wir aus Raumgründen die Platten „zerlegt“ und nur die Figuren selbst, zwischen denen im Original mehr Zwischenraum ist, abgebildet), unter jeder ist Platz für eine Inschrift gelassen. Das Heiligenbuch ist erst ein Jahr nach dem Tode des Künstlers in Paris erschienen; sein Verleger, Israel Henriet, widmete es auf einem (von Callot nicht mehr signierten) Titelblatt Kardinal Richelieu, dem Mann also, dessen Porträt Callot von der „Belagerung der Insel Ré“ (S. 1197) gestrichen und dem er indirekt die „Großen Schrecken des Krieges“ angelastet hatte.
Henriet gedenkt nach vielen huldigenden Worten an den Adressaten auch Callots und nennt diese Tafeln „das größte und vollkommenste Werk, das jemals aus seinen Händen hervorgegangen ist“.
Das größte und auch vollkommenste Werk ist diese Serie gewiß nicht, aber eines seiner eigenartigsten. Erstaunlich ist vor allem der ungeheure Reichtum an Wissen – die Heiligenlegende ist ja festgelegt und erlaubt nur wenige Variationen in der Darstellung – und die Vielfalt. Das vorgegebene Kalenderschema und die stereotype Ovalform haben Callot nicht daran gehindert, das Ganze lebendig und abwechslungsreich zu gestalten. Unter diesen winzigen Heiligenbildern finden sich dramatische Szenen, die, jetzt in verwandelter Thematik, an Callots bühnenhaft-theatralische Anfänge erinnern: Es gibt Perspektive, Aktion, Architektur und Landschaft, bewegte Personengruppen und, neben vielen brav und schematisch gestellten Einzelfiguren auch ganz individuelle Charakterköpfe, etwa den heiligen Ro-

muald (7. Februar), den heiligen Benedikt (21. März) oder den heiligen Hieronymus mit dem Löwen (25. April). Ein genauer Katalog der einzelnen Heiligen und Begebenheiten findet sich bei Lieure (Band VII, S. 44 ff.).

Gemessen an der großen Anzahl ausgeführter Radierungen gibt es nur einige wenige Vorzeichnungen und Entwürfe zu den Heiligenbildern (siehe Band I, S. 622 ff.).

Die „Beweglichen Feste" schließen Format und thematisch unmittelbar an die „Heiligenbilder" an.

LES

IMAGES DE TOVS
LES SAINCTS ET SAINTES
DE L'ANNÉE

SVIVANT LE MARTYROLOGE
Romain.

Faictes Par Iacques Calat. Et mises en lumiere
par Israel Henriet

DEDIÉES A MONSEIGNEVR L'EMINENTISSIME
CARDINAL DVC DE RICHELIEV

A PARIS
Chez Israel Henriet.

Auec Priuilege du Roy. 1636.

Titelblatt. 216 x 125
Ohne Nr. bei Lieure

Frontispiz. 219 x 129
Lieure 807

Januar
Lieure 808–815

Januar. Je 65 x 50
Lieure 816—819

Januar
Lieure 820–828

Januar
Lieure 829–837

Januar/Februar
Lieure 838–846

Februar
Lieure 847–855

Februar
Lieure 856–864

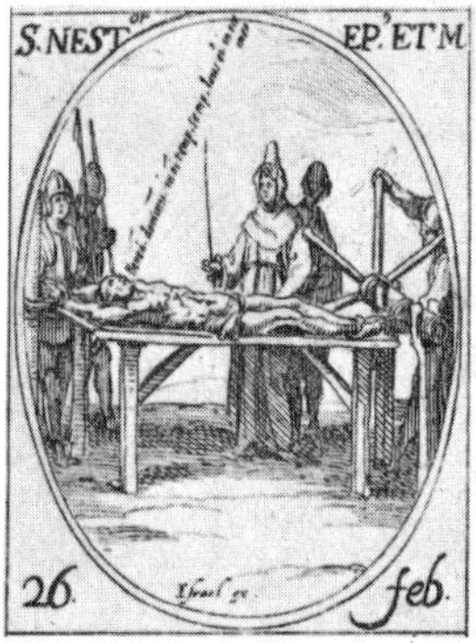

Februar
Lieure 865–873

Februar/März
Lieure 874–882

März
Lieure 883–891

März
Lieure 892–900

März
Lieure 901–909

März/April
Lieure 910–918

April
Lieure 919–926

April
Lieure 927–936

April
Lieure 937–945

April/Mai
Lieure 946–954

Mai
Lieure 955–963

Mai
Lieure 964–972

Mai
Lieure 973–981

Mai
Lieure 982–990

Mai/Juni
Lieure 991–999

Juni
Lieure 1000–1008

Juni
Lieure 1009–1017

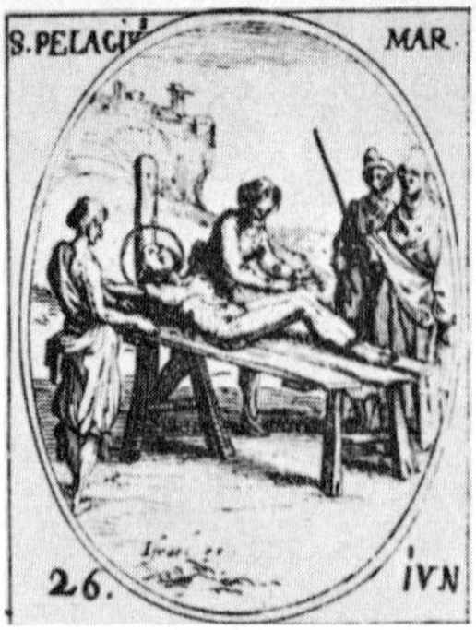

Juni/Juli
Lieure 1018–1026

Juni/Juli
Lieure 1027–1035

Juli
Lieure 1036–1044

Juli
Lieure 1045–1053

Juli
Lieure 1054–1062

Juli/August
Lieure 1063–1071

August
Lieure 1072–1080

August
Lieure 1081–1089

August
Lieure 1090–1098

August
Lieure 1099–1107

August/September
Lieure 1108–1116

September
Lieure 1117–1125

September
Lieure 1126–1134

September
Lieure 1135–1143

September
Lieure 1144–1152

September/Oktober
Lieure 1153–1161

Oktober
Lieure 1162–1170

Oktober
Lieure 1171–1179

Oktober
Lieure 1180–1188

Oktober/November
Lieure 1189–1197

November
Lieure 1198–1206

November
Lieure 1207–1215

November
Lieure 1216—1224

November
Lieure 1225–1233

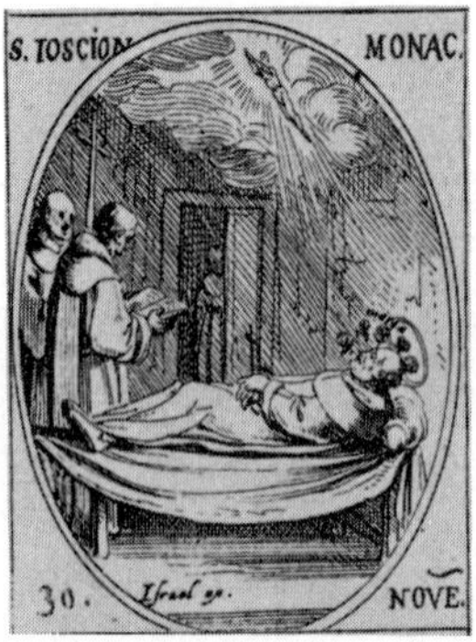

November/Dezember
Lieure 1234–1242

Dezember
Lieure 1243–1251

Dezember
Lieure 1252–1260

Dezember
Lieure 1261–1269

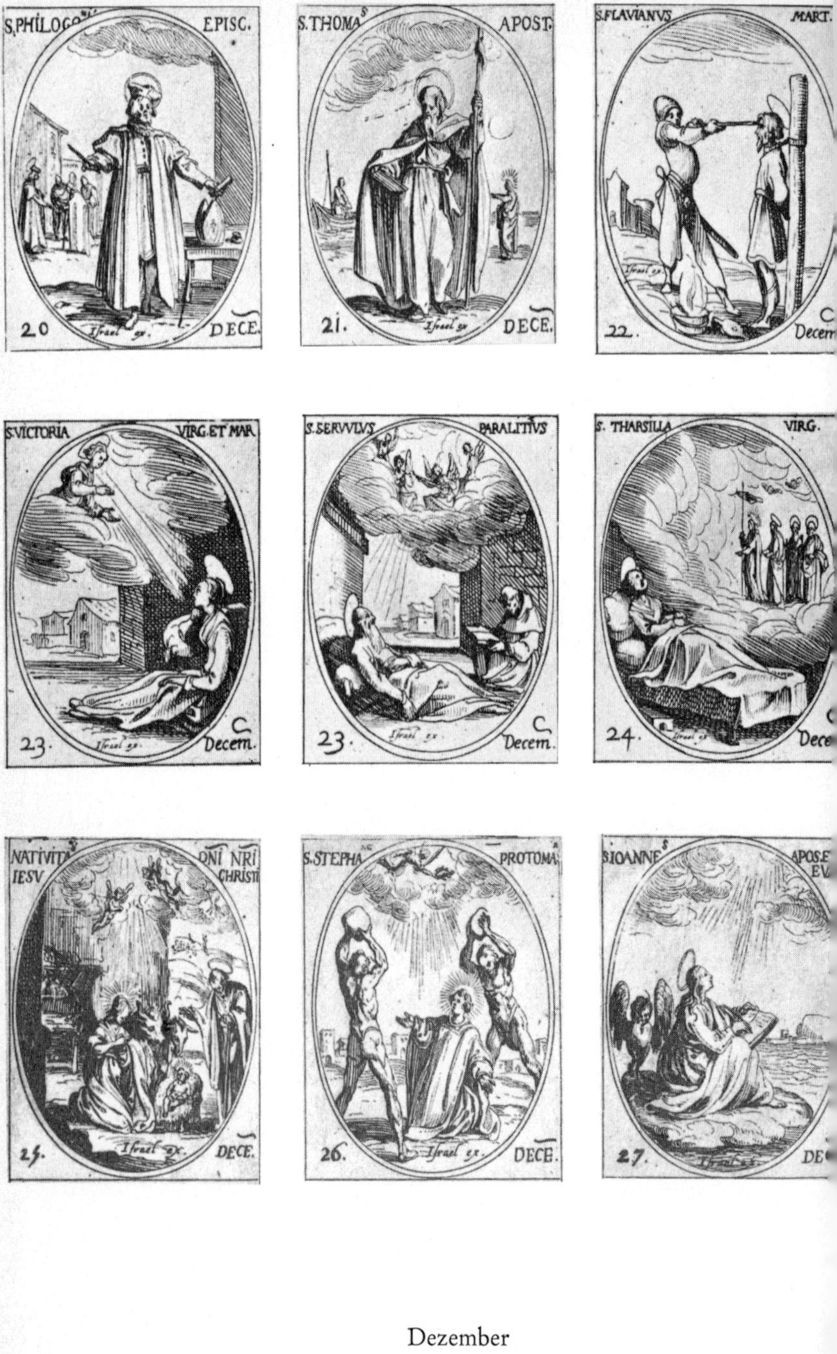

Dezember
Lieure 1270–1278

Dezember
Lieure 1279–1283

Palmsonntag; Abendmahl; Karfreitag; Ostern
Lieure 1284–1287

ASCENSIO DOMINI
Callot fecit
Qui placidus ascendit terribilis redibit. Greg. hom. 29.
Celuy qui monte auec clemence reuiendra quelque iour auec terreur.

FESTVM B.M.V.I OCT.
ROSARII. DOMINIC
PENTE COSTES
Callot Israel ex. fecit
Babtisabit vos in igne, et Spiritu Sancto. Matth. 3.
Il vous babtisera dans le S.t Esprit et le feu. S.t Mathieu. 3.
Dilecta mea posita est mihi in miraculum. Is. 21.
Ma bien aymee est mise icy cõme vn miracle pour moy.
Quid mirum si inuocata adest, quæ etiam non vocata præsto est. D. Ber. in serm.
Quelle merueille si elle assiste ceux qui linuoquent puis quelle assiste ceux qui ny pensent.

Christi Himmelfahrt; Pfingsten; Mariae Himmelfahrt;
Corporis Christi
Lieure 1288–1291

Dreieinigkeitsfest; Anbetung Mariens; Maria besiegt die Dämonen; die Marienfeste
Lieure 1292–1295

Die Grosse Apostelserie, um 1631/32

16 Radierungen, ca. 144 x 93

Diese Serie erinnert vom Typus her an die „Bettler“ (S. 1107 ff.): Groß, fest konturiert gestochen und nahezu ohne perspektivischen Bezug zum Hintergrund stehen die Figuren im Raum. Jede Apostelgestalt trägt ihr Attribut, dahinter sind klein, aber dramatisch bewegt, Szenen aus ihrem Leben und Martyrium dargestellt.

Christus: rechts die Kreuzigung, links die Auferstehung; Maria: rechts die Flucht nach Ägypten, links die Himmelfahrt; Petrus: links hinten der Gang auf dem Wasser, davor die Schlüsselübergabe, rechts die Kreuzigung; Paulus: links die Bekehrung, rechts die Enthauptung; Andreas: rechts die Predigt, links die Kreuzigung; Jakobus: rechts die Geißelung, links die Enthauptung; Johannes der Evangelist: links Johannes auf Patmos, rechts der Tod im heißen Öl; Jakobus der Jüngere: rechts der Sturz vom Tempel, links der Tod durch Erschlagen; Thomas: rechts der Apostel berührt die Wunde Christi, links der Tod durch Erstechen mit zwei Lanzen; Philippus: links der Kampf mit dem Drachen, rechts die Kreuzigung; Bartholomäus: links die Vertreibung der Dämonen, rechts die Schindung; Matthias: links der Apostel zu Füßen Christi, rechts der Tod durch die Hellebarde; Simon: links die Predigt, rechts der Tod auf dem Querbalken; Matthäus: rechts der Apostel wird von der Wolke verhüllt, links die Enthauptung; Thaddäus: rechts die Taufe eines Christen, links die Hinrichtung durch Lanze und Beil.

Die statuarische Ruhe der Hauptfiguren kontrastiert stark mit dem lebhaften Geschehen im Hintergrund; merkwürdig ist auch der Gegensatz zwischen der absoluten Leere im Hintergrund der oberen Blatthälfte und der Fülle und Vielfalt unten.

Israel Henriet brachte die „Apostel“ 1631 in Paris heraus und hat auch seinen Namen auf den Platten vermerkt: „Israel excudit.“

Vorzeichnungen zu den „Aposteln“ siehe Band I, S. 576 ff.

SALVATORIS BEATÆ
MARIÆ VIRGINIS SANC-
TORVM APOSTOLORVM
ICONES
A I. Callot Inuentæ sculptæ, et a Israele
amico suo in lucem editæ.
A PARIS
Auec Priuilege du Roy, de l'année 1631

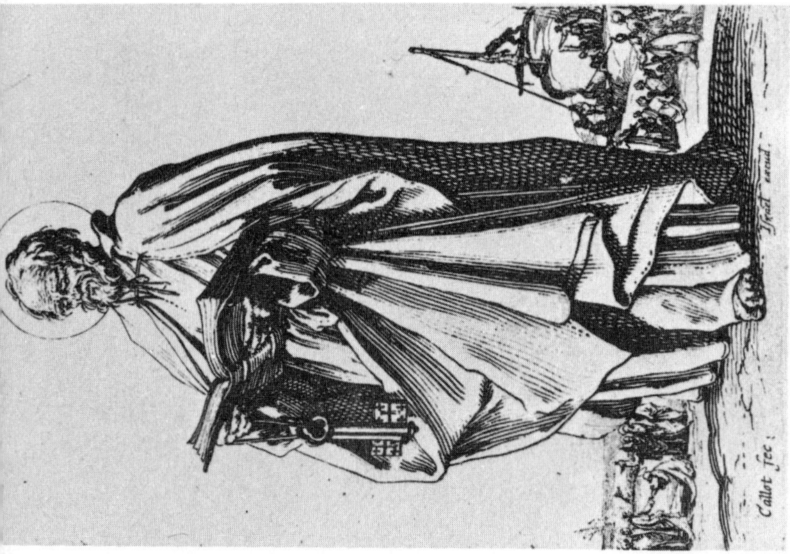

Maria; der heilige Petrus. Lieure 1299/1300

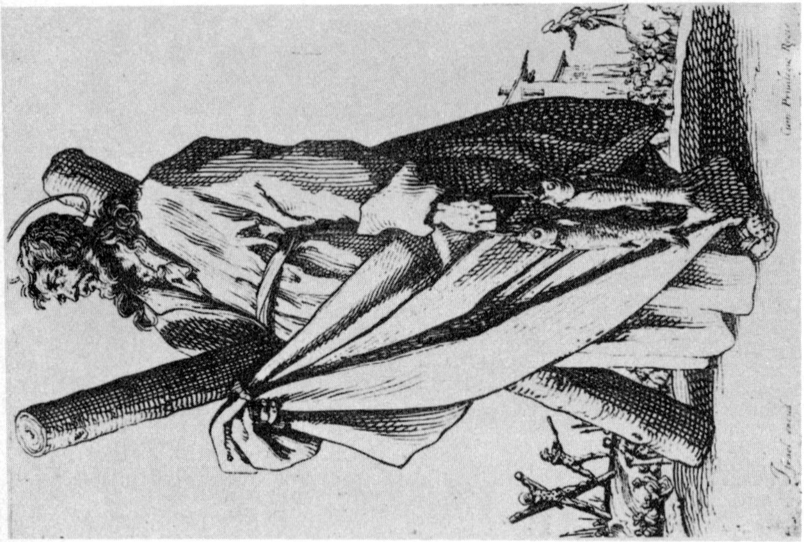

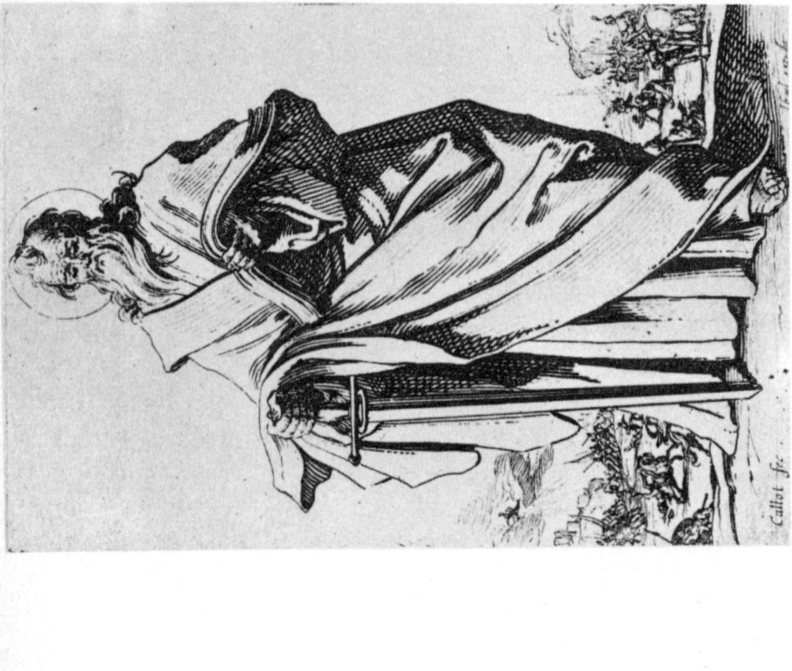
Callot fec.

Der heilige Jakobus d. Ä.; Johannes der Evangelist. Lieure 1303/1304

Israel excud.
Cum Priui. Reg.

Israel excud.
Cum Priui. Reg.

Der heilige Philippus; der heilige Bartholomäus. Lieure 1307/1308

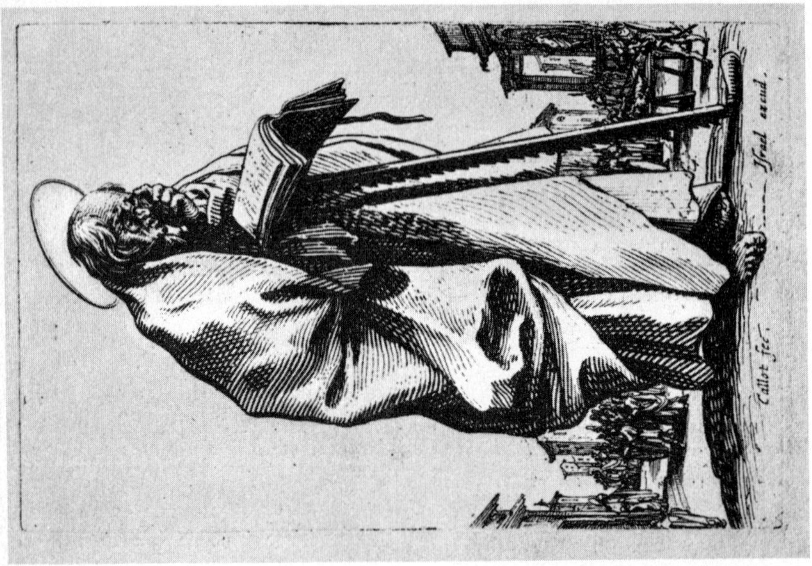
Callot fec.
Israel excud.

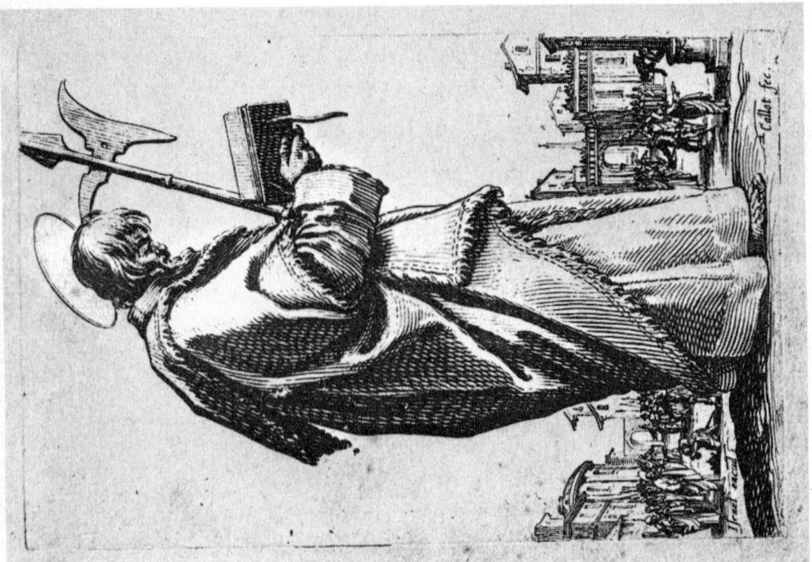
Callot fec.
Israel excud.

Der heilige Matthäus; der heilige Thaddäus. Lieure 1311/1312

Die Büsser, um 1632

6 Radierungen, ca. 63 x 43 bzw. 42 x 66

Diese kleine Folge ist zeitlich nicht genau einzuordnen und offenbar unvollständig geblieben. Ternois datiert die drei Skizzen dazu um 1632 (siehe Band I, S. 697). Vermutlich ist Callot während der Arbeit an den Radierungen gestorben. Israel Henriet hat die fertigen Blätter zusammengefaßt und veröffentlicht, Abraham Bosse fertigte ein Titelblatt an. Die Platten befinden sich im Musée Lorrain in Nancy.

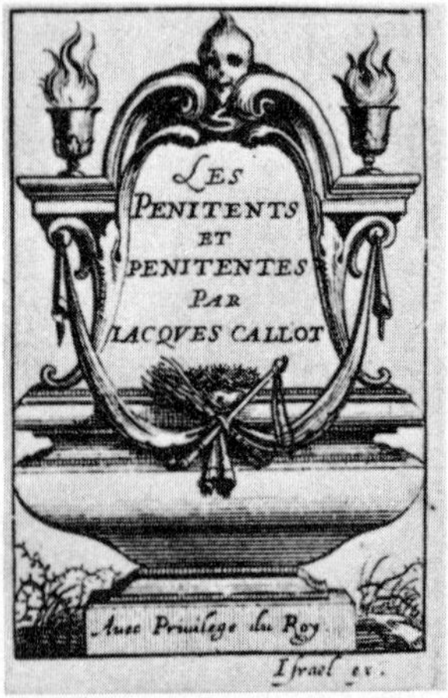

Oben: Titelblatt
Ohne Nr. bei Lieure

Rechts: Johannes der Täufer; büßende Magdalena; Tod der Magdalena; der heilige Hieronymus; der heilige Franziskus
Lieure 1315–1319

S. Ioannes.
Callot fe. Israel ex.
Cum priuileg. Regis.

Callot fe. Israel ex.
S. Magdalena.
Cum priuileg. Regis.

Callot fe. Israel ex.
Mors Sanctæ Magdalenæ.
Cum priuileg.

Callot fe. Israel ex.
S. Hieronimus.
Cum Priuilegio Regis.

Callot fe. Israel ex.
S. Franciscus.
Cum Priuilegio Regis.

Militärische Übungen, 1635 erschienen

13 Radierungen, ca. 61 x 81

Mit dieser Serie greift Callot zur kleinstmöglichen Form, Personen darzustellen, eine Manier, die er schon bei den höfischen Festszenen gern gewählt hatte. Dort allerdings hat er Strichmännchen gezeichnet und radiert, abstrakte, chiffrenhafte Figürchen; die Soldaten der „Militärischen Übungen" könnte man vergrößern, auch mit der Lupe betrachtet sind es anatomisch und in der Proportion „richtige", mit individueller Gestik ausgestattete Menschen.
Die Komposition ist, bis auf die beiden letzten Blätter, ganz schematisch: je drei Figuren in der leeren Blattmitte symmetrisch angeordnet, jedoch trotz gleicher Tätigkeit in verschiedenen Positionen.
Die Kanone hatte es Callot offenbar besonders angetan. Neben zwei kleinen Kreideskizzen der Soldaten hat er sie gleich drei Mal gezeichnet (siehe Band I, S. 610 f.).

Titelblatt
Lieure 1320

Übung ohne Waffen; Übung mit der Trommel
Lieure 1321/1322

Cum Priuile Reg. Israel excudit

Cum Priuale Reg. Israel excudit

Cum Priuile Reg. Israel excudit

Links: Übung mit der Hellebarde; Übung
mit aufgerichteter Lanze; Übung mit waagerechter Lanze
Lieure 1323–1325
Oben: Übung mit der Büchse – die Handhabung;
Übung mit der Büchse – das Schultern
Lieure 1326/1327

Cum Priuile Reg. Israel excudit

Cum Priuile Reg. Israel excudit

Cum Priuile Reg. Israel excudit

Links: Übung mit der Büchse – die Vorbereitung zum Schießen;
der Schuß; Übung an der Kanone – Vorbereitung zum Schuß
Lieure 1328–1330
Oben: Übung mit der Kanone – das Laden; der Schuß
Lieure 1331/1332

Die Kleinen Schrecken des Krieges, 1635 erschienen

6 Radierungen, ca. 54 x 115

Breda, Île de Ré, La Rochelle – drei Schlachten, die Callot in der Radierung festgehalten hat; auf ihnen finden sich kriegerische Szenen, marschierende Bataillone, auch Greuel, Plünderung und Erschießung. Aber der Künstler hatte die Schlacht selbst nie miterlebt, er blieb nachträglicher Chronist und zudem Chronist aus der Sicht des Siegers. Mit den „Militärischen Übungen" (S. 1314 ff.) radierte Callot winzige Krieger, höfische Kavaliere, die elegant die Waffen handhaben. Früher, in der Florentiner Zeit, gab es Kampf nur als Turnier, als spielerisches Abmessen der Kräfte oder auch als Liebes- und Schönheitskrieg.
1631 brach der Dreißigjährige Krieg in seiner ganzen Grausamkeit und Härte über Lothringen herein. Herzog Karl IV. und Gaston von Orleans hatten allzu lange den mächtigen Kardinal Richelieu provoziert („roter Esel" war er auf Flugblättern genannt worden), das Heer Ludwigs XIII. rückte ein. Ein zweiter Angriff erfolgt 1632, denn Karl weigerte sich, die abgeschlossenen Verträge auch einzuhalten; 1633 fiel Nancy.
Ludwig, in dessen Auftrag Callot die großen Belagerungen von Ré und La Rochelle geschaffen hatte, gab ihm nun die, wie er glaubte, ehrenvolle Aufgabe, auch Nancys Fall zu radieren. „Lieber haue ich mir beide Daumen ab!" soll Callot erwidert haben. Sicher überliefert ist seine höfliche, aber entschiedene Weigerung: „Ich bin Lothringer, Sire, und ich glaube, daß ich nichts gegen die Ehre meines Herzogs und meines Landes tun darf." Der Mann, der die Mediceer devot umworben, sich dann in Nancy den Ruf eines „homme du coin du feu", eines Stubenhockers, erworben und in den Diensten des französischen Königs gearbeitet hatte, zeigte angesichts des Krieges und seiner Folgen einen persönlichen Mut und Stolz, den der König auch entsprechend achtete. Callot hat jedoch trotz verschiedener Angebote nie wieder für Ludwig gearbeitet und auch eine Pension von dreitausend Franken zurückgewiesen.
Die Folge, die unvollendet blieb, wurde erst nach Callots Tod publiziert. Die Platten befinden sich im Musée Lorrain in Nancy.

Titelblatt; das Lager
Ohne Nr. bei Lieure / 133

Der Überfall auf der Landstraße; die Zerstörung eines Klosters
Lieure 1334/1335

Plünderung und Verbrennung eines Dorfes; die Rache der Bauern
Lieure 1336/1337

Das Krankenhaus
Lieure 1338

Die Grossen Schrecken des Krieges, 1633 erschienen

18 Radierungen

Als „Schrecken des Krieges“ wurde Callots Serie berühmt; aber er hat sie im Titel (meist unterschlagen, wenn das Werk zitiert wird) auch ausdrücklich „les malheurs“, den Jammer, das Unglück des Krieges genannt. Es ging ihm nicht nur um die Sensation, die Hängen, Rädern, Foltern dem Kriegsberichterstatter als effektvolle Themen lieferten. Er zeigte auch das Unglück am Rande, den beichtenden Delinquenten, das nächste Opfer der schauerlichen Hinrichtung (rechts auf dem Blatt „die Gehenkten“) oder die Sterbenden auf der Landstraße. Die Verse sind nicht von Callot, sondern vom Abt Michel de Marolles, einem Gelehrten und Sammler, verfaßt. Die Platten befinden sich im Musée Lorrain in Nancy.

Ludwig XIII. verließ Nancy nach vier Tagen wieder. Wenn er die Weigerung Callots, seinen Triumph zu verherrlichen, übelgenommen hat, dann wußte er das geschickt zu verbergen. „Der König akzeptierte die Entschuldigung und sagte, der Herzog von Lothringen könne sich glücklich schätzen, solch treu ergebene Untertanen zu besitzen“, berichtete Félibien. Vielleicht hat diese tolerante Haltung des Königs den Künstler dazu bewogen, als letztes Blatt der „Miséres“ die Großmut der gabenverteilenden Gerechtigkeit, eine Allegorie auf den Herrscher, anzufügen — eine Szene, die bei den „Kleinen Schrecken“ noch fehlt.

„Callot ist der erste moderne Künstler, der anstatt der Kraftentwicklung des Kampfes, der Poesie des Mutes und der Todesgefahr programmatisch das Grauen und Elend des Krieges dargestellt hat“, schreibt Levertin. „Auch nach seiner Zeit ist diese düstere Auffassung in dem doch von den Greueln des professionellen Mordens so heimgesuchten 17. Jahrhundert nicht häufig ... Der außerordentliche Künstler, der fast zwei Jahrhunderte später denselben Gegenstand, Gesichtspunkt und Titel für einen verwandten Zyklus Radierungen wieder aufnahm und überhaupt Callots wahrer Nachfolger ist, wenn er ihn auch an dunkler und leidenschaftlicher Phantastik übertrifft, der Spanier Goya, schuf in seinen berühmten „Los desastres de la guerra“ in gleicher Weise, aus seiner Empörung in einem von fremden Truppen besetzten Lande.“

LES
MISERES ET LES
MAL-HEVRS
DE LA GVERRE.
Representez Par IACQVES CALLOT
Noble Lorrain.
ET mis en lumiere Par ISRAEL
son amy.
A PARIS
1633.
Auec Priuilege du Roy

Titelblatt. 95 x 190

Was Plutos unablässig hehlt in seinem Schacht,
Metall, das gleicherweise Krieg und Frieden macht,

das läßt den Krieger, der nicht scheut Gefahr und Mühen,
aus seiner Vaterstadt in fremde Lande ziehen.

Fernhin verschifft, reiht er dem Heeresbann sich ein.
Wider das Laster muß er stark gewappnet sein.

Die Anwerbung der Truppen. 81 x 187
Lieure 1340

Was Mars auch weiß an harten Stößen zu versetzen,
an Schlägen allzumal, die manchen grob verletzen,

so ficht das nicht den Mut des Unerschrocknen an,
der ohne Wanken den Gewittern trotzen kann

und der, um sich den Ruhm des Kriegers zu erwerben,
mit seiner Feinde Blut muß seinen Lorbeer färben.

Die Schlacht. 82 x 186

Der Gastlichkeit zum Hohn gibt diese rohe Meute
gemeinem Wirtshausraub den schönen Namen Beute.

Um nicht zu zahlen, fangen, Feinde aller Ruh,
sie Streit an, stehlen gar die Töpfe noch dazu,

wollen am fremden Gut ihr jähes Mütchen stillen,
hat man gelabt sie und bedient nach ihrem Willen.

Die Plünderung. 82 x 187
Lieure 1342

Die Schurken tun sich noch mit ihren Streichen groß,
verheeren alles rings und lassen nichts mehr los,
der eine foltert, bis sie ihm das Gold verraten,
der andre stachelt auf zu tausend Missetaten,
und insgemein vergehn sie sich an alt und jung
mit Diebstahl, Raub, Mord, Vergewaltigung.

Die Plünderung auf einem Bauernhof. 83 x 187

Die Plünderung auf einem Bauernhof, Detail

Die nur von Mars und seinen bösen Taten leben,
seht, welche Lehren sie den armen Bauern geben,

sie legen sie in Fesseln und ihr Dorf in Brand,
machen vor ihren Augen noch ihr Vieh zuschand,

und da nicht Pflichten noch Gesetzesfurcht sie spüren,
so kann sie auch kein Schrei und keine Träne rühren.

Zerstörung und Verbrennung eines Dorfes. 82 x 187

Zerstörung und Verbrennung eines Dorfes, Detail

Wie sie barbarisch hier und lästerlich sich mühen
als wahre Teufel, die vor Gier und Tollheit sprühen,

sie plündern, brennen, reißen die Altäre ein,
verhöhnen alle, die sich fromm dem Himmel weihn,

und zerrn die armen Jungfraun aus den heiligen Wänden,
um frech sie zu entführn und elendig zu schänden.

Die Zerstörung eines Klosters. 82 x 186

Am abgelegnen Ort, wo keine Menschen wohnen,
in Wäldern, weit entfernt von Militärstationen,

dort finden diese Raub- und Mordgeselln sich ein,
mit allzeit blutiger Hand erpicht auf Dieberein,

besessen ganz und gar vom grausamen Bestreben,
den Reisenden zu nehmen Ehre, Gut und Leben.

Der Überfall auf die Kutsche. 82 x 187
Lieure 1346

Israel ex. Cum Priuil. Regis
Apres plusieurs excez, indignement commis
Par ces gens de neant de la gloire ennemis;
On les cherche par tout, auec beaucoup de peine,
Et le Preuost du camp au quartier les rameine,
Affin d'y receuoir comme ils l'ont merité;
Vn chastiment conforme a leur temerité.
9

Nachdem sie manche schnöde Missetat begangen,
versuchet man mit Fleiß, die Schändlichen zu fangen.

Nichtswürdig, ohne Ruhm, sieht man die Bösen hier,
wie sie der Feldprofoß verbringt ins Standquartier.

Schon lauert das Gericht, die Strafe wird entsprechen
den allzulang verübten schrecklichen Verbrechen.

Die Entdeckung der Übeltäter, Detail

Die großen Hauptleut waren wohl aus guten Gründen
so klug gewesen, diese Strafen zu erfinden

für Lästerzungen frech und Müßiggänger faul,
für pflichtvergeßne Schurken, Zank- und Lügenmaul.

Das böse Beispiel ihrer lasterhaften Taten
macht manchen andern sonst noch schlaff und ungeraten.

Der Wippgalgen. 83 x 191

Der Wippgalgen, Detail

Uns zeigt das Diebsgesindel, das hier dicht gedrängt
wie unheilvolles Obst an einem Baume hängt,

daß das Verbrechen selbst (verrufne, finstre Sache)
schon sei ein Instrument der Züchtigung und Rache;

denn früher oder später stellt den Bösewicht
ein unerbittlich Los vors himmlische Gericht.

Die Gehenkten. 81 x 186

Die Gehenkten, Detail

Die sich vom Geist der Bosheit lassen übermannen,
die ihre Pflicht versäumen, herrschen als Tyrannen,

das Recht verletzen gar, sich nur am Bösen freun,
auch die Verräter, die nicht List noch Mühe scheun,

im Lager blutigen Aufruhr tausendfach zu schaffen,
entgehn der Strafe nicht; sie richtet man mit Waffen.

Die Erschießung. 50 x 186

Die sind dem Himmel feind, die frech sich widersetzen
den frommen Regeln und den göttlichen Gesetzen,

die plündern und verheeren, legen auch in Brand
des wahren Gottes Tempel, sich zur ewigen Schand.

So muß man sie nun selbst zum Feuertod verdammen,
es sühnt ihr Leib die Tat als Opfer in den Flammen.

Der Scheiterhaufen. 82 x 187
Lieure 1351

Die göttliche Asträa, die im ganzen Land
mit immer wachem Auge Angst und Trauer bannt,
rechts in der Hand das Schwert, die Waage in der linken,
sie ist die Richterin, bestraft den Dieb, den flinken,
der Wandrer überfällt, Mordspiele treibt mit ihnen,
nun spielt das Rad mit ihm, er muß für alles sühnen.

Das Rad. 82 x 185

Das Rad, Detail

Que du pauure soldat déplorable est la chance!
Quant la guerre finit, son mal-heur recõmence;
Alors il est contraint de s'en aller gueusant,
Et sa mendicité faict rire le paisant,
Qui maudit son abord, et tient pour vne iniure
De voir l'obiet presant des peines quil endure. 16

Ach wie beklagenswert ist des Soldaten Los!
Kommt heil er aus dem Krieg, wird seine Not erst groß;
da bleibt ihm nur, sich auf den Bettelweg zu machen,
doch seine Armut läßt die rohen Bauern lachen,
die seine Gegenwart verfluchen, denn sie ist
beleidigend für den, der fremdes Leid vergißt.

Die Sterbenden am Straßenrand. 81 x 186

Es rotten sich die Bauern wider die Soldaten,
von denen sie zu oft erlitten größten Schaden,

sie lauern ihnen auf und schlagen jählings los,
da liegen schon die Feinde ganz entseelt und bloß,

so schrecklich rächen sie sich an den armen Toren
fürs Hab und Gut, das sie durch deren Hand verloren.

Die Rache der Bauern. 82 x 186
Lieure 1355

Was mit den Kindern all des Gottes Mars geschieht,
welch Maß an Leiden ihnen das Geschick beschied:

die einen schleppen sich als Krüppel durch die Gassen,
die andern hat das Kriegsglück mächtig steigen lassen,

und viele enden bös am Galgen und am Pfahl,
der Rest zieht aus dem Felde gleich ins Hospital.

Das Krankenhaus. 81 x 185

Das Krankenhaus, Detail

Dies ist ein Offizier, gerecht und beispielhaft;
wie er die Guten lohnt und auch die Bösen straft,

muß die Soldaten wohl bei ihrer Ehre greifen,
kann ihnen doch das Glück nur aus der Tugend reifen,

und für das Laster zahlt man, wie ein jeder weiß,
mit Schande, Schimpf und Folter einen hohen Preis.

Die Verteilung der Belohnung. 82 x 187

Marienleben, um 1632/33

16 Radierungen, ca. 70 x 44

Ob aus Klugheit oder Resignation – nach dem Abzug König Ludwigs aus Nancy wählte Callot keine aktuellen Themen mehr, er zog sich auf religiöse Motive zurück und entfaltete hier noch einmal seine ganze Kunst als „Kleinmeister".

Anders als bei den emblemhaften Blättern zum „Leben der Mutter Gottes" (S. 1185 ff.) radierte er die wichtigsten Stationen des Marienlebens lebendig, dramatisch und doch außerordentlich teilnahmsvoll. Religiöse Blätter und Serien durchziehen von Beginn an Callots gesamtes Oeuvre; meist waren es Auftragsarbeiten, in den ersten Jahren sogar nur Kopien nach anderen Meistern. Beim „Marienleben" beweist er, so schreibt Lieure, „Qualitäten, denen man in all seinen Werken nicht begegnet: ein eindringliches religiöses Gefühl und bei einigen Blättern sogar einen Hauch reinster Klassik."

Auch diese Folge erschien, von Henriet ediert, in Paris. Der Verleger widmete sie Claude Maugis, dem Abt von Saint Ambroise, einem der ersten Sammler Callotscher Graphik.

Titelblatt
Lieure 1357

Die Geburt Mariens; der Tempelgang;
die Verlobung; die Verkündigung
Lieure 1358–1361

Elisabeth begegnet Maria; die Geburt
Christi; die Darstellung im Tempel; die Anbetung der Könige
Lieure 1362–1365

Die Flucht nach Ägypten; der Tod Mariens; die Grablegung;
die Himmelfahrt
Lieure 1366–1369

Maria in der Glorie; die Verkündigung
Lieure 1370/1371

Fantasien, 1635 erschienen

14 Radierungen, ca. 61 x 82

Diese Blätter stehen stilistisch in unmittelbarer Verwandtschaft zu den „Militärischen Übungen“ (S. 1314 ff.). Die winzigen Damen und Herren, wie die Soldaten zentral und symmetrisch in den leeren Raum gestellt, tragen Kostüme, wie sie am Hofe Ludwigs XIII. Mode waren. Israel Henriet, der sich gern und oft und so auch hier auf dem Titelblatt „Freund des edlen Callot“ nannte, widmete die Folge, deren Eleganz und Grazie oft mit den ein halbes Jahrhundert später entstandenen Figuren des Rokokomalers Watteau verglichen werden, Baron Luguet, einem Sammler der Werke Callots. Die Platten werden im Musée Lorrain in Nancy aufbewahrt. Callot machte dazu zahlreiche, wesentlich vergrößerte Studien (siehe Band I, S. 602 ff.).

Titelblatt
Lieure 1372

Eine Dame mit gerafftem Rock und zwei
Kavaliere; eine Dame mit Federhut und zwei Kavaliere
Lieure 1373/1374

Eine musizierende Dame und zwei Kavaliere; eine Dame mit ausgestreckter Hand und zwei Kavaliere
Lieure 1375/1376

Drei Kavaliere; die Dame mit dem großen Federhut
und zwei Kavaliere
Lieure 1377/1378

Eine Dame im reichen Faltenkleid, von hinten gesehen, und zwei Kavaliere; eine Dame mit ausgestreckter Hand, von hinten gesehen, und zwei Kavaliere
Lieure 1379/1380

Oben: Eine Dame mit untergeschlagenen Armen
und zwei Kavaliere; eine Dame mit Weinflasche
Lieure 1381/1382
Folgende Seite:
Eine Dame im langen Mantel und zwei Kavaliere;
eine Dame mit Federhut und zwei Kavaliere; drei Damen
Lieure 1383–1385

Cum Priuile Reg. Israel excudit

Cum Priuile Reg. Israel excudit

J. Callot in. f.

Die Kleinen Apostel, 1635 erschienen

16 Radierungen, ca. 72 x 45

Bei den „Kleinen Aposteln" rückt, was bei der „Großen Apostelserie" noch winziger, minuziöser Hintergrund war, unmittelbar ins Zentrum des Geschehens: das Martyrium – nicht weniger drastisch geschildert wie die „Strafarten" (S. 1506) oder die „Schrecken des Krieges" (S. 1320 ff.). Die Folge wurde von Israel Henriet in Paris veröffentlicht.

Titelblatt
Lieure 1386

Das Martyrium der Heiligen
Petrus, Paulus, Andreas und Jakobus d. Ä.
Lieure 1387–1390

Das Martyrium der Heiligen
Johannes, Thomas, Jakobus d. J. und Philippus
Lieure 1391–1394

Das Martyrium der Heiligen
Bartholomäus, Simon, Matthias und Thaddäus
Lieure 1395–1398

Das Martyrium des Heiligen Matthäus;
der Tod des Judas; das Martyrium des heiligen Barnabas
Lieure 1399–1401

Der verlorene Sohn, erschienen 1635 postum

11 Radierungen, ca. 61 x 81

Während der Arbeit an dieser Folge starb Callots Vater. Der Künstler hat ihm hier eine Art Denkmal gesetzt: das Wappen der Callots über der Tür auf den Blättern „Die Heimkehr ins Vaterhaus“ und „Die Schlachtung des fetten Kalbes“. Das Thema gibt Callot Gelegenheit, Genreszenen zu gestalten, Innenräume mit allerlei häuslichen Requisiten, Bediensteten, Haustieren und malerisch bewegten Gruppen. Henriet veröffentlichte die Folge nach Callots Tod und fügte Inschrift und Widmung bei. Die Platten befinden sich im Musée Lorrain, Nancy; Vorzeichnungen siehe Band I, S. 612 f.

Titelblatt
Lieure 1404

Die Verteilung der Güter; der Abschied vom Vaterhaus
Lieure 1405/1406

Der verlorene Sohn verschleudert sein Vermögen;
der verlorene Sohn ist verarmt
Lieure 1407/1408

Der verlorene Sohn als Schweinehirt;
der verlorene Sohn ruft die Barmherzigkeit Gottes an
Lieure 1409/1410

Die Heimkehr ins Vaterhaus; die Schlachtung des fetten Kalbes
Lieure 1411/1412

Der verlorene Sohn wird neu eingekleidet; das Fest
Lieure 1413/1414

Aus dem Neuen Testament, erschienen 1635 postum (unvollendet)

6 Radierungen, ca. 70 x 85

Über dieser seiner letzten Folge ist Callot gestorben, sie blieb unvollendet. Das Titelblatt zu der Ausgabe, die Henriet veranstaltete, radierte Callots Freund Abraham Bosse. Die Platten sind im Musée Lorrain in Nancy; Callot hat viele Figurenstudien hinterlassen (siehe Band I, S. 614 ff.).
Alle drei letzten Folgen Callots haben biblische Themen zum Gegenstand – klein im Format, reich an Handlung, Figuren, Einfällen. Der Künstler galt in dem durch die Kriegswirren seines höfischen Glanzes völlig beraubten Nancy als frommer, zurückgezogener Mann. Als Kind soll er darum gebetet haben, Gott möge ihn „vor Sünde bewahren, sich in dem Beruf, den er einmal ergreifen werde, vor allen anderen auszeichnen und 43 Jahre alt werden lassen".
Der Biograph Félibien berichtet allerdings auch von Plänen, der kleinstädtischen Enge noch einmal zu entfliehen: „Er erkannte den miserablen Zustand, in den Lothringen nach Nancys Fall geraten war, er faßte den Plan, sich mit seiner Frau nach Florenz zurückzuziehen, um dort zu leben und für den Rest seiner Tage in Ruhe zu arbeiten: doch sein Tod hat dieses Vorhaben zerschlagen."

Titelblatt
Ohne Nr. bei Lieure

Der zwölfjährige Jesus im Tempel; Jesus predigt am Meer
Lieure 1418/1419

Jesus bei den Pharisäern; die Bergpredigt
Lieure 1420/1421

Jesus und die Ehebrecherin;
die Vertreibung der Wechsler aus dem Tempel
Lieure 1422/1423

Die Auferstehung des Lazarus; der Einzug in Jerusalem
Lieure 1424/1425

Jesus und die Schriftgelehrten; die Bekehrung Pauli
Lieure 1426/1427

EINZELBLÄTTER

Aus der Fülle der Meisterstiche und Radierungen, die nicht zu Folgen gehören oder Illustrationen sind, lassen sich hier nur einige wenige Hinweise geben. Von Callots Einzelblättern sind manche ihres Erfindungsreichtums und der subtilen Ausführung wegen berühmt, andere wieder Gelegenheitsarbeiten oder Brotaufträge, deren sich der Künstler mit mehr oder weniger Routine entledigte.

Zuerst hat er auch einzelne Blätter nach anderen Meistern kopiert, zum Beispiel einen bekannten Tondo Andrea del Sartos (S. 1402) oder die „Hölle" nach Poccetti (S. 1397 ff.). Der Florentiner Maler hatte sich von Dantes „Göttlicher Komödie" anregen lassen, Callot ist der Vorlage gefolgt, aber stilistisch ist das Blatt sicherlich ein Vorläufer der beiden großen Antoniusversuchungen: Der über dem turbulenten Geschehen regierende Teufel nimmt auf allen drei Radierungen in der Komposition denselben Platz und Rang ein (S. 1397, 1415, 1513).

Die beiden tanzenden „Pantalone" (S. 1410) weisen auf die artistisch-grotesken „Balli di Sfessania" (S. 1080) voraus; Cosimo II. pflegte und förderte die Commedia del'arte, im Palazzo Pitti in Florenz fanden Aufführungen statt, und dieses Blatt ist die erste Reaktion Callots auf diese künstlerische Form höfischer Lustbarkeiten.

Das „Kleine Selbstbildnis" Callots (S. 1414) zeigt einen kecken, fast dandyhaften Kavalier mit Federbarett, Degen und modischem Wams – zwischen diesem Porträt und dem gelassen und ein wenig skeptisch blickenden Meister an seinem Arbeitsplatz (von van Dyck gemalt und Vorsterman gestochen; siehe S. 878) liegen 9 Jahre und zwei Welten: Florenz und der Hof, Nancy und sein behäbiges Bürgertum.

Die „Versuchung des heiligen Antonius" gibt es in zwei Varianten. Auf beiden, so auch auf der Florentiner Fassung, ist nicht der Heilige Hauptperson, sondern das gesamte teuflische Personal, das unmittelbar der Welt Hieronymus Boschs und des Höllenbreughel verwandt ist. Bei dieser infernalischen Parodie auf den Karneval in Florenz (und vielleicht sogar die Festlichkeiten des Hofes) dominiert ein Fratzenspuk von ausgesuchter Häßlichkeit. Die schöne Verführerin, sonst oft ein wichtiges Motiv der Antoniusdarstellungen, spielt keine Rolle – nur Angst und Entsetzen, keine wirkliche „Versuchung", könnten diesem Heiligen in seiner Höhle im Hintergrunde gefährlich werden.

Der „Bethlehemitische Kindermord" (S. 1428 f.), eine Radierung, die Callot ebenfalls in Nancy eigenhändig wiederholt hat, gleicht eher einer dramatisch-effektvollen Bühnenszene als dem tragischen Ereignis aus der Bibel. Dieses Blatt ist, wie auch der schon beinahe rokokohaft umrahmte „Fächer“ (S. 1435 ff.), mit seinem Oval eine der wenigen Formvarianten in Callots Oeuvre. Abgesehen von den stereotypen Medaillons des „Heiligenbuches“ (S. 1242 ff.) und den beiden virtuosen Hell-Dunkeldarstellungen im Rundformat („Die heilige Familie bei Tisch“ und „Der Kartenspieler“, S. 1482 f.), ist Callot bei keiner wichtigen Arbeit vom viereckigen Blattformat abgegangen.

Eckart Knab schreibt: „Das Gemetzel findet nicht, wie üblich, in einem Dorf, sondern vor Stadtpalästen statt, deren Tiefenflucht im Sinne Tintorettos die Spannung steigert. Auch optisch, durch feine Differenzierung der Schatten, ist die Tiefe betont. Unübertroffen auch die Bewegung im Kleinen und Kleinsten. Die für Callot kennzeichnende Unterordnung der Einzelgestalten und Szene unter flammende und strömende Bewegtheit ist besonders in dieser Radierung von einem barock-naturhaften Lebensgefühl getragen ...“

Der „Fächer“, eine aparte Variante des Hoflebens mit dem auf vielen Radierungen Callots wiederkehrenden Stadtprospekt am Arno, Feuerwerk und wimmelnder Menschenmenge wurde, besonders der eleganten Vordergrundfiguren wegen, oft als Vorläufer der Werke Antoine Watteaus bezeichnet.

„Der Jahrmarkt von Impruneta“ (S. 1444 ff.) gehört zu Callots unbestrittenen Meisterstichen, mit diesem Blatt beschloß und krönte er seine Karriere in Florenz. Der kleine Ort bei Florenz beging an jedem 18. Oktober ein Fest zu Ehren des heiligen Lukas; ein wundertätiges Bild der Jungfrau Maria, einer Überlieferung nach von Lukas eigenhändig gemalt, hatte die Pest von Impruneta gewendet, und dieses Ereignis wurde alljährlich mit Prozession und Festlichkeit gefeiert.

Callot besuchte diesen Jahrmarkt 1619 und machte sich zahlreiche Skizzen (siehe Band I, S. 175 ff.). Diese bildeten die Grundlage für die Komposition der Radierung, die Callot Cosimo II. widmete:

„An Seine Durchlaucht, Cosimo, Großherzog der Toskana, diesen Jahrmarkt zu Impruneta, welchen alljährlich am Sankt Lukas-Tage eine zahllose Menschenmenge, mit vielen Waren aller Art, in der Nähe einer berühmten, von einer hochadeligen Familie gestifteten und auf ihrem eigenen Grund und Boden erbauten Kirche feiert, worin ein, wie es heißt, vom heiligen

Lukas gemaltes und in einem Gebüsch aufgefundenes Bildnis der auf wunderbare Weise zur Mutter Gottes gewordenen Jungfrau in größter Gläubigkeit verehrt und angebeten wird, hat Jacques Callot, Edler aus Lothringen, gezeichnet und in Kupfer gestochen und dediziert und widmet dieses Bild zum ewigen Zeugnis seiner Dankbarkeit. Im Jahre des Heils 1620, zu Florenz."

Der Großherzog beschenkte den Künstler zum Dank mit einem Bildnismedaillon an goldener Kette, das Callot auf van Dycks Bildnis und Vorstermans Stich trägt (siehe S. 878).

Das Impruneta-Blatt hat Callot in Nancy, nicht ganz so sorgfältig aber mit nur geringen Abweichungen eigenhändig wiederholt. „Vor ‚Impruneta' ", schreibt Sadoul, „hat noch kein Künstler eine ähnliche Menschenmenge dargestellt. Laut Katalog der Alten Pinakothek in München (die eine gemalte Kopie des Blattes von Teniers dem Jüngeren besitzt), sind insgesamt 1138 Männer und Frauen, 45 Pferde, 67 Esel und 137 Hunde abgebildet. Eine derartige Häufung von Personen und Tieren könnte ein Tohuwabohu ergeben oder vielleicht einen wimmelnden Ameisenhaufen auf weißem Papier. ‚Impruneta' aber ist meisterhaft angeordnet." Die Platte der Florentiner Fassung hat Callot mit nach Nancy gebracht; sie befindet sich im Musée Lorrain.

Was Nancy an Hoffreuden zu bieten hatte, war nach Callots eigenen Bekundungen herzlich wenig, zumindest zunächst. Erst mit der Regierungsübernahme des Thronfolgers, der verschwenderisch und abenteuerlustig war, entfaltete sich ein wenig Glanz und Anmut im eleganten Park des Schlosses, dem berühmten „Parterre", und auf der Rennbahn, der „Carrière" von Nancy. Beide hat der Künstler in Radierungen festgehalten, und die Blätter gehören in ihrer strengen Symmetrie und der weit in die Tiefe führenden Perspektive zu seinen ausgewogensten und schönsten. Im „Parterre", das zwar durchaus von Menschen belebt, aber keinesfalls überfüllt wirkt, bewegen sich rund 400 Personen bei verschiedensten Tätigkeiten. Erst das Detail zeigt ihre ganze Vielfalt deutlich. Auf der Rennbahn dagegen, der Platz, auf dem die Karnevalsspiele stattfanden, herrscht dichtes Gedränge, fast wie auf den Florentiner Fest- und Turnierblättern. Beide Platten befinden sich im Musée Lorrain in Nancy.

Zum „Martyrium des heiligen Sebastian" (S. 1496 ff.), ein Blatt, auf dem wie zuvor beim Antonius der „Hauptakteur" zwar klein, aber immerhin im Zentrum des Geschehens steht, schreibt Albrecht Dohmann: „Der Heilige steht in der Ferne, als Person

kaum noch kenntlich, inmitten eines leeren Platzes an einen Pfahl gebunden. Der Platz ist von einer Menge eingerahmt, von der wir nur erkennen, daß sie bewaffnet ist. Die beiden Bogenschützen im Vordergrund links sind reine Schattenrisse. Wir werden bei ihnen an die beiden Pantalons erinnert. Welchen Weg hat der Künstler bis hier zurückgelegt! Hier wird nicht mehr Theater gespielt. Callot ist kein Propagandist des christlichen Glaubens, und die religiöse Bewandtnis dieses Blattes wird nur dem Kundigen klar, aber die Ernsthaftigkeit des Vorgangs sieht jeder ein, er sieht die Einsamkeit des Verurteilten inmitten der schweigenden Menge und der unbeweglichen, schönen Natur.“ Die Platte wird im Musée Lorrain in Nancy aufbewahrt.
Die „Strafarten“ (S. 1506 ff.) fassen noch einmal die Haupt-Folterszenen der „Großen Schrecken des Krieges“ (S. 1325 ff.) zusammen. Die unglücklichen „Bösewichter“, denen die naiv moralisierenden Verse gerechte Bestrafung durch „mannigfache Folterqual“ bescheinigen, sind fast wie auf einem Jahrmarkt vor gaffendem Volk und einer idyllischen Häuserkulisse dargestellt; ein makabres „Fest“, zu dem Callot Reminiszenzen an die schrecklichen Greuel nach Lothringens Fall drastisch verwertet.
Die zweite „Versuchung des heiligen Antonius“ (S. 1513 ff.) versammelt noch einmal sämtliche Varianten eines gespenstischen Panoptikums, in der Vehemenz den grotesken und grausigen Visionen Boschs und Breughels verwandt, doch nicht ohne Humor. Der Heilige wird zwar arg gepeinigt, doch im Mittelpunkt des Geschehens stehen die Kapriolen seiner Peiniger. Diesem Blatt kann man Callots gesamtes Repertoire an chimärischen Einfällen und Erfahrungen ablesen: Der über allem schwebende Teufelsdrachen der Hölle und des ersten Antonius kehrt wieder, die geflügelten Drachentänze von den „Zwischenspielen“ (S. 955 ff.) sind zu sehen, ja sogar Anklänge an die „Buckligen“-Folge (S. 1094) und, ins Satanische gewendet, die artistischen Tänzer der Commedia-Darstellungen finden sich. „Aus den letzten Lebensjahren. Gegenüber der Florentiner Fassung (zum Autor) straffer komponiert, plastischer, kontrastvoller im Helldunkel; Einfügung von Ruinengewölben, Festungsbauten, einer brennenden Kirche (Motiv aus den ‚Misères de la Guerre‘) und einer Drachenkanone, die Lanzen, Schwerter und Büchsen speit. Der Höllenfluß im Hintergrund. – Diese Darstellung voll unheimlichster Phantasie, eine Vereinigung gleich-

sam von Ideen Schongauers, Boschs und Grünewalds, hat neben ihrem Einfluß auf die Zeitgenossen (Teniers u. a.) auch die Gedankenwelt der folgenden Jahrhunderte befaßt. Im 18. Jahrhundert widmete der amerikanische Jesuitenpater Louis Doissin ihr ein längeres lateinisches Gedicht (siehe Lieure); im 19. Jahrhundert inspirierten sich daran E. Th. A. Hoffmann, Gustave Flaubert (‚La Tentation de Saint Antoine', 1874) und wohl auch Héctor Berlioz und andere" (Knab).

Die Platte befindet sich im Musée Lorrain in Nancy.

In diese Verwandtschaft könnte das folgende bei Lieure nicht katalogisierte, Callot jedoch gelegentlich zugeschriebene Blatt gehören:

Bildnis Karls III., Herzog von Lothringen, 1607

Kupferstich, 161 x 119

Lieure 1

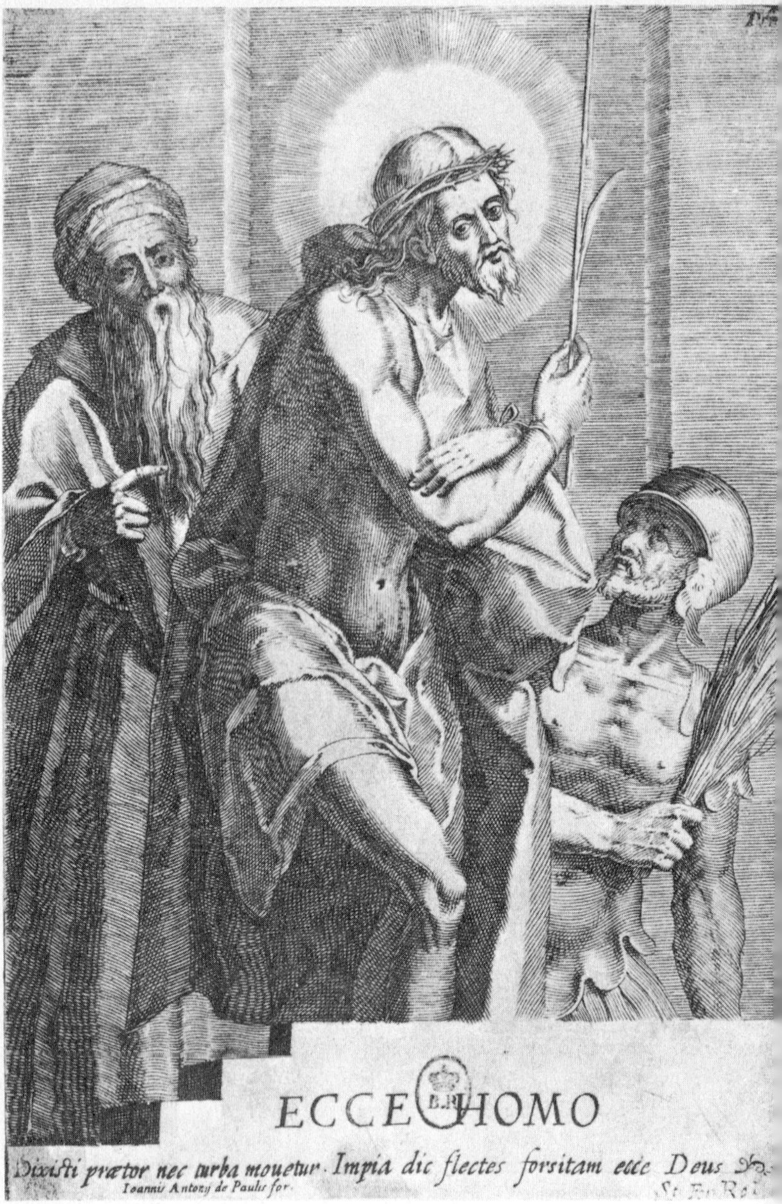

Christus als Schmerzensmann (das „Kleine Ecce homo“,
nach Francesco Vanni), um 1610/11
Kupferstich, 187 x 128
Lieure 14

Die Bekehrung Heinrichs IV., um 1610/11
Kupferstich, 127 x 182
Lieure 15

Grablegung Christi (nach Ventura Salimbeni), um 1610/11
Kupferstich, 178 x 118
Lieure 49

Christus am Kreuz (nach Marten de Voss und Raphael Sadeler),
um 1610/11
Kupferstich, 175 x 132
Lieure 51

Das Kornwunder, um 1610/11
Kupferstich, 195 x 210
Lieure 50

Das Kornwunder, Detail

Stammbaum des Hauses Porcellet, um 1612
Kupferstich, 917 x 557
Lieure 70

Guillelmus Porcelletus et Joanna coniuges se et sua templarijs vouent. A.° M. CLxxx
iij. ex registro Templariorum frater. Gaffredus Porcelletus Miles hospitalarius et
Commendator S.ti Thomae de Trinquetalijs A.° M. CC. Lx.vj. ex Archiuijs dictae
Commendae. plures deinceps eiusdem ordinis Milites. Superesse hoc Anno M. DCxij.
Joannes Commendator et Mauritius Miles.

Stammbaum des Hauses Porcellet, Fragment
Kupferstich, 97 x 100
Lieure 70

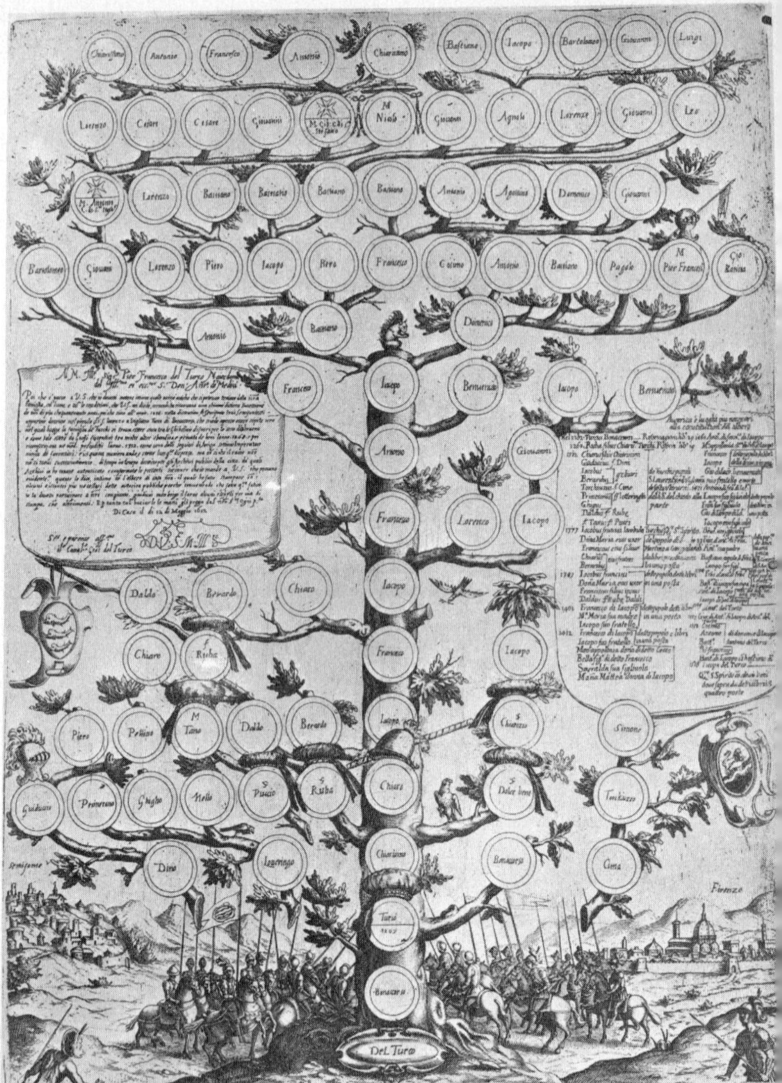

Stammbaum der Familie del Turco, um 1612
Kupferstich, 512 x 378
Lieure 71

Die Hölle (nach Bernardino Poccetti), um 1612/13
Kupferstich, 736 x 894
Lieure 72

Die Hölle, Detail

Die Hölle, Detail

Die Hölle, Detail

Die heilige Familie (nach Andrea del Sarto), 1613
Kupferstich, 282 x 233
Lieure 73

Maria mit dem Kind und dem kleinen Johannes in einer Landschaft (nach Paolo Farinati),
1613
Radierung, 170 x 275
Lieure 74

Die heilige Familie mit zwei Engeln, 1613
Radierung, 166 x 113
Lieure 75

Christus als Schmerzensmann (Das „Große Ecce homo“, nach Vespasiano Strada), 1613
Kupferstich, 316 x 248
Lieure 77

Die Besessene oder Die Teufelsaustreibung (nach Andrea Boscoli),
um 1615
Kupferstich, 300 x 230
Lieure 146

Die Besessene (unvollendeter Entwurf)
Lieure 146

Der heilige Franziskus, um 1615
Kupferstich, 92 x 73
Lieure 165

Die heilige Familie (nach Jean Sadeler), um 1615/16
Kupferstich, 121 x 162
Lieure 168

Die beiden Pantalone, 1616
Radierung, 94 x 143

Das Wappen Callots, 1616
Radierung, 125 x 96
Lieure 174

Das Wappen Lothringens, 1616
Radierung, 107 x 92
Lieure 175

Das Wappen Christines von Lothringen, 1616
Kupferstich, 118 x 88
Lieure 176

Das kleine Selbstbildnis Callots, 1616
Kupferstich, 65 x 23
Lieure 184

Die Versuchung des heiligen Antonius, um 1616/17
Radierung, 378 x 484
Lieure 188

Die Versuchung des heiligen Antonius, Detail

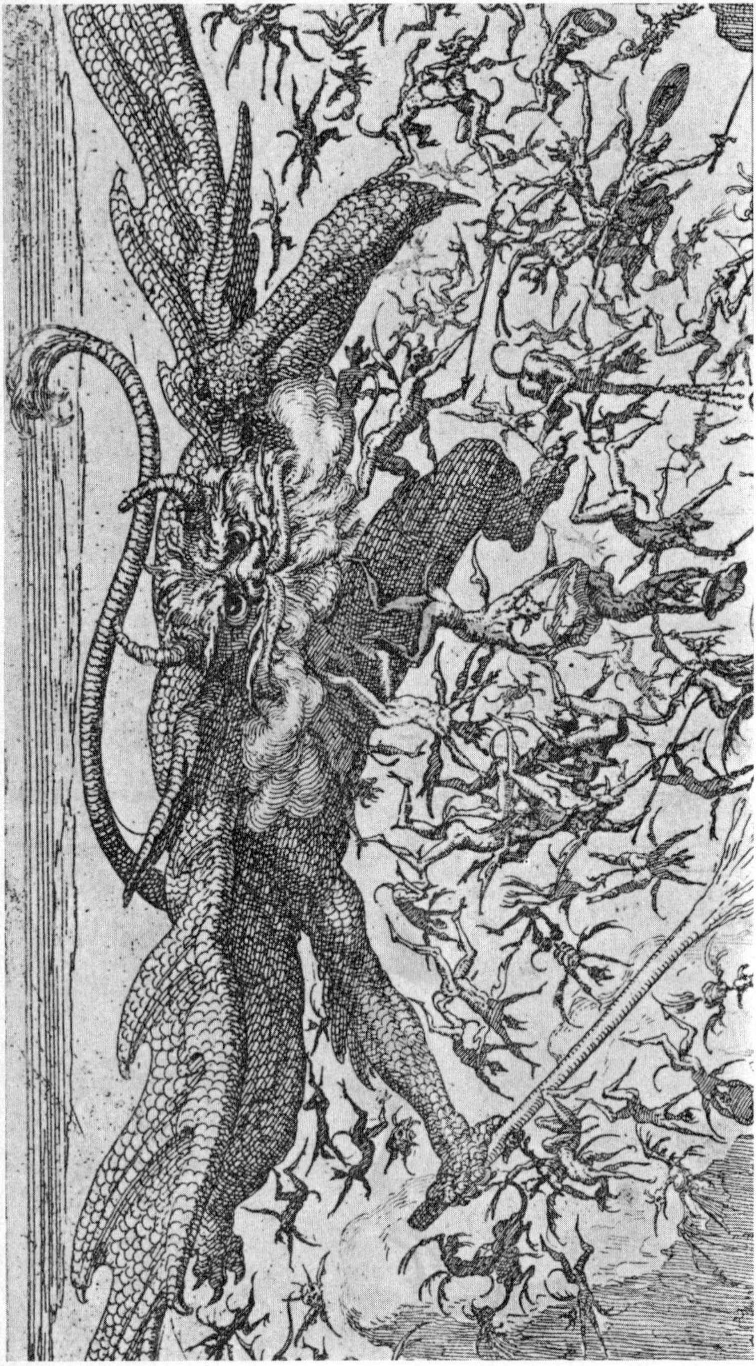

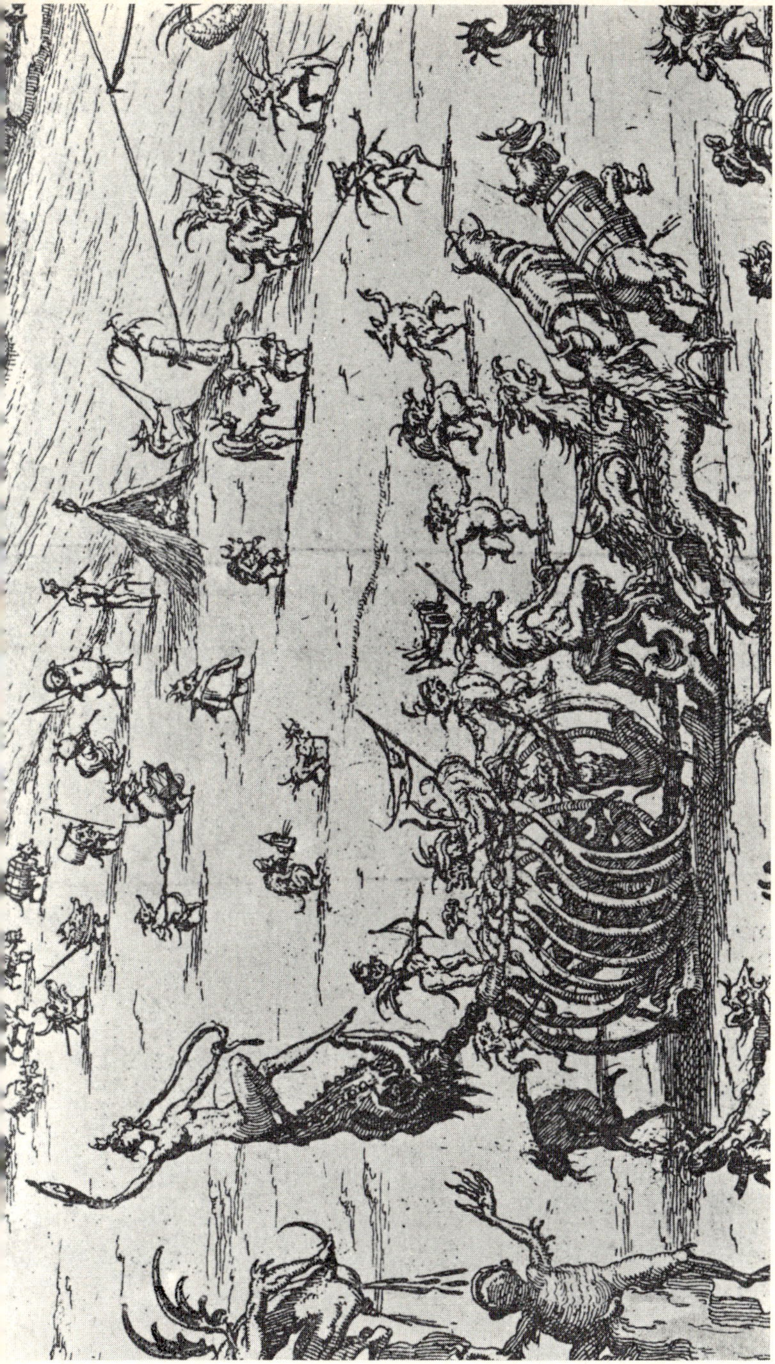

Die Versuchung des heiligen Antonius, Detail

Die Versuchung des heiligen Antonius, Detail

Die Versuchung des heiligen Antonius, Detail

Die Madonna mit dem Sperling (nach Jean Sadeler), 1617
Kupferstich, 159 x 105
Lieure 189

Sitzender heiliger Paulus (nach Abraham Bloemaert und Swanenburg), 1617
Kupferstich, 264 x 168
Lieure 190

Die heilige Maria Victoria im Gebet, 1617
Radierung, 97 x 61
Lieure 191

Die Himmelfahrt Mariens; Kleine Kreuztragung, 1617
Radierungen, 65 x 39; 47 x 66
Lieure 192/193

Der Falkner (nach einer Zeichnung von Zucchari);
Bauernszene, um 1617
Radierungen, 88 x 70; 40 x 74
Lieure 198/199

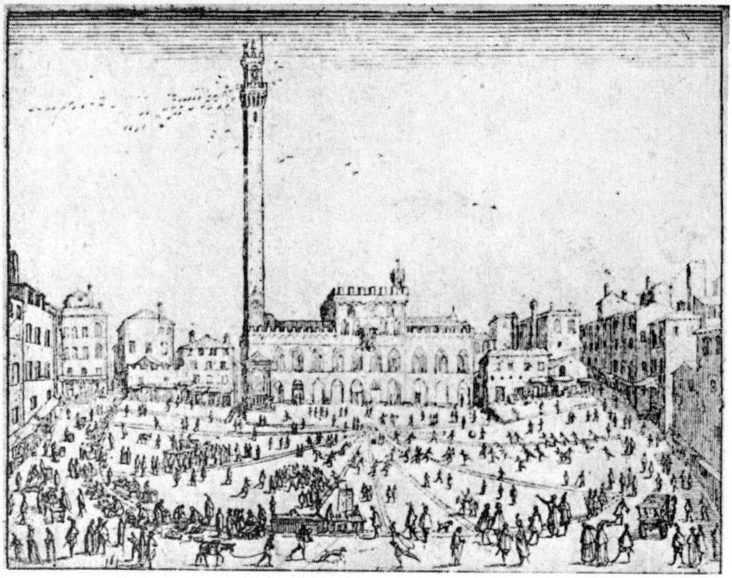

Diese drei Radierungen sind Callots erste Versuche mit hartem Firnis und „échoppe“, siehe Band I, S. 11 und S. 311, und S. 976.

Die Signoria in Siena, um 1617
Radierung, 76 x 99
Lieure 200

Der große Fels. 117 x 252

Die Seeschlacht. 117 x 251
Lieure 277

Der Bethlehemitische Kindermord
(Florentiner Fassung), um 1617/18
Radierung, 137 x 107
Lieure 278

Der Bethlehemitische Kindermord (Fassung aus Nancy), 1622
Radierung, 134 x 110
Lieure 427

Das kleine Landhaus, 1618
Radierung, 90 x 142
Lieure 280

Das Jesuskind mit dem Kreuzstab;
der heilige Franziskus in der Lilie, um 1618/19
Radierungen, 76 x 58; 55 x 41
Lieure 291/292

Das Wappen der Medici, um 1619
Radierung, 860 x 835
Lieure 293

Bildnis des Donato dell'Antella, 1620
Radierung, 194 x 149
Lieure 294

Der Katafalk Kaiser Matthias', um 1620
Radierung mit Kupferstich, 285 x 135
Lieure 299

Der Fächer, 1619
Radierung, 227 x 303
Lieure 302

Der Fächer, Detail

Der Fächer, Detail

Der Baum des heiligen Franziskus, um 1619
Radierung, 189 x 186
Lieure 303

Bildnis Peris, 1619
Radierung, 203 x 150
Lieure 305

Die große Jagd, um 1619
Radierung, 198 x 467

Die große Jagd, Detail

Die große Jagd, Detail

Die große Jagd, Detail

Der Jahrmarkt von Impruneta (Florentiner Fassung), 1620
Radierung, 436 x 678

Der Jahrmarkt von Impruneta (Fassung aus Nancy), um 1622
Radierung, 393 x 677
Lieure 478

Der Jahrmarkt von Impruneta, Detail der Florentiner Fassung

Der Jahrmarkt von Impruneta,
Detail der Florentiner Fassung

Der Jahrmarkt von Impruneta, Detail der Florentiner Fassung

Die heilige Familie auf der Flucht nach Ägypten, um 1620
Radierung, 100 x 135
Lieure 362

Der Sklavenmarkt (erste Fassung), um 1620
Radierung, 115 x 217

Der Sklavenmarkt (zweite Fassung), 1629
Radierung, 115 x 217
Lieure 369

Der heilige Franziskus
Radierung, 67 x 46
Lieure 370

Bildnis Cosimo II. Medici, 1621
Radierung, 205 x 127
Lieure 373

Der heilige Mansuetus
Radierung, 230 x 275

Der heilige Amond, um 1622
Radierung, 221 x 281
Lieure 406

Reiterbildnis der Prinzen von Pfalzburg, 1622
Radierung, 288 x 339
Lieure 505

Der heilige Livarius
Radierung, 105 x 75
Lieure 510

Der große Fels
Radierung, 198 x 235

Zwei vornehme Damen; Garnwinderin und Spinnerin
Radierungen, 77 x 78; 63 x 77
Lieure 535/536

Der Jahrmarkt von Gondreville, um 1624/25
Radierung, 190 x 332

Der Jahrmarkt von Gondreville, Detail

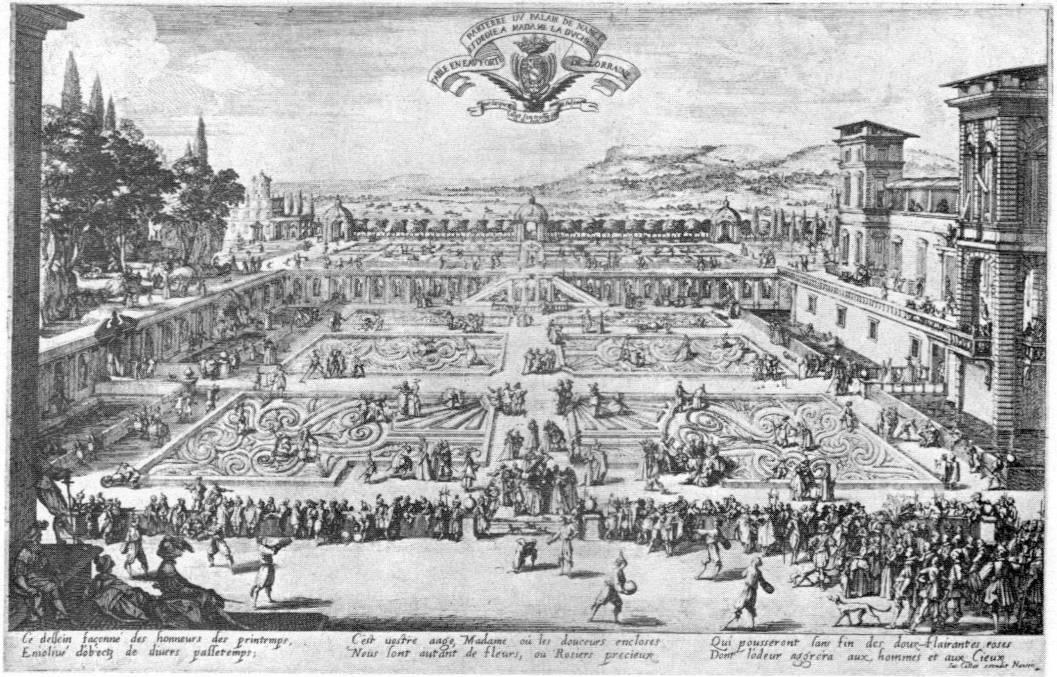

Der Schloßpark von Nancy, 1625
Radierung, 259 x 390

Der Schloßpark von Nancy, Detail

Der Schloßpark von Nancy, Detail

Der Schloßpark von Nancy, Detail

Der Schloßpark von Nancy, Detail

Der Schloßpark von Nancy, Detail

Johannes auf Patmos, 1625
Radierung, 91 x 105

Pandora, um 1625
Radierung, 93 x 129
Lieure 568

Der Schloßplatz in Nancy, um 1628/29
Radierung, 157 x 509

Der Schloßplatz in Nancy, Detail

Der Schloßplatz in Nancy, Detail

Der Schloßplatz in Nancy, Detail

Der heilige Petrus, um 1628
Radierung, 91 x 59
Lieure 590

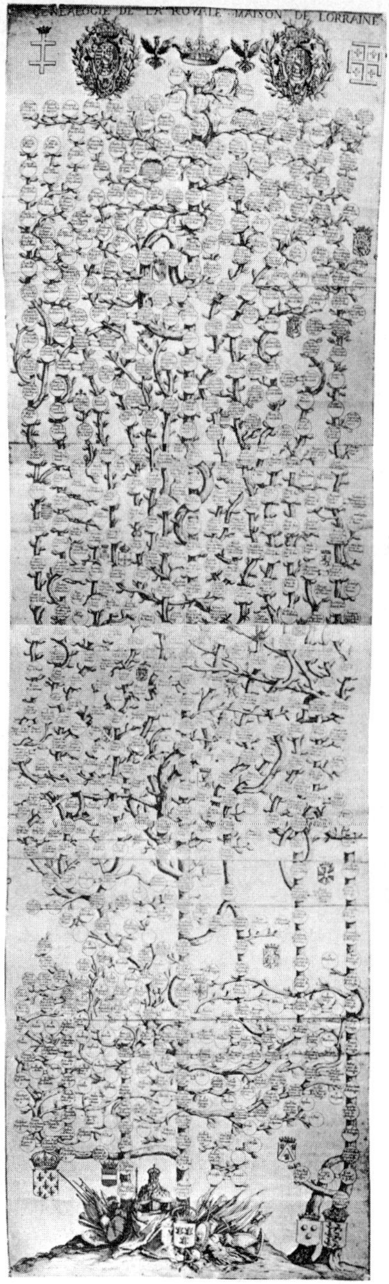

Der Stammbaum des Hauses Lothringen, um 1628
Radierung, 20016 x 680
Lieure 591

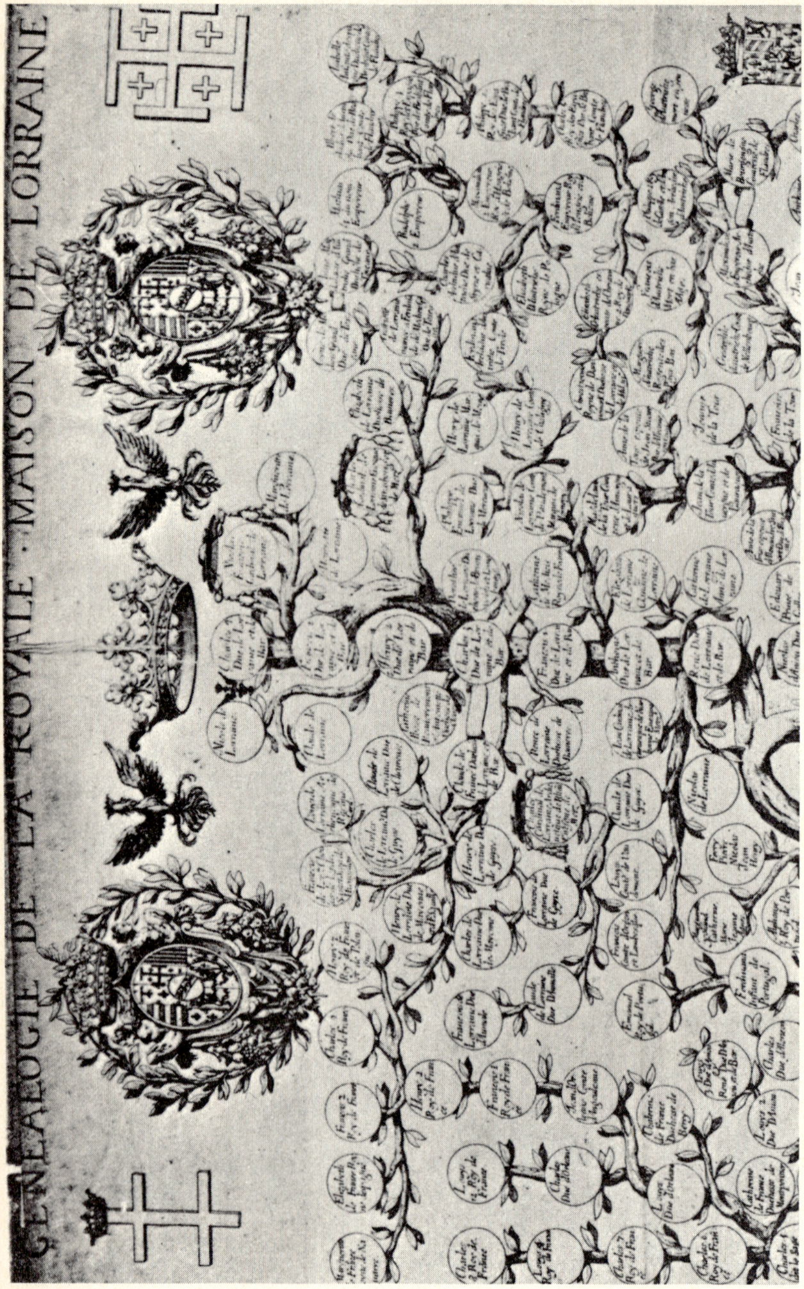
GENEALOGIE DE LA ROYALE · MAISON DE LORRAINE

Der Stammbaum des Hauses Lothringen, Detail

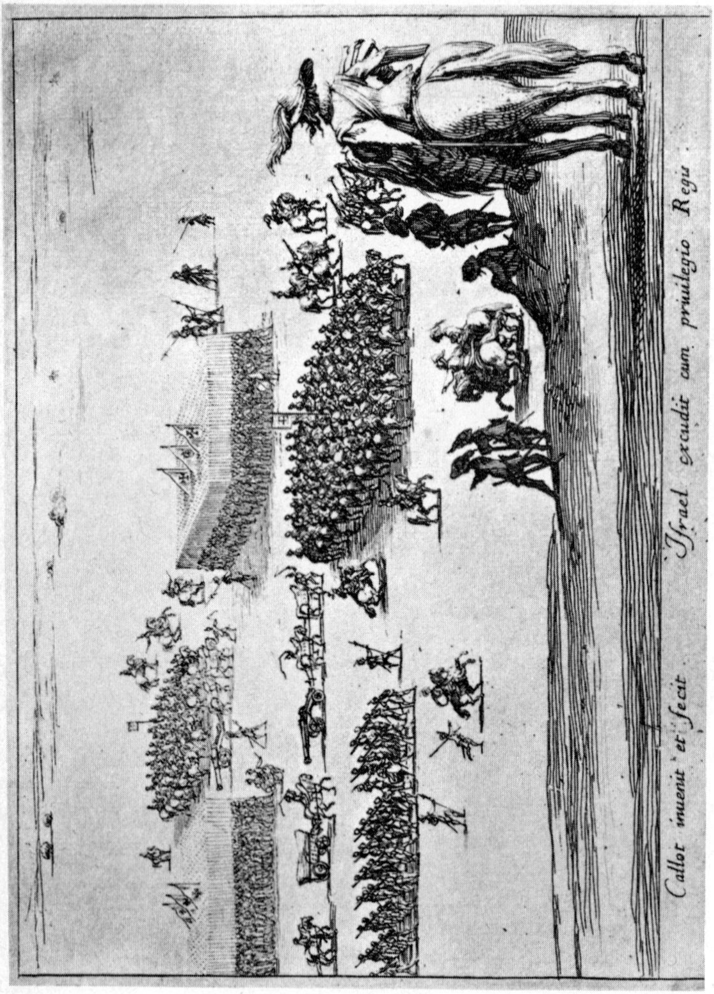

Die Parade, um 1628/29
Radierung, 121 x 161

Die Japanischen Märtyrer, um 1629
Radierung, 167 x 113
Lieure 594

EIA AGE CARE PVER, CALICEM BIBE, TE MANET ALTER
QVI TENSIS MANIBVS NON NISI MORTE CADET

Die heilige Familie bei Tisch, um 1629
Radierung, 190 x 168
Lieure 595

Der Kartenspieler („Le Brelan“)
Radierung, 216 x 280
Lieure 596

CHASTELLET
Porte D'or a vne Bande de Gueulles, chargee de trois fleurs de lys D'Argent.
Cimier vne Couronne d'Or surmontee d'vn Duc de mesme, ayant les Aisles esten dues Armoiriees de l'Escut membre et Couronne d'Or.
Supporte de deux Griffons, partie d'Or et d'Argent enuironne d'vn mantelet de Gueulle, seme de fleurs de Lys d'Argent et double d'Hermines

Das Wappen des Hauses Chastellet
Radierung, 126 x 96
Lieure 597

Die Landung der Truppen, 1629
Radierung, 139 x 336
Lieure 653

Bildnis Charles Delorme, 1630
Radierung, 187 x 115
Lieure 662

Die Schlacht bei Avigliano, 1631
Radierung, 355 x 533
Lieure 663

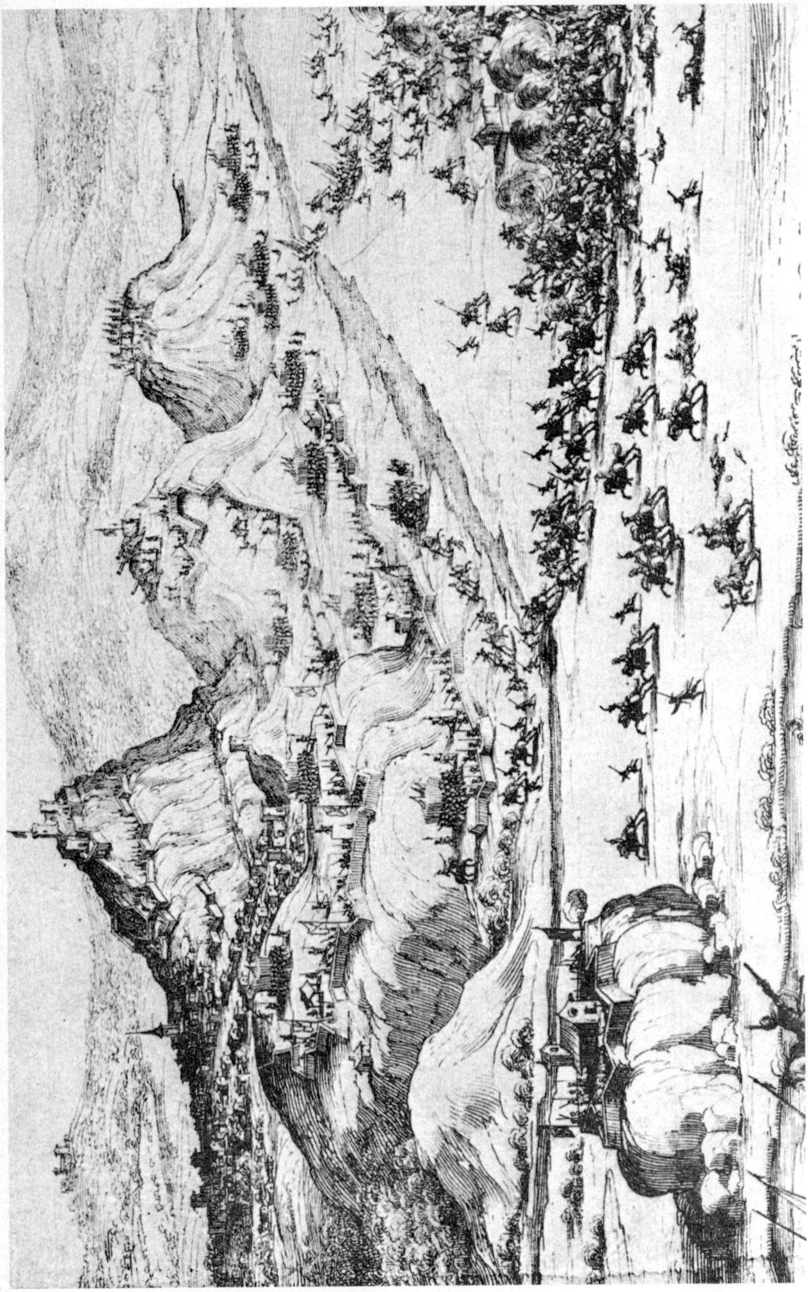

Die Schlacht bei Avigliano, Detail

Reiterbildnis Ludwig XIII., 1631
Kupferstich von Michel Lasne, der Hintergrund
Radierung von Callot. 625 x 437
Lieure 664

Der Durchzug durch das Rote Meer, 1630
Radierung, 125 x 233
Lieure 665

Blick auf den Louvre. Radierung, 169 x 339
Lieure 667

Blick auf den Pont Neuf. Radierung, 166 x 338

Blick auf den Pont Neuf, Detail

Das Martyrium des heiligen Sebastian, 1630 oder 1634
Radierung, 161 x 327

Das Martyrium des heiligen Sebastian, Detail

Das Martyrium des heiligen Sebastian, Detail

Die Anbetung der Könige; die Anbetung des Johannesknaben
Radierungen, 101 x 70; 106 x 71
Lieure 671/672

Maria und das Kind; Judith
Radierungen, 36 x 32; 105 x 70

Die Auferstehung Christi; die Bekehrung Pauli, um 1631/32
Radierungen, 96 x 67
Lieure 675/676

Die Himmelfahrt Mariens; Kreuzigung
Radierungen, 90 x 69; 86 x 67

Pistolengefecht; Schwertergefecht, 1632
Radierungen, 47 x 94; 47 x 93
Lieure 1313/1314

Das Bildnis Deruets, 1632
Radierung, 295 x 173
Lieure 1296

Das Bildnis Deruets, Detail

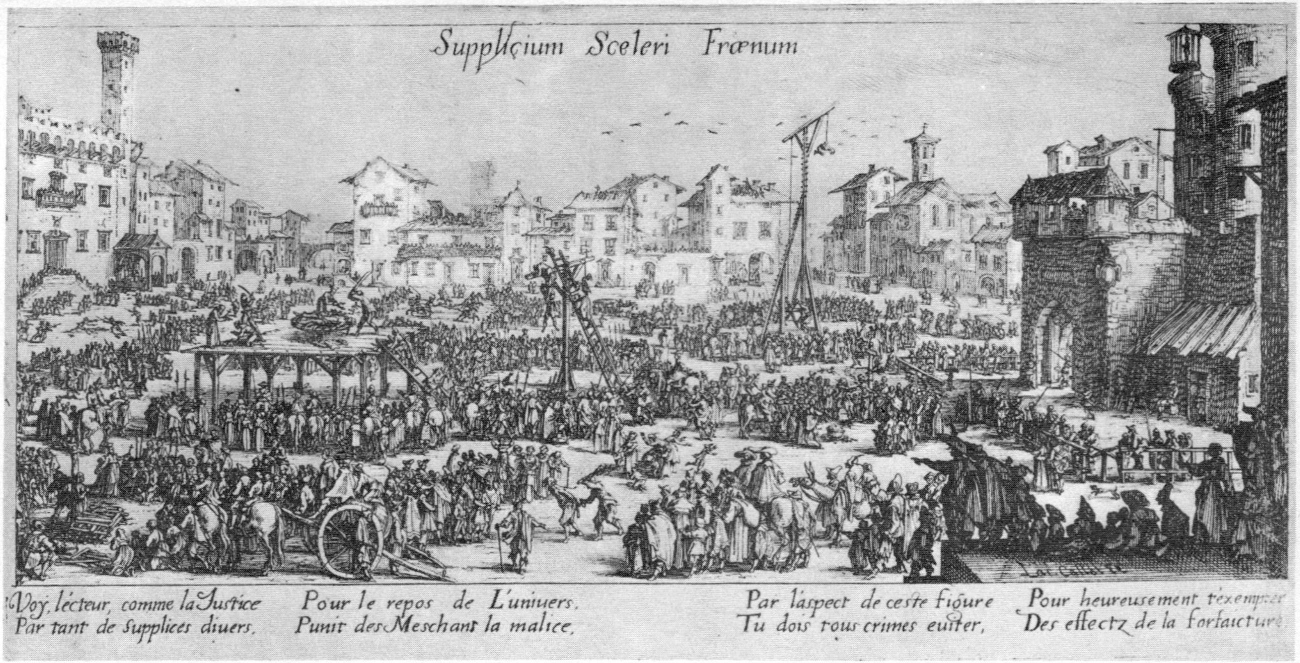
Supplicium Sceleri Frœnum
Voy, lécteur, comme la Justice
Par tant de supplices diuers,
Pour le repos de L'uniuers,
Punit des Meschans la malice,
Par l'aspect de ceste figure
Tu dois tous crimes euiter,
Pour heureusement t'exempter
Des effectz de la forfaicture

Sieh, Leser, wie gerechte Richter
mit mannigfacher Folterqual,
daß Ruhe herrsche allzumal,
bestrafen solche Bösewichter,
du lernst beim Anblick der Gestalten,
daß man die Sünd zu meiden hat,
um sich die Frucht der Missetat
zu seinem Glück vom Leib zu halten.

Die Strafarten, 1634
Radierung, 115 x 220

Die Strafarten, Detail

Par l'aspect de ceste figure
Tu dois tous crimes euiter,
Pou
Des

Die Strafarten, Detail

Pour le repos de L'uniuers,
Punit des Meschans la malice,

Die Strafarten, Detail

Die Strafarten, Detail

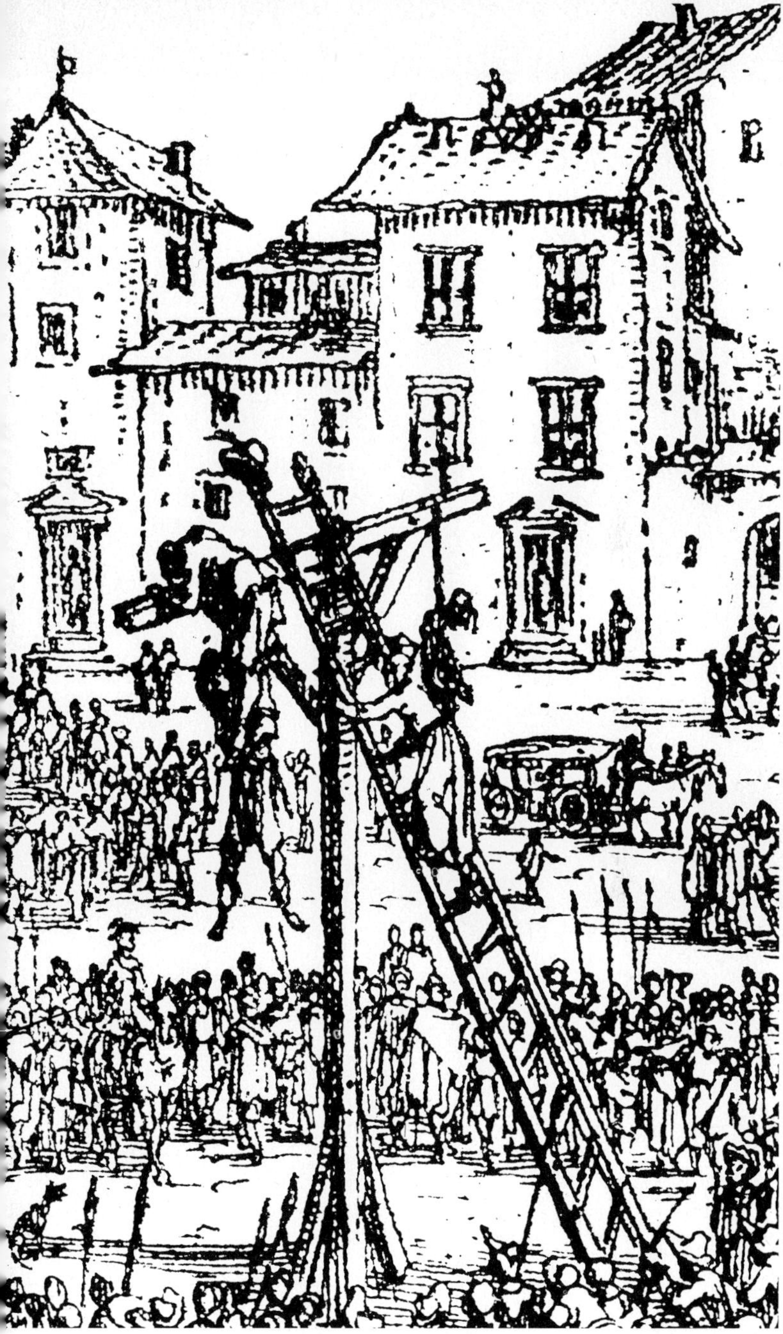

Die Strafarten, Detail

Johannes in der Wüste
Radierung, 76 x 92
Lieure 1415

Die Versuchung des heiligen Antonius, 1634
Radierung, 358 x 464
Lieure 1416 (folgende Seiten Details)

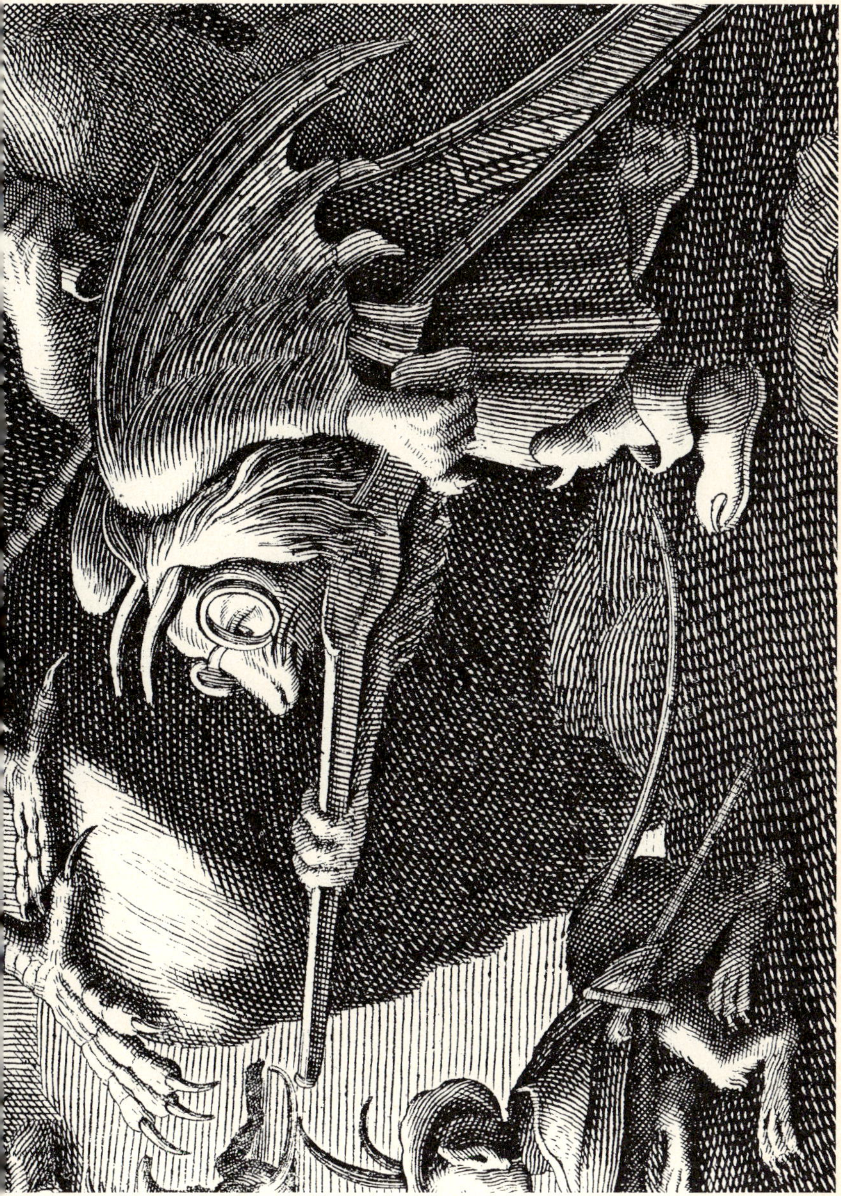

Callot in. et fe. cum priuil. Regis.
La derni re planche grauée par deffunt Callot, a laquelle léau forte na esté donnée quapres sa mort

Die kleine Weinlaube, 1635 (Callots letztes Blatt)
Radierung, 81 x 163

La derniere planche grauée par deffunt Callot, a laquelle

Die kleine Weinlaube, Detail

quelle léau forte n'a esté donnée qu'apres sa mort
Callot in. et fe. cum priuil. Regis.

ILLUSTRATIONEN

18 Radierungen zu einem Werk Giovanni Altovitis

Das noch recht steife und wenig ansprechende Werk ist Callots erster Versuch in der Kunst der Radierung und schon allein deshalb wichtig innerhalb seines Oeuvres. An den 29 Illustrationen zu diesem Buch mit dem feierlichen und ausführlichen Titel „Essquie della sacra, cattolica e real maesta di Margherita d'Austria, regina di Spagna, celebrate dal serenissimo don Cosimo II Gran duca di Toscana, Descritte da Giovanni Altoviti" beteiligte sich Callot mit 15, sein erster Zeichenlehrer in Florenz, Antonio Tempesta (1555–1630) mit 6 und Raphael Schiaminozzi (um 1580–1620) mit 5 Blättern. Vorlagen sind Zeichnungen Tempestas und Parigis; Callots Radierungen entstanden in Florenz, das Werk erschien 1612 „in Firenze, Nella stamperia di Bartolomeo Sermatelli e fratelli".
Margherita war eine Schwägerin Cosimos; sie starb am 3. Oktober 1611; am 6. Februar 1612 wurde für sie in Florenz ein festliches Requiem abgehalten.

Ein Seitenschiff der Kirche San Lorenzo in Florenz. 225 x 181
Lieure 52

Ein Seitenschiff der Kirche San Lorenzo, Detail

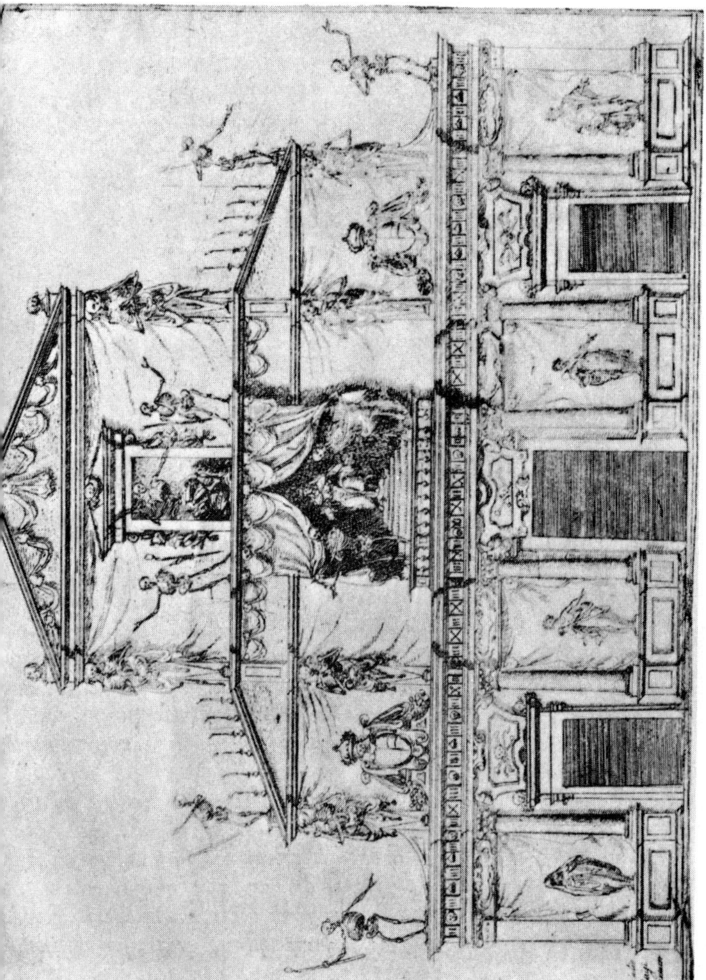

Die Fassade der Kirche San Lorenzo in Florenz. 175 x 232
Lieure 53

Der Katafalk der Königin von Spanien. 249 x 122
Lieure 54

Der Einzug in Ferrara. Ca. 128 x 179
Lieure 55

Audienz beim Papst. Ca. 125 x 181

Empfang in Mantua. 128 x 177
Lieure 57

Einschiffung nach Genua. 126 x 177

Ankunft in Valencia. Ca. 128 x 177
Lieure 59

Begegnung mit Philipp III. 130 x 175

Hochzeit. 129 x 178
Lieure 61

Sturm bei Barcelona. 128 x 178

Taufe des Prinzen von Spanien. 128 x 176
Lieure 63

Der König von Spanien sendet auf Rat der Königin
Truppen gegen die Türken nach Ungarn. Ca. 125 x 173

Ein Kapuziner überbringt das Dankschreiben des Königs von Bayern. 128 x 178
Lieure 65

Die Königin von Spanien legt den Grundstein
für die Kirche des spanischen Klarissenordens. 130 x 175

Empfang der polnischen Gesandten. 127 x 177
Lieure 67

Empfang des toskanischen Gesandten. Ca. 129 x 175

Tod der Königin von Spanien. 127 x 173
Lieure 69

Die Wunder des Verkündigungsbildes aus Sta. Annunziata in Florenz, um 1614/19

42 Kupferstiche zu einem Werk Giovanni Agniolo Lottinis, davon 40 ca. 135 x 85

Die Illustrationen und der Text Agniolo Lottinis, einem Mitglied des Servitenordens, schildern Wunder, die dem Verkündigungsbild in Sta. Annunziata in Florenz zugeschrieben werden: vierzig die Bilder, achtzig der Text. Diese Wunder sollen sich im Zeitraum von 1252 bis 1612, als der Orden den Auftrag zu dem Werk erteilte, zugetragen haben.
Es ist die letzte größere Arbeit, die Callot nach Vorlagen anderer fertigte – die Zeit des Kopierens war zu Ende. Die Zeichnungen stammen von Rosselli (18), Mascagnius (6), Tempesta (4), Pomerancius (1), Biliverti (1) und weiteren namentlich nicht bekannten Künstlern, die im Auftrage Cosimos II. arbeiteten.
Callot war inzwischen offiziell in die Dienste des Hofes getreten. Die Widmung auf dem Titelblatt (das wahrscheinlich nicht von Callot ist) richtet sich an die Mutter Cosimos. Jede der „Wunder"-Szenen hat eine kurze italienische Aufschrift.
In der Bibliothèque Nationale in Paris befindet sich ein Exemplar von Lottinis Buch, das Callots Namenszug und Wappen und außerdem zwei weitere eigenhändige Zeichnungen enthält (siehe Band I, S. 426). Ternois identifizierte diese Zeichnungen als Skizzen zu den Heiligen Livarius und Amond und schließt daraus, daß das Pariser Exemplar Callots Eigentum gewesen ist.

SCELTA
D'alcuni Miracoli e Grazie
della Santissima
NVNZIATA DI FIRENZE
Descritti
Dal P. F. Gio. Angiolo Lottini
dell'Ord: de Serui
ma
ALLA SER. CRISTIANA
DI LORENO
Gran Duchessa di Toscana
IN FIRENZE
Appresso Pietro Cecconcelli
Alle Stelle Medicee
Matthæus Rosselli Inu.
Con Licenza de Superiori 1619.

Titelblatt. 183 x 119
Lieure 78

Tequis in aduersis unquam pia Virgo uocauit,
Qui te non ualida sensit adesse manu?
Quis quandoque graui pressꝰ languore salubrē
Abs te non placida fronte recepit opem?
Matthæus Rossell: delineauit

Die Verkündigung. 218 x 140
Lieure 79

Nel muro doue Bartolomeo dipinse la NVNZIATA
nel MCCLII, il santo Volto da mano diuina fu effigiato
i

Matthew Rosell. Inu.
Vna Gentildonna, uolendo suo Marito per sospetto di rotta fede che ella morisse; si raccomanda alla NVNZIATA, e il Bambino da lei partorito nero, diuien bianco.
3

Das Bild der Verkündigung; das Kind, Lieure 80/81

Ad Antonio, tagliata la testa; miracolosamente si riunisce al busto.

Fr. Arsenius Mascagnius Inu. 5

Pietro, in atto per esser decollato, per miracolo apparso nel Carnefice, scampa da morte.

Mascagnius Inu. 7

Vn Caualier di Malta, dato dagli Infedeli a diuorar
alle fiamme uoltosi a' pregar la NVNZIATA non
uien punto da quelle offeso.
9

Giouanni Fieschi risana d'una mortalissima
stoccata per fauore Concessogli da MAR: VERG:
11

Der Malteser; Giovanni Fieschi, Lieure 84/85

Risana il Sig.r Ercole da Este di mortalissimo colpo riceuuto in una coscia, essendo ricorso alla NVNZIATA

13

Vna Regina di Cipri, per grazia ottenuta dalla NVNZIATA, si riduce à castissima uita.

Mascagnius Inu.

15

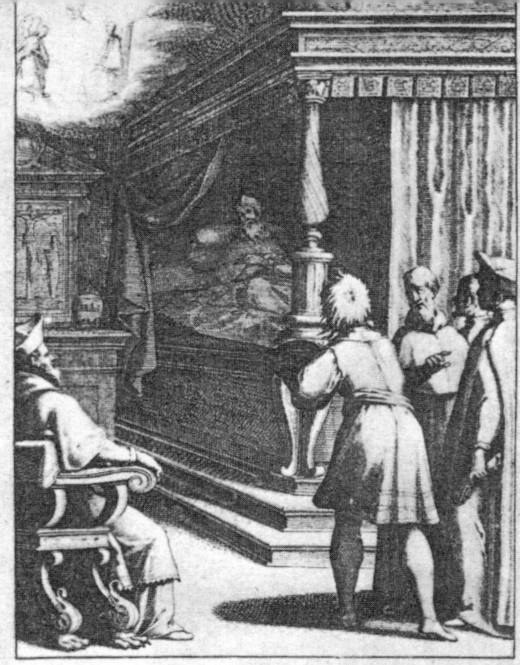

Ad Innocenzio Ottauo, il quale si sentiua uenir uerso'l fine, uien per aiuto di MARIA tolto'l pericolo del morire

17

Cade Bartolomeo Maniscalco da altezza di braccia sessanta; sostenuto da MARIA in niente uien della persona offeso

19

Papst Innozenz VIII.; Bartolomeo, Marschall Ferrant, Lieure 88/89

Vn Seruidore carcerato per furto appostogli, uien inuisibilmente da MARIA Vergine liberato.

21

Donna languente, senza rimedio essendo'l suo male; raccomandasi alla NVNZIATA, et è fatta sana.

23

Antonio Zingano; Niccolo, Lieure 92/93

A Bartolomeo, tagliata con ferite mortali in trenta luoghi sua persona, si da miracolosamẽte grazia di risanare. 29

Al Sig.r Pietro Soderini, di grandissimo difetto della persona impedito; mirabilmente si dona di guarirne. 31

Pietro dal Monte; Spadino und der Bär, Lieure 96/97

Accursio Fanciulletto cade circa trenta braccia da alto, uien raccomandato alla NVNZIATA, e non riceue pur minimo danno. 39

Rocco ferito con cinquanta colpi di ſpade, per aiuto di MARIA Verg: risana da quelle miracolosamẽte. 55

Domenico di Giusto; Margherita, Lieure 100/101

Gioanni, stato un tempo con gli occhi priui di lume, uotatosi alla NVNZIATA' ne racquista il uedere. 45

Antonia, storpiata delle membra, ricorsa alla NVNZIATA, nella santa Cappella risana in uno instante. 47

Lionardo; Mariotto di Martino; Lieure 104/105

Domenico, non auendo ottenuto dalla NVNZIATA di guarire d'una infermità, e di quella morto; uien poi ritornato in uita miracolosamente.

53

Maddalena cade dal tetto nella strada; inuoca MARIA Vergine, e solo della bocca uien un poco offesa.

Mascagnius Inu.

37

Bernardo stando impiccato per piu spazio che
d'una notte; da MARIA vien conservato in uita.
57

Vn Capitano, infrantogli il uiso da una palla di

ne risana.

Bernardo; der Kapitän, Lieure 108/109

Sino, con uoce comune dannato à morte,
supplica MARIA e subito, quasi senza inter-
uallo gli si dona dalla stessa uoce la uita.
Antonius Tempestinus Inu.
63

Mariotto esposto alle fiamme, elle schifandolo miraco:
losamente si abbassano, et egli intento alla NUNZIATA
col pensiero, non e' di nulla offeso.
61

Marco Cambini; Francesco, Lieure 112/113

Gherardo Figliuolo di Giouanni d'Austria, percosso
con una scure di tal colpo, che uiuer non poteua;
per diuin fauore la uita non perde 69

A Bastiano, oltre alle ferite mortali, essendo ambe
i luci de gli occhi tratte fuori; per miracoloso dono
e concesso il guarirne, el racquistar lume.

Martino giunto all'estremo per molte ferite, miracolosamente si mantien uiuo, e risana
77
Antonius Tempesta Inu.

Bernardino con molte ferite lasciato per
morto, in una sola notte riducesi à sanità,
impetratane la grazia.
71
Antonius Tempestinus Inu.

Martino; Bernardino, Lieure 116/117

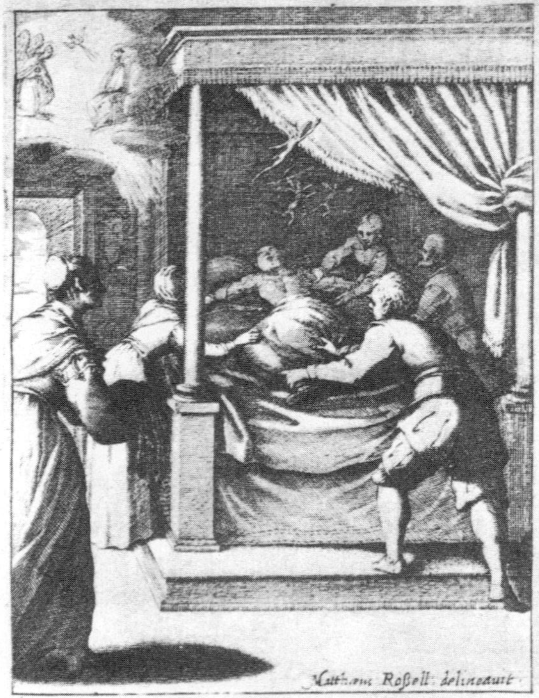

Donna oppreßa, e lungo tempo dal diabolico potere predominata. col raccomandarsi alla NVNZIATA prestamente ne uien liber[a]

Quattro Donne, trauagliate da Spiriti d'infernale dannazione, nella Cappella della NVNZIATA uengon liberate. 19

Titelblatt zu Francesco Bracciolinis Tragödie
„L'Harpalice", 1613
Kupferstich, 143 x 96
Lieure 76

Zum Leichenbegängnis Francesco de Medicis, 1614

2 Kupferstiche und 23 Radierungen, davon 21 ca. 80 x 105 bzw. 105 x 80

Francesco de Medici war ein Sohn Ferdinands I. und Christines von Lothringen, der jüngere Bruder Cosimos II. Er starb, schon immer kränklich, am 17. Mai 1614 in Pisa auf einer Pilgerreise, erst 21 Jahre alt. Der Leichnam wurde mit großem Gepränge nach Florenz übergeführt. Innerhalb von zwei Wochen entstanden in aller Eile die Illustrationen für zwei Bücher anläßlich der Trauerfeierlichkeiten, die am 17. Juni in San Lorenzo in Florenz abgehalten wurden. In Vieri Cerchis „Lodi di Don Francesco Medici de principi di Toscana orazione" erschienen das Wappen der Medici (S. 1575) und das berühmte Bildnis des Toten, eines der besten und individuellsten Porträts von Callots Hand.

Auch in dem zweiten Buch von Alessandro Adimari, „Esequie dell il Principe Don Francesco Medici", wurde das Bildnis des jungen Medici veröffentlicht, außerdem ein Frontispitz, der Katafalk nach einem Entwurf Giulio Parigis, Callots Florentiner Lehrer, von diesem auch mehr schlecht als recht gestochen (S. 1578); dazu 21 kleinformatige Embleme. Die chiffrenhaften, etwas schematischen und offensichtlich von der Eile, in der sie entstanden sind, geprägten Bilder haben große Ähnlichkeit mit den Serien „Lux Claustri" (S. 1171 ff.) und „Das Leben der Mutter Gottes, dargestellt durch Sinnbilder" (S. 1185 ff.).

Wichtig an diesen Illustrationen ist vor allem das lebendige, sorgfältig charakterisierte Bildnis des Verstorbenen, ein Blatt, das Callot mit seinem Namen gezeichnet hat: „Ia. Callot F".

Das Wappen der Medici mit Fratzengesicht
Kupferstich, 78 x 73
Lieure 120

Bildnis Francesco de Medici
Kupferstich, 214 x 150
Lieure 121

ESEQVIE
DELL'ILL.mo & ECC.mo
PRINCIPE
DON FRANCESCO
MEDICI
Celebrate dal Ser.mo
DON COSIMO. II.
Gran Duca di Toscana, IV
Descritte da Alessandro
Adimari
IN FIRENZE MDCXIV
Con licenza e Privilegio
Per Gio. Donati e Bernardino
Giunti e compagni

Titelblatt. 149 x 116
Lieure 122

Der Katafalk Francesco de Medicis. 228 x 159
Lieure 123

Der Adler im Nest; der Generalstab
Lieure 124/125

Der Lorbeerkranz; der Schild
Lieure 126/127

Die Trophäe; das Pferd
Lieure 128/129

Die Laubkrone; Thyrsosstab
Lieure 130/131

Der Stern; Amarant
Lieure 132/133

Das unvollendete Haus; das Getreidefeld

Der Diamant; Wolken vor der Sonne
Lieure 136/137

Die Koralle; die Rosenknospe

Der Orangenbaum; der Hermelin
Lieure 140/141

Die Rakete; die Palme

Das Segelschiff
Lieure 144

Cosimo II. Medici gründet
den Orden der Barmherzigkeit Mariens, 1615
Kupferstich, 179 x 122
Lieure 145

A. Galeone d'Algieri di 2.000. Salme Combattuto
da Cinque Galere di Toscana a Capo Spartivento
B. Tartana di Tunisi presa dalla Capitana a vista
della Roccella in Calabria
C. Galera Turchesca presa dalla Capitana Sotto
la fortezza di Schiatti nell' Archipelago
D. Fortezza dell' Isola di Schiatti

Die zwei Seeschlachten, um 1619/20
Radierungen, 199 x 152
Lieure 300/301

Titelblatt zu Giovanni Peris „Fiesole distrutta“, 1619
Radierung, 181 x 125
Lieure 304

Titelblatt zu „Fiesole distrutta", Detail

Die Reise ins Heilige Land, 1619

47 Kupferstiche zu einem Werk Bernardino di Gallipolis

Callot als Architekturzeichner – die Illustrationen zu einem Reiseführer des Franziskanermönchs Bernardino Amico di Gallipoli, „La vera Pianta della Santissima Nativita e Presepio di Nostro Signore Giesu Christo“, gaben dem Künstler Gelegenheit, gleichsam wissenschaftlich einen Gegenstand zu behandeln, der auf vielen seiner Zeichnungen, Stiche und Radierungen vor allem Staffage war.

Die Illustrationen zu dieser „Reise ins Heilige Land“ bilden in seinem Oeuvre einen Ausnahmefall. Callot mußte, nach Zeichnungen Bernardinos, etwas reproduzieren, was er nicht mit eigenen Augen an Ort und Stelle gesehen hatte, denn der Pater unternahm seine Reise allein. Offenbar machte das dem Künstler im Laufe der Arbeit auch Schwierigkeiten – zwei Jahre hat er gebraucht, um das Werk in aller Genauigkeit durchzuführen.

Gebäude, Veduten, Ruinen, Perspektiven und architektonische Aufrisse haben Callot immer interessiert. Sogar seine Theaterkulissen wirken echt, die beiden „Ansichten von Paris“ (S. 1493 f.) sind wirklichkeitsgetreu wiedergegeben; aber alle sind von lebendig wimmelnden Menschenmengen bevölkert oder, wie die Passionen, mit kunstvoll angeordneten Personengruppen. Auch mit Plänen kannte sich Callot aus: Bei Parigi hatte er gelernt, Grundrisse zu festlichen Veranstaltungen zu zeichnen (S. 945). Zu den großen Belagerungen von Breda (S. 1156 ff.), Ré (S. 1197 ff.) und La Rochelle (S. 1212 ff.) studierte er Landkarten, Schlachtenordnungen, Lageskizzen und Baurisse, um dann nach ihnen zu arbeiten. Doch bei all diesen Werken blieb seiner Phantasie Spielraum oder er hatte eine exakte Vorstellung von der Sache, die auf eigener Anschauung beruhte.

Bei den Illustrationen für Bernardino wird des Künstlers Handschrift eigentlich nur auf einem Blatt sichtbar: Das bizarr gefaltete Gewand des heiligen Girolamo, „vera effigia“, wie die Inschrift sagt, die mürrische Miene und das gesträubte Barthaar könnten Callots eigene Erfindung sein.

TRATTATO
delle Piante & Immagini
de Sacri Edifizi di
TERRA SANTA
Disegnate in Ierusalemme
secondo le regole della
Prospettiua, & uera misura
della lor grandezza
DAL R.P.F. BERNARDINO
Amico da Gallipoli dell'
Ord. di S. FRANCESCO de
Minori osseruanti
Stampate in Roma e di nuouo
ristampate dall'istesso Autore
in piu piccola forma,
aggiuntoui la strada
dolorosa, &
altre
figure
IN FIRENZA
Appresso Pietro Cecconcelli
ALLE STELLE MEDICEE
Con licenza de Super.ri

Titelblatt. 223 x 218
Lieure 306

[1595]

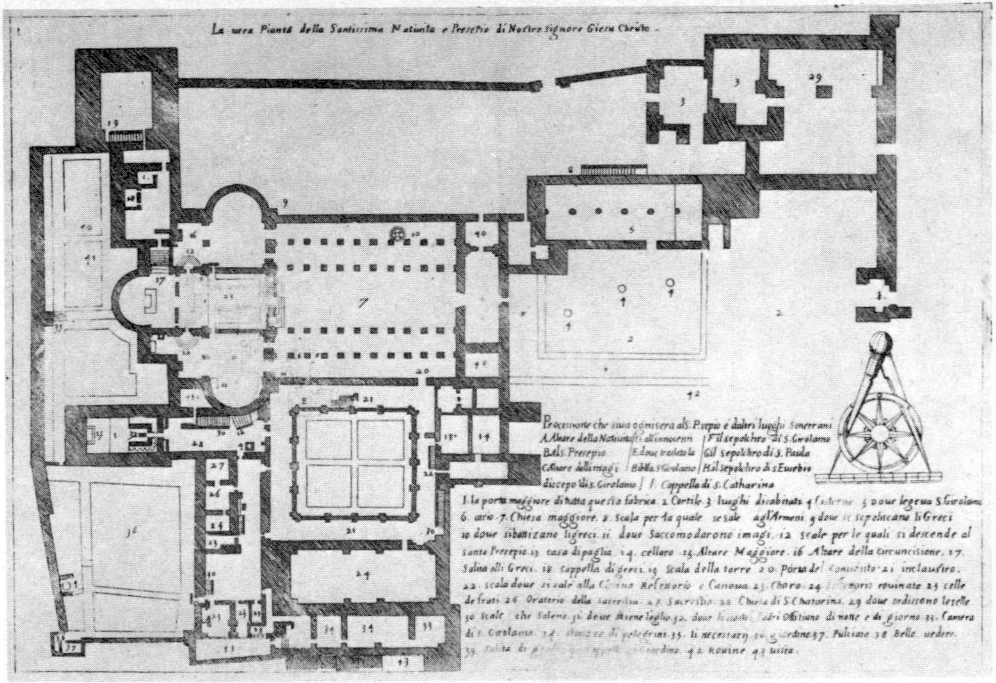

Tafel 1: Der Grundriß der Geburtsstätte Christi. 209 x 296

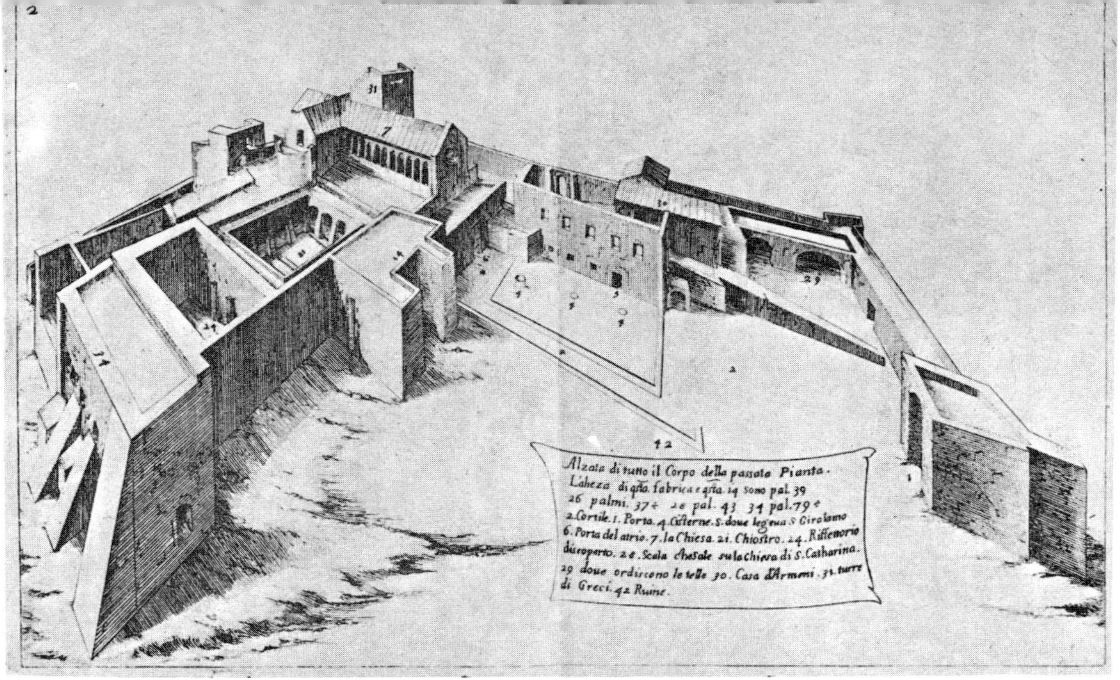

Tafel 2: Ansicht der Gesamtanlage. 118 x 182
Lieure 308

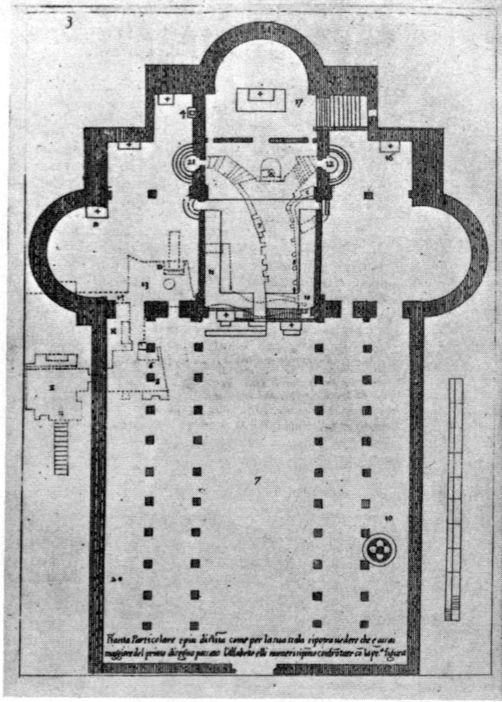

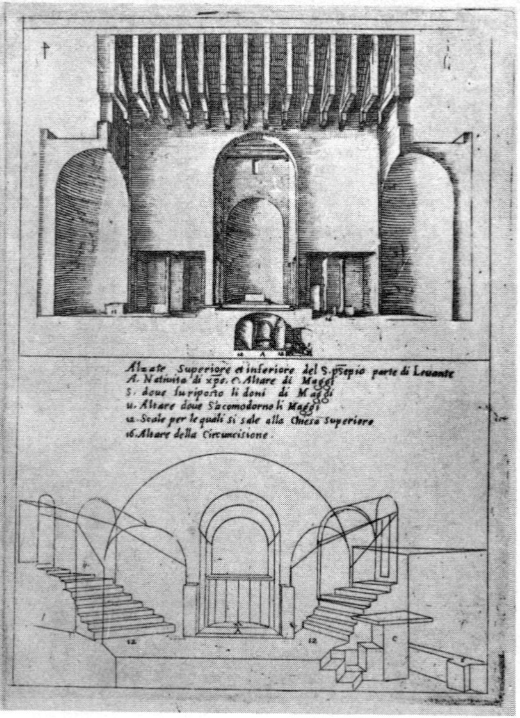

Tafel 3/4: Zwei Teilansichten des Grundrisses. 209 x 148; 210 x 147

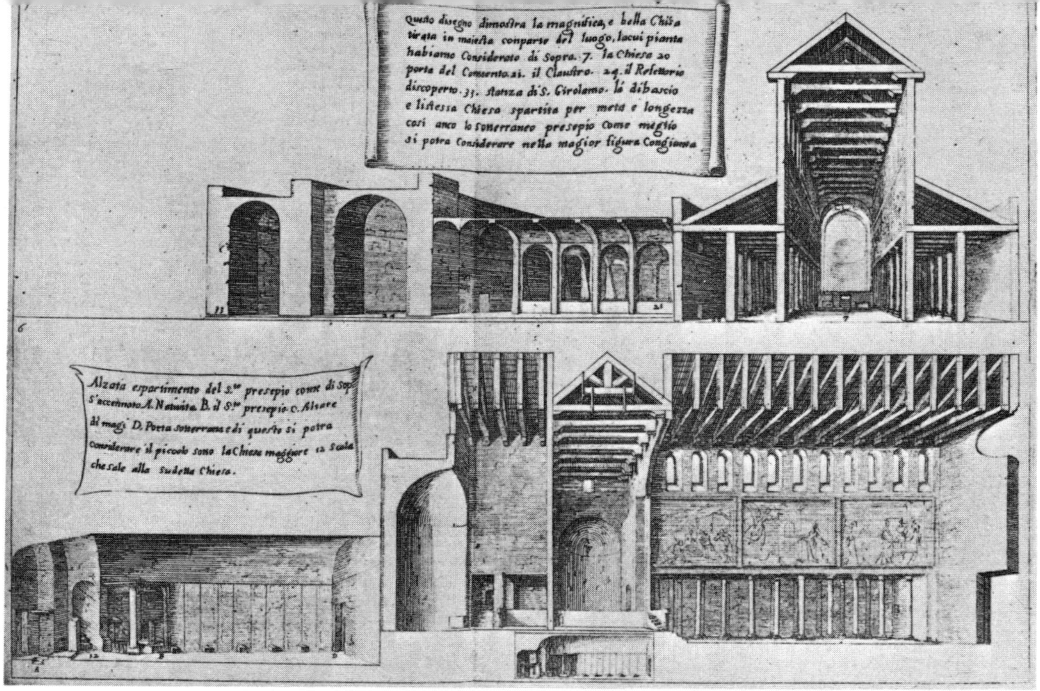

Tafel 5: Zwei Teilansichten des Aufrisses. 209 x 294
Lieure 311/312

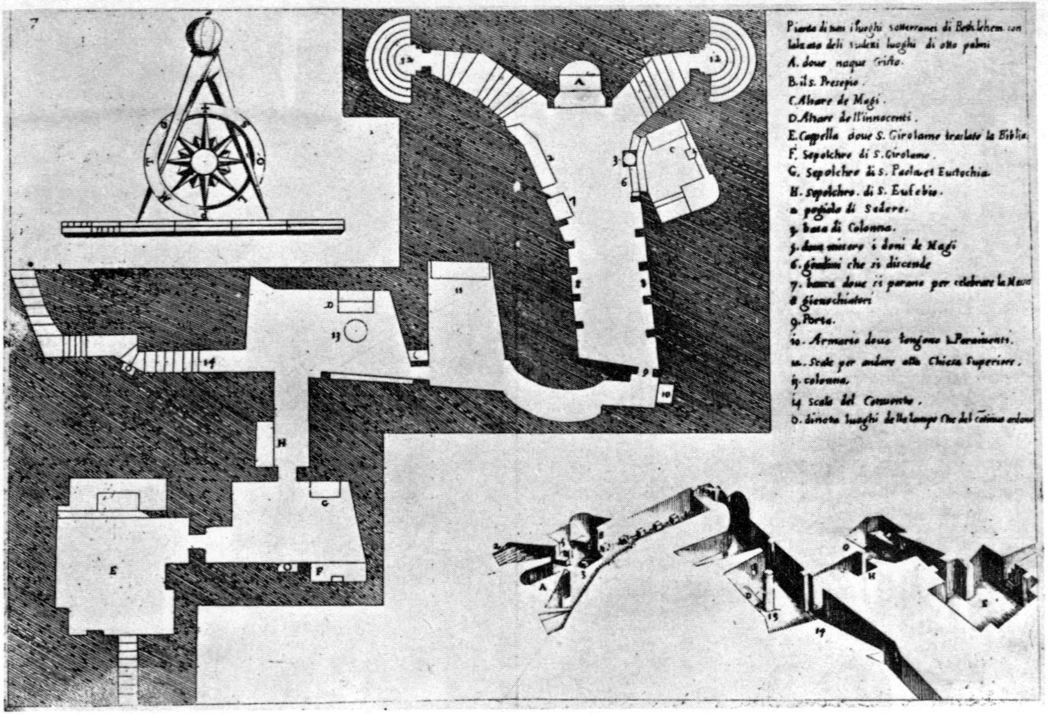

Tafel 6: Blick von oben auf die Gesamtanlage. 207 x 292

Tafel 7/8: Ein Mönch; Aufriß der Geburtsstätte, Grabmal der schönen Rachel.
213 x 146; 204 x 140
Lieure 314–316

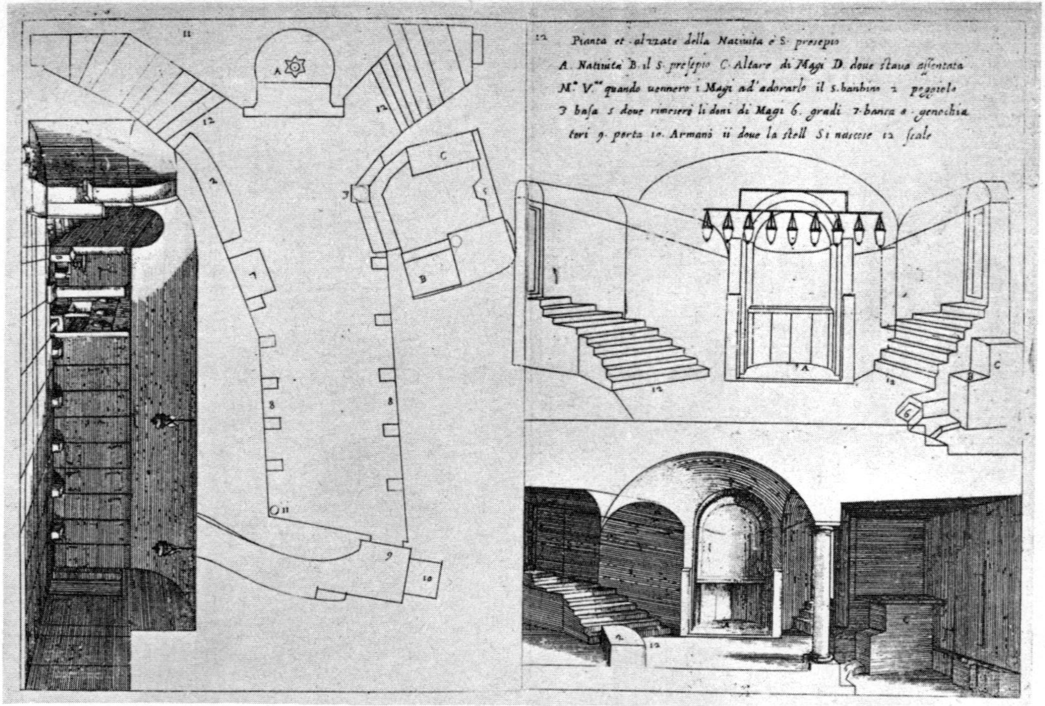

Tafel 9: Plan und Aufriß der Geburtsstätte. 206 x 292

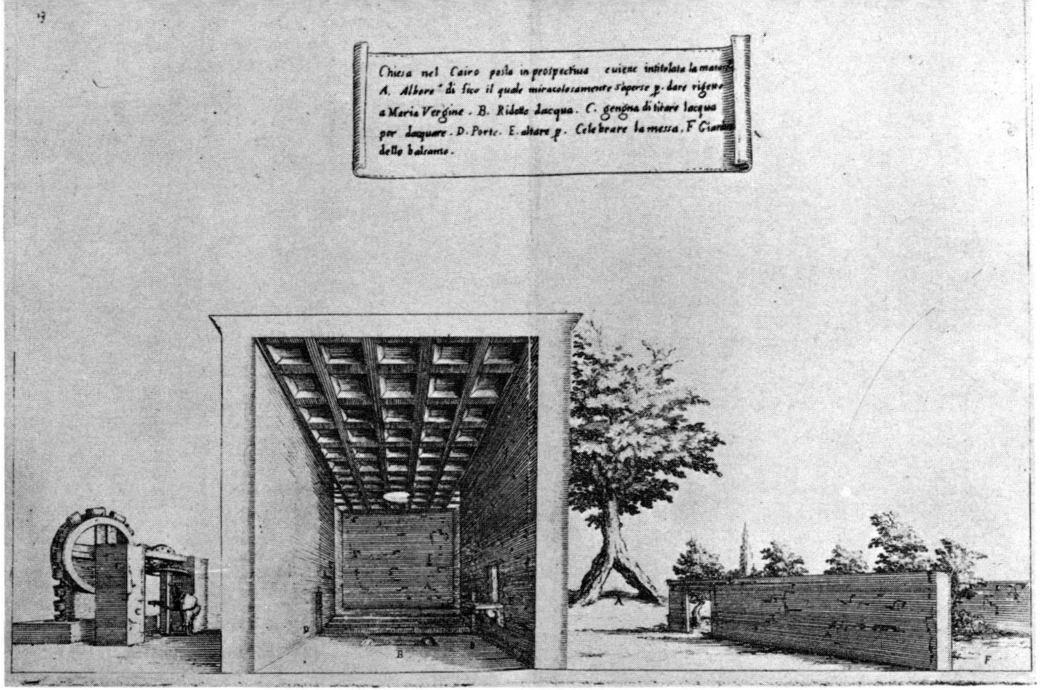

Tafel 10: Die Ruhestätte der heiligen Familie auf der Flucht nach Ägypten,
Kapelle bei Kairo. 260 x 292
Lieure 319

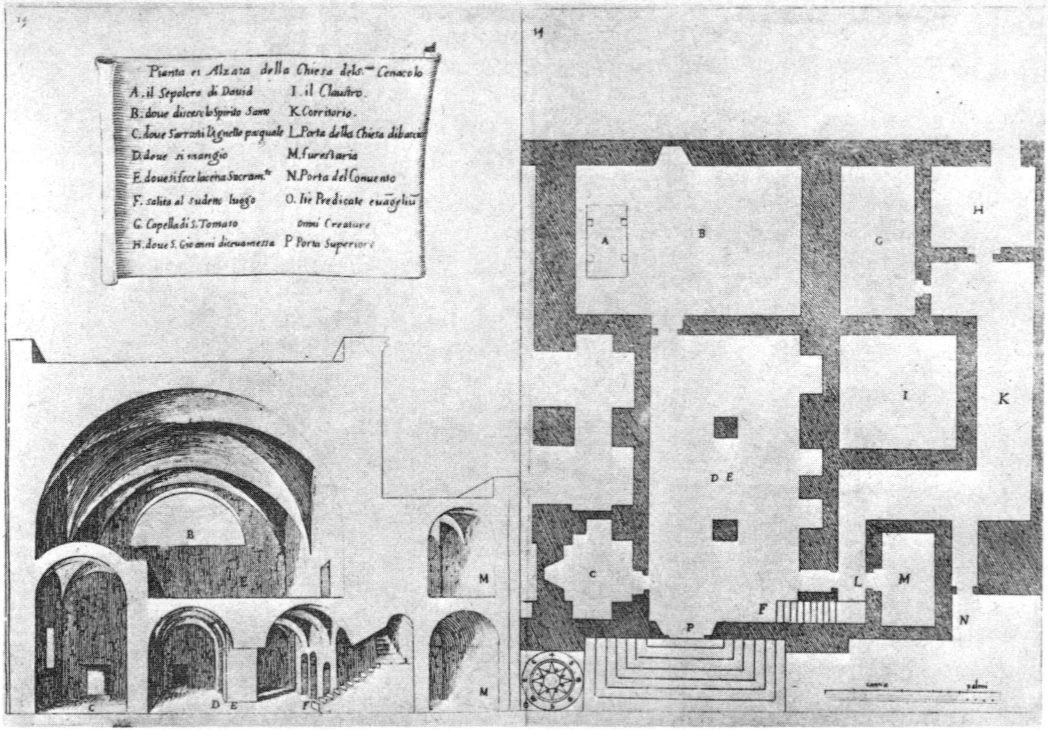

Tafel 11: Aufriß und Grundriß der Abendmahlskirche. 207 x 291

Tafel 12/13: Grundrisse und Aufrisse
der Kirchen des Hannas und des Kaiphas. 208 x 142; 207 x 148
Lieure 322/323

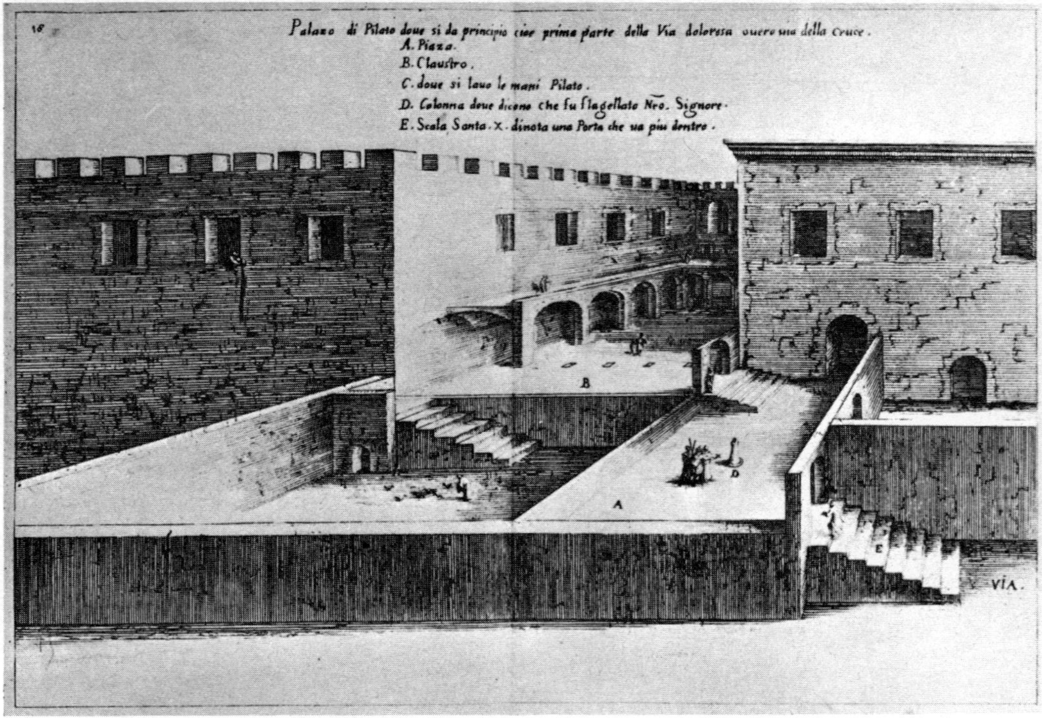

18
Palazo di Pilato doue si da principio cioe prima parte della Via dolorosa ouero uia della Cruce.
A. Piaza.
B. Claustro.
C. doue si lauo le mani Pilato.
D. Colonna doue dicono che fu flagellato Nrõ. Signore.
E. Scala Santa. x. dinota una Porta che ua piu dentro.
B
A
D
E
VIA.

Tafel 14: Der Palast des Pilatus. 206 x 288

Parte seconda della Via dolorosa
A. Arco di Pilato doue fu mostrato Cristo
dicendo ecco l'huomo
B. Capella fuor di Strada per segno che in questa
Via nostro Signore Sincontro con sua madre
portando la Croce.
B
D

Tafel 15: Zweite Station des Kreuzwegs. 205 x 288
Lieure 325

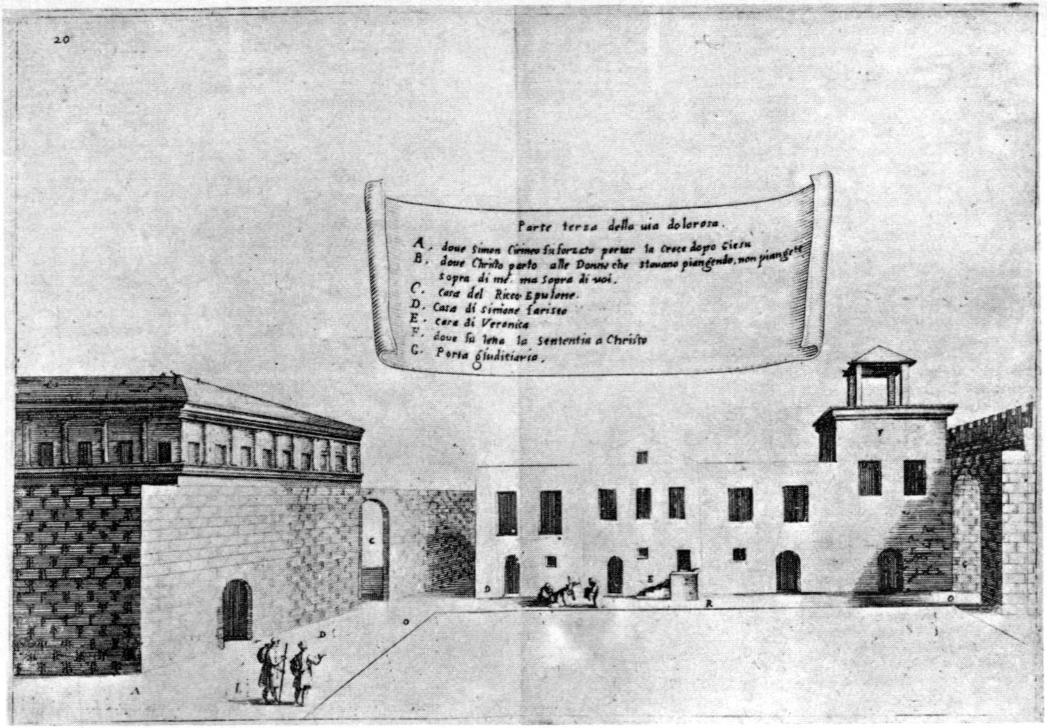

20
Parte terza della uia dolorosa.
A. doue Simon Cirineo fu forzato portar la Croce dopo Giesu
B. doue Christo parlo alle Donne che stauano piangendo, non piangete
sopra di me. ma sopra di uoi.
C. Casa del Ricco Epulone.
D. Casa di Simone fariseo
E. cara di Veronica
F. doue fu lena la sententia a Christo
G. Porta giuditiaria.

Tafel 16: Dritte Station des Kreuzwegs. 206 x 287

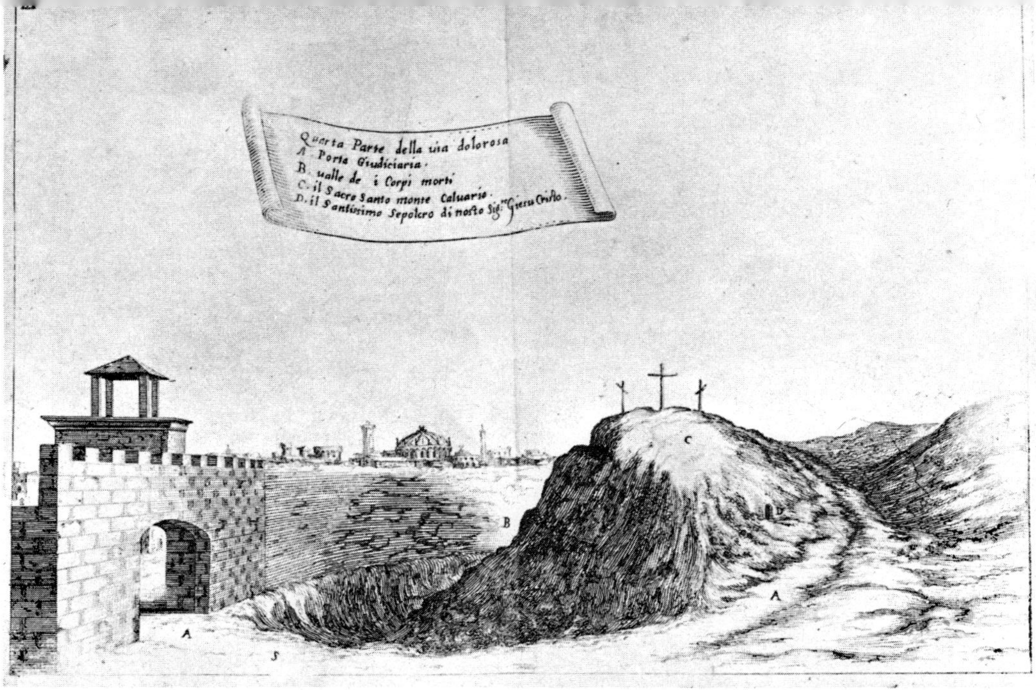

Tafel 17: Vierte Station des Kreuzwegs. 207 x 293
Lieure 327

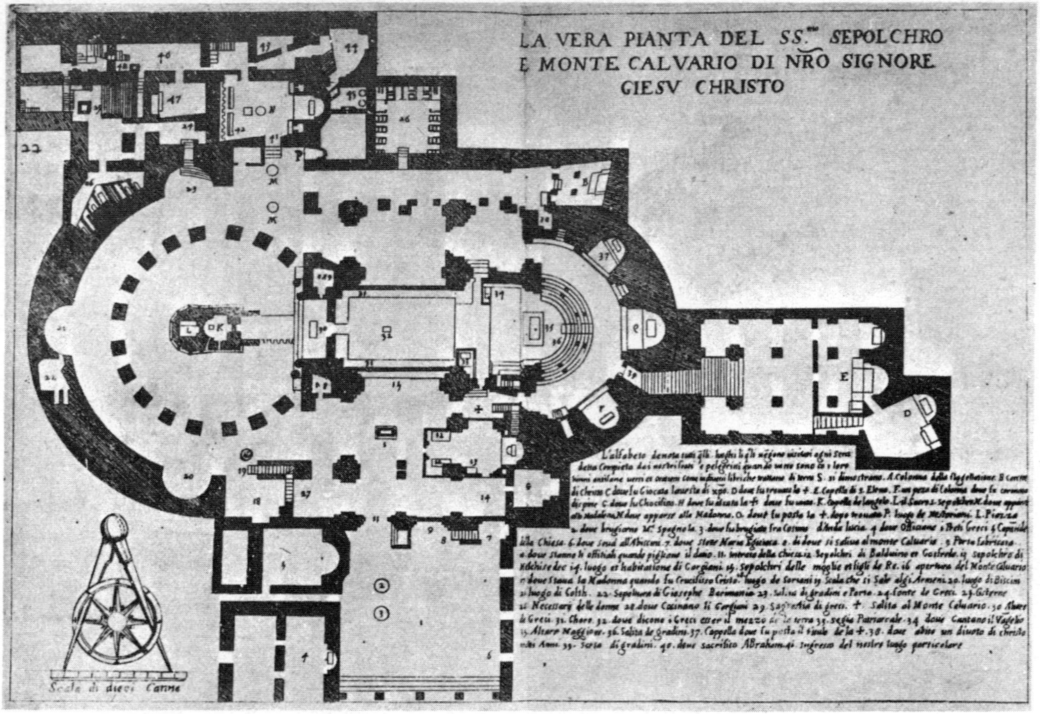

Tafel 18: Grundriß der Grabkirche und der Kalvarienkirche. 206 x 291

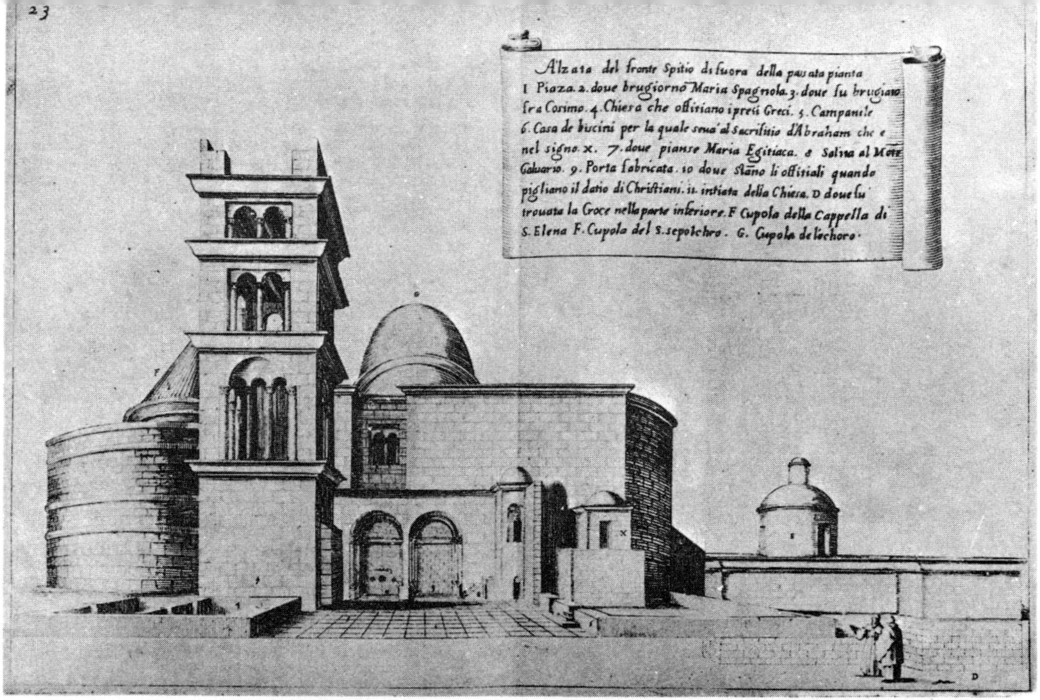

Tafel 19: Fassadenseite des vorhergehenden Grundrisses. 208 x 292
Lieure 329

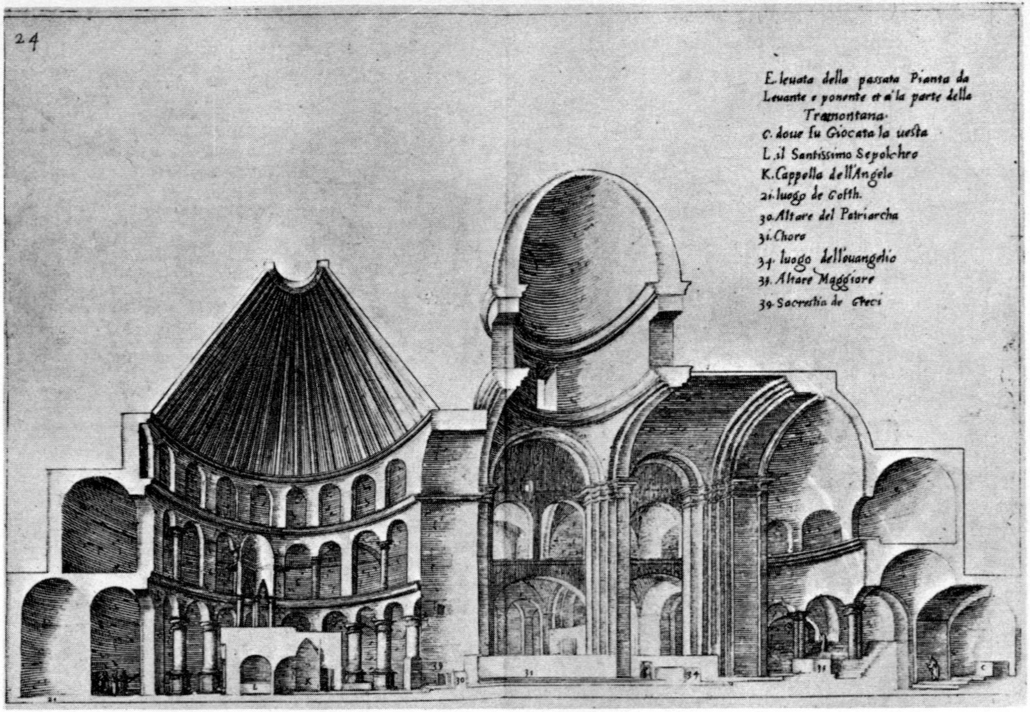

Tafel 20: Querschnitt der vorhergehenden Tafel. 210 x 290

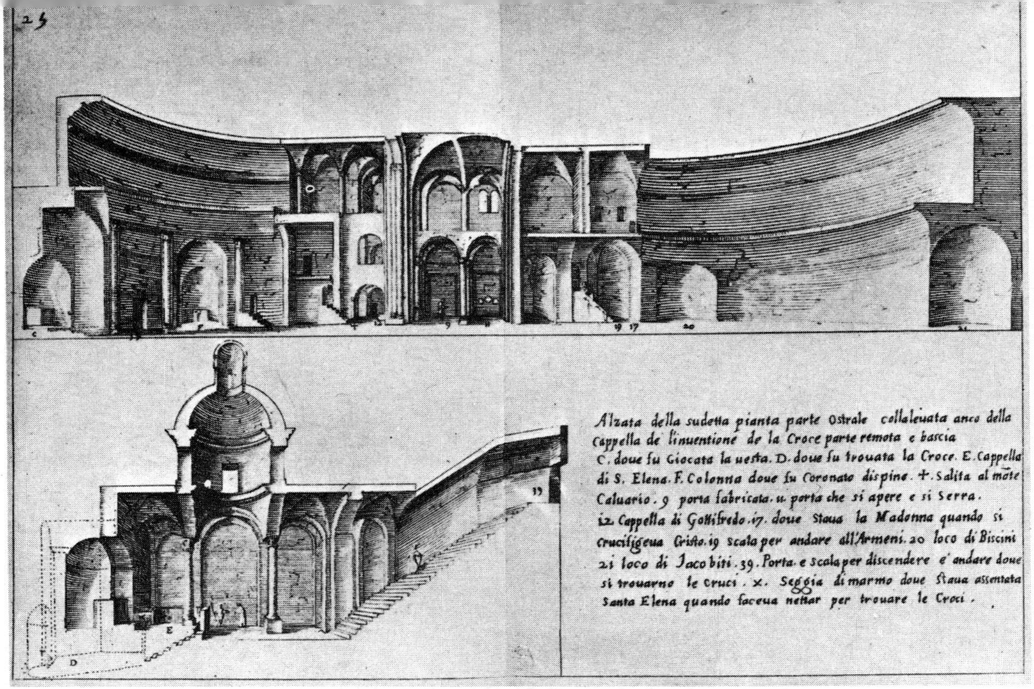

Tafel 21: Querschnitt aus Tafel 18, von Süden gesehen. 206 x 294
Lieure 331

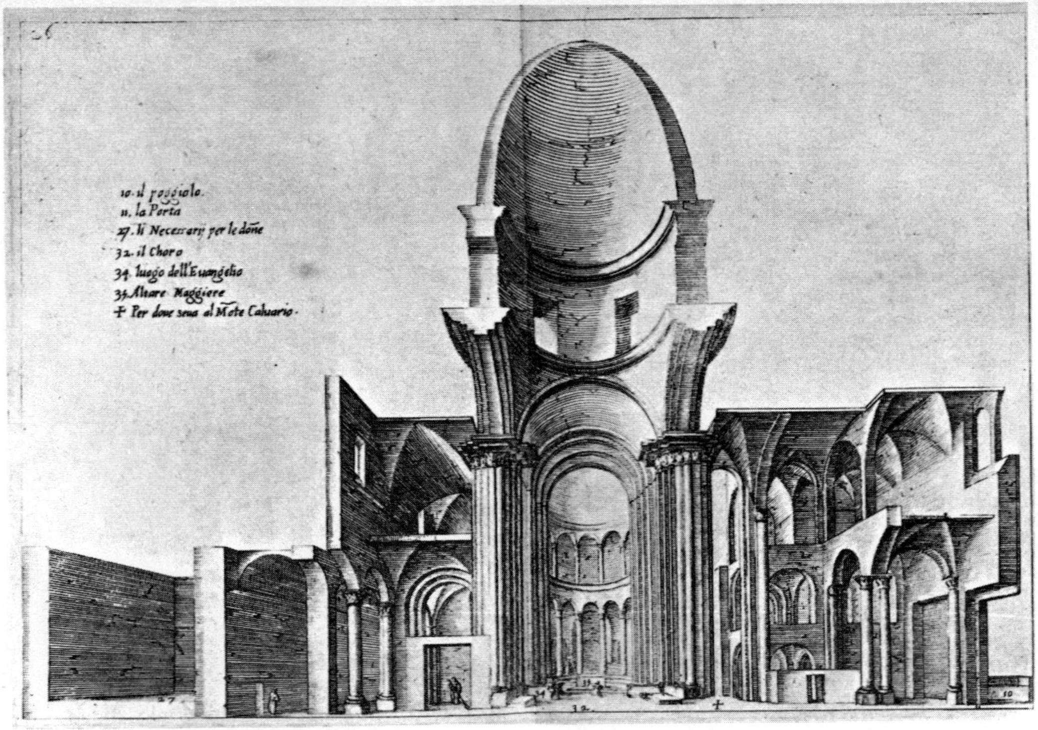

Tafel 22: Querschnitt wie Tafel 20, aus einer anderen Perspektive gesehen. 208 x 293

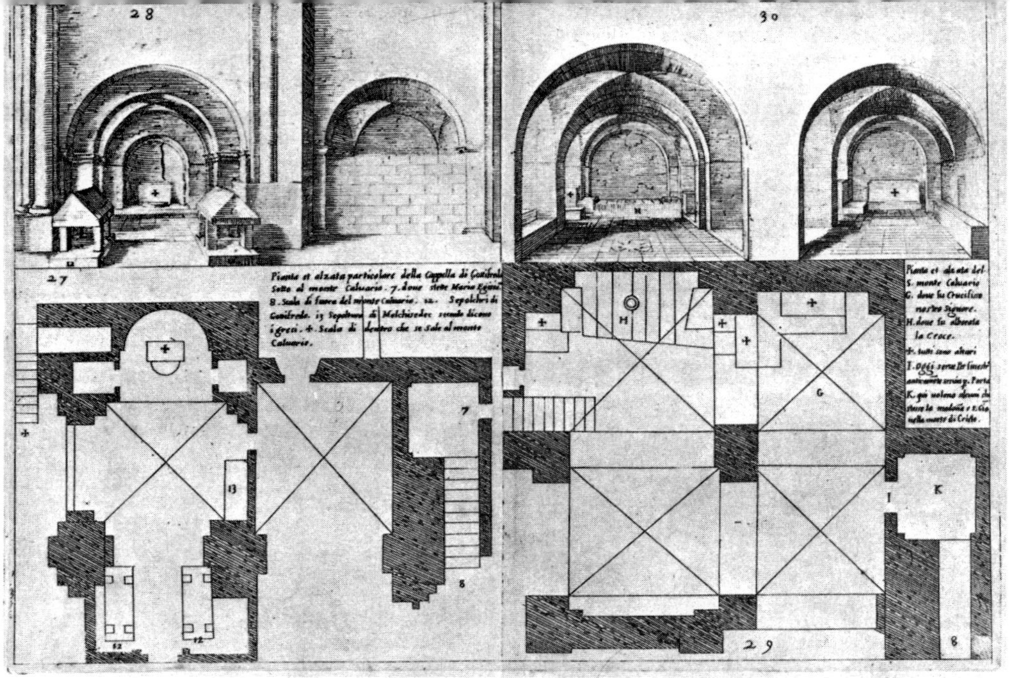

Tafel 23: Grund- und Aufrisse aus der Kalvarienkirche. 207 x 292
Lieure 333—336

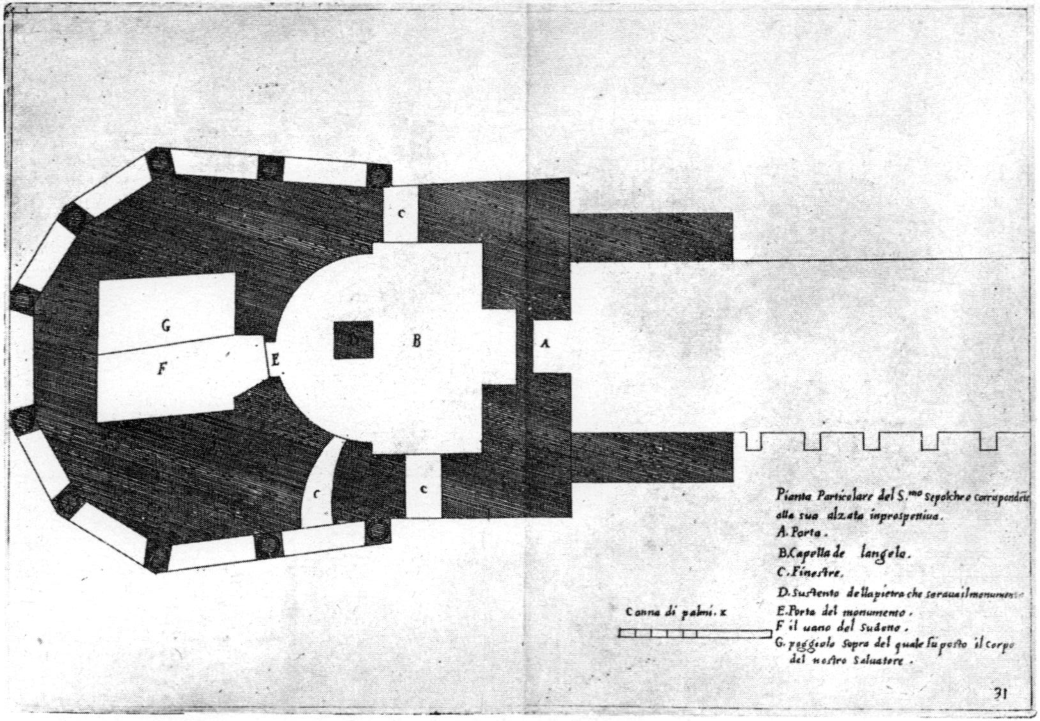

Tafel 24: Teil des Grundrisses der Grabkirche. 208 x 292

Tafel 25: Fassade und Aufriß der vorhergehenden Tafel. 209 x 293
Lieure 338

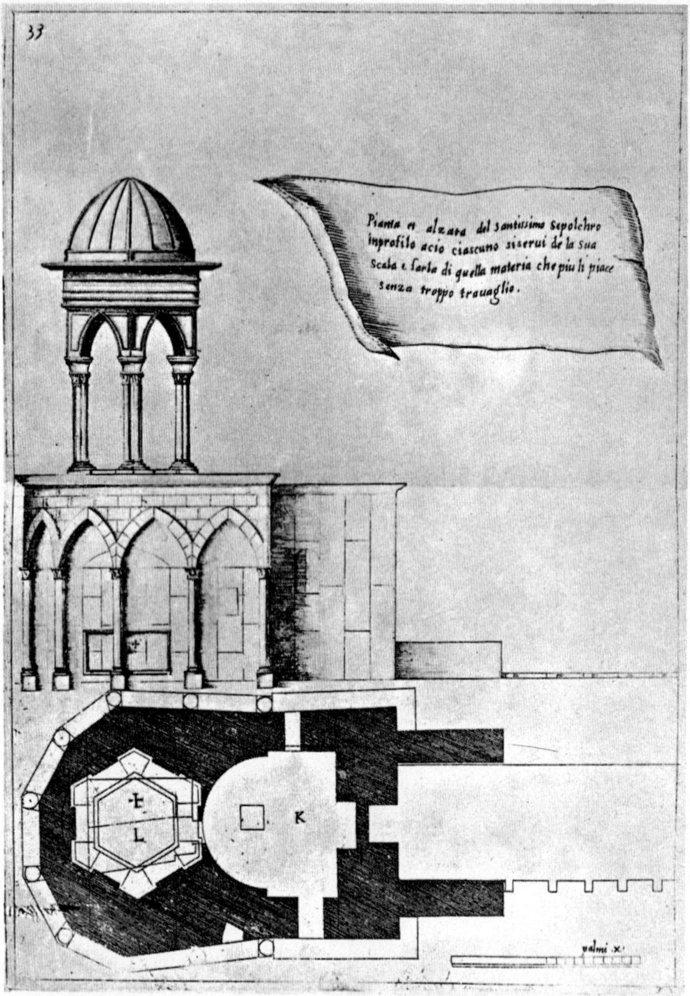

Tafel 16: Grundriß und Fassade der Grabkirche. 291 x 207
Lieure 339

[1618]

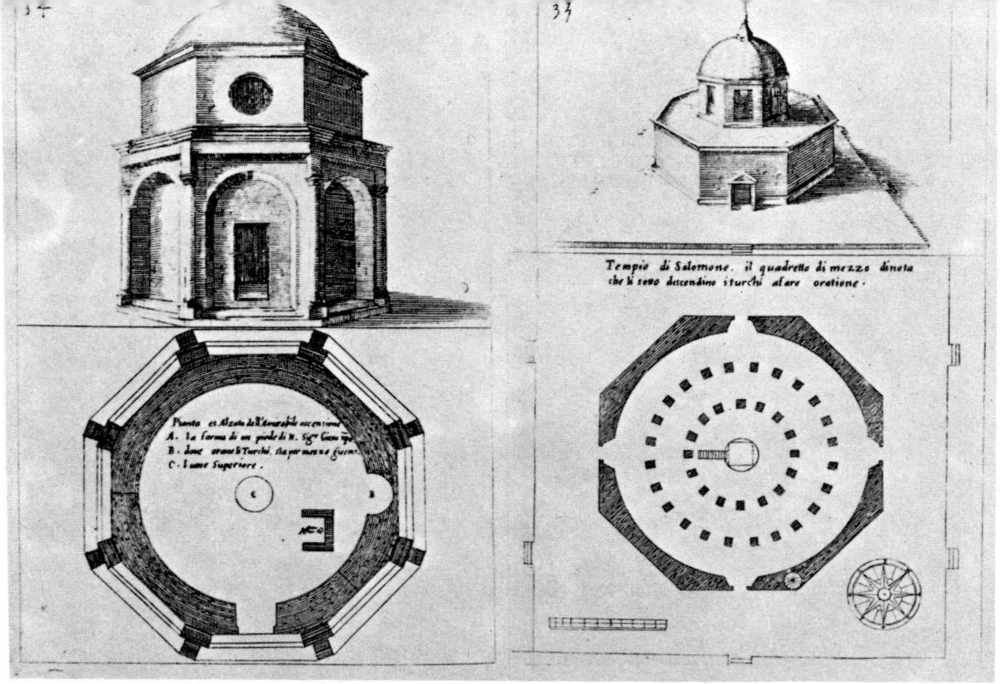

Tafel 27: Grundriß und Fassade eines Mausoleums;
Grundriß und Gesamtansicht des Tempels Salomonis. 210 x 146; 207 x 142
Lieure 340/341

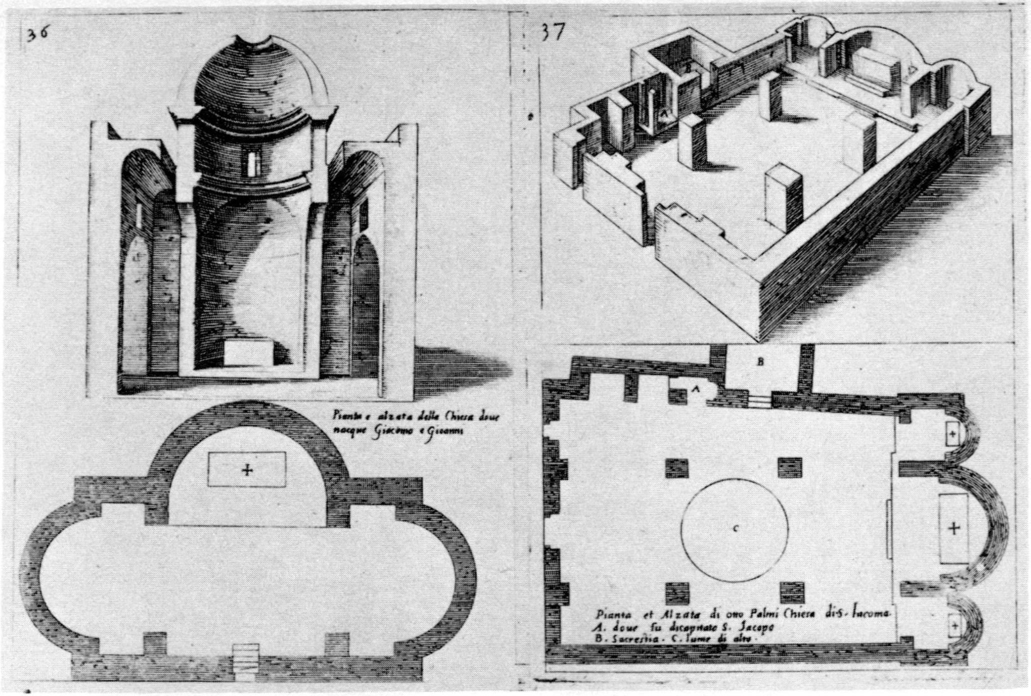

Tafel 29/30: Grundriß und Aufriß des Chors der Kirche der Heiligen Jakobus und Johannes; Grundriß und Gesamtplan der Kirche der Heiligen Jakobus und Johannes.
211 x 147; 207 x 144

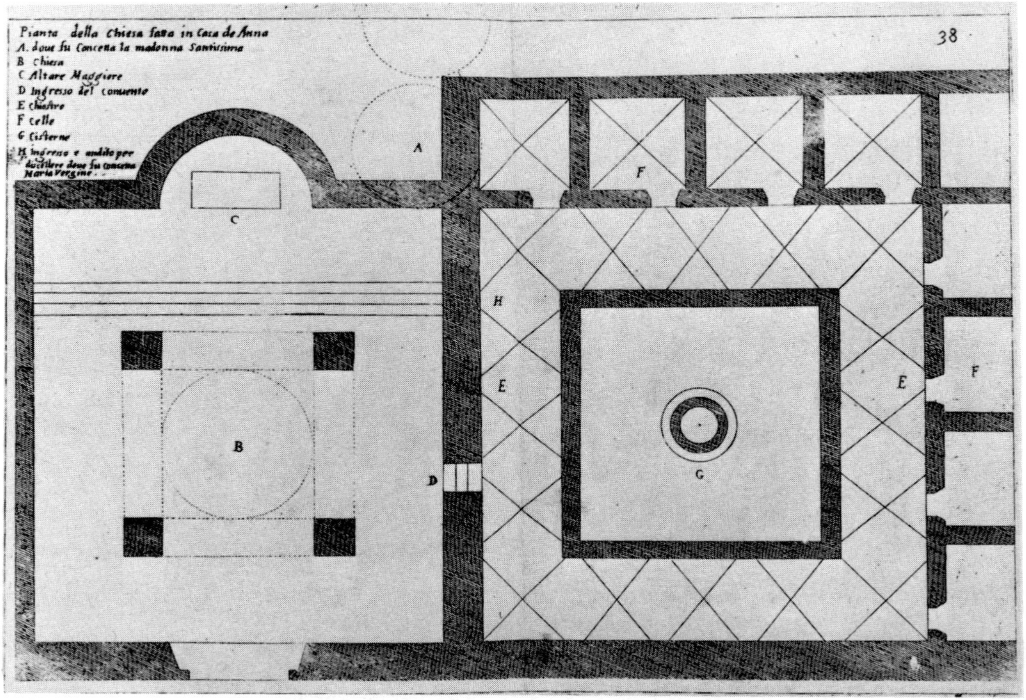

Tafel 31: Grundriß der Kirche über dem Haus des Hannas. 209 x 295
Lieure 344

Tafel 32: Aufriß der vorhergehenden Tafel. 209 x 293

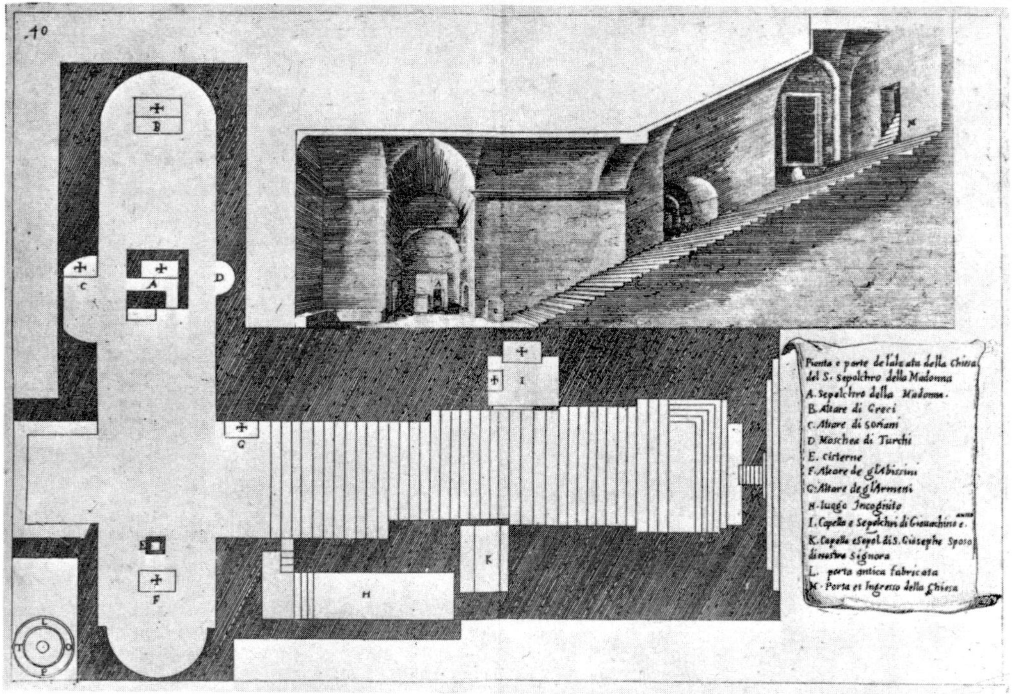

.40
Pianta e parte de l'alzata della Chiesa del S. sepolchro della Madonna
A. Sepolchro della Madonna.
B. Altare di Greci
C. Altare di Soriani
D Moschea di Turchi
E. cisterne
F. Altare de gl'Abissini
G. Altare de gl'Armeni
H. luogo Incognito
I. Capella e Sepolchri di Giouachino e Anna
K. Capella e Sepol. di S. Giosephe Sposo di nostra Signora
L. porta antica fabricata
M. Porta et Ingresso della Chiesa

Tafel 33: Grundriß und Teilaufriß der Grabkirche Mariens. 208 x 291
Lieure 346

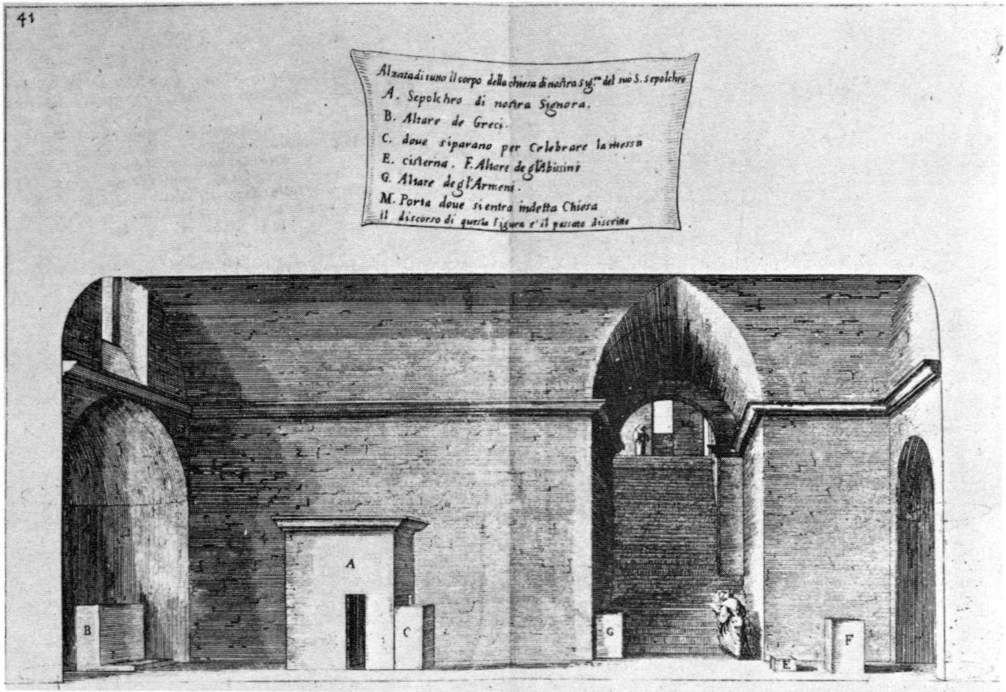

41
Alzata di tutto il corpo della chiesa di nostra Sig.ra del suo S. Sepolchro
A. Sepolchro di nostra Signora.
B. Altare de Greci.
C. doue siparano per Celebrare la messa
E. cisterna. F. Altare de gl'Abissini
G. Altare de gl'Armeni.
M. Porta doue si entra in detta Chiesa
il discorso di questa figura e'il passato discritto
A
B
C
G
F
E

Tafel 34: Querschnitt der Grabkirche Mariens. 208 x 291

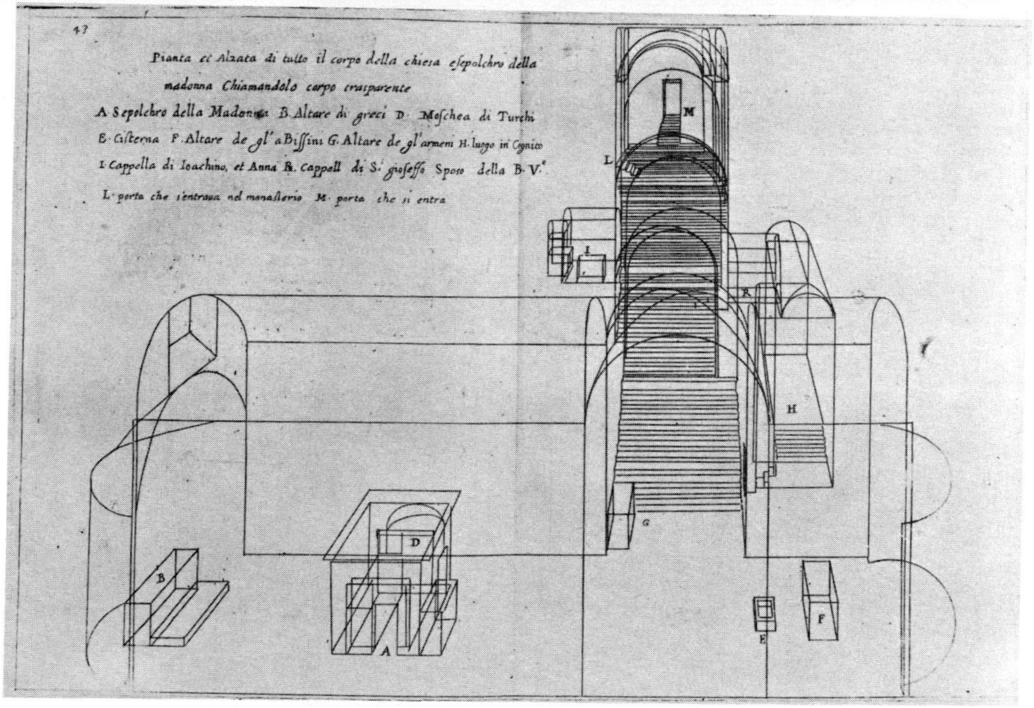

Tafel 35: Gesamtperspektive der Grabkirche Mariens. 208 x 297
Lieure 348

Tafel 36: Gesamtplan der Stadt Jerusalem. 228 x 291

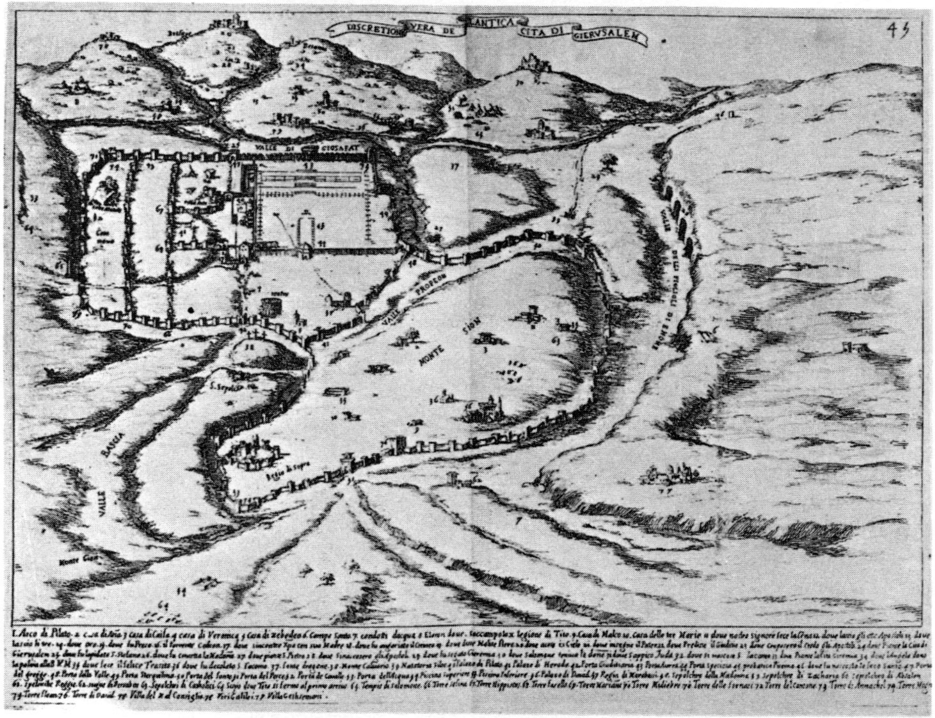

Tafel 37: Stadtplan des alten Jerusalem. 228 x 292
Lieure 350

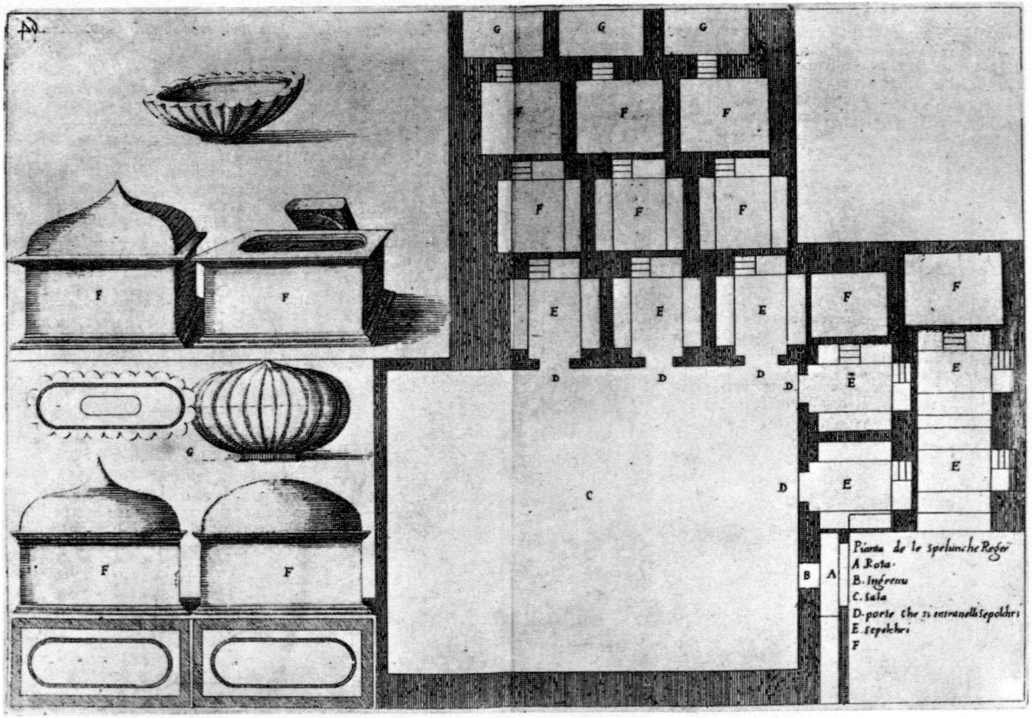

Tafel 38: Grundriß einer Höhle. 206 x 286

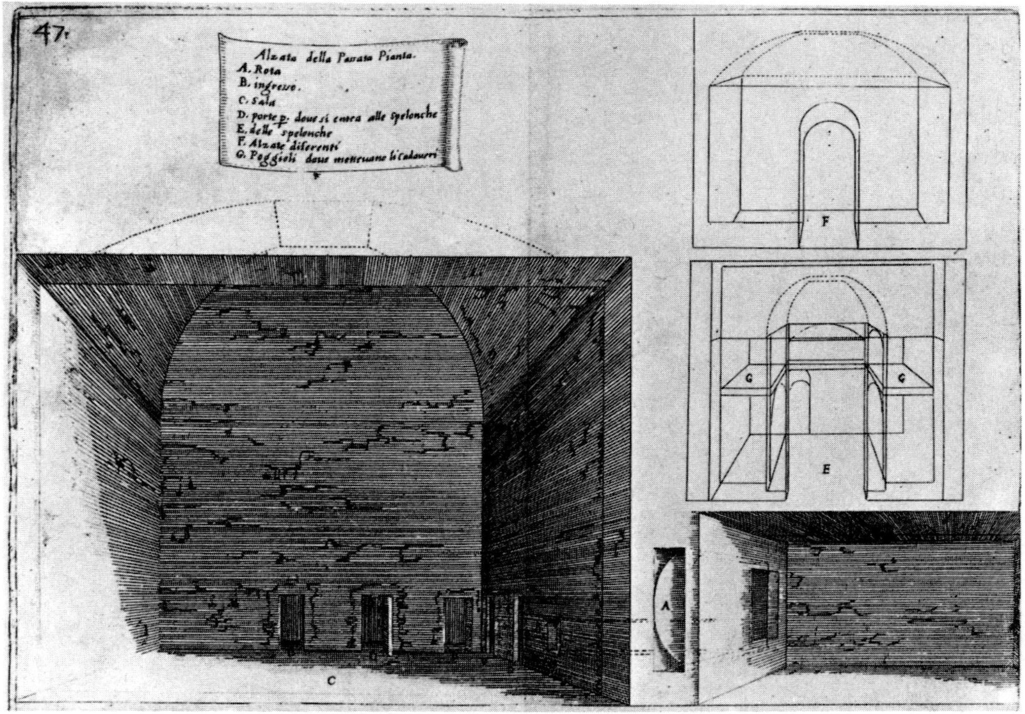

Tafel 39: Aufriß der vorhergehenden Tafel. 207 x 286
Lieure 352

Der heilige Franziskus von Assisi, 1621
Radierung, 188 x 119
Lieure 371

Titelblatt zu den „Regeln der Ritter des heiligen Stephanus“,
um 1620
Radierung, 201 x 135
Lieure 372

Titelblatt zu einem Gebetbuch, um 1623
Radierung, 91 x 54
Lieure 504

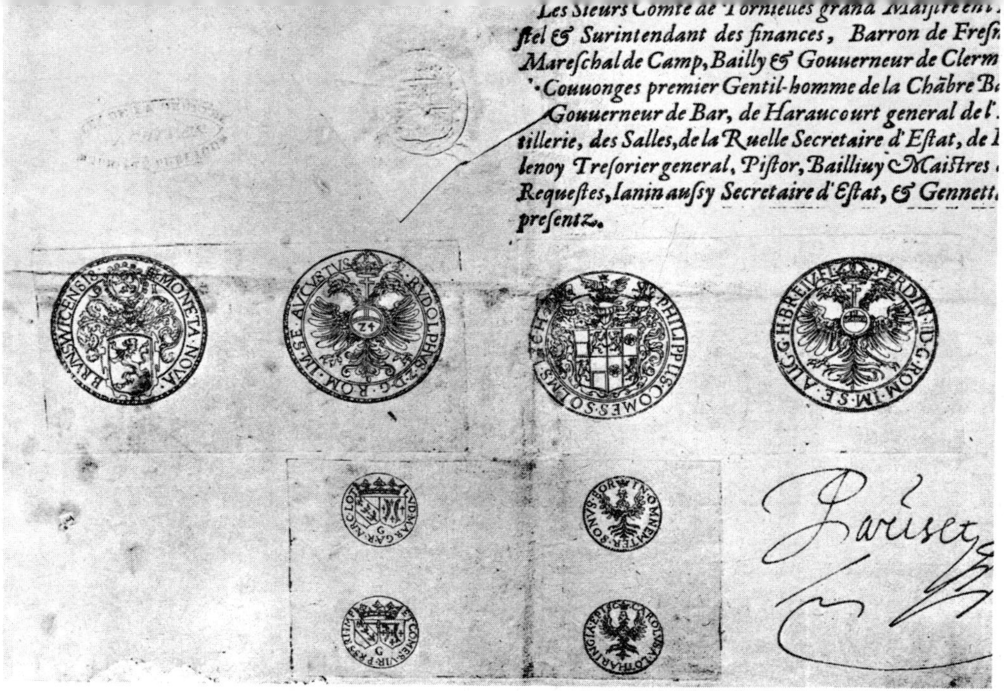

Die Münzen (erste Serie)
Radierungen, 50 x 91; 51 x 100; 51 x 97
Lieure 506—508

Titelblatt zu einem Marienlob
Radierung, 99 x 74
Lieure 509

[1634]

Titelblatt zur „Sainte Apocatastase“
Radierung, 149 x 100
Lieure 511

[1635]

„La Petite Thèse" (Blatt zu einer Schrift der Franziskaner André de l'Auge und Étienne Didelot), 1625
Radierung, 563 x 368
Lieure 562

„La Petite Thèse“, Detail

Stiche zu Jean Ruirs „Recherches des Saintes Antiquités de la Vosge“, 1625

3 Radierungen

Jean Ruir oder Ruyr, Kanonikus der Kollegienkirche von St. Dié, veröffentlichte sein Buch über die „Altertümer in den Vogesen“ im Jahre 1626. Auf dem von Callot radierten Frontispiz wurde später der Titel eingraviert: „Première partie, seconde et troisième del la recherche des sainctes antiquitez de la Vosgue, province de Lorraine. Par Jean Ruir, chatre et chanoine de l'insigne Église Collégiale de Sainct Dié.“
Die Wappenvignette steht über der Widmung des Buches an die Vorstände und Mitglieder des Kapitels St. Dié. Die dritte Radierung, eine Schmerzensmadonna vor dem Votivbild, beschließt das Buch. Zum Frontispiz gibt es eine Vorzeichnung, den heiligen Hidulph (siehe Band I, S. 552), auf der rechten Seite.
Lieure möchte nur dieses eine Blatt an Callot geben. Er schreibt: „Die beiden dem Titel folgenden Blätter sind mittelmäßig, wahrscheinlich ließ Callot einen seiner Schüler mitarbeiten. Außerdem gibt es im Buch noch eine kleine Vignette, die den heiligen Deodat darstellt. Die Durchführung dieses Blattes ist jedoch dem Stil des Künstlers völlig fremd.“

Titelblatt. 186 x 144
Lieure 563

[1639]

Wappenornament; Schmerzensmadonna. 40 x 108; 94 x 62
Lieure 564/565

„La Grande Thèse" (Blatt zu einer These von Bischof Nikolaus Franz von Toul, dem Sohn Franz IV. von Lothringen), um 1625
Radierung, 665 x 410. Lieure 571

„La Grande Thèse“, Detail

„La Grande Thèse“, Detail

[1643]

Illustrationen zu Henri Humberts „Combat à la Barrière“, 1627

14 Radierungen

Das berühmte Turnier zu Nancy war ein aufwendiges Spektakel, das im herzoglichen Schloß stattfand und Callot ganz offensichtlich an die Florentiner Jahre erinnerte: Wagen, prächtige Einzüge, höfisches Zeremoniell, Mythologie und allegorische Verkleidung beherrschen die Szene. „Mit entsprechenden Festdarstellungen der Florentiner Zeit verglichen, wirkt Callots Stil verhaltener und kühler, in der Form sicherer, technisch vollendeter“, schreibt Knab.

Das Turnier fand am Abend des 14. Februar auf Anordnung Karl IV. von Lothringen und zu Ehren seiner Kusine, der Herzogin von Chevreuse statt. – Sie hatte gegen Richelieu konspiriert und mußte ins Exil gehen.

In ihrem Namen fochten an diesem Tag der Herzog persönlich und der Prinz von Pfalzburg, der herzogliche Bastard. Die Gegner, unter ihnen der Marquis von Moy, waren beim Kampf durch eine Barriere voneinander getrennt. Kostüme und Kulissen hatte Deruet, der „Parigi“ des lothringischen Hofes, entworfen (siehe auch S. 1504); die Texte stammen aus der Feder des Hofpoeten Humbert (nachzulesen bei Lieure, Band V, S. 71 ff.).

Das ganze, äußerlich so spielerische Tun, hatte, jenseits aller Allegorien, einen sehr herausfordernden, provokanten Sinn. Am Beispiel der schönen verbannten Dame sollte demonstriert werden, wie wenig man im unabhängigen Lothringen den mächtigen Richelieu und Ludwig XIII., seinen König, respektierte. Der Aufrührerin baute man Ehrenpforten, im glanzvollen Spiel bedeutete man Frankreich, wie fröhlich man seinen Feinden huldigte. Callot selbst schrieb der Herzogin einen überschwänglichen, verehrungsvollen Brief (siehe Band I, S. 521).

Die Folgen blieben nicht aus. 1631 marschierten die Franzosen ein, 1633 wurde Nancy genommen. Dem ritterlichen Turniergeplänkel folgte die militärische Wirklichkeit – die Greuel, das Unglück, die „Großen Schrecken des Krieges“ (S. 1325 ff.).

Tant de marques de gloire, a qui l'antiquité
Faict du monde naissant tirer leur souuenance
N'ayant poinct d'aultre fin que L'immortalité
Les Graces et l'Amour en ont faict alliance
Jac. Callot. In. et Fecit Nancei

Titelblatt. 157 x 110
Lieure 575

Einzug des Prinzen von Pfalzburg. 153 x 240

Der Einzug des Herrn de Macey. 145 x 222
Lieure 577

Der Einzug der Herren Vroncourt, Tyllon und Marimont. 147 x 222

Der Einzug der Herren de Couvonge und de Chalabre. 153 x 242
Lieure 579

Der Einzug des Herrn de Brionne. 152 x 241

Der Einzug Henry von Lothringens. 153 x 242
Lieure 581

Der Einzug Herzog Charles IV. 152 x 241

Der Einzug zu Fuß. 152 x 243
Lieure 583

Das Turnier. 153 x 242

Der Einzug der Herren de Couvonge und de Chalabre. 75 x 236
Lieure 585

Der Einzug Henry von Lothringens. 153 x 360

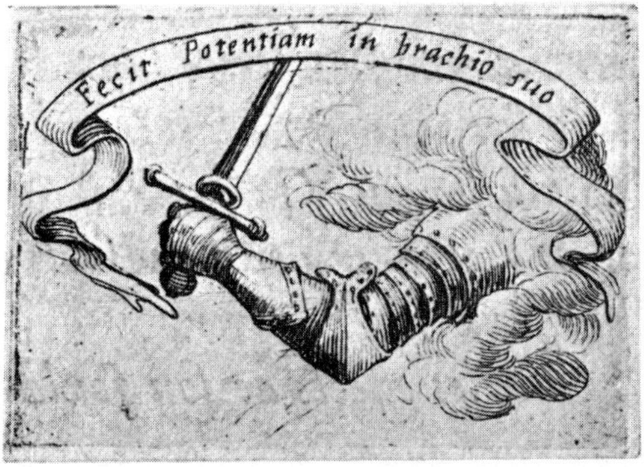

Bewaffneter Arm mit Spruchband;
bewaffneter Arm ohne Spruchband. 44 x 65; 44 x 66
Lieure 587/588

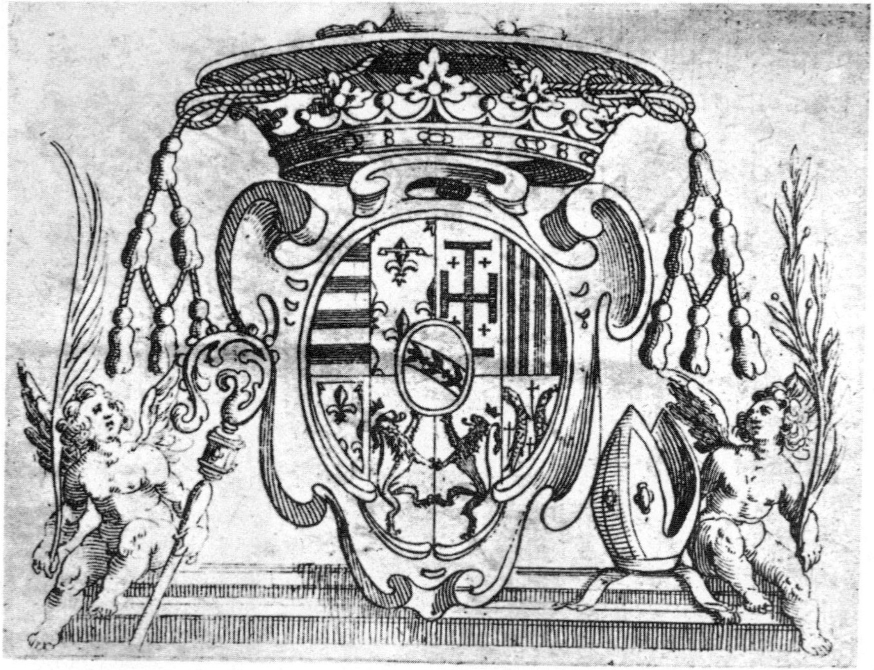

Das Wappen Nicolas-François' von Lothringen
Radierung, 89 x 111

Titelblatt zu einer „Sacra cosmologia“, 1630
Radierung, 140 x 94
Lieure 666

Titelblatt zum Marienlob
der Notre-Dame de Bonsecours-les-Nancy, um 1630/31
Radierung, 124 x 78
Lieure 669

Die Verkündigung; Titelblatt zu einem Kostümbuch
Radierungen, 51 x 38; 100 x 99
Lieure 699/700

Titelblatt zu den Regeln des Marienordens
Radierung, 90 x 48
Lieure 1403

Titelblatt zu den Ordensregeln
der „Pénitents Blancs de Nancy", 1635
Radierung, 94 x 78
Lieure 1417

Editionsnotiz

Dieser Gesamtausgabe der Graphik Callots liegen zwei wichtige französische Quellenwerke zugrunde: Für die Handzeichnungen der Katalog von Daniel Ternois, „Jacques Callot. Catalogue complet de son œuvre dessiné“; für die Druckgraphik das siebenbändige Verzeichnis von J. Lieure, „Jacques Callot. Catalogue de son œuvre gravé“. Auf die Nummern dieser Arbeiten wird bei jedem Blatt unserer Ausgabe verwiesen. Wesentlich maßgeblich für die Edition ist auch der von Eckhart Knab verfaßte Katalog der Graphischen Sammlung Albertina, „Die Kunst der Graphik V. Jacques Callot und sein Kreis. Werke aus dem Besitz der Albertina und Leihgaben aus den Uffizien“, Wien 1969.

Soweit das Buchformat es zuläßt, sind die Werke und Ausschnitte maßstabgerecht abgebildet, bezogen auf Millimeter, Höhe vor Breite.

Callots Handzeichnungen sind ausschließlich Entwürfe und Studien zu den Kupferstichen und Radierungen; deshalb wurden viele Verweise innerhalb der Bände und besonders zwischen Band I (Handzeichnungen) und II (Druckgraphik) notwendig. Aus demselben Grund wiederholen sich gelegentlich biographische und sachliche Angaben; bei den Handzeichnungen ist häufig von der Druckgraphik die Rede und umgekehrt. Die eingeschobenen Texte sollen Hinweise zum Verständnis der oft sehr zeitbezogenen Folgen und Einzelblätter Callots sein; es war nicht die Absicht, die gesamten Ergebnisse der Forschung aufzuarbeiten und vollständig zu referieren. Weiterführende Hinweise ergeben sich aus der Bibliographie.

Für die Übersetzung französischer Texte danken wir Herrn Lothar Klünner (Gedichte zu den „Grandes Misères de la Guerre“) und Frau Hedda Soellner (Briefe und Testamente Callots).

Marianne Bernhard

BIBLIOGRAPHIE

Aus dem großen Repertoire der meist französischen Literatur ist hier nur eine kleine Auswahl angegeben. Ausführliche Bibliographien finden sich bei Ternois, „Jacques Callot. Catalogue complet de son œuvre dessiné“, im Katalog der Albertina, Wien, „Jacques Callot und sein Kreis“, 1969, und im Katalog der Callotausstellung 1970, Providence/Rhode Island.

Baldinucci, Filippo: *Notizie de' professori del disegno da Cimabue in quà . . .*, Florenz 1845 ff.

Bartsch, Adam von: *Le Peintre Graveur.* Wien 1803 ff.

Bechtel, Edwin de: *Jacques Callot.* New York 1955

– *Jacques Callot and his prints from the „Battles of the Medici“ to „The Miseries of War“.* In: *The Prinz Collector's Quaterly.* XXIX, Februar 1942, S. 26–89

Bénézit, Emmanuel: *Dictionnaire critique et documentaire des peintres, sculpteurs, dessinateurs, et graveurs.* Paris 1948

Bouchot, Henri: *Jacques Callot, sa vie, son œuvre et ses continuateurs.* Paris 1889

Bruwaert, Edmond: *Un livre de la Bibliothèque Nationale ayant appartenu à Jacques Callot et orné de ses dessins.* Paris 1911

– *Vie de Jacques Callot, graveur lorrain, 1592–1635.* Paris 1912

– *Jacques Callot. Biographie critique.* Paris 1913

– *Jacques Callot à Florence.* In: *Revue de Paris.* 15. Juni 1914

– *La vie et les œuvres de Philippe Thomassin, graveur troyen, 1562–1622.* Troyes 1914

– *Jacques Callot et Don Giovanni Medici.* Paris 1924

Dohmann, Albrecht: *Jacques Callot. Radierungen.* Dresden 1960

Gersaint, E. F.: *Catalogue raisonné des diverses curiosités du cabinet de feu M. Quentin de Lorangère.* Paris 1744

Giesey, Ralph E.: *The Royal Funeral Ceremony in Renaissance France.* Genua 1960

Glikman, Alexander: *Jacques Callot.* Leningrad und Moskau 1959

Hauser, Arnold: *Sozialgeschichte der Kunst und Literatur.* München 1953

Hind, Arthur: *Jacques Callot.* In: *Burlington Magazine.* Mai 1912, S. 74–81

Kagan, Moissey: *Vorlesungen zur marxistisch-lenistischen Bewegung.* Berlin 1969

Katalog der Ausstellung „Jacques Callot. Loan Exhibition of Prints and Drawings“, Los Angeles Museum, 1957

Katalog der Ausstellung „Jacques Callot et les peintres et graveurs lorrains du dix septième siecle“, Nancy, Musée Historique Lorrain, 1935

Katalog der Ausstellung „Jacques Callot und sein Kreis“, Wien, Albertina, 1968/69

Katalog der Ausstellung „Jacques Callot. 1592–1635“, Providence/Rhode Island, Museum of Art, 1970

Kayser, Wolfgang: *Das Groteske in Malerei und Dichtung.* Oldenburg o. J.

Kristeller, Paul: *Kupferstich und Holzschnitt in vier Jahrhunderten.* Berlin 1922

Levertin, Oscar: *Über Callots Skizzenbuch in der Albertina.* In: *Zeitschrift für bildende Kunst,* XV, 1904, S. 177 ff.

– *Jacques Callot.* Minden 1911

Lieure, J.: *Jacques Callot. La Vie artistique. Catalogue de son œuvre gravé.* Paris 1924 ff.

Löffler, Peter: *Jacques Callot, Versuch einer Deutung.* Winterthur 1958

Mariette, P. J.: *Notes manuscrites (1740–1770) conservées au Cabinet des estampes de la Bibliothèque Nationale, Band II.* Paris 1939

Marot, Pierre: *L'Apprentissage de Jacques Callot à Nancy et son départ pour Rome.* In: *Mélanges Félix Grat,* 1949, II, S. 445–470 ff.

– *Jacques Callot d'après des documents inédits.* Nancy und Paris 1939

– *Une Gravure emblematique de Jacques Callot.* In: *Mélanges Historiques Littéraires, et Bibliographiques,* 1954, S. 141 ff.

– *Recherches sur les pompes funèbres des ducs de Lorraine.* Nancy und Paris 1935

Meaume, Edouard: *Recherches sur quelques artistes lorrains, Claude Henriet, Israël Henriet, Israël Silvestre.* Nancy 1852

– *Recherches sur la vie et les ouvrages de Claude Deruet.* Nancy 1853

– *Recherches sur la vie et les ouvrages de Jacques Callot.* Würzburg 1924

Meder, Joseph: *Die Handzeichnung, ihre Technik und Entwicklung.* Wien 1919

Nadeau, Maurice: *Geschichte des Surrealismus.* Reinbek 1965

Nasse, Hermann: *Jacques Callot.* Leipzig 1919

Pietro, Filippo di: *I disegni della R. Galleria degli Uffici. Disegni di Jacopo Callot e Stefano della Bella.* Florenz 1914
Pollhammer, Karl: *Jacques Callot als Illustrator.* Wien 1925
Sadoul, Georges: *Jacques Callot, miroir de son temps.* Paris 1969
Sandrart, Joachim von: *Teutsche Akademie, 1. Teil, 1. Buch, Kapitel 6 und 8. Buch, Kapitel 27.* O. O. 1654
Schmoll, gen. Eisenwerth, J. A.: *Jacques Callot, Das Welttheater in der Kavalierperspektive.* In: *Festschrift W. Hagen.* 1966, S. 81–102
Spielmann, Heinz: *Phantastische Kunst in Lothringen: Jacques Bellange, Jacques Callot, Monsu Desiderio.* In: *Das Kunstwerk.* XVII, Febr., 1964, S. 2–9
Ternois, Daniel: *L'Art de Jacques Callot.* Paris 1962
– *Dessins de Jacques Callot pour le „Siège de l'Île de Ré".* In: *Bulletin de la Société de l'histoire de l'art français,* 1958, S. 25–30
– *Esquisses de Jacques Callot pour le „Livre des paysages".* In: *Revue des Arts,* VIII, 1958, No. 1, S. 38–42
– *Jacques Callot, Catalogue complet de son œuvre dessiné.* Paris 1962
– *Jacques Callot paysagiste.* In: *Gazette des Beaux-Arts,* März 1954, S. 151–164
Thausing, Moritz von: *Le livre d'esquisses de Jacques Callot.* Paris 1880
Villa, Nicole: *Le XVIIe siècle vu par Abraham Bosse.* Paris 1967
Zahn, Leopold: *Die Handzeichnungen Jacques Callots.* In: *Mitteilungen der Gesellschaft für vervielfältigende Kunst,* 1918, S. 1–10 und 33–43
– *Die Handzeichnungen des Jacques Callot unter besonderer Berücksichtigung der Petersburger Sammlung.* München 1923

INHALTSVERZEICHNIS

1. BIS 7. TAUSEND

SCHUTZUMSCHLAG ATELIER NOTH + HAUER, BERLIN
SATZ IN DER 9 PUNKT GARAMOND ANTIQUA MIT KURSIV
PAPIER VON DER MÜNCHEN DACHAUER PAPIERFABRIK, DACHAU
GESAMTHERSTELLUNG DRUCKEREI LUDWIG AUER, DONAUWÖRTH
PRINTED IN GERMANY, AUGUST 1971
LEINEN: ISBN 3 920802 71 3 / LEDER: ISBN 3 920802 72 1